KB042502

경찰학입문

송병호 · 박상진 · 김현동

박영사

현대사회에서 경찰은 국민의 생명·신체·재산을 보호하며 일반통치권에 의하여 국민에게 명령·강제하는 권력작용 등의 역할을 수행하고 있다. 또한 범죄의 양적·질적 증가에 따른 치안 수요가 급격히 증가하고, 시민의 안전에 대한 욕구와 치안 서비스에 대한 기대수준이 향상되는 최근의 경향을 볼 때, 경찰학전공 관련 직업에도 커다란 변화가 요구되고 있다.

직무능력은 맡은 업무를 수행하는 과정에서 자연스럽게 배양될 수 있다. 하지만 업무수행을 통해 배울 수 있는 지식에는 한계가 있으므로 능력배양에 필요한 지식·기술·태도를 인위적이고 능동적으로 함양시켜야 한다. 따라서 경찰학전공 대학생의 학교생활은 관련기관의 발전과 직결된다고 할 수 있다.

경찰학전공과 관련하여 1963년 동국대학교에 경찰행정학과가 신설된 후 30여 년간 국내 유일한 전공으로 존재하다가 1998년 세한대학교에 경찰행정학과, 2001년 백석대학교에 법정경찰학부가 신설되는 등 국제금융위기 이후 2000년대 들어오면서 전문직으로서의 형사사법 분야에 대한 선호도가 높아지면서 관련 전공이 인기학과로 급부상하기 시작하였다.

경찰학전공 대학생들은 대부분 경찰학전공 관련 직업계열인 경찰 혹은 관련 형사서법 직종에서 근무하기를 희망하면서 진로를 선택하게 된다. 하지만 현실적으로 모든 학생이 학교생활에 만족하고 전공에 적응하여 희망진로에 입직하는 것은 아니다. 또한 학업성적이나 지능이 뛰어나거나 학교 성적이 우수한 학생들이 전공에 적응하는 것도 아니며, 관련전공에 흥미를 보이는 학생들이 모두 희망진로에 입직하는 것도 아니다.

이러한 현실에서도 정작 관련전공 초년생인 신입생들에게 전공 로드맵, 학습방법론 등에 대한 안내가 부족했던 것이 사실이다.

경찰학전공이 무엇이고 경찰학전공을 설치하게 된 배경이 무엇인지 또한 경찰전공의 교육목표가 무엇인지에 대한 인식 없이 바로 경찰학이라는 학문을 접하게 되었다.

뿐만 아니라 경찰학 전공 대학생으로서 필수적으로 이해하고 있어야 할 형사사법 조직에 대한 이해, 범죄의 원인 및 실태 그리고 범죄예방 전략에 대한 이해가 없이 경찰학문을 이해하기에는 다소 어려움이 있었던 것이 사실이다.

따라서 이 저서에서는 형사사법 전공 대학생들이 전공 관련 학문을 접하는데 있어 반드시 익혀야할 내용을 학습하기 위해서 저술되었다.

첫째, 경찰학 및 형사사법 전공대학생들에게 전공의 교육목표이해를 통해 진로선택에 도움을 주고자 하였다.

둘째, 한국사회의 범죄현상분석과 이해를 통해 형사사법조직의 역할을 이해하고 범죄의 원인, 실태, 대책방안에 대해 학습함으로써 전공적응에 도움을 주고자 하였다.

셋째, 경찰학의 이해를 통해 형사사법전공 대학생으로서 경찰학에 대한 기초학문을 습득함으로써 전공심화학습에 도움을 주고자 하였다.

넷째, 경찰의 법원(法源)과 경찰의 기본적 임무에 대한 이해를 통해 경찰활동의 법적근거와 경찰의 임무, 경찰역할의 범위를 이해하는 데 도움을 주고자 하였다.

다섯째, 외국경찰 제도에 대한 이해를 통해 각국의 역사적 발전과정, 경찰조직 그리고 수사구조에 대해 고찰하여 우리나라 경찰 조직이 나아가야 할 방향을 이해하는 데 도움을 주고자 하였다.

부족하지만 이 책이 경찰학 및 형사사법 전공대학생들의 전공이해와 적응에 밑거름이 되고, 나아가 심도 있는 전공학습에 도움이 되며, 관련 직업을 선택하는데 길잡이가 되었으면 하는 바람이다.

끝으로 이 저서가 출판되기까지 많은 도움을 주신 박영사 여러분에게 감사드리며 언제나 항상 내편이 되어주고 응원을 아끼지 않는 가족에게 감사의 마음을 전하고 싶다.

백석대학교 연구실에서 송병호
세한대학교 당진캠퍼스 연구실에서 박상진
한국영상대학교 연구실에서 김현동

제1편   경찰학 전공의 이해

제2편   한국사회의 범죄현상 이해

Contents

제3편 경찰학의 이해

목차

Polizeiwissenschaft

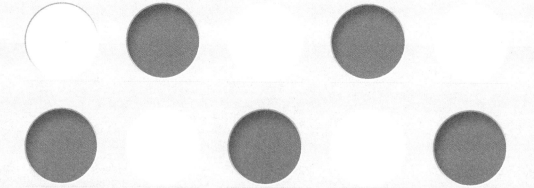

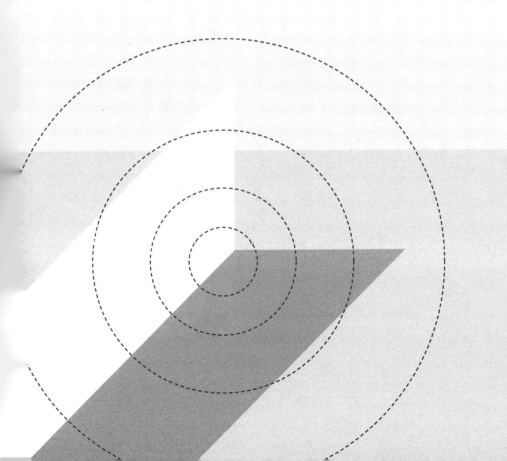

제**1**편

경찰학 전공의 이해

Polizeiwissenschaft

제1장 경찰학전공의 개념

제1절 경찰학전공의 의의 및 설치배경

1. 경찰학전공의 의의

1) 경찰학의 의의

경찰학(警察學)이란 '경찰'이라고 불리는 국가제도(지방제도 포함) 혹은 공권력의 행사와 관련된 제반 관념이나 현상 혹은 원리들을 체계적으로 규명한 지식의 총체를 일컫는 개념이다. 그러므로 시각적으로 확인되는 경찰의 구조, 활동, 관리뿐 아니라 경찰관들의 의식세계나 경찰일탈까지도 경찰학의 연구영역에 포함된다. 경찰학연구는 경찰의 외형적 모습보다는 눈에 보이지 않는 경찰의 구조와 경찰조직의 작동원리, 그리고 경찰의 발전방향 등을 창조적으로 탐구할 때 비로소 진정한 가치를 발휘한다.

이런 의미에서 경찰학의 탐구영역은 무한하다고 말할 수 있으며 연구대상을 한정할 수도 없다. 생명체가 대를 이어 번식(繁殖)을 하듯이 경찰학의 문제도 끊임없이 번식을 반복한다. 모든 연구는 끝이 아니라 새로운 시작을 의미할 뿐이다. 경찰학의 연구성과는 가설·이론·법칙·해석·주의·주장·모형 등의 형식으로 문헌 속에 존재하며 경찰발전을 통해 국민적 삶의 질을 높임으로써 그 진가를 입증한다. 영어의 police science라는 용어는 경찰학의 과학적 특성을 시사하고, police studies라는 용어는 경찰학의 학문적 독립성을 나타내 준다. 경찰학의 과학적 성격은 실증적 연구방법을 통해 쉽게 입증된다.

경찰학은 독립성이 명백한 사회과학의 한 영역이면서 동시에 중복성을 가질 수밖에 없는 학문영역이다. '독립적'이라 함은 경찰문제에 관한 지식체계로서 고유성을 갖는다는 것이고, '중복성을 갖는다' 함은 다른 인접학문이 경찰학에 응용 혹은 그대로 적용되는 경우가 많음을 의미한다. 예컨대, 경찰철학은 철학지식을 바탕으로 경찰의 이념문제를 탐구하는 학문이고, 경찰법학은 법학지식을 바탕으로 경찰법의 존재양식을 탐구하는 학문이다. 마찬가지로 경찰행정학은 행정학적 사고를 바탕으로 경찰문제를 탐구하는 학문이고, 경찰윤리학은 윤리학의 관점에서 경찰의 윤리문제를 탐구하는 학문이다.

뿐만 아니라 경찰의 문제라고 해서 경찰학도만이 그것을 연구할 수 있는 것도 아니다. 예컨대, 경찰의 사기(士氣)는 경찰학도의 관심사이면서 동시에 사회학도 및 행정학도의 관심사도 된다. 여성경찰은 경찰학도들의 관심사이면서 여성학도들의 관심사이다. 주거지역에 범죄방어공간을 조성하는 문제는 경찰학도들의 관심사이면서 동시에 건축공학도의 관심사이다. 경영학도들이 강조하는 '총체적 품질관리(TQM)' 개념이 '국민을 감동시키는 치안서비스(TQS)'로 변형되어 경찰개혁의 이념으로 설정된 상태다.

하지만 다른 학문과 중복되는 면이 있다고 하여 경찰학의 독립적 성격이 훼손되는 것은 아니다. 엄격히 말하면 완전히 독립적인 학문영역은 없으며, 중요한 것은 학문체계의 '독립성'이 아니라 학문의 '중립성' 여부일 것이다. 돌이켜 보면 경찰학이라는 지식체계는 본래 중립적인 입장에서 출발한 학문이 아니다(이황우 외, 2008: 49-52).

2) 경찰학과 경찰행정학

윌리암 베일리(William G. Bailey)가 편집한 경찰학사전(The Encyclopedia of Police Science)은 경찰학(Police Science)의 연구영역으로 경찰행정(Police Administration), 수사기법(Detection Techniques), 심리문제와 사회문제(Psychological and Social Issues), 범죄유형(Types of Crime), 그리고 법률적 문제(Legal Questions) 등을 열거하고 있다. 그리고 국제경찰장협회(International Association of Chiefs of Police: IACP) 정기간행물의 명칭이 「Journal of Police Science and Administration」(폐간)이었던 이유는 경찰학(police science)과 경찰행정(police administration)을 구분하

기가 어렵다고 보았기 때문이다.

그러나 경찰학의 학문적 특성을 이해하려면 먼저 경찰학과 경찰행정학의 관계를 생각해 볼 필요가 있다. 특히, 한국과 같이 '경찰행정학과'가 '경찰학과'보다 많이 설치되어 있는 상황에서는 두 학문의 관계를 분명히 알아둘 필요가 있다.

한마디로 경찰학과 경찰행정학의 관계는 호환(conversion)이 가능한 두 가지 컴퓨터프로그램의 관계에 비유될 수 있을 것이다. 경찰학의 연구주제는 동시에 경찰행정학의 연구주제에 속하고 경찰행정학의 연구주제는 당연히 경찰학의 연구주제가 되기 때문이다.

경찰의 근본목적은 본래 국가의 공권력으로 범죄와 무질서를 제압함으로써 사회의 안녕과 질서를 유지하는 데 있었다. 그리고 경찰행정(警察行政)이란 이러한 경찰목적을 효과적으로 달성하는 데 필요한 수단과 방법 및 절차를 총칭하는 개념이었다. 그런데 사회환경이 변모하면서 경찰의 근본목적이 달라지고 문제해결을 위한 수단과 절차에 대한 요구도 변하였다. 즉 사회환경의 변화는 경찰행정의 민주화 및 능률화를 요구하였고, 그 당연한 결과로 경찰행정 전반을 학문적으로 다루는 경찰행정학이 등장하였다.

권력적 전통이 강한 대륙법계 국가(특히 독일)에서는 국가의 통치권에 입각하여 경찰권을 행사하는 제반 작용을 경찰행정으로 파악한다. 반면 자치전통이 강한 영미법계 국가에서는 시민생활의 안전을 위협하는 세력으로부터 국민을 보호하는 자위행정 또는 시민의 기본권을 보호하는 것을 경찰행정으로 인식한다.

그럼에도 불구하고 현대의 경찰행정은 국민의 기본권 보호에 주력하는 봉사행정의 성격을 띠어 가고 있으며, 경찰행정학의 관심사도 법치주의와 보편적 가치들을 충실히 구현하는 방향으로 맞추어서 있다.

굳이 따지자면 경찰행정학은 나름대로의 고유한 학문영역이면서 동시에 경찰학의 한 영역으로 간주되는 학문영역이다. 이와 같은 기준은 경찰법학, 경찰사학, 경찰윤리학, 범죄수사학, 범죄학 등 경찰문제를 다루는 모든 학문영역에도 똑같이 적용될 수 있다. 전국의 대학에 120(전문대학포함)여개 이상의 경찰행정학과(혹은 경찰행정관련 전공)가 설치되어 있는데도 한국경찰행정학회 대신 한국경찰학회가 출

형사사법전공 대학생들을 위한

경찰학 입문

범한 사실은 경찰학이 경찰행정학보다 더 광범위하고 포괄적인 개념임을 말해주는 것이다(최응렬, 2004: 396-401; 최응렬, 2010: 49-50).

하지만 심지어 자연과학의 영역에서도 경찰문제가 연구되는 상황에서 경찰학과 경찰행정학의 관계를 굳이 폐쇄적·배타적으로 설정할 이유는 없을 것이다. 설령 계통적으로 어느 한 쪽이 다른 한 쪽의 연장선상에 있다고 하여 그 학문의 위상이나 품격이 손상되는 것도 아니다. 정말로 중요한 것은 학문의 계통상 위치가 아니라 학자들의 '엄정한 중립성'과 '진지한 탐구자세'일 것이기 때문이다.

3) 경찰학전공 관련학과의 의의

경찰학전공 관련학과에 대한 개념을 획일적으로 정립하기는 어렵지만, 일반적으로 경찰과 관련된 직무나 특성 등을 고려하여 교육목표를 제정함과 동시에, 미래의 경찰공무원으로 양성할 수 있는 교육기관 중의 하나라고 보는 것에는 큰 무리가 없다고 본다.

경찰학전공이 개설된 대학들의 공통점은 미래의 경찰공무원을 양성하는 것을 최우선적인 교육목표로 삼고 있다. 뿐만 아니라 한국대학교육협의회에서도 경찰행정전공의 교육목표로 치안 및 공공질서 유지의 혁신이 요구되는 시대적 요청에 부응하여 경찰에 관한 전문지식을 체계적으로 이해하고 경찰학 분야에 관한 이론을 바탕으로 실무 능력을 겸비한 중견 경찰인을 양성한다고 소개되어 있다.

이상의 내용을 종합하여 볼 때, 각 대학에서 학과 명칭상에 '경찰'이라는 명칭을 사용하며 경찰과 관련한 교과목을 설정하여 경찰의 조직, 인사, 예산, 기획을 비롯하여 경찰제도사, 각 국의 경찰제도, 민간경비 등과 같이 경찰행정과 관련된 학문을 학습하며, 나아가 범죄의 원인, 범죄의 현상, 범죄의 대책, 그리고 형사사법정책 등을 탐구하는 학문을 학습하며, 교육목표는 이에 대한 기초 지식과 이론을 체계적으로 이해하고 제반학문에 대한 진리탐구와 지도자적 인격함양을 목표로 경찰을 비롯한 형사사법 분야의 요구에 부응할 수 있는 전문적인 인재양성을 교육목표로 설정한 대학의 전공을 경찰학전공 관련전공이라고 볼 수 있다.

1

2. 경찰학전공의 설치배경

1990년대 후반에 들어서면서 일반대학 및 전문대학에 경찰학전공 관련학과가 앞다투어 생겨나는 이유로 취직 또는 권련에 대한 동경 등에서 그 원인을 찾아 볼 수 있으나 아직까지 뚜렷한 이유를 밝히지 못하지만 1997년 구제금융위기사태 이후 대졸자의 실업난이 지속되자 매년 일정한 숫자를 채용하는 경찰직을 비롯한 공직에 대한 선호도가 높아진 데서 그 원인을 찾을 것이다. 또한 경찰관에 대한 처우 및 경찰에 대한 이미지의 향상 등을 들고 있는 경우도 있으나 가장 큰 이유는 신입생 유치에 유리한 분야로서 경찰행정학과(전공)가 부각되고 있기 때문이라고 여겨진다. 이는 수능시험의 응시자가 급감하면서 대학입시사상 처음으로 수능시험 응시자 수가 대학입학 정원에 미치지 못하게 되자 학생선발에서 학생 유치로 입시정책을 수정하면서 나타난 현상이다. 다시 말해 각 대학들이 신입생을 안정적으로 확보하고 재학생의 이탈을 방지하기 위하여 총정원의 범위 내에서 모집단위의 신증설·폐지·통폐합 등 자율적 조정을 하는 과정에서 경찰행정관련 전공 학과가 신설되고 있는 것이다(최응렬, 2003: 196).

전문대학의 경우 같은 도시에 위치한 대학의 경우 동일한 학과(전공)명을 사용할 수 없다는 제약 때문에 경찰 경호행정계열, 경찰경호계열, 경찰경호과, 경찰경호무도학부, 경찰경호스포츠과, 경찰경호학부, 경찰경호행정계열, 경찰경호행정과, 경찰정보과, 경찰행정, 경찰행정경호과, 경찰행정, 경찰행정법무계열, 경찰행정복지과, 경찰행정학과, 경호경찰과, 법무경찰행정과, 부사관·경찰경호계열 - 경찰경호전공, 사이버경찰행정과, 자치경찰과, 해양경찰과 등 경찰과 경호라는 명칭에 혼용하여 학과(전공)명을 사용하고 있으나 경찰행정과로 보아도 큰 무리는 없다.

제2절 **경찰학전공 개설현황 및 교육목표**

1. 개설현황

<표 1>에서 보는 바와 같이 1963년 3월 동국대학교 경찰행정학과가 전국에서 유일하게 경찰행정학과(전공)로 존재하다가 전문대학1)을 제외한 일반대학의 경우 약 30여년 후 1992년에 가톨릭관동대학교 경찰행정학과가 설치된 것을 계기로 1995년 원광대학교, 1996년 계명대학교·서남대학교·중부대학교·한려대학교, 1997년 용인대학교, 1998년 세한대학교·대구대학교·경운대학교·탐라대학교·한세대학교, 1999년 광주대학교·순천향대학교·전주대학교·초당대학교, 2000년 건양대학교·경기대학교·경남대학교·동양대학교·우석대학교·호원대학교, 2001년 가야대학교·동신대학교·동의대학교·명신대학교·영산대학교, 2003년 광주여자대학교·남부대학교·아시아전통과학대학교·영동대학교 등에 경찰행정학과(전공)가 설치되었으며 2010년에도 이후에도 동서대·제주대·건국대(충주캠퍼스)·창신대 등 많이 대학이 경찰학전공 관련학과를 설치하고 있다.

또한 국립대학으로는 1981년 3월부터 경찰대학에서 신입생을 모집하게 되었고, 1994년에 한국해양대학교에 해양경찰행정학과, 그리고 목포해양대학교에 해양경찰행정학과 전공이 설치되었다.

---

1) 전문대학의 관련학과 설치현황은 다음과 같다.

한국영상대	부산과기대	대원대	경남정보대	경북전문대	수성대	대구과학대	강원도립대
부산경상대	세경대	연성대	김포대	계명문화대	오산대	대덕대	상지영서대
대전과기대	전남도립대	백석문화대	대경대	동원대	충북보건대	충남도립대	경북과학대
동강대	청암대	동의과학대	강동대	선린대	충청대	신안산대	용인송담대

표 1	일반대학 경찰학전공 관련학과 개설현황(2020. 02 기준)	

지역	대학명	학과명
경남	가야대학교	경찰행정학과
경기	가천대학교	경찰·안보학과
강원	가톨릭관동대학교	경찰행정학전공
충북	건국대학교	공공인재학부(경찰학과)
충남	건양대학교	국방경찰행정학부
경기	경기대학교	경찰행정학과
경남	경남대학교	경찰학과
경기	경동대학교	경찰학과
경남	경상대학교	해양경찰시스템학과
경북	경운대학교	경찰행정학과
경북	경일대학교	경찰행정학과
대구	계명대학교	경찰행정학과
광주	광주대학교	사이버보안경찰학과
광주	광주여자대학교	경찰법학과
전북	군산대학교	해양경찰학과
경북	김천대학교	경찰소방학부 경찰행정전공
충남	나사렛대학교	경찰행정학과
광주	남부대학교	경찰행정학과
경북	대구가톨릭대학교	경찰행정학과
경북	대구대학교	경찰행정학과
경북	대구한의대학교	경찰행정학과
대전	대전대학교	경찰학과
서울	동국대학교	경찰행정학부
경북	동국대학교	행정·경찰공공학부
부산	동서대학교	경찰행정학과
전남	동신대학교	경찰행정학과
경북	농양대학교	경찰범죄심리학과
부산	동의대학교	법·경찰행정학부
대전	목원대학교	경찰법학과
전남	목포해양대학교	해양경찰학부
대전	배재대학교	경찰법학과
충남	백석대학교	경찰학부
부산	부경대학교	공공안전경찰학과

지역	대학명	학과명
부산	부경대학교	공공안전경찰학과
부산	부산외국어대학교	경찰정보보호학부
강원	상지대학교	경찰법학과
충남	선문대학교	법·경찰학과
충북	세명대학교	경찰행정학과
충남	세한대학교	경찰행정학과
광주	송원대학교	국방경찰학과
충남	순천향대학교	경찰행정학과
경기	신경대학교	경찰행정학과
경북	영남대학교	경찰행정학과
경남	영산대학교	경찰행정학과
경기	용인대학교	경찰행정학과
전북	우석대학교	경찰행정학과
울산	울산대학교	사회과학부 경찰학전공
전북	원광대학교	경찰행정학과
경북	위덕대학교	경찰행정학과
충북	유원대학교	경찰·소방행정학부
전남	전남대학교	해양경찰학과
제주	제주국제대학교	경찰행정학과
제주	제주대학교	해양산업경찰학과
광주	조선대학교	경찰행정학과
충남	중부대학교	경찰행정학전공
충북	중원대학교	경찰행정학과
경남	창신대학교	경찰행정학과
전남	초당대학교	경찰행정학과
경남	한국국제대학교	경찰행정학과
부산	한국해양대학교	해양경찰학과
대전	한남대학교	경찰학전공
강원	한라대학교	경찰행정학과
전남	한려대학교	경찰법학과
경기	한세대학교	경찰행정학과
광주	호남대학교	경찰행정학과
충남	호서대학교	법경찰행정학과
전북	호원대학교	법경찰학과

자료 : 각 대학 홈페이지

1

경찰학전공 관련학과의 지역별 개설현황을 살펴보면 경북 14개교, 경기 12개교, 충남 11개교, 충북·부산 9개교, 광주·전남 7개교, 강원·경남·대전 6개교, 전북 5개교, 대구 4개교, 제주 2개교, 서울·세종·울산 1개교가 개설되어 있다.

또한 최근 들어 자치경찰과 관련하여, 각 지자체의 수요가 높아 경찰학전공 관련학과에 대한 선호도는 높아질 것이다.

2. 경찰학의 교육목표

경찰행정전공 대학교의 홈페이지를 검색한 결과 공통적인으로 미래의 경찰지도자를 양성하는 것을 교육목표로 삼고 있다. 한국대학교 교육협의회 홈페이지에서도 경찰행정전공의 교육목표로 치안 및 공공질서 유지의 혁신이 요구되는 시대적 요청에 부응하여 경찰에 관한 전문지식을 체계적으로 이해하고 경찰학 분야에 관한 이론을 바탕으로 실무 능력을 겸비한 중견 경찰인을 양성한다고 소개되어 있다. 각 권역별 대표적인 4년제 대학교의 교육목표는 <표 2>와 같다.

표 2　권역별 경찰학전공 교육목표

구 분	교육목표
서울	동국대학교의 경우 경찰학과 범죄학분야로 크게 나뉜다. 경찰학은 경찰의 조직, 인사, 예산, 기획을 비롯하여 경찰제도사, 각 국의 경찰제도, 민간경비 등과 같이 경찰행정과 관련된 학문을 말하며, 범죄학은 범죄의 원인, 범죄의 현상, 범죄의 대책, 그리고 형사사법정책 등을 탐구하는 학문을 의미한다. 따라서 교육목표는 이에 대한 기초 지식과 이론을 체계적으로 이해하고 제반 학문에 대한 진리탐구와 지도자적 인격 함양을 목표로 경찰을 비롯한 형사사법 분야의 요구에 부응할 수 있는 전문적인 인재를 양성하는데 있다.
경기 인천	용인대학교의 경우 형사사법 및 행정기관에 종사할 전문적 인재 양성, 고도화된 범죄에 대한 상황대처 능력을 지닌 인재 양성, 경찰업무에 관한 기초지식을 습득하고 체계적인 교육으로 유능한 경찰관 양성, 경찰관으로서의 임무를 완벽하게 수행할 수 있는 인재 양성을 교육목표로 하고 있다.

구 분	교육목표
경상	계명대학교의 경우 경찰학부는 국가의 발전과 질서유지, 국민 생활의 안전을 담당할 치안 분야의 전문가적 지도자를 양성함을 그 목표로 한다. 이를 위하여 교양 교육을 통해 민주적 지도자의 기본 자질을 함양하고, 나아가 경찰학과 형사학 및 범죄학 분야의 교육과 학문 탐구를 통해 기초지식과 이론을 체계적으로 정립시킨다. 뿐만 아니라 현장 실습 등을 통해 실무적 경험을 배양시켜 줌으로써, 궁극적으로 이론과 실무에 능통한 뛰어난 인재를 육성하는 데 그 교육의 초점을 맞추고 있다.
전라	세한대학교의 경우 기초질서에 확립에 앞장서는 생활인, 사회에 헌신하는 봉사인, 평형 감각의 정의인, 창조적인 지성인 양성을 목표로 한다. 원광대학교는 경찰행정 이론교육의 강화, 이론에 대한 현장적용의 창의적 능력배양, 사회환경 변화에 대한 능동적 대응능력 배양을 목표로 하고 있다.
충청	한남대학교의 경우·경찰과 같은 특수분야에 대한 전문지식 능력, 건실한 업무 수행 능력, 변화하는 경찰업무에 능동적으로 대처할 수 있는 능력, 합리적인 문제 해결 능력, 창의적인 기획관리 능력을 교육목표로 하고 있다.
강원	가톨릭관동대학교의 경우 폭넓은 교양과 전문지식을 연구함으로써 개인발전을 비롯한 경찰발전, 사회발전, 국가발전을 위하여 헌신적으로 봉사할 수 있는 유능하고 참신한 경찰지도자를 양성, 민의 생명. 신체. 재산을 보호하고 사회의 질서 유지를 위해 헌신할 수 있는 경찰관을 양성하며 무질서와 범죄에 대한 지식을 바탕으로 현대사회의 다양한 범법행위들을 분석하고 해결할 수 있는 전문적인 형사사법공무원을 양성을 교육 목표로 하고 있다.

자료 : 각 대학 홈페이지를 참고로 작성

제3절 경찰학 전공자를 활용한 우수인력확보

범죄의 양적·질적 증가에 따른 치안 수요가 급격히 증가하고, 시민의 안전에 대한 욕구와 치안 서비스에 대한 기대수준이 향상되는 최근의 경향으로 대통령은 경찰관을 대폭 증원하는 계획을 발표하기도 했다. 따라서 신임경찰관의 선발에도 전국의 각 대학에서 경찰학을 전공하는 우수한 인적자원을 확보하는 등 다양한 입직 경로를 도입하여야 한다.

1. 채용제도

2014년 고졸자들에 대한 기회 확대의 명분으로 순경 공채시험에 선택과목을 전격적으로 채택하게 되었다. 특히 국어, 수학, 사회, 과학 등 주로 이공계 고교 출신들이 유리한 방향으로 선택과목을 조정하였다.

농업직 공무원은 기술직으로 인정되어 선택과목을 적용받지 않는 것과 상반된 결과이다.

경찰공무원은 국민의 생명·신체·재산을 보호하며 일반통치권에 의하여 국민에게 명령·강제하는 권력 작용 등의 역할을 수행하고 있는 고도로 전문화된 인력이 요구되는 현상을 고려할 때 일반공무원과 같이 선택과목을 시행하는 것은 많은 문제점을 야기 할 수 있다고 여겨진다.

표 3	경찰공무원 공채 채용시험 제도 현황
필기 시험	•일반공채 : 필수2과목(한국사, 영어) 선택3과목(형법, 형사소송법, 경찰학개론, 국어, 수학, 사회, 과학)
서류 전형	•필기시험 합격자에 한함
신체 검사	•직무수행에 필요한 신체조건 및 건강상태 등 검정
체력 검사	•100m달리기, 1000m달리기, 팔굽혀펴기, 윗몸일으키기 좌·우 악력(5개 종목)
적성 검사	•직무수행에 필요한 적성과 자질 등 종합검정
면접 시험	•직무수행에 필요한 능력, 발전성 및 적격성 등 검정

2. 채용제도의 문제점

법률저널에서 창간 16주년 특별 설문조사 결과 경찰공무원 뿐 아니라 다른 직렬의 공무원시험에 선택과목을 시행한 것에 대한 긍정적 응답은 22%에 불과하다.

한편, 2015년 8월 2일 박○○ 의원이 인사혁신처와 국세청에서 받은 사료를 보면 올해 9급 세무직 공무원 합격자 2천75명 중에서 회계학과 세법개론을 모두 선택해 시험을 치른 비율은 17.4%에 불과하고 회계학과 세법개론을 한과목이라도 선택한 사람의 비율은 7%대였다. 이러한 현상에 박○○ 의원은 "세무공무원의 전문성을 저하하고, 세무담당 공무원이 회계와 세법을 제대로 모르면 세무행정 서비스의 질이 하락할 수밖에 없다."면서 "해당 과목을 필수과목으로 원상복구하는 등의 방안을 강구해야 한다."고 말했다. 또한 국세청에서는 신규채용자의 전문성의 문제로 교육기간을 6주에서 12주로 2배로 늘렸지만 근본적인 해결은 되지 않고 있다(연합뉴스 2015년 8월 2일자).

마찬가지로 선택과목제도는 현행 제도하에서 경찰직에 입직을 하고 법률과목에 대한 지식은 연수과정에서 교육을 통하여 법률과목에 대한 한계를 극복하기에는 우선, 예산이 충분하지 않고 이러한 법률과목을 실무에서 활용할 수 있을 정도로 교육을 시키기에는 상당한 시간이 소요된다. 또한 법률과목은 단순한 기술의 문제가 아니고 법률과목을 열심히 학습하다보면 어느 순간 "법의 정신"을 체득하게 되어, 정의로움, 법적 안정성, 합목적성과 같은 법의 이념을 헤아리는 안목이 계발되고 발전되게 되는 것이다. 따라서 특정 공무원의 전문성과 업무의 효율성을 위하여 경찰공무원의 채용시험 시 선택과목 제도를 다각적인 방향에서 검토할 필요가 있다.

2015년 중앙경찰학교에서의 경·학 학술세미나 연구결과에 따르면 선택과목을 선택한 중앙경찰학교에서의 교육생의 진로선택이나 진로만족, 학교적응에 관한 연구결과 다음과 같은 연구결과가 도출되었다.

표 4　선택과목 수에 따른 진로선택·진로만족·학교적응의 차이

구분		N	평균	표준편차	표준오차	F	유의확률
진로 인식	없음	485	4.444	0.726	0.033	1.957	0.119
	1개	19	4.303	0.604	0.139		
	2개	10	3.925	0.850	0.269		
	3개	4	4.250	0.791	0.395		
학습 선호	없음	485	3.720	0.891	0.040	2.216	0.085
	1개	19	3.303	0.793	0.182		
	2개	10	3.250	0.986	0.312		
	3개	4	3.813	0.851	0.425		
활동 참여	없음	485	4.039	0.773	0.035	1.532	0.205
	1개	19	3.916	0.616	0.141		
	2개	10	3.540	0.980	0.310		
	3개	4	3.900	0.622	0.311		

구분		N	평균	표준편차	표준오차	F	유의확률
직업 만족	없음	485	4.247	0.753	0.034	3.462*	0.016
	1개	19	4.000	0.629	0.144		
	2개	10	3.560	0.523	0.165		
	3개	4	4.000	1.166	0.583		
교육 만족	없음	485	3.779	0.867	0.039	3.610*	0.013
	1개	19	3.316	0.815	0.187		
	2개	10	3.140	0.811	0.257		
	3개	4	3.400	1.523	0.762		
교육 수행	없음	485	4.085	0.791	0.036	4.030*	0.008
	1개	19	4,010	0.939	0.215		
	2개	10	3.300	0.944	0.299		
	3개	4	3.400	1.673	0.837		
교육 집중	없음	485	4.120	0.877	0.040	5.323*	0.001
	1개	19	3.874	0.934	0.214		
	2개	10	3.040	0.965	0.305		
	3개	4	3.950	1.215	0.608		

*$p < .05$, **$p < .01$

<표 4>에서 보는 바와 같이 진로인식, 학습선호, 활동참여를 제외한 모든 요인에서 유의미한 것으로 나타났다.

구체적으로 보면 직업만족에서 특정과목(국어, 사회, 수학, 과학)선택 수가 없음의 평균은 4.247, 1개의 평균은 4.000, 2개의 평균은 3.560, 3개의 평균은 4.000으로 특정과목(국어, 사회, 수학, 과학)선택 수가 없음이 직업만족도가 높은 것으로 나타났다

교육만족에서 특정과목(국어, 사회, 수학, 과학)선택 수가 없음의 평균은 3.779, 1개의 평균은 3.316, 2개의 평균은 3.140, 3개의 평균은 3.400으로 특정과목(국어, 사회, 수학, 과학)선택 수가 없음이 교육만족도가 높은 것으로 나타났다.

학교적응요인 중 교육수행, 교육집중 두 요인 모두 유의미한 것으로 나타났다. 교육수행에서 특정과목(국어, 사회, 수학, 과학)선택 수가 없음의 평균은 4.083, 1개의

평균은 4.010, 2개의 평균은 3.300, 3개의 평균은 3.400으로 특정과목(국어, 사회, 수학, 과학)선택 수가 없음이 교육수행도가 높은 것으로 나타났으며, 교육집중에서는 특정과목(국어, 사회, 수학, 과학)선택 수가 없음의 평균은 4.120, 1개의 평균은 3.874, 2개의 평균은 3.040, 3개의 평균은 3.950으로 특정과목(국어, 사회, 수학, 과학)선택 수가 없음이 교육집중도가 높은 것으로 나타났다.

이러한 연구결과를 비추어 볼 때 선택과목을 선택한 교육생은 중앙경찰학교에서의 성취도가 대략적으로 낮게 나타나 다각적인 검토가 시급한 실정이다.

3. 우수인력확보 방안

많은 연구결과를 볼 때, 전문적인 우수한 인력을 확보 방안으로 첫째, 경찰채용시험 과목의 부작용을 해소하기 위하여 채용시험 과목에 경찰청의 의도와 다르게 선택과목으로 국어, 과학, 수학, 사회 등 비전공 과목으로 구성되다보니 경찰공무원의 업무를 이해하고 직업관을 가진 인재를 확보하기 어렵다.

물론, 임용 후 교육을 통하여 학습을 한다고 하지만 비용의 문제 뿐만 아니라 범죄학이나 경찰학 법학이라는 과목은 단시간에 습득되는 것이 아니고 오랜시간 자연스럽게 학습하여 학문적 철학을 익히는 것이라 판단된다.

중앙경찰학교 세미나의 연구결과에서도 선택과목을 선택한 교육생은 교육만족 진로만족 적응 면에서 모두 뒤떨어지는 연구결과도 도출되었다.

이러한 연구결과로 볼 때 관련 전공자를 통해 우수한 경찰관을 확보하는 것도 한 방법이라고 이겨진다.

둘째, 경찰행정학과 특채제도 도입시 일반대학 졸업자로 자격요건을 제한하였으나 전문대학 졸업자까지 확대하면서 형평성을 고려하여 일반대학의 경우 45학점을 이수한 자는 채용시험에 응시할 수 있도록 개편하였다. 이러한 제도로 운영되다 보니 경찰공무원을 준비하는 학생들은 학교에서 45학점만 이수하고 휴학을 한 채 학원가로 옮겨 경찰공무원 시험을 준비하고 실정이다. 이는 경찰공무원 경찰행정학과 출신자의 특별채용시험 의도와 많이 벗어나며 또한 경찰관련학과의 교육철학을 흔들고 있다. 또한 경찰공무원 특성상 인성을 중요시해야 하는데도 불구하고 단지 학원에서 기계적으로 공부해서 경찰공무원에 진출하는 부작용을 낳고 있다.

따라서 현행 순경채용으로 특채를 유지한다면 일반대학 졸업자에게 자격요건을 주고 전문대 졸업자는 졸업 후 일반대학에 준하는 학점을 이수토록 한다면 학교 내에서 경찰행정학과 학생으로서의 인성교육에 더욱 충실할 것으로 판단된다. 이렇게 된다면 자연스레 경찰행정학과 역시 간호학과처럼 전문대는 3년제 과정이 생겨나면서 경찰행정학과에 대한 질적인 향상을 기대할 수 있다.

국민에게 맞춤형 서비스를 제공하는 정부 3.0시대, 정보화·디지털사회 또는 지식기반사회로 일컬어지는 21세기는 인적자원의 질이 국가 경쟁력을 좌우하는 사회라고 해도 과언이 아니다. 새로운 지식과 정보를 창출하고 전파하며 활용하는 것도 인적자원에 의해 이루어진다.

그 마큼 우수한 인력의 확보는 그 조직의 발전과 직결된다고 볼 수 있다.

고도의 법률적 지식을 필요로 하는 경찰공무원에게 선택과목을 도입하게 되면서 교육기간 중에 법률과목을 단기적으로 학습하기에는 시간적으로 부족할 뿐 만 아니라 많은 예산이 투입되고 있어 선택과목의 조정은 다음과 같은 기대효과를 볼 수 있다.

첫째, 교육기간을 단축할 수 있으며 경찰학, 범죄학, 법률과목 등에 소요되는 예산을 절감할 수 있다.

둘째, 법을 집행하는 경찰공무원으로서 법률전문가를 확보하여 우수한 경찰인력을 양성할 수 있다.

셋째, 관련전문가를 확보하여 질 높은 치안서비스를 국민에게 제공할 수 있다.

넷째, 경찰행정학과의 특채제도를 통하여 근본적인 교육철학을 유도하여 경찰공무원의 예비인적자원을 양성하는데 용이하다.

Polizeiwissenschaft

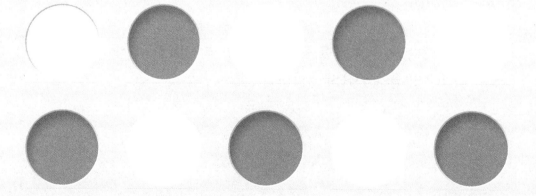

제**2**편

한국사회의
범죄현상 이해

Polizeiwissenschaft

제1장　형사사법 활동

제1절　한국경찰의 조직

1. 경찰청

　경찰청의 최상층부에는 경찰조직의 최고책임자인 경찰청장(치안총감)이 위치한다. 경찰청장은 경찰위원회의 동의를 얻어 행정자치부장관의 제청으로 국무총리를 거쳐 대통령이 임명한다. 이 경우 국회의 인사청문을 거쳐야 한다. 경찰청장은 경찰에 관한 사무를 통할하고 청무(廳務)를 관장하며 소속공무원 및 각급 경찰기관의 장을 지휘·감독한다. 경찰청장의 임기는 2년으로 되어 있고, 중임할 수 없다. 경찰청장이 그 직무집행에 있어서 헌법이나 법률을 위배한 때에는 국회는 탄핵의 소추를 의결할 수 있다. 경찰청장의 바로 아래는 경찰청차장(치안정감)이 위치한다. 경찰청차장은 경찰청장을 보좌하며 경찰청장이 사고가 있을 때에는 그 직무를 대행한다.

　경찰청 하부조직의 명칭 및 분장사무와 공무원의 정원은 「경찰청과 그 소속기관 등 직제」(대통령령) 및 「경찰청과 그 소속기관 등 직제시행규칙」에 의거하여 청장을 중심으로 1차장 8국 9관 32과 17담당으로 구성(2020. 02 기준)되어 있고, 세부적으로는 생활안전국·수사국·교통국·외사국이 민생치안을, 경비국·정보국(성모심의관)·보안국이 사회질서 유지를 담당하고, 대변인·기획조정관·경무인사기획관·감사관·정보화장비 정책관이 행정지원을 각각 담당하고 있고, 부속기관으로는 경찰대학·경찰교육원·중앙경찰학교·경찰수사연수원 등 5개의 교육기관과 책임운영기관인 경찰병원이 있다.

뿐만 아니라 경찰은 치안사무를 지역적으로 분담 수행하기 위하여 전국 특별시·광역시·도에 17개 지방경찰청을 두고 있으며 지방경찰청장 소속하에 경찰서 252개, 지구대 516개, 파출소 1,479개를 운영 하고 있다.

그림 1 경찰청 기구와 직속기관

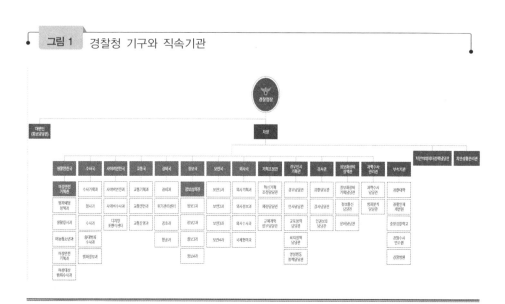

그림 2 경찰 CI 및 표지장

그림 3 │ 경찰 계급장

| 계급장 | Police Ranks

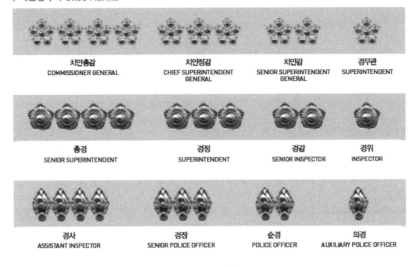

2. 지방경찰청

국립경찰은 전국 특별시·광역시·도별로 지방경찰청을 설치하고 각 지방경찰청 산하에 경찰서 및 지구대(파출소)를 설치하여 운영하는 지방조직을 갖추고 있다.

2020년 현재, 서울지방경찰청, 경기남부지방경찰청, 부산지방경찰청, 인천지방경찰청은 치안정감으로 보하고, 그 이외의 지방경찰청(경기북부·경북·경남·전북·전남·충북·충남·강원·대구·대전·광주 올신 제주)은 치안감으로 보하고 있다. 지방경찰청장은 행정자치부령이 정하는 범위 내에서 지방경찰청 차장을 운영하고 있고, 차장제도가 없는 경우에는 부장제도를 운영하고 있다.

3. 경찰서

경찰서의 사무를 분장하기 위하여 경찰서에 일반적으로 청문감사관과 5과(경무과·생활안전과·수사과·경비교통과 및 정보보안과)를 두고 있다. 경찰서의 규모가 큰 경우는 수사과를 수사과와 형사과로, 경비교통과는 교통과와 경비과로, 그리고 정보보안과는 정보과와 보안과로 분리하여 운영한다. 반면에 경찰서의 규모가 작은 경우는 5개 과의 업무를 4과(경무과·방범교통과·수사과 및 정보보안과) 또는 3과(경무과·방범수사과 및 정보보안과)로 축소하여 운영하기도 한다. 경찰서의 청문감사관은 민원상담·고충해결·민원처리 지도감독 및 감찰업무를 수행한다.

전국의 252개 경찰서를 관할구역에 따라 1급지·2급지·3급지로 등급을 구분하여 운영하는 체제를 갖추고 있다. 1급지 경찰서의 과장은 경정이, 2급지 경찰서의 과장은 경정 또는 경감이, 그리고 3급지 경찰서의 과장은 경감이 각각 담당한다. 다만 청문감사관은 경찰서의 등급에 따라 경정·경감 또는 경위가 담당하고 있다. 경찰서별 등급구분은 「경찰청과 그 소속기관 등 직제시행규칙」 별표 7에 자세히 수록되어 있다.

4. 인력현황

아래 그림에서 보는 바와 같이 2018년 기준 118,651명으로 꾸준히 증가하고 있으며 향후 치안수요를 감안하여 더욱 증가될 것으로 여겨진다. 한편 경찰조직은 상위계급으로 갈수록 권한과 책임이 커지는 피라미드식 구조로 되어 있다.

그림 4   연도별 경찰 정원 조직과 계급별 경찰 정원

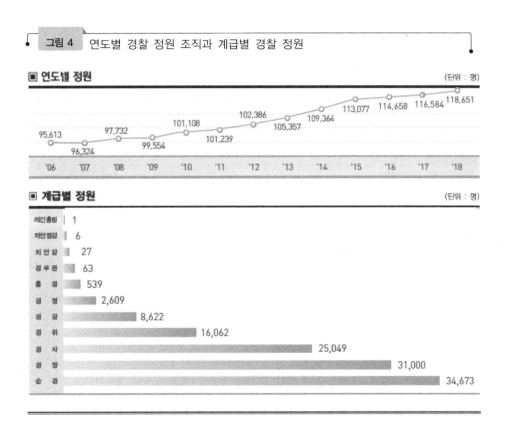

■ 연도별 정원 (단위 : 명)

'06 95,613 / '07 96,324 / '08 97,732 / '09 99,554 / '10 101,108 / '11 101,239 / '12 102,386 / '13 105,357 / '14 109,364 / '15 113,077 / '16 114,658 / '17 116,584 / '18 118,651

■ 계급별 정원 (단위 : 명)

계급	정원
치안총감	1
치안정감	6
치안감	27
경무관	63
총경	539
경정	2,609
경감	8,622
경위	16,062
경사	25,049
경장	31,000
순경	34,673

제2절 형사사법 관련기관 활동

1. 검 찰

1) 검찰청의 조직

검찰청은 대검찰청, 고등검찰청 및 지방검찰청으로 구성하며, 대검찰청은 1개(서울), 고등검찰청은 6개(서울·대전·대구·부산·광주·수원)에 설치되어 있다. 지방검찰청은 18개(서울중앙·서울동부·서울남부·서울북부·서울서부·의정부·인천·수원·춘천·대전·청주·대구·부산·울산·창원·광주·전주·제주) 지방법원에 대응하여 위치하고 있으며, 각급 검찰청 및 지청의 관할구역은 각급 법원과 지방법원 지원의 관할구역과 동일하다.

검찰총장(임기2년) 대검찰청의 사무를 맡아 처리하고 검찰사무를 총괄하며 검찰청 공무원을 지휘 및 감독한다. 차장은 검찰총장을 보좌하며, 검찰총장이 사고가 있을 때는 그 직무를 대리한다.

고등검찰청은 항소사건에 대한 소송을 유지하고 항고사건을 처리 합니다. 또한 행정소송을 비롯해 국가를 당사자로 하는 소송사건을 수행하고 진행을 돕습니다. 검사장 해당 검찰청의 사무를 맡아 처리하고 소속 공무원을 지휘 감독하며 고등검찰청 차장검사 소속 검사장을 보좌하며 소속 검사장의 사고가 있을 때는 그 직무를 대리한다.

지방검찰청은 18개 지방법원에 대응하여 위치하며 서울중앙, 동부, 남부, 북부, 서부, 의정부, 인천, 수원, 춘천, 대전, 청주, 대구, 부산, 울산, 창원, 광주, 전주, 제주지방검찰청으로 구성되어 있습니다.

지방검찰청 검사장 해당 검찰청의 사무를 맡아 처리하고 소속 공무원을 지휘 감독하며 고등검찰청 차장검사 서울중앙지방검찰청에는 3인, 서울남부·인천·수원·대구·부산지방검찰청에는 2인, 나머지 지방검찰청에는 1인을 두고, 소속 검사장을 보좌하며 소속 검사장이 사고가 있을 때는 그 직무를 대리한다.

각 지방검찰청의 사무를 분장하기 위하여 서울중앙지방검찰청에 24개부, 인천·

부산지방검찰청에 10개부, 대구지방검찰청에 9개부, 서울남부·수원지방검찰청에 8개부, 광주지방검찰청에 7개부, 서울동부·북부지방검찰청에 6개부, 서울서부·의정부·대전·창원지방검찰청에 5개부, 울산지방검찰청에 4개부를 두고, 각 부 밑에는 과를 둔다.

지방검찰청 지청은 40개 지방법원 지원에 대응하여 위치하며 40개 지청이 있으며 각 지방에 1인의 지청장이 있고 지청장은 지방검찰청 검사장의 명을 받아 소관 사무를 처리하고 소속공무원을 지휘 감독한다. 지방검찰청 차장검사는 고양·부천·성남·안산·안양·천안·대구서부·부산동부·순천지청에 1인의 차장검사를 두고, 소속 지청장을 보좌하며 소속 지청장이 사고가 있을 때는 그 직무를 대리한다.

2) 검사의 직무와 권한

검사는 공익의 대표자로서 1) 범죄수사·공소제기와 그 유지에 필요한 사항, 2) 범죄수사에 관한 사법경찰관리의 지휘·감독, 3) 법원에 대한 법령의 정당한 적용의 청구, 4) 재판집행의 지휘·감독, 5) 국가를 당사자 또는 참가인으로 하는 소송과 행정소송의 수행 또는 그 수행에 관한 지휘·감독, 6) 다른 법령에 의하여 그 권한에 속하는 사항에 대하여 직무와 권한을 가지고 있다.

3) 검사의 직급

검사의 직급은 검찰총장 고등검사장 검사장 및 검사로 구분되어 있다.

4) 검사동일체의 원칙

검사는 검찰사무에 관하여 상사의 명령에 복종하며, 검찰총장, 각급 검찰청의 검사장과 지청장은 소속검사로 하여금 그 권한에 속하는 직무의 일부를 처리하게 할 수도 있고 소속검사의 직무를 자신이 처리하거나 다른 검사로 하여금 처리하게 할 수도 있다.

5) 법무부장관의 지휘·감독

법무부장관은 검찰사무는 최고 감독자로서 일반적으로 검사를 지휘·감독하고,

구체적 사건에 대하여는 검찰총장만을 지휘·감독한다.

6) 검찰의 주요활동

(1) 마약수사

마약류범죄에 대한 정책수립과 운용 및 수사지원 등 국내협력과 국제형사사법 공조, 범죄인인도 등 국제 공조수사에 관한 국제협력, 마약류 관련 국내외 전문가가 참석하는 국제회의 개최, 마약류범죄 통계 관련 자료발간 등의 활동을 한다. 마약류는 인간의 존엄성을 위협하고 건전한 사회문화에 지장을 초래하며 암수성을 특징으로 하므로 국민의 적극적 대치동참이 요구된다.

(2) 부정부패 수사

① 기본방향

- 국민화합을 저해하는 고위공직자, 사회지도층 비리 및 도덕적 해이가 극심하여 국민적 공분을 일으키는 분야의 비리 우선 척결
- 국세청, 금융감독원 등 사정관계기관과의 긴밀한 협조 및 반부패특별수사부의 수사역량을 집결하여 실질적, 체계적 단속 도모
- 법과 원칙에 따라 절제와 품격있는 검찰권을 행사하여 편파, 보복수사 시비 철저 차단
- 형식적 실적위주의 단속활동을 지양하고, 선량한 공직자 보호 등으로 사정의 부작용 최소화

② 4대 중점단속 대상 범죄

- **고위공직자 비리** : 정책수립·인허가 등 업무관련 금품수수, 이권개입, 이권청탁 등 공직자의 직위를 이용한 부정행위 등
- **공기업 및 정부투자기관 임직원 비리** : 공사발주·물품조달 등 이권관련 금품수수 등
- **지방자치단체 등 지역토착비리** : 지방자치단체장, 지방의회 의원 및 지방공무원의 직무 관련 금품 수수행위, 지역토호세력의 이권 관련 불법 청탁 알선

명목의 금품수수, 지역개발에 편승, 불법건축물, 형질변경, 산림훼손 등 단속 묵인 관련 비리 등

- **법조비리** : 변호사, 전문브로커 및 사무장의 사건수임 알선 관련 금품수수, 판·검사 교제비 명목 금품수수행위 등

(3) 조직폭력범죄 수사

마약밀매조직, 국제 테러조직, 폭력조직 등 3인 이상이 일정한 세력을 형성하여 저지르는 '조직범죄'가 기승을 부리면 국가·사회의 치안이 불안해짐은 물론이고 국가신인도에도 큰 영향을 끼친다는 측면에서 조직범죄에 대한 효율적 대응은 매우 중요하다.

검찰은 2013. 4. 「전국 9대 지검 조직폭력 전담 부장검사 회의」를 개최하여 불법 사금융 등 서민생활을 침해하는 조직폭력사범 척결에 집중하였고, 2014. 2.에는 최초로 전국의 「조폭전담 부장검사/검사/수사관 전체회의」를 개최하여 제3세대 조폭들이 형성하고 있는 대규모 지하성세 넝넉에 대한 총력 단속으로 조폭의 기반을 와해함과 동시에 지하경제 양성화에 기여하기 위하여 노력하고 있다.

(4) 지적재산권침해사범수사

지식재산권이라는 개념은 근대국가의 발달과 더불어 새로이 형성된 개념으로 처음에는 생산수단이나 상품 등에 대한 전통적 의미의 소유권 개념에서 벗어나 인간의 정신적인 창작활동에 의한 생성물인 기술, 고안, 사상 등을 권리화한 무체재산권의 의미로 출발하였으나 인간 정신세계의 발달과 더불어 그 개념도 날로 확대되어 가고 있다.

지식재산권은 전통적으로 산업적 또는 영입적 소유권인 사업재산권과 문학적 또는 예술적 소유권인 저작권의 두 가지 유형으로 분류되어 왔으나 오늘날에는 이에 더하여 컴퓨터 소프트웨어, 반도체칩 설계권, 영업 비밀 등을 포함한 더욱 넓은 개념으로 받아들여지고 있다.

일반적으로 지식재산권은 문학, 예술, 과학작품, 산업활동 등 인간의 지적창작활동의 결과 생기는 모든 무형의 소산물에 대한 권리라고 할 수 있다.

우리나라는 1980년대 급속한 경제성장을 이루면서 지식재산에 대한 관심이 고조되었고, 미국은 철강 등 종래의 기간산업분야에 있어서 국제경쟁력이 저하되고 첨단 기술분야 또한 일본, EU등의 도전과 개발도상국의 진출이 확대됨에 따라 국제적으로 비교우위를 점하고 있는 지식재산권 분야를 미국 산업발전의 관건으로 인식하여 1983년부터 외국 정부에 대한 지식재산권보호를 요청하는 등 지식재산권보호의 강화에 주력하기 시작하였으며, 이에 따라 우리나라도 정부차원에서 대처노력을 하고 있다.

(5) 첨단수사활동

① 과학수사

대검찰청 과학수사부는 범죄수사 증거물의신속·정확한감정(분석), 사이버범죄에 체계적인 대응으로 일선 검찰청 수사를 지원하여, 국민 안전과 인권 보장에 앞장서고 있습니다. 과학수사장비의 첨단화, 감정 기법 연구, 전문수사관 양성을 통해 과학수사 역량을 강화함으로써 과학수사 메카로서의 위상을 정립해 나가고 있다.

② 기술유출범죄수사

전기전자, 자동차, 철강, 조선, 원자력, 정보통신, 생명공학 등 세계 일류의 기술력 확보 및 제품 생산을 위하여 정부 및 기업에서는 매년 막대한 자본을 들여 관련 기술을 연구하고 제품을 생산하고 있습니다. 하지만 국내·외로 산업기술을 유출하는 행위는 매년 줄어들지 않고 있다.

기업의 기술을 유출하는 행위, 특히 해외로 기술을 유출하는 행위는 기업의 기술 개발 의지와 국가 경쟁력을 약화시키는 결과를 초래하기 때문에 검찰에서도 그 중요성을 인식하여 집중 단속하고 있다.

이러한 기술유출범죄를 집중적으로 단속하기 위하여 검찰에서는 지난 2007년 대검찰청 중앙수사부에 「기술유출범죄수사지원센터」를 설치하였으며, 2013년 11월부터 반부패부 수사지원과에서 「기술유출범죄수사지원센터」의 기술유출범죄수사 지원업무를 전담하고 있고, 서울중앙지방검찰청 「기술유출범죄수사센터」, 울산지방검찰청 「기술유출범죄수사센터」 및 전국청 기술유출범죄 수사부서에서 산업기술유출범죄 수사를 담당하고 있다.

③ 사이버범죄수사

인터넷이 사회생활의 중요한 영역으로 변화한 이후 인터넷을 통한 범죄가 사회 각 분야에서 크게 증가하고 있습니다. 인터넷 피싱, 사기, 명예훼손 등 전통적인 일반범죄의 무대가 온라인으로 이동하고 있고, 온라인뱅킹정보, 개인정보 등 금전적 이익을 노리는 해킹집단이 조직화되는 양상을 띠고 있다.

특히, 주요정부기관 등을 대상으로 한 '09. 7. 7. DDoS공격, '11. 3. 4. DDoS공격, '11. 농협전산망 마비, '13. 3. 20. 사이버테러, '14. 한국수력원자력 자료 유출 사건 등 막대한 피해와 혼란을 야기하는 '테러형 사이버범죄'가 최근 빈발하고 있다.

급변하는 IT환경에 따라 범죄양상이 갈수록 지능화되고 있어, 이에 대응하기 위해 검찰은 사이버범죄 수사능력 향상에 주력하고 있다.

검찰에서는 지난 1995년 서울지검 「정보범죄수사센터」 발족을 시작으로, 2001년 대검찰청 「인터넷범죄수사센터」 설치, 2011년 대검찰청 「사이버범죄수사단」 창단, 2015년 대검찰청 과학수사부 사이버수사과로 정식 개편 등 변화하는 사이버범죄에 빠르게 대응하기 위한 조직을 구성하였으며, 특히 유관기관 협력 및 국제공조 강화에도 노력하고 있다.

④ 범죄수익 환수수사

우리나라에서도 『범죄수익은닉의규제및처벌등에관한법률』이 제정되어 중대범죄에 대해서 몰수·추징을 통해 범죄로 인해 취득한 수익을 환수할 수 있는 법적 근거를 마련하였고, 공직사회 부정부패 척결을 위해 공무원범죄몰수특례법을 시행하고 있으며, 또한 정치인의 불법적인 정치기금 수수를 막기 위하여 불법정치자금몰수특례법이 제정되어 시행 중에 있다.

이러한 법률의 제정에 발맞추어 대검찰청 반부패부에 회계분석수사, 금융거래추적수사, 범죄수익환수수사를 전담하는 수사관들로 구성된 범죄수익환수수사지원센터를 설립하였고, 전국 검찰청에는 범죄수익환수 전담반을 설치하였다.

검찰에서는 철저한 범죄수익 박탈을 통하여 범죄예방 효과와 범죄수익의 범죄자금으로의 재 투입을 차단함으로써 범죄의 재생산을 막아 투명하고 밝은 사회를 이루는데 최선을 다해야 할 것이다.

(6) 사회적 지원활동 및 국제협력활동

① 사회적 지원활동

소년선도보호활동, 범죄피해자지원활동, 법률구조지원활동 등을 통한 사회적 지원활동을 수행함으로서 공정한 사회뿐만 아니라 사회적 약자배려와 공평사회 실현을 동시에 추구함.

② 국제협력활동

검찰 국제수사 및 협력지원과 국제협력네트워크 구축, 전 세계가 하나의 마을 이라는 지구촌시대에 부합하게 일국의 범죄안전 뿐만 아니라 세계가 범죄로부터 안전한 상태를 실현시키기 위한 일익을 담당함.

2. 법 원

1) 법원의 조직

법원은 대법원과 각급법원인 고등법원 특허법원 지방법원 가정법원 행정법원으로 나누되, 지방법원 및 가정법원의 사무의 일부를 처리하게 하기 위하여 그 관할 구역안에 지원과 소년부지원, 시법원 또는 군법원을 두고 있다.

대법원은 서울특별시에 두고 있으며, 고등법원과 지방법원 가정법원 및 그 지원, 소년부지원의 설치, 폐지 및 관할 구역은 각급법원의 설치와 관할 구역에 관한 법률에서 정하고 있는데 1996년 12월 31일 현재 5개의 고등법원과 20개의 지방법원(가정법원 포함) 및 37개의 지방법원지원(3개의 소년부지원 포함)이 설치되어 있다.

2) 권한

(1) 심판과 기타 업무에 관한 권한

사법권은 법관으로 구성된 법원에 속하며, 법원은 헌법에 특별한 규정이 있는 경우를 제외한 일체의 법률상의 쟁송심판하고, 법원조직법과 다른 법률에 의하여 법원에 속하는 권한을 가진다. 법원은 쟁송에 대한 심판 외에 등기 호적 공탁 집행관 법무사에 관한 사무를 관장하거나 감독하는 권한을 가진다.

(2) 명령 규칙 처분의 심사권

명령 규칙 또는 처분이 헌법이나 법률에 위반되는 여부가 재판이 전제가 된 경우에는 대법원은 이를 최종적으로 심사할 권한을 가진다.

(3) 위헌법률심판제청권

법률이 헌법에 위반되는 여부가 재판의 전제가 된 경우에는 법원은 헌법재판소에 제청하여 그 심판에 의하여 재판하니, 따라서 법원은 위헌법률심판제청권을 가진다. 위헌법률심판제청은 대법원과 각급법원이 할 수 있고, 대법원 외의 법원이 위헌법률심판제청을 할 때에는 대법원을 거쳐야 한다.

(4) 규칙제정권

대법원은 법률에 저촉되지 않는 범위 안에서 소송에 관한 절차, 법원의 내부규율과 사무처리에 관한 규칙을 제정할 수 있다. 대법원규칙의 제정과 개정은 대법관회의의 의결사항이며 대법관회의에서 의결된 규칙은 15일 이내에 공포하고 특별한 규정이 없는 한 공포한 날로부터 20일을 경과함으로써 효력을 발생한다.

3) 관할

(1) 사물관할

지방법원 및 가정법원과 그 지원, 소년부지원 및 시 군법원의 심판권은 단독판사가 이를 행한다. 지방법원 및 가정법원과 그 지원에서 합의심판을 요하는 경우에는 판사 3인으로 구성된 합의부에서 심판한다.

(2) 심급관할

법원조직법은 법원의 종류를 대법원, 고등법원, 특허법원 지방법원 가정법원 행정법원으로 하여 3심제로 규정하고 있으며, 헌법과 법률에 따를 때 3심제 원칙은 민 형사재판 등에 적용되고, 행정재판과 선거소송 등은 2심제 또는 단심제로 하여 3심제에 대한 예외를 규정하고 있다.

제1심의 관할은 일정한 사건에 대하여 지방법원 및 가정법원의 직무 관할로 되어 있고, 제2심의 관할은 지방법원 또는 가정법원 단독판사의 심판에 대한 불복은 지방법원 본원합의부 또는 가정법원 본원합의부에 항소 또는 항고할 수 있고, 지방법원 또는 가정법원이 제1심 합의부심판사건은 고등법원에 항소 또는 항고할 수 있다. 그리고 제3심의 관할은 대법원의 직무관할에 속하며, 대법원 비약상고사건을 포함하여 제2심의 심판에 대한 불복사건을 종심으로 심판권을 가진다.

즉결심판에 대한 피고인 또는 경찰서장이 정식재판청구, 약식명령에 대한 검사 또는 피고인의 정식재판청구, 지급명령에 대한 이의신청 등은 항소 또는 항고가 아니므로 제1심 법원이 관할한다.

(3) 토지관할

토지관할은 각급 법원의 설치와 관할구역에 관한 법률에 의하여 정하여진다. 법원의 관할 구역을 정함에는 행정구역을 기준으로 하고, 그 기중이 되는 행정구역의 변경이 있는 경우에는 각급법원의 설치와 관할 구역에 관한 법률에의하여 관할 구역이 정하여 질 때까지 정부와 협의하여 그 변경으로 인한 관할구역을 대법원규칙으로 정할 수 있도록 규정함에 따라 법원관할구역에 관한 규칙에서 이를 정하고 있다.

4) 법관의 독립

(1) 법관의 직무상의 독립

법관은 헌법과 법률에 의하여 그 양심에 따라 독립하여 심판한다. 법관이 직무상의 독립은 사법권독립의 본질적 요소이며, 물적 독립이라고도 한다. 법관의 직무상의 독립은 ① 법관이 소송당사자는 물론 다른 어떠한 국가기관이나 여러 사회

세력이 지시에도 독립하여 그 직무를 행사한다는 것과, ② 법관이 그 양심에 따라 그 직무를 행사한다는 것, 및 ③ 법관은 그 직무를 행사함에 있어서 헌법과 법률에만 구속된다는 것을 뜻한다.

(2) 법관이 신분상의 독립

법관의 신분상의 독립은 법관의 인사의 독립, 법관의 자격제, 법관의 임기보장 등을 규정함으로써 법관의 신분보장을 기하여 실질적으로 재판상의 독립을 보장하기 위한 것이며, 법관의 인적 독립이라고도 한다. 대법원장은 국회의 동의를 얻어 대통령이 임명하고, 대법관은 대법원장의 제청에 의하여 국회의 동의를 얻어 대통령이 임명하며, 그 밖의 법관은 대법관회의의 동의를 얻어 대법원장이 임명한다. 대법원장과 대법관의 임기는 6년이며 일반 법관이 임기는 10년이고, 대법원장은 단임제인 반면에 대법관과 일반 법관은 법률이 정하는 바에 의하여 연임이 가능하다. 법관의 정년에 관하여 대법원장은 70세, 대법관은 65세, 판사는 63세로 하고 있다.

법관은 탄핵결정 금고 이상의 형의 선고에 의하지 않고는 파면되지 않으며, 법관 징계위원회의 징계처분에 의하지 않고는 정직 감봉 또는 불리한 처분을 받지 않는다. 법관에게 직무와 품위에 상응하도록 보수가 주어지며, 이를 위하여 법관등의 보수에 관한 법률이 따로 제정되어 있다.

5) 법원의 조직과 분장사무

(1) 대법원

① 설치

대법원에 대법원장과 13인의 대법관을 두며, 대법원장과 대법관은 15년 이상 ① 편사 검사 변호사로 재직한 사, ② 판사 검사 또는 변호사의 자격이 있는 자로서 국가기관, 지방자치단체, 국 공영기업체, 정부투자기관 기타법인에서 법률에 관한 사무에 종사한 자 그리고 ③ 판사 검사 또는 변호사의 자격이 있는 자로서 공인된 대학의 법률학 조교수 이상의 직에 있던 40세 이상의 자 중에서 임용한다.

대법원의 심판권은 대법관전원의 3분의 2이상으로 구성되고 대법원장이 재판장

이 되는 합의체에서 이를 행하나, 일정한 경우에는 대법관 3인 이상으로 구성되는 부에서도 재판할 수 있다. 대법관 3인 이상으로 구성된 부에서 먼저 사건을 심리하여 의견이 일치한 때에 한하여 ① 명령 또는 규칙이 헌법에 위반함을 인정하는 경우, ② 명령 또는 규칙이 법률에 위반함을 인정하는 경우, ③ 종전에 대법원에서 판시한 헌법 법률 명령 또는 규칙이 해석적용에 관한 의견을 변경할 필요가 있음을 인정하는 경우 그리고 ④ 부에서 재판함이 적당하지 아니함을 인정하는 경우를 제외하고는 그 부에서 재판할 수 있다. 대법관 중 법원행정처장으로 임명된 1인은 재판에 관여하지 않으며, 대법원장은 필요하다고 인정하는 경우에 특정한 부로 하여금 행정 조세 노동 군사 특허 등 사건을 전담하여 심판하게 할 수 있다.

대법원에는 최고의결기관으로서 대법원장과 대법관으로 구성된 대법관회의가 있고, 대법원장은 필요하다고 인정할 경우에는 대법원장의 자문기관으로 사법정책자문위원회를 둘 수 있다. 또한 대법원의 위원회로서 법관징계위원회 판례심사위원회 공적심사위원회 대법원공직자윤리위원회 법원도서정책자문위원회 법관인사위원회가 있다. 그리고 대법원에 대법원장비서실 및 대법관비서관을 두고 있으며, 대법원장이 명을 받아 대법원에서 사건이 심리 및 재판에 관한 조사 연구업무를 담당하는 재판연구관이 있다.

대법원의 기관으로는 사법행정사무를 관장하기 위하여 법원행정처를, 판사의 연수 및 사법연수생의 수습에 관한 사무를 관장하기 위하여 사법연수원을, 법원직원 법무사 등의 연수 및 양성에 관한 사무를 관장하기 위하여 법원공무원교육원을, 재판사무를 지원하기 위한 도서 기타 도서관자료의 수집 정리 보존 및 도서관봉사를 행하기 위하여 법원도서관을 각 두고 있으며, 이들 기관의 조직 운영 또는 사무기구의 설치 및 관장사무 등은 대법원규칙으로 정한다.

② 대법원장

대법원에는 대법원장을 두고, 대법원장이 궐위되거나 사고로 인하여 직무를 수행할 수 없을 때에는 선임대법관이 그 권한을 대행한다. 대법원장은 사법행정사무를 총괄하며, 사법행정사무에 관하여 관계공무원을 지휘 감독한다. 한편 사법행정사무의 지휘 감독권의 일부를 법률 또는 대법원규칙이 정하는 바에 의하여, 또는 대법원장의 명으로 법원행정처장이나 각급법원의 장, 사법연수원장, 법원공무원교육원장 및 법원도서관장에게 위임할 수 있다. 그리고 대법원장의 사법행정상이 지휘 감독은 법관의 재판권에 영향을 미치거나 이를 제한하지 못한다.

③ 대법관회의

대법관회의는 사법부의 행정에 관한 최고의결기관으로서 법원조직법 제16조 제17조에 의하여 설치되고, 대법관회의운영규칙에 의하여 운영된다. 대법관회의는 대법관으로 구성되며, 대법원장이 그 의장이 된다. 다음 사항은 대법관회의의 의결을 거쳐야 한다.

① 판사의 임명에 대한 동의
② 대법원규칙이 제정과 개정등에 관한 사항
③ 판례의 수집 간행에 관한 사항
④ 예산요구 예비금비출과 결산에 관한 사항
⑤ 다른 법령에 의하여 대법관회의의 권한에 속하는 사항
⑥ 특히 중요하다고 인정되는 사항으로서 대법원장이 부의한 사항

대법관회의는 대법관전원의 3분의 2 이상이 출석과 출석인원 과반수의 찬성으로 의결한다. 의장은 의결에 있어서 표결권을 가지며, 가부동수인 때에는 결정권을 가진다. 의결사항으로서 경미한 사항은 서면으로 의결할 수 있다.

④ 대법원의 기관

가. 법원행정저 조직

대법원에 법원행정처를 두고, 법원행정처에는 처장과 차장을 두며, 처장은 대법관 중에서 차장은 판사 중에서 대법원장이 보한다. 처장은 대법원장의 지휘를 받아 법원행정처의 사무를 관장하고, 소속 직원을 지휘 감독하며, 법원의 사법행정사무 및 그 직원을 감독한다. 차장은 처장을 보좌하여 법원행정처의 사무를 처리하고, 처장이 궐위되거나 사고로 인하여 사무를 수행할 수 없을 때에는 그 권한을 대행한다.

법원행정처에는 실 국 및 과를 두며, 그 설치 및 분장사무는 대법원 규칙으로 정한다. 실에는 실장을 두어 판사 또는 법원관리관으로 보하고, 국에는 국장을 두어 판사 법원이사관 시설이사관 또는 공업이사관으로 보하고, 과에는 과장을 두어 법원부이사관 법원서기관 시설부이사관 시설서기관 공업부이사관 또는 공업서기관으로 보한다. 실장 국장 및 과장은 상사의 명을 받아 실 국 또는 과의 사무를 처리하고, 소속 직원을 지휘 감독한다.

법원행정처장 차장 실장 또는 국장 밑에 정책의 기획이나 계획의 입안 및 연구 조사, 심사 평가 및 홍보업무 등을 보좌하는 심의관 또는 담당관을 둘 수 있으며, 그 직명과 사무분장은 대법원규칙으로 정한다.

법원조직법 제10조 제12항, 제71조 제13항, 제75조 제1항, 제79조, 제81조 제4항에 관한 사항을 규정하기 위하여 제정된 법원사무기구에 관한 규칙에 의하면 법원행정처에 기획조정실과 사법정책연구실 및 인사관리실을 두며, 총무국, 송무국, 법정국 및 건설국을 두고 그 밑에 각과를 둔다. 기획조정실장, 사법정책연구실장과 송무국 및 법정국의 국장 밑에 심의관을 건설국의 국장 밑에 심의관 또는 담당관을 두고, 법원행정처차장 밑에 공보관과 감사관 및 비상계획관을 두며, 공보관은 판사 법원이사관 법원부이사관으로 보하고, 심의관 및 담당관은 판사 법원이사관 법원부이사관 법원서기관 시설이사관 시설부이사관 또는 시설서기관 공업이사관 공업부이사관 또는 공업서기관으로 보하며, 감사관은 판사 또는 법원이사관으로 비상계획관은 2급상당의 별정직 공무원으로 보한다.

법원행정처는 법원에 관한 인사 예산 회계 시설 송무 등기 호적 공탁 집행관 법무사 법령조사 통계 판례편찬 및 사법제도연구에 관한 사무를 관장한다.

나. 사법연수원

판사 및 예비판사의 연수와 사법연수생의 수습에 관한 사무를 관장하기 위하여 대법원에 사법연수원을 두고 있다. 1970년 8월 7일 법원조직법 중 개정법률이 공포됨으로써 사법연수원에 대한 법적 근거가 생기고 1971년 1월 1일 사법연수원이 개원되었고, 법원조직법 제7편 제2장 및 법원사무기구에 관한 규칙 제3조에 의하여 동원의 조직과 사무기구가 정하여져 있으며, 사법연수원운영규칙에 의하여 동원이 운영되고 있다.

사법연수원에 원장 1인 부원장 1인, 교수 및 강사를 두고 있다. 사법연수원장은 판사 중에서, 부원장은 검사중에서, 교수는 판사 검사 변호사 기타 상당한 학식과 경험이 있는 자 중에서 대법원장이 보하거나 임명하며, 강사는 교수에 준하여 사법연수원장이 위촉한다.

원장은 대법원장이 지휘를 받아 사법연수원의 사무를 관장하고 소속직원을 지휘 감독 하며, 대법 원장의 권한의 일부를 법률이나 대법원 규칙으로 정한 바에 의하여 또는 대법원장의 명으로 위임된 사무를 처리한다. 부원장은 원장을 보좌하여 사법연수원의 사무를 처리하며, 원장이 궐위되거나 사고로 인하여 직무를 수행할 수 없을 때에는 부원장이 그 권한을 대행한다.

사법연수원에 사무국을 두고, 사무국에는 과를 두며, 국에는 국장, 과에는 과장을 두고, 국장은 법원이사관 또는 법원부이사관으로 과장은 법원서기관 또는 법원사무관으로 보한다. 국장과 과장은 상사의 병을 받아 국 또는 과의 사무를 관장하고 소속직원을 지휘 감독한다.

사법연수원은 판사의 연수, 사법연수생의 수습 및 대법원장이 필요하다고 인정하는 자의 교육에 관한 업무를 관장한다.

사법연수생의 수습은 사법시험에 합격한 자로서 수습등록을 마치고 대법원장이 임명을 받은 자를 그 대상으로 한다. 연수생의 수습기간은 2년으로 하며, 전기교육은 8개월간으로 하고, 법원 검찰 변호사 및 관련 분야에서13개월간의 실무수습을 마친 후 마지막으로 3개월의 후기교육을 받는다.

사법연수생은 사법시험의 합격자로서 대법원장이 임명하고, 4급 또는 5급 상당이 별정직공무원으로 한다. 사법연수생이 국가공무원법 제33조 제1항 각호의 1에 해당하는 경우, 품위를 손상시키는 행위를 한 경우, 수습의 태도가 심히 불성실하여 수습성적이 불량한 경우, 질병으로 인하여 수습이 불가능한 경우에는 면직할 수 있으며, 또한 법령 및 사법 연수원운영규칙에 의한 연수원규정에 위반하였을 때, 수습상이 의무에 위반하거나 수습을 태만하였을 때, 수습의 내외를 불문하고 품위를 손상

하는 행위를 한 때에는 파면 정직 감봉 견책 등의 징계처분을 받을 수 있다.

연수원장은 교수회의 심의를 거쳐 다음 연도의 판사연수계획을 작성하여 법원행정처장을 거쳐 대법원장의 승인을 받아 실시한다.

다. 법원공무원교육원

법원직원, 집행관 등의 연수 및 양성에 관한 사무를 관장하기 위하여 대법원에 법원 공무원교육원을 두고 있다. 1979년 9월 1일 법원공무원교육원이 설치되었고, 법원조직법 제7편 제3장 및 법원공무원교육원규칙과 법원사무기구에 관한 규칙 및 법원공무원교육원 각종 내규에 의하여 조직 운영되고 있다.

법원공무원교육원에 원장 1인, 교수 및 강사를 두고 있다. 교육원장은 판사로 또는 1급 상당의 별정직 공무원으로 보하며, 별정직공무원인 교육원장의 임기는 2년으로 하고, 중임할 수 없다. 교육원에 교육훈련을 담당하게 하기 위하여 교수 및 강사를 두며, 교수는 법원부이사관, 법원서기관, 3급 상당 또는 4급 상당의 별정직공무원으로 보하고 강사는 교육원장이 상당한 학식과 경험이 있는 자 중에서 위촉한다.

원장은 대법원장의 지휘를 받아 법원공무원교육원의 사무를 관장하며, 소속 직원을 지휘 감독하고, 대법원장의 권한의 일부를 법률이나 대법원규칙이 정한 바에 의하여 또는 대법원장의 명으로 위임된 사무를 관장한다.

교육원에는 사무국을 두고 국에는 과를 두며, 국에는 국장을 과에는 과장을 두고 국장은 법원이사관 또는 법원부이사관으로 과장은 법원 서기관 또는 법원사무관으로 보한다. 국장은 교육원장을 보좌하여 원부를 처리하고 교육원장이 궐위되거나 유고시에는 그 직무를 대행하며, 과장은 상사의 명을 받아 과의 사무를 관장하고 소속 직원을 지휘 감독 한다.

교육원은 법원직무, 집행관 및 대법원장이 필요하다고 인정한 자의 연수 및 양성에 관한 사무를 관장한다.

라. 법원도서관

재판사무를 지원하기 위하여 도서 기타 도서관자료의 수집 정리 보존 및 도서관 봉사를 행하기 위하여 대법원에 법원도서관을 두고 있다.

1989년 9월 1일 법원도서관이 설치되고, 법원조직법 제7편 제4장 및 법원사무기구에 관한규칙 제3조의 3과 1989년 8월 5일 대법원규칙 제1082호로 공시된 법원도서관규칙에 의하여 조직 운영되고 있다.

1995년 8월 21일 대법원규칙 제1380호로 법원사무기구에관한 규칙 및 대법원규칙 제1381호로 법원도서관규칙이 개정되어 종전 조사국 판례편찬과에서 관장하던 판례공보 편찬에 관한 사무와 사법자료의 수집, 정리, 편찬 및 발간에 관한 업무를 도서관 편찬과에서 관장하게 되었다.

법원도서관에 관장을 두고, 관장은 판사 법원이사관 또는 법원부이사관으로 보한다. 도서관장은 대법원장의 지휘를 받아 법원도서관의 사무를 관장하며, 소속 직원을 지휘 감독하고 대법원장의 권한의 일부를 법률이나 대법원규칙이 정한 바에 의하여 또는 대법원장의 명으로 위임된 사무를 관장한다.

법원도서관에는 사무국을 두고, 사무국에는 총무과와 그 밖에 필요한 과를 두며 국에는 국장을, 과에는 과장을 두며, 국장은 법원이사관 또는 법원부이사관으로, 과장은 법원서기관, 사서서기관, 법원사무관 또는 사서사무관으로 보한다.

도서관장은 필요하다고 인정할 때는 대법원장의 승인을 받아 법원공무원정원에 관한 규칙이 정한 정원의 범위 내에서 도서관장 밑에 도서관장의 업무를 보좌하기 위해 조사심의관을 둘 수 있다. 조사심의관은 판사, 법원이사관, 법원부이사관, 법원서기관 또는 사서서기관으로 보한다.

3. 교정보호기관

1) 교정본부 개관

교정본부는 범죄자를 사회로부터 격리하여 이들 수형자에게 형기동안 교육, 교화 활동 및 직업훈련 등을 실시함으로써, 이들이 출소 후 사회에 복귀하여 다시는 범죄를 저지르지 않고 성공적으로 사회에 정착하도록 하는 기능을 담당하는 교정시설을 관리하는 곳이다.

교정본부는 교정행정을 총괄하는 중앙기구로 법무부장관과 차관 밑에 교정본부장이 있고, 교정본부장을 보좌하는 교정정책단장, 보안정책단장이 있으며 그 밑으로 각 소관업무에 관하여 정책을 입안하는 교정기획팀, 수용기획팀, 경비정책팀, 근로직능개발팀, 교육교화팀, 분류처우팀, 사회복귀지원팀, 의료처우팀, 복지후생팀의 9개팀이 있다.

교정본부장을 보좌하며 일선기관 업무집행의 지휘감독을 관장하는 중간감독기관으로 서울지방교정청, 대구지방교정청, 대전지방교정청, 광주지방교정청 등 4개 지방교정청이 있다.

2) 중앙조직기구

교정행정을 총괄하는 중앙기구로는 법무부장관과 법무부차관 아래에 교정본부장이 있고, 교정행정 전반에 걸쳐 교정본부장을 보좌하는 기구로서 교정정책단장과 보안정책단장이 있으며, 각 소관업무에 관하여 정책을 입안하는 교정기획과, 직업훈련과, 사회복귀과, 복지과, 보안과, 분류심사과, 의료과 등 7개과를 두고 있다.

본부장은 검사 또는 일반직고위공무원으로, 교정정책단장과 보안정책단장은 일반직고위공무원으로, 교정기획팀장·수용기획팀장은 부이사관(3급) 또는 서기관(4급)으로, 근로직능개발팀장·교육교화팀장·사회복귀지원팀장·복지후생팀장·경비정책팀장·분류처우팀장·의료처우팀장은 서기관(4급)으로 보하고 있다.

3) 지방교정청

교정본부와 일선교정기관의 중간에 위치하여 일선기관 업무집행의 지휘감독을 관장하는 중간감독기관으로서 1991. 11월부터 서울, 대구, 대전, 광주 등 4개 도시에 지방교정청을 설치·운영하고 있다. 기구로는 총무과, 보안과, 직업훈련과, 의료분류과, 사회복귀과를 두고 있으며, 서울지방교정청에는 전산관리과를 별도로 두고 있다. 지방교정청장은 이사관(2급)으로, 과장의 경우 총무과장, 보안관리과장 및 작업훈련과장은 서기관(4급) 또는 교정관(5급)으로 보하며, 교육교화과장은 교회관(5급)으로, 보건분류과장은 교정관으로 각각 보하도록 규정하고 있다.

4) 일선교정기관

현재 전국에는 교도소 36개 기관, 구치소 11개 기관, 지소 3개 기관 등 총 50개의 교정기관이 있으며, 교도소는 수형자 형 집행 업무 및 교정교화를 통한 사회복귀 지원에 관한 사무와 미결수용자의 수용에 관한 업무를 관장하고, 구치소는 주로 미결수용 업무를 관장한다.

부속 기구로는 교도소와 구치소 공통부서로 총무과, 보안과, 직업훈련과(수용기록과), 사회복귀과, 복지과, 의료과를 두고 있으며, 그 외 기관 특성 및 기능에 따라 출정과, 분류심사과, 민원과, 시설과, 국제협력과 등을 두고 있다.

(1) 교도소(소년, 여자교도소 포함)

교도소는 형의 집행 등 행형에 관한 사무 및 미결수용자의 수용에 관한 업무를 관장하며 소장을 정점으로(대규모 교도소에는 소장을 보좌하기 위하여 부소장을 둠) 총무과, 보안관리과, 분류심사과, 작업훈련과, 교육교화과, 복지지원과, 보건의료과를 두고 있다. 대규모 교도소의 소장은 부이사관(3급)으로 보하고, 소규모 교도소의 소장과 대규모 교도소의 부소장은 부이사관(3급) 또는 서기관(4급)으로 보하며 각 과장은 서기관(4급) 또는 교정관(5급) 및 교감(6급)으로 보하고 있다. 다만 보건의료과장은 그 업무의 성질상 의사로, 교육교화과장은 부이사관(3급), 서기관(4급) 또는 교회관(5급)으로, 분류심사과장은 서기관(4급) 또는 분류관(5급)으로 보하고 있다.

(2) 구치소

구치소는 미결수용업무를 관장하고 있으며 그 성격상 교도소와 조직이 약간 상이하여 교육교화과, 보안관리과, 분류심사과, 출정사무과, 수용기록과, 민원사무과, 교육교화과, 복지지원과 및 보건의료과를 두고 있고, 소장은 부이사관(3급) 또는 서기관(4급), 부소장은 부이사관(3급) 또는 서기관(4급), 각 과장은 서기관(4급) 또는 교정관(5급)으로 보하고, 보건의료과장 교육교화과장 및 분류심사과장의 직급은 교도소와 같다.

(3) 개방교도소

개방교도소는 전국의 교도소에서 선발된 모범수형자를 집결하여 수용자자치제를 허용하고 아울러 외부기업체 취업 등 외부통근제도를 실시하여 출소전 사회적응능력을 배양하고 있으며, 조직은 총무과, 보안관리과, 작업훈련과, 교육교화과, 복지지원과 및 보건의료과를 두고 있고 소장 및 각 과장의 직급은 다른 교도소와 같다.

5) 보호기관

(1) 조직

보호행정을 총괄하는 중앙기구로는 법무부장관과 차관 밑에 보호국장이 있고, 보호국에 보호과·조사과·관찰과, 소년 제1과 및 소년 제2과를 두고 있다. 국장은 검사장으로, 보호과장·조사과장 및 관찰과장은 검사로, 소년 제1과장 및 소년 제2과장은 보도부이사관 또는 보도서기관으로 보한다.

또한 일선 보호기관으로는 치료감호소, 소년원, 소년분류심사원 및 보호관찰소가 있다.

① 치료감호소

치료감호소는 사회보호법에 의하여 치료감호처분을 받은 자의 수용·감호와 치료 및 이에 관한 조사·연구사무를 관장한다.

치료 감호소에 소장을 두되, 소장은 의무이사관 또는 의무부이사관으로 보한다. 소장은 법무부장관의 명을 받아 소관사무를 통할하고, 소속공무원을 지휘·감독한다. 소장이 사고가 있을 때에는 의료부장이 그 직무를 대행한다.

치료감호소에 서무과·감호과 및 의료부를 두며, 의료부에는 일반정신과·사회정신과·특수치료과·감정과·신경과·일반진료과·간호과 및 약제과를 두고 있다.

서무과장은 보도부이사관·부이사관·보도서기관 또는 서기관으로 보하고, 감호과장은 보도서기관 또는 서기관으로 보하며, 의료부장은 의무부이사관으로, 각 과장은 의무서기관으로 보한다. 다만 일반정신과장은 의무부이사관 또는 의무서기관으로, 간호과장은 간호서기관으로, 약제과장은 약무사무관으로 보한다.

② 소년원

소년원은 보호처분에 의하여 송치된 소년(이하 "보호소년"이라 한다)을 수용·보호하고 이들의 교정교육에 관한 사무를 관장한다.

소년원에 원장을 두고, 원장은 보도서기관으로 보하며, 다만 서울소년원장은 보도부이사관으로 보한다. 원장은 법무부장관의 명을 받아 소관사무를 통할하고, 소속공무원을 지휘·감독한다.

소년원에 서무과·교무과·분류보호소 및 의무과를 두고 있다. 서무과장·분류보호과장은 보도사무관으로, 교무과장은 보도서기관 또는 보도사무관으로, 의무과장은 의무서기관 또는 의무사무관으로 보한다. 다만 서울소년원 서무과장은 보도서기관 또는 보도사무관으로, 의무과장은 의무부이사관 또는 의무서기관으로 보한다. 과장은 원장의 명을 받아 소관사무를 통할하고, 소속공무원을 지휘·감독한다.

(2) 소년분류심사원

소년분류심사원은 법원소년부로부터 위탁된 소년(이하 "위탁소년"이라 한다)을 수용·보호하고 이들의 분류심사에 관한 사무를 관장한다.

소년분류심사원에 원장을 두되, 보도서기관으로 보하며, 다만 서울소년분류심사원장은 보도부이사관으로 보한다. 원장은 법무부장관의 명을 받아 소관사무를 통할하고, 소속공무원을 지휘·감독한다.

소년분류심사원에 서무과·분류심사과·관호과 및 의무과를 두고 있다. 서무과장·관호과장은 보도사무관으로, 분류심사과장은 보도서기관 또는 보도사무관으로, 의무과장은 의무서기관 또는 의무사무관으로 보한다. 다만 서울소년분류심사원의 서무과장은 보도서기관 또는 보도사무관으로, 의무과장은 의무부이사관 또는 의무서기관으로 보한다. 과장은 원장의 명을 받아 소관사무를 통할하고, 소속공무원을 지휘·감독한다.

(3) 보호관찰소

보호관찰소는 보호관찰등에 관한 법률 제15조 각호에 규정된 사무, 즉 ·보호관찰의 실시 및 사회봉사명령·수강명령의 집행·갱생보호의 실시·검사가 보호관찰소의 선도를 조건으로 공소제기를 유예하고 위탁한 선도의 실시·보호선도위원에 대한 교육훈련 및 업무감독·범죄예방활동·기타 보호관찰등에 관한 법률 또는 다른 법령에 의하여 보호관찰소의 관장사무로 규정된 사항을 수행한다.

보호관찰심사위원회는 보호관찰등에 관한 법률 제6조 각호에 규정된 사항, 즉·가석방고 그 취소에 관한 사항·가퇴원과 그 취소에 관한 사항·보호관찰의 가해제와 그 취소에 관한 사항·보호관찰의 정지와 그 취소에 관한 사항·가석방중인 자의 부정기형 종료에 관한 사항·기타 보호관찰등에 관한 법률 또는 다른 법령에 의하여 보호관찰심사위원회의 관장사무로 규정된 사항 및 이에 관련된 사항을 심사·결정한다.

보호관찰소와 그 지소에 각 소장 1인을 두되, 보호관찰소장은 보호관찰부이사관 또는 보호관찰서기관으로, 지소장은 보호관찰서기관 또는 보호관찰사무관으로 보한다. 소장은 법무부장관의 명을 받아 소관사무를 통할하고, 소속공무원을 지휘·감독한다.

서울보호관찰소에 사무과·조사과 및 관호과를, 부산보호관찰소·대구보호관찰소 및 광주보호관찰소에 각각 사무과 및 관호과를 두고 있다. 서울보호관찰소의 사무과장과 관호과장 및 대구·부산·광주보호관찰소의 관호과장은 보호관찰서기관으로, 서울보호관찰소의 조사과장 및 기타 보호관찰소의 과장은 보호관찰사무관으로 보한다.

4. 법무부

법무부는 검찰, 보호처분 및 보안관찰처분의 관리와 집행, 행형, 소년의 보호와 보호관찰, 갱생보호, 국가보안사범의 보도, 사면, 인권옹호, 공증, 송무, 국적의 이탈과 회복, 귀화, 사법시험, 및 군법무관 임용시험, 법조인양성제도에 관한 연구·개선, 법무에 관한 자료조사, 대통령·국무총리와 행정 각 부처의 법령에 관한 자문과 민사·상사·형사(다른 법령의 벌칙 조항을 포함한다). 행정소송 및 국가배상관계법령의 해석에 관한 사항, 출입국관리사무 기타 일반 법무행정에 관한 사무를 관장한다.

법무부의 구성은 내부에 총무과, 법무실, 검찰국, 보호국, 인권국, 교정본부 및 출입국·외국인정책관리국을 둔다. 장관 밑에 감찰관 1인 및 장관정책보좌관 2인, 차관 밑에 감사관 1인을 둔다.

법무부 산하기관으로는 법무부 장관 소속 하에 법무연수원 및 치료감호소, 지방교정청, 소년원, 소년분류심사원, 보호관찰심사위원회, 보호관찰소, 출입국관리사무소 및 외국인보호소를 두며, 지방교정청장소속하에 교도소 및 구치소를 둔다.

5. 국립과학수사연구원

1) 조직과 역할

국립과학수사연구원은 1955.03.25. 내무부 소속기관으로 설립된 이래, 2013. 11.18 원주로 본원이 이전하였고, 아래 조직도와 같이 서울, 부산, 대구, 광주, 대전 등 5개 지방과학수사연구소가 운영되고 있다.

국립과학수사연구원은 범죄수사 증거물에 대한 과학적 감정 및 연구활동을 통해 사건을 해결하고 범인을 검거할 수 있도록 지원함으로써 국민의 기본권을 보장하고 생명과 안전을 지키고자 하는 목적한다. 또한 사회가 급변함에 따라 범죄양상 또한 새로운 형태를 띠고 있으며, 이러한 강력사건을 해결하기 위해 과거와 같은 원시적 수사방법으로는 더이상 범인을 검거하는데 한계가 있기 때문에 그 어느 때보다 연구원의 중요성이 강조되고 있다.

국립과학수사연구소로 출발한 연구원은 창설이후 과학수사의 일익을 담당하는 감정연구기관으로서 경찰·검찰·군사기관 등 각급 수사기관과 법원 등 공공기관의 각종 범죄수사 사건에서의 감정을 수행해 왔으며 또한, 과학적 증거력 확보를 위한 실험연구 및 교육활동을 전개함으로써 수사의 과학화에 크게 이바지해 왔다.

국립과학수사연구원은 원장 아래 법생화학부, 법공학부 등 2개부와 9개과 중앙법의학센터 및 5개 지방과학수사연구소를 두고 운영되고 있다.

가. 법유전자과

- 강력사건, 교통사고, 상해 및 성범죄와 관련된 현장증거물의 DNA형 분석 및 구속피의자/검색대상자의 DNA형 대조분석
- 신원불상변사체에 대한 신원확인 및 법생물학 관련업무
- DNA신원확인정보 데이터베이스업무
- 실종아동, 독립유공자 후손 등 가족관계 성립 여부 감정

나. 법독성학과

- 변사사건, 약독물 이용 범죄사건 등의 약독물 감정 및 연구
- 부정 불량 식품류의 감정 및 연구
- 마약류의 감정 및 연구

다. 법화학과

- 동위원소, 미량원소, 분석을 통한화학적지문 감정및연구
- 섬유, 페인트, 콘크리트 등 미세물질 감정 및 연구
- 교통사고, 음주단속혈액에서 혈중알코올농도 감정 및 연구
- 연소잔류물, 유기용제류에서 희발성물질 감정 및 연구
- 산, 알칼리, 중금속 등의 유해화학물질 감정 및 연구

라. 법안전과

- 안전사고 감정 및 연구
- 재난원인조사
- 화재,폭발 감정 및 연구
- 흔적,총기,혈흔 감정 및 연구

마. 디지털분석과

- CCTV,사진 등 각종 영상물 및 디지털 증거에 대한 분석, 감정 및 연구
- 영상물 내 인물에 대한 비교 등 생체인식 감정 및 연구
- 필적, 인영, 문서 위변조, 위조통화 등 문서의 분석, 감정 및 연구

2

- 디지털 감정물의 의뢰/분석이 가능한 원격 과학수사 실험실(U−Foresic Lab)
- 성문에 의한 화자 식별/ 녹음저장매체의 편집여부/ 음질개선/ 변조음복원/주변음 및 기계음 분석 및 음성 음향학적 감정 및 연구

바. 교통사고분석과

- 차량결함 분석 및 사고해석에 대한 사고재현 시뮬레이션
- 도주차량 여부, 현장유류물 분석, 차량 번호판 판독
- 인체 운동해석: 전후면 추돌, 측면 충격, 탑승자 운동해석
- 보험범죄 및 항공기, 선박, 철도 사고 분석

사. 법심리과

- 진술의 진위 여부 감정 및 연구 (폴리그래프, 뇌파, 진술타당도 분석 등)
- 범죄 피해자 및 가해자의 정서, 인지, 성격, 재범 위험성 등에 관한 심리 평가 및 연구
- 목격자 기억 관련 감정 및 연구 (법최면검사, 몽타쥬 작성)
- 범죄 분석 및 연구(범죄 프로파일링)

아. 중앙법의학센터

- 법의검시업무,병리조직업무,법치의학업무
- 부검감정, 법의학연구 및 실무, 사망의 종류 및 사안 등을 감정

자. 행정지원과

- 인사, 복무관리 및 일반서무,후생복지
- 채용, 감정물 접수, 출입자 관리
- 회계업무 처리 및 결산, 청사관리 및 환경유지관리

차. 연구기획과

- 업무 기획, 조직, 예산, 정보화
- 연구 개발 및 견학, 교육, MOU
- 감정품질관리(KORAS인증 등), 조직성과 관리

2) 지방과학수사연구소의 설치

(1) 서울과학수사연구소

| 표 5 | 연 혁 |

일 자	연 혁
1955.3	국립과학수사연구소 발족(내무부 소속기관)
1966.9	현 청사 신축이전(양천구 신월동)
2006.1	책임운영기관으로 전환
2010.8	국립과학수사연구원으로 승격
2013.11	서울과학수사연구소 개소

그림 5   조직구조

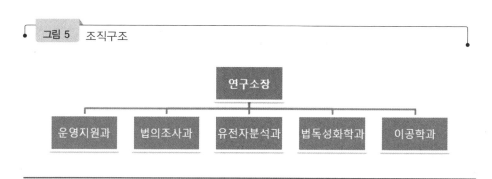

서울과학수사연구소 2013년에 개소항 연구소장 산하에 운영지원과, 법의조사과, 유전자분석과, 법독성화학과, 이공학과로 운영되고 있다.

(2) 부산과학수사연구소

영남권 범죄수사 및 사건, 사고 원인규명에 필요한 감정과 과학적인 수사를 위한 각종 연구 및 교육을 수행하여 범죄예방, 사회불안을 해소함으로써 국민의 생명과 안전을 보호하고자 1993년 3월 16일 부산 영도에 설립되었으며, 2011년 10월 20일 양산으로 이전하였다. 조직도는 아래와 같으며, 법의학과에 법의학실, 유전자분석실을 법독성화학과에 약독물실, 분석화학실을 이공학과에 법안전실, 교통사고분석실을 각각 두고 운영하고 있다.

그림 6   조직구조

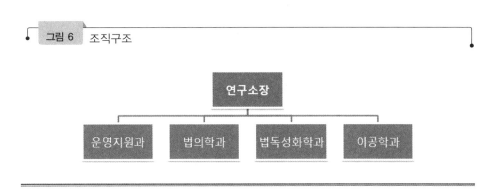

(3) 대구과학수사연구소

동부 지역의 범죄사건 해결 능력 제고를 위한 신속한 감정체계 구축과, 감정역량 강화를 위한 감정기법 연구 등 본원의 기능을 보완하고 새로운(관할지역) 감정수요에 대처하기 위하여 2013년 12월 11일 신설하게 되었다. 조직도는 아래와 같은데 법의학과에 법의학실, 유전자분석실을 법독성화학과에 약독물실, 분석화학실 등 4실을 두고 운영하고 있다.

그림 7   조직구조

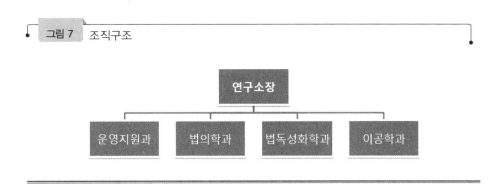

(4) 광주과학수사연구소

호남권 범죄수사 및 사건, 사고 원인 규명에 필요한 감정과 과학적인 수사를 위한 각종 연구 및 교육을 수행하여 범죄 예방, 사회불안을 해소함으로써 국민의 생명과 안전을 보호하고자 1997년 6월 27일 설립 되었으며, 신속한 감정체계 구축으로 변화하는 범죄 양상에 대응하고 있다. 조직도는 아래와 같은데 법의학과에 법의

학실, 유전자분석실을 법독성화학과에 약독물실, 분석화학실, 이공학과에 이공학실 등 5실을 두고 운영하고 있다.

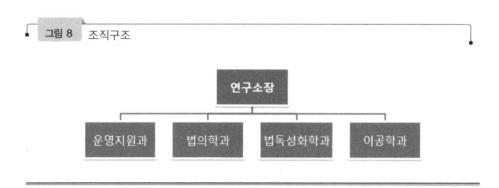

그림 8　조직구조

(5) 대전과학수사연구소

중부권에서 발생한 범죄사건 및 각종 사건, 사고의 원인 규명을 위한 과학적인 감정업무와 감정기법 연구 및 교육 기능을 수행하기 위해 2000년 9월 5일 대전 유성구에 설립되었으며, 수사기관과 범죄수사의 신속한 공조체계를 구축함으로써 지역사회의 안정과 과학 수사체계 확립에 기여하고 있다. 조직도는 아래와 같은데 법의학과에 법의학실, 유전자분석실을 법독성화학과에 약독물실, 분석화학실, 이공학과에 이공학실 등 5실을 두고 운영함.

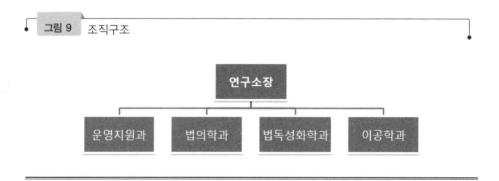

그림 9　조직구조

제3절 한국경찰의 경찰활동

1. 범죄자와 피해자

1) 범죄자 관점

(1) 범죄원인의 분석

인간의 병을 치유하기 위해서는 그 병의 원인이 진단되어야 하듯이 범죄문제의 해결을 위해서도 무엇보다도 범죄의 원인이 규명되지 않으면 안 된다. 지금까지 생물학적이거나 심리학적으로 개인적 속성에서 그 원인을 찾기도 하였고, 사회화과정과 사회학습 또는 사회통제라는 관점에서 원인을 규명하려고 하기도 했으며, 또 다른 일부에서는 비판적 관점으로 범죄를 보는 새로운 범죄관도 있었다. 그러나 현재로서는 범죄의 원인에 대한 많은 이론들 중 그 어느 것도 범죄원인을 완전하게 규명해줄 수 없으며 단지 다양한 개인적 속성과 사회적 환경의 상호작용적인 산물로서 범죄의 일부만을 규명할 수밖에 없는 부분적 이론일 뿐이다. 그래서 최근에는 이런 이론의 설명력을 보다 높이려고 현재의 다양한 이론을 하나의 패러다임으로 통합하는 경향이 두드러지고 있다.

범죄원인의 규명에 있어서 또 하나 유념해야할 것은 범죄 및 범죄자 유형별 범죄원인의 특성과 다양성이 고려되어야 한다는 것이다. 물론, 범죄를 법률적으로 규정하는 한 모든 범죄는 법률의 위반행위이고 범죄자 또한 법률을 위반한 사람이라는 점에서는 크게 다를 바 없다. 하지만 소년비행자와 그들의 비행, 그리고 지능범과 그들에 의한 고등범죄는 범행의 동기, 성격, 수법, 그리고 범죄자의 속성 등 거의 모든 면에서 많은 차이가 있기 때문에 범죄의 원인을 규명함에 있어서도 이처럼 일반론 뿐만 아니라 특정범죄자의 특정범행을 규명할 수 있는 개별적인 범죄원인의 규명까지도 뒤따라야 할 것으로 보인다.

(2) 범죄통제 방안의 강구

범죄통제를 위한 사회적 대책은 범죄문제의 발생을 사전에 예방하는 것과 이미 발생한 범죄사건에 대한 사후대응이라고 볼 수 있다. 그런데, 범죄의 사전예방은 예측을 통한 범죄의 통제를 강구하는 것이다. 범죄자 개인에 관한 각종 특성들은 그들이 장래 범죄에 가담할 가능성을 예측할 수 있게 해준다는 가정에서 시작한다.

즉, 특정인에 의한 미래범행의 가능성을 예측하고 이들에게 요망되는 처우를 결정하여 행함으로써 이들에 의한 장래의 범행을 사전에 예방하자는 것이다. 범죄피해에 따른 과다한 비용, 피해회복의 불가능, 그리고 범죄자의 처리와 개선의 비용과 어려움 등을 고려할 때 범죄의 통제는 사전예방이 우선시되어야 한다는 점에서 범죄예방대책의 강구는 범죄학연구의 주요한 대상이자 목적이 되는 것이다.

그런데, 최근의 범죄사회학의 영향에 따른 사회환경론적 범죄원인론에 기인하여 범죄를 유발 또는 조장한다고 고려되는 사회환경의 예측과 그 개선을 통한 범죄의 예방이 강조되고 있어서 이 또한 범죄학이 연구하여야 할 부분이기도 하다. 또한, 개선을 통한 범죄예방의 하나로서 사회정의 실현을 주장하는 신범죄학 또는 비판범죄학도 범죄학 연구의 대상이 되어야함은 물론이다.

그러나, 예방적 노력에도 불구하고 범죄는 항상 있게 마련인데, 이에 대한 형사사법적 대응도 중요한 범죄학의 연구 대상이며 목적이다. 그런데, 이미 발생한 범죄에 대한 사법적 대응은 사법정의의 실현이라는 측면과 범죄자의 개선을 통한 예방과 통제의 의미를 동시에 포함하고 있다. 범죄자에 대한 처벌과 그에 의한 사법정의 실현 그리고, 범죄동기의 억제 및 이것으로 인한 미래범행의 통제로서 우리는 범죄를 예방할 수 있다.

따라서 범죄자에 대한 교화개선에 의한 범죄 예방은 어쩌면 범죄와 관련된 가장 중요한 정책분야인지도 모른다. 그럼으로, 이러한 경찰, 검찰, 법원, 그리고 교정기관과 같은 형사사법기관의 형사사법절차와 과정 및 관행, 그리고 이들 기관과 제도 등 범죄에 대한 국가와 사회의 반응 및 대처양식에 대한 연구도 중요한 범죄학의 영역이다.

2) 피해자 관점

(1) 개관

범죄학이 가장 최근에야 관심을 갖게 된 부분이 바로 범죄피해자에 관한 분야이다. 전통적인 범죄학과 형사정책이 대부분 가해자를 중심으로 한 것이었으나 범죄현상은 언제나 상대적인 것으로써 가해자가 있다면 피해자 또한 있게 마련이다. 그럼에도 불구하고, 지금까지의 범죄학은 피해자를 고려하지 않는 일방적인 가해자학에 지나지 않았다. 따라서, 범죄의 한 상대인 피해자에 관한 고려와 연구 없이는 범죄학이 완전한 것일 수 없다는 것이다.

이러한 견지에서, 피해자학은 범죄행위가 이루어지는 과정에 있어서 피해자의 역할과 책임을 규명하고, 범죄의 종류와 범행의 수법과 범죄자의 특성을 파악할 수 있다. 그리고 피해자학은 피해자의 특징과 피해 상황을 분석하는 첫 번째 부분과 피해자에 대한 배려와 보상의 두 번째 부분, 그리고 마지막으로 형사사법절차에 과정에 있어서 피해자의 참여를 보장하는 부분으로 나누어 볼 수 있다.

초기의 피해자학에서는 범죄 피해자화의 주요한 요인으로 피해자 유책론을 제기했다. 이것은 범죄 피해자화의 책임이 전적으로 피해자 개인에게 있다는 것으로 특히 Wolfgang은 피해자유발이라는 용어가 피해자가 범죄의 직접적이고, 긍정적인 촉진자인 살인사건에 적용되는 것으로 자신의 저서인 '살인의 유형'에서 규정하기도 했다. 그에 따르면, 이 경우 피해자의 역할은 결과적으로 자신의 가해자가 된 살인범에게 무력을 먼저 사용하고 말다툼 등에서 먼저 가격한 것으로 그 특징을 설명하고 있다고 한다.

또한 자신의 이러한 규정에 따르면, 전체 살인사건의 26% 정도가 여기에 해당된다고 하였으며, 결국, 일부의 경우 피해자가 곧 살인사건의 결정인자라는 것으로 본인의 논지를 펼쳤다.

한편, 피해자 유책 또는 촉진적 관점에 따르면, 어떤 사람들은 결과적으로 자신의 신체상해 혹은 사망에 이르도록 하는 대결국면을 실제로 주도하는 경우도 있다. 이러한 피해자의 촉진적 역할은 수동적인 경우와 적극적인 경우로 나눌 수 있다.

이 중에서 먼저 적극적 촉진은 피해자가 종종 자극적(성나게 하는)으로 행동하거

나, 위협이나 싸움을 거는 듯한 말을 사용하고 혹은 심지어 먼저 공격하는 경우에 발생한다는 것이다. 특히 1971년 Menachem Amir는 여성범죄피해자들이 종종 자극적인 옷을 입음으로써 혹은 강간범과의 관계를 추구함으로써 범죄자의 공격에 기여한 부분이 있다고 주장한 바 있으며, 약 19%의 정도의 강간 피해자가 피해자 유책의 책임이 있다고 하였다.

이와는 반대로, 수동적 촉진은 피해자가 부지불식간에 공격자를 협박하거나 조장하는 어떤 인격적 특징을 드러냄으로써 종종 발생한다는 것이다. 특히 이러한 관점은 개인간의 충돌 혹은 갈등, 예를 들면 어떤 두 사람이 직장, 승진, 연애관계 혹은 다른 귀중한 것들 혹은 매우 탐나는 물건 때문에 경쟁을 할 때 범죄가 발생할 수 있다는 것이다. 예를 들면, 여성이 직장내의 위상을 높이고, 그녀의 성공이 결과적으로 시기적인 배우자 혹은 파트너로부터 반발을 사는 쪽으로 이어질 때, 여성이 性범죄의 대상이 될 수 있다.

또한 수동적 촉진은 피해자의 단순한 존재(presence)가 범죄자의 평판, 지위 혹은 경제적 행복을 위협할 때에도 발생할 수 있다. 예를 들면, 증오적 폭력범죄는 직장이나 주택을 둘러싸고 경쟁하기 위하여 지역사회 속으로 진입하려는 이민자들 그룹에 의해서 촉발되는 경우도 있다고 한다.

연구결과에 따르면, 수동적 촉진은 세력과 관련이 있다고 한다. 만약 범행대상 그룹이 그들 스스로 경제적으로 독립할 수 있으면 혹은 지역공동체내에서 정치적 역량을 획득할 수 있다면, 그들의 취약성이 사라지게 될 것이며, 어떤 의미에서는 경제력(economic power)이 범죄피해화의 위험을 감소시킨다고 한다. 그런데, 이와 같은 피해자 유책이나 촉진의 관점은 몇 가지의 중대한 비판이 제기된다. 특히 Franklin은 피해자촉진의 저변에 놓인 네 가지 가정을 비판하였다.

그것은 우선, 아무런 범죄행위가 일어나지 않은 상황에서도 촉진으로 파악되는 많은 요인들이 나타날 수 있다는 것이다. 둘째, 피해자촉진은 다만 피해자가 신호를 보낼 때만 가해자가 행동을 시작한다고 가정하고 있으나, 이는 많은 범죄자가 사전에 미리 계획하며, 단순히 다른 사람의 행위에 반응하는 것은 아니라는 점을 간과하고 있다. 셋째, 피해자의 행위가 범행을 일으키는 필요충분조건이라는 가정은 잘

못된 가정이라는 것이다. 즉, 오히려 그 반대가 더 사실에 가까우며, 실제로 다수의 범죄자들은 피해자가 어떠한 행동을 보이는가에 상관없이 범행하며, 잠재적 피해자가 촉진을 하더라도 일부 사람들은 범행할 기회를 갖지 못하기도 하기 때문이다. 넷째, 피해자의 의사도 피해사건으로 판단 또는 평가할 수 있다고 가정하고 있다. 그러나 사실이라면 범죄를 행한 사람을 확실하게 파악하는것 이상의 형사절차는 필요 없게 되지만, 형사제도는 행동과 관계없이 의지 또는 의사의 가능한 다양성을 가정하고 있다.

한편, 이러한 비판 외에도 더 중요한 문제는 피해자촉진은 가해자를 언급하지 않는다는 사실이다. 따라서 궁극적으로는 가해자와 피해자가 동시에 고려되는 통합된 접근이 필요해지는 것이며, 이와 관련하여 최근에는 피해자와 가해자, 그리고 사회환경저 여건도 동시에 고려하는 논의가 활발해 지고 있다.

(2) 피해자화에 대한 대표적 제이론

① 생활양식-노출이론(Lifestyle-Exposure Theory)

생활양식－노출이론(Lifestyle－Exposure Theory)은 1970년대 말 개인이나 집단의 범죄피해를 설명하기 위해 Michael Hindelang과 그의 동료들에 의해 제시된 이론이다. 이들은 사람들의 인구사회학적 특성과 범죄피해 위험간의 관계에 초점을 두었으며, 이 둘 간의 관계를 설명해주는 중심개념이 "생활양식"이라고 주장하였다(최인섭, 1998: 62).

여기서 생활양식이란 사람들의 일상적인 여가 및 직업활동, 즉 직장, 학교, 가사 등의 활동이라 할 수 있는 것이다. 이와 같은 생활양식에 있어서의 차이는 곧 사람들이 자신의 전체 활동영역에 대해 시간과 에너지를 분배하는 차이와 같다고 할 수 있으며, 이외 깥은 생활양식의 사이가 사람들이 처하는 범죄피해의 차이와도 연결되는 것이다.

생활양식－노출이론의 기본 가정은 피해자화 가능성의 인구사회학적 차이는 생활양식의 차이에 기인한다는 것이다. 예를 들어 잠재적인 범죄자가 다수 포함된 집단과 긴밀하게 접촉하는 사람들이나 범죄가 자주 발생하는 심야의 시간대와 유흥가가 밀집한 지역이나 조명시설이 잘 갖춰지지 않은 지역에서 주로 활동하는 사람들은 매우 높은 범죄피해율을 보인다는 것이다. 특히 Hindelang과 그의 동료들이 최초 주장한 내용에서는 젊은 남성과 미국사회에서의 소수인종 집단들이 통상적으로 위험한 생활양식을 가지고 있기 때문에 높은 피해경험을 보인다고 한다.

이 이론에 따르면 남녀 간의 성역할과 기회구조에 따라 범죄피해가 큰 차이를 보이게 되는데, 특히 최근의 양성평등을 위한 노력에도 불구하고 아직도 성역할과 기회구조에 남녀의 차이가 있다고 한다. 그런데, 결국은 이러한 차이가 어디서 누구와 시간을 보내는지와 같은 기본적 활동, 일상적 활동에 있어서의 감독의 정도, 낯선 사람을 접할 가능성, 위험한 공공장소에의 노출 등에 있어서 차이를 초래하게 된다. 그러므로 여성은 남성에 비해 사적인 가정활동을 더 많이 하고, 공공행위에 대한 감독이 높아지며, 매우 위험한 사람과 장소에의 노출이 낮아지며, 결과적으로 자신의 범죄피해에 대한 상대적 위험성을 낮추게 된다는 것이다. 결국 남성은 여성과는 반대의 경우로 볼 수 있어서 전통적인 생활유형 상의 성별차이가 남성의 상대적으로 높은 범죄피해 위험성을 설명하는 것으로 말할 수 있다.

또한 생활유형과 범죄에의 노출에 대한 강력한 결정요인의 하나가 바로 경제적 자원과 가족의 소득수준이라고 할 수 있다. 그것은 소득수준에 따라 그 사람의 다양한 사회생활의 유형이 결정되기 때문이다. 즉, 소득이 낮을수록 주거, 교통, 사교생활, 여가활동과 관련된 선택을 심각하게 제약받게 된다. 그 결과, 그들은 범죄에 취약하거나 범죄가 다발하는 환경을 벗어날 수 있는 능력이 제한되기 마련이고 따라서 그 만큼 범죄의 위험에 많이 노출되는 것이다. 그러나 소득수준이 높은 사람은 보다 쉽게 위험하거나 취약한 상황에서 벗어날 수 있게 마련이다. 그러므로 소득수준이 그 사람의 생활유형을 결정하게 되고 이것이 피해위험성의 차이로 이어지게 된다.

결론적으로 생활유형－노출이론은 성별이나 소득수준의 차이가 그 사람의 생활유형의 차이를 가져오고 이것이 위험성에의 차이를 초래하여 결국 범죄피해 위험성의 차이까지 초래하게 된다는 요지이다. 이처럼 생활유형이 피해 가능성에 영향을 미치는 것은 생활유형의 차이가 특정한 시간과 장소에서 특정한 상황 하에서 특정한 유형의 사람과 상호 작용할 위험성도 다르게 하기 때문이라는 것이다.

② 일상활동이론(Routine Activity Theory)

Cohen과 Felson에 의하면, 동기가 부여된 범법자(motivated offender)[2], 적절한 표적(suitable target)[3], 보호능력의 부재(absence of capable guardianship)[4]라는 조건이 동일한 시간과 공간에 주어질 때 범죄가 발생한다고 한다. 그리고 이와 같은 세 가지의 범죄유발요인이 동일한 시간과 공간에 나타나는지의 여부는 개인의 일상적인 활동양상에 의존한다고 한다.

여기서 일상활동은 인간의 기본적인 욕구를 위하여 자주 행해지는 활동으로 정의되며, 생활양식의 용어와 유사하게 일상활동은 공식적 작업, 여가, 의식주를 위한 행동, 사교적 욕구 및 성적 용구 등을 위한 활동이 포함된다.

일상활동이론의 기본적 가정은 관습적 사회에서의 다양한 사회적 변화가 범죄기회를 증대시킨다는 것이다. 예를 들어서, 강도는 현금이나 보석과 같이 쉽게 움직일 수 있고 비싼 값으로 뇌팔 수 있는 표적을 가장 선호하는데 제품의 크기는 줄이고 값 비싼 내구제품의 수요를 증대시키는 생산과 제조활동의 변화가 이러한 범죄피해에 대한 이들 제품의 매력을 증대시키는 것으로 볼 수 있다.

마찬가지로, 시민들의 사전주의조치의 강화는 잠재적 범죄자의 잠재적 범죄표적에의 접근성을 줄이기 때문에 장기적으로는 범죄율을 낮출 수 있는 것이다. 이와는 반대로, 현대사회의 다양한 일상활동의 변화와 관련하여, 여가활동의 증가와 그로 인한 가정생활의 축소, 그리고 독신생활자의 증대는 매력적인 범죄표적의 제공은 증가시키는 반면 보호능력의 수준은 낮추기 때문에 결과적으로 범죄기회를 증대시키게 된다.

결국 이를 종합하자면, 일상활동이론은 잠재적 피해자가 높은 가시성(visibility), 접근성(accessibility), 그리고 매력성(attractiveness) 등 높은 표적적합성(target

---

2) 예를 들어 학교를 중퇴하고 특별한 직업 없이 범행동기가 충만한 10대 청소년, 실업상태로 인해 경제적 어려움을 겪고 있는 성인, 약물 남용자 등이 이에 해당한다.
3) 적절한 표적은 사람(a person), 사물(an object), 장소(a place)등으로 잠재적 범죄자에게는 가치(Value), 표적물의 부동성(Inerial), 가시성(Visibility), 접근성(Access)등이 고려된다.
4) 보호능력의 부재는 경찰의 가시성이 떨어지고, 집주인이나 이웃, 경비원 등이 없어 범죄의 발생을 억제시키지 못하는 것이다.

suitability)을 가지나 보호능력(guardianship)이 낮을 때 약탈범죄의 위험성이 가장 높다고 예측할 수 있다는 것이다.

그러나 이 이론은 범죄행위에 대해서 그것을 직접적으로는 설명하지 못한다는 단점이 있다. 즉, 이 이론은 기본적으로 범죄피해이론이기 때문에 왜 어떤 사람들이 특정범죄를 저지르고자 하는가에 대해서는 설명할 수 없다는 것이다.

(3) 소결

결국 범죄자의 동기를 강화하고 피해자의 위험성을 높이는 요소들도 진공상태가 아니라 둘을 엮어서 그 영향을 증대시키는 사회적 여건과 요인에서 작동하는 것이다. 따라서 최근 들어 그 중요성이 강조되고 있는 사회적 여건은 물리적 위치, 가해자와 피해자의 대인적 관계, 그리고 범행의 시간에 피해자의 활동을 확립하는 행위여건(behavioral setting)을 포함하는 미시적 환경(micro-environment)이라고 할 수 있는 것이다.

그러나 통합이론의 저변에 있는 핵심적 요소들 중에서도 사회적 요인은 과거에는 가장 잘 다루어지지 않는 요소였기 때문에 이에 대한 연구는 지속적으로 이루어질 필요가 있다.

2. 범죄예방 활동

1) 범죄예방 활동의 이론적 배경

여기에서는 범죄원인 및 관련이론을 바탕으로 경찰의 범죄예방활동과 범죄발생시의 현장조치활동에 대해 살펴보고자 한다. 이는 경찰의 활동이 범죄예방과 사건발생시 현장조치에 있어 어떤 형태로 구현되는가를 구체적으로 살펴보는 것이며 우리나라의 경찰활동을 중심으로 살펴볼 것이다. 특히 이러한 활동을 담당하고 있는 생활안전경찰(또는 지역경찰)에 대해서도 살펴보고자 한다(강용길 외, 2009: 59).

먼저 범죄예방활동에 있어 최근의 경향들을 이론적으로 살펴보고 이를 바탕으로 우리나라의 범죄예방활동과 현장조치활동의 구체적 내용에는 어떤 것이 있는지를 보게 된다. 범죄예방을 위한 경찰활동에 대해 많은 이론들이 연구되었고 특히 미국과 영국을 중심으로 효과적인 경찰활동에 대한 연구가 많이 소개된 점을 고려하여 일반적으로 검증된 실험과 활동을 중심으로 소개하고자 한다.

(1) 지역사회경찰활동
① 개념 및 등장배경

지역사회경찰활동이란 1970~80년대 미국에서 처음으로 연구된 이래 여러 국가에서 21세기 새로운 경차활동의 화두로 떠오르고 있는 'Community Policing'이란 개념을 우리말로 번역한 것이다(경찰대학, 2003: 4).

베일리(David H. Bayley)의 20세기 전문가적 경찰모델이 개발된 이후로 경찰활동의 목적과 관행을 다시한번 공식적으로 세 가지 관점에서 접근해야 한다고 보고 있다. 첫째, 경찰이 사회의 범죄 문제를 단독으로 해결하는 데에는 한계가 있기 때문에 이를 극복하기 위해서는 시민의 협조를 필요로 한다는 것이며, 둘째, 경찰자원은 범죄대응을 위해 사전 예방적으로 배치되어야 한다는 것이며, 셋째, 순찰활동이 수동적으로 사회질서를 유지해 나가야하는데, 이러한 과정에서 지역사회의 요구사항을 반영해야 한다는 것으로 요약 될 수 있다(양문승, 2001: 313).

그런데 지역사회 경찰활동은 새롭게 생겨난 개념이 아니며 동시에 전통적인 경찰활동과는 분명히 구별되는 새로운 개념이다. 새로운 개념이 아닌 이유는 지역사회를 배제한 경찰활동은 애초부터 생각할 수 없기 때문이다. 자경전통(自警傳統)이 강한 영미법계 국가의 경우는 경찰의 역사와 지역사회 경찰활동의 역사가 일치한다.

한국의 파출소와 일본의 '교번(交番)'은 지역사회 경찰활동의 오랜 역사를 대변해 주는 것이다. 그럼에도 불구하고 지역사회경찰활동을 새로운 개념으로 간주하는 이유는 경찰활동의 기본철학, 기본전략, 기본전술, 그리고 경찰의 조직관리가 종전의 그것들과는 판이한 면모를 지니기 때문이다(이황우 외, 2006: 358-359).

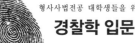

구 분	공통요소
철 학	주민참여·경찰기능확대·인격적 봉사
전 략	근무방식 개선·예방노력 확대·구역책임 강화
전 술	민경제휴·민경협력·문제해결
관 리	조직개편·지침정비·질적 평가

자료 : (이황우, 2006: 358)

지역사회 경찰활동은 오늘날 미국, 일본 등 선진국에서 광범위하게 실시되고 있으나 지역사회 경찰활동이 처음으로 도입된 것은 미국에서 그 기원을 찾을 수 있다(양문승, 2001: 55－56).

1960년대 후반 미국 경찰지도자, 정부관리, 그리고 학계와 사회에서는 경찰이 가장 효과적인 방법으로 임무를 수행하고 있는가에 대한 관심을 가지기 시작하였다. 그래서 무작위 자동차순찰, 긴급대응전략, 일상적인 범죄수사, 그리고 전통적 범죄분석의 효과성에 대하여 논의했다. 일반 국민들은 경찰이 그들의 목적을 달성하고 있는가에 대해 알고 싶어했다.

1967년 법집행 및 사법행정에 관한 대통령위원회(President's Commission on Low Enforcement and Administration of Justice)에서는 경찰활동에 대해 여러 가지 측면을 조사하고 (1) 경찰관의 자질 (2) 경찰관의 대비와 훈련의 질 (3) 법집행기관의 관리구조 (4) 경찰과 지역사회가 관련 맺고 있는 방식 (5) 경찰이 지역사회에 서비스를 공급해 주는 방식 (6) 경찰이 자신들의 책임을 규정하고 있는 방식에 있어서 중요한 변화가 있어야 한다고 했다(이황우, 1996: 102).

② 특징

전통적 경찰활동은 범죄와의 투쟁에서 효과적일 것이라고 생각했던 경찰당국에 의하여 수년 동안에 걸쳐 발전되어온 일련의 원리인 것이다. 복잡하지 않은 사회에서는 이러한 수년 동안에 걸쳐 발전되어온 일련의 원리인 것이다. 복잡하지 않은 사회에서는 이러한 기법은 질서를 유지하는데 실제로 충분했다고도 볼 수 있다. 전통적 경찰활동은 1930년대에 출현하여 지역사회 경찰활동으로 대체되기 시작할 때인 1970년대 까지 지속되어 왔다. 불행하게도 많은 경찰기관에서 아직도 전통적인 방법들을 사용하고 있다. 전통적 경찰활동의 특징은 엄격하고 공식적이며 그리고 내부문제에 초점을 두고 있다. 전통적인 경찰활동 체제를 유지하고 있는 경찰기관들은 범죄의 원인을 규명하기보다는 범죄자를 체포하는데 더욱 관심을 가지고 있다.

과거에는 경찰관이 매일 이웃과 기업체를 임검하기 위하여 관할구역을 도보순찰했을 때 지역사회 경찰활동의 한 형태를 띠고 있었다. 현재의 경찰은 경찰의 수송수단이 차량순찰에 의해 이루어지고 있어서 범죄가 일어난 후에 시민요청에 신속하게 반응하는 것일 뿐 지역사회 경찰활동과는 멀다는 지적도 있다. 그러나 오늘날 경찰활동에서 강조하고 있는 것은 지역사회와 경찰이 공동노력으로 범죄와 무질서를 예방하기 위한 지역사회 지향적 경찰활동형태라고 할 수 있다.

지역사회 경찰활동은 범죄 신고를 증대시켰으며, 범죄의 공포를 감소시켰고 경찰권에 대한 시민의 신뢰와 감정을 증대 시켰고, 경찰의 직무만족을 증대시켰으며, 목표로 정한 범죄들을 감소시키는데 효과를 나타냈다.

전통적 경찰활동과 지역사회 지향적 경찰활동과의 차이점은 무엇인가? 전통적 경찰활동과 지역사회 경찰활동을 비교하면 다음과 같다(이황우, 1996: 104－105).

표 7 전통적인 경찰활동과 지역사회경찰활동 모텔비교

질문	전통적 경찰활동	지역사회 경찰활동
누가 경찰인가?	경찰이 법집행의 책임	경찰과 시민 모두 범죄예방의 의무가 있나.
경찰과 다른 공공기관의 관계는?	종종 갈등의 관계이다.	경찰은 삶의 질을 향상시키는 기관의 일부
경찰의 역할은?	범죄의 해결	포괄적인 문제해결
경찰 능률의 측정은?	범인의 검거율	범죄와 무질서의 부재
경찰 최우선 순위는?	범죄와 폭력의 퇴치	지역사회를 방해하는 문제들
특히 처리해야 하는 것?	사건들	시민의 문제와 걱정거리

질문	전통적 경찰활동	지역사회 경찰활동
경찰의 효과성 결정은?	범죄신고의 반응시간	경찰에 대한 주민협조도
서비스 요청이 있다면?	다른 경찰업무가 없다면 처리	중요한 경찰기능이며 기회
경찰 전문주의란?	범죄에 대한 신속하고 효과적인 대응	지역사회와 밀접한 관계를 유지하는 것
어떤 정보가 중요한가?	특정한 범죄 정보	범죄자의 활동 정보
경찰책임의 핵심은?	규칙과 규정에 의하여 정책과 법에 대해 책임이 있다.	조직의 가치를 전도하는 것
언론접촉부서의 역할은?	언론의 접근을 차단하는 것	지역사회와의 대화창구 조절
기소에 대한 의견은?	중요한 목표	많은 기능 중의 한가지에 불과

자료 : (Upper Saddle River, 2005: 77)

위의 표 <표>에서 보듯이 지역사회 경찰활동과 전통적인 경찰활동과 비교함으로써 그 특성을 보다 명확하게 파악할 수 있다.

첫째, 활동주체에 있어서 전통적인 경찰활동은 경찰만이 주체가 되는 반면에 지역사회 경찰활동은 경찰과 지역주민이 공동주체가 된다.

둘째, 경찰의 역할에 있어서 전통적인 경찰활동은 범죄해결에 중점을 두었다면, 지역사회 경찰활동은 지역사회 문제해결에 중점을 둔다. 여기서 지역사회 문제해결이란 지역 내 공원 등에 우범지역이 있어 야간에 범죄가 많이 발생한다면 가로등을 설치하여 범죄를 예방하는 것을 예로 들 수 있다.

셋째, 업무평가에 있어 전통적인 경찰활동은 범인 검거건수나 단속건수를 가지고 업무평가를 하였다면, 지역사회 경찰활동은 범죄와 무질서의 발생정도를 가지고 업무평가를 하게 된다. 즉 생활안전과는 범죄예방이 목적이므로 범죄가 적게 발생하는 것이 업무평가는 높게 나타날 것이다.

넷째, 업무의 우선순위에서 전통적 경찰활동은 강도나 폭력의 퇴치 등 범죄수사에 업무의 우선순위를 두고 있다면, 지역사회 경찰활동은 지역사회의 문제해결에 업무의 우선순위를 두고 있다.

다섯째, 취급내용에 있어서 전통적인 경찰활동은 범죄사건을 취급하고 있는 반면에, 지역사회 경찰활동은 지역주민의 애로사항 및 관심사항을 취급한다.

여섯째, 경찰책임에 있어서 고도로 집중화된 조직구조를 가지고 있어 집권화된 법집행에 대한 책임을 지고 있는 반면에, 지역사회 경찰활동은 지역사회의 요구에 부응하는 분권화된 법집행에 대한 경찰책임을 강조하고 있다.

일곱째, 경찰활동의 효과성에서 전통적인 경찰활동은 범죄사건이 발생하면 대응시간, 즉 출동시간을 가지고 효과성을 측정하는 반면에, 지역사회 경찰활동은 경찰과 지역주민의 협력 정도를 가지고 효과성을 측정하고 있다.

여덟째, 다른 행정조직과의 관계에서 보면 전통적인 경찰활동은 경찰이 우선하여 다른 행정기관을 감시 혹은 수사하여 갈등을 조장하는 반면에, 지역사회 경찰활동은 경찰이 지역사회의 삶의 질을 향상시키는 조직 중의 하나라고 보고 있다.

마지막으로 지도자의 역할에 있어서 전통적인 경찰활동은 규칙이나 정책을 전달하여 소극적인 역할을 수행하는 반면에, 지역사회 경찰활동은 조직의 가치를 창출하여 전달하는 적극적인 역할을 수행하게 된다(장석헌, 2005: 424-425).

지난 50년간 경찰은 스스로 범죄 퇴치자로서 활동해오고, 엄청난 자원을 쏟아 부어 왔으며, 범죄율과 범죄율 상승의 비판에 대한 하락 등이 그들의 공적이라고 인정되어 왔다. 하지만 그런 사실에도 불구하고, 그들이 무엇을 했든지 간에 작은 변화만을 만들어 낼 수 있었다. 그 이유는 범죄가 발생하는가 안하는가에 영향을 미치는 주요한 요소는 경찰이 모든 것에 대한 통제를 가지느냐의 여부에 달려 있는데 단순히 경찰만의 활동만으로는 그 많은 것들을 통제할 수 없기 때문이다.

③ 지역사회 경찰활동의 개념구조

지역사회경찰활동의 개념은 다양한 측면이 있지만 그 개념에 있어서 이념적인 면과 실무적인 면에서 공통적인 주제가 있다. 공통적인 주제는 경찰과 지역사회와 공동협력, 지역사회에 만연하는 고유한 문제에 대한 해결책 강구, 이들 문제를 해결하기 위한 프로그램의 이행 등이다. 실질적으로 지역사회 경찰활동을 이행하기 위해서는 이념이나 철학을 실천 가능한 프로그램으로 전환하는 방법이 있어야 하며 이념의 공통적인 주제를 도출하기 위해서는 지역사회 경찰활동의 개념을 세 가지로 범주화 할 수 있다.

첫째, 전략 지향적 경찰활동(Strategic-Oriented-Policing)이다. 경찰이 전통적인 관행과 절차를 이용하여 확인된 문제 지역에 대한 그들의 자원을 재분배 하는 것이다. 즉 치안수요가 많은 시간대나 장소에 많은 경찰력을 배치하는 방식으로 최소한의 자원을 투입하여 최대한의 범죄나 무질서를 예방하는 효과를 거두는 활동이 이루어져야 한다는 것이다.

둘째, 이웃 지향적 경찰활동(Neighborhood-Oriented-Policing)이다. 이웃 지향적 경찰활동은 경찰과 시민의 의사소통의 라인을 개방하고 공동체의식을 조장하기 위하여 협력하는 일체의 프로그램을 포함하는 개념이다.

셋째, 문제 지향적 경찰활동(Problem-Oriented-Policing)이다. 이 경찰활동은 지역사회의 범죄나 무질서의 원인을 파악하고 문제에 대한 해결책을 강구하며 실행 가능한 최선의 프로그램을 이행하기 위하여 경찰과 지역사회의 구체화된 노력이라고 할 수 있다. 문제해결 지향적 경찰활동은 세 가지 원리를 포함하고 있는데, 첫째, 실증적 원리로서, 경찰이 다양한 문제들을 처리해 줄 것을 시민들이 요구하는 것, 둘째, 규범적 원리라 함은 사건에 대한 경찰의 단순한 대응과 법집행이라기보다는 문제를 해결해 줄 것으로 기대하는 것. 셋째, 과학적 원리로서 경찰은 문제에 과학적으로 접근해야 하고, 이를 위해 분석적 접근과 적절한 개입이 필요하다(Weisburdid and Braga, 2006: 118-119).

그러나 이세가지(SOP, NOP, POP) 경찰활동은 현실적으로 동시에 이행되어야 하는 상호관련된 프로그램연결망이라고 할 수 있다. 전술 지향적 경찰활동은 이웃 지향적 경찰활동과 문제 지향적 경찰활동의 기본방향과 방법을 제시해 주고 이웃 지향적 경찰활동은 문제 지향적 경찰활동의 과정에 의하여 결정된다. 문제해결에 있어서 지역사회의 지지를 얻기 위해서는 경찰과 지역사회의 의사소통이 이웃지향의 경찰활동을 통하여 개방되어야 한다. 따라서 이 세 가지 경찰활동은 지역사회 경찰활동의 성공적인 이행을 위해서는 상호 의존적인 관계에 있다고 할 수 있다(장석헌, 2005: 332-334).

(2) 범죄다발지역 경찰활동(Hot Spoot Policing)

① 도입배경

'범죄다발지역 경찰활동'은 범죄가 지리적 위치와 밀접한 관계가 있다는 사실에서 출발한다. 이를 '우범지역 경찰활동'이라고도 칭한다.

'범죄다발지역 경찰활동'은 1974년 '캔자스 예방순찰실험'의 결과로 인해 경찰의 순찰은 범죄율이나 주민의 범죄에 대한 두려움에 거의 영향을 주지 않는다는 시험 결과에 대해 통계, 측정 그리고 개념적인 문제들이 있음을 주장한다. 1995년 Sherman과 Weisburd에 의해 미국의 미네아폴리스에서 범죄다발지역 110곳 중 55곳에 대해 경찰의 순찰을 증가시키고 7,542시간의 체계적인 관찰을 통해 모니터한 결과를 바탕으로 특정 지역 또는 한정된 지역에서 경찰신고 전화가 집중되는 것을 발견하게 되고, 이러한 범죄다발지역에 경찰력을 집중할 경우 매우 효과적이라는 결과를 보여 주었다.

이는 기존에 특정 지역에 대한 경찰력의 집중은 범죄를 다른 평온한 지역으로 옮겨갈 것이라는 '범죄전이효과(Spatial Displacement Effect)'에 대한 우려 때문에 실행되지 못했다. 그러나 이러한 '범죄전이효과'는 Clark, Eck, Braga, Sherman & Rogan 그리고 Weisburd & Green과 같은 학자들에 의해 실질적으로 일어나지는 않는다는 것이 입증되었다.

② 주요내용

'범죄다발지역 경찰활동'은 미국 Jersey시의 마약단속 프로그램, 휴스턴의 특정 구역순찰 프로그램 등을 통해 효과가 증명되었다. 이들 지역에서 실시한 프로그램을 통해 범죄 신고나 무질서 행위가 줄고, 전체적인 범죄나 마약, 총기 범죄이 감소가 다른 지역에 비해 현저히 감소하였다. 이로 인해 미국에서는 100명 이상의 경찰관이 근무하는 경찰관서의 80%이상이 범죄다발지역 경찰활동을 도입하여 시행하고 있으며 각 지역의 특성에 따라 집중 발생하는 범죄에 따른 경찰력의 운영 정책이 도입되었다. 예를 들면 폭력이 많은 지역에 대해서는 주요 지점에 순찰을 강화하고, 미약이 많은 도시의 경우 마약 지역을 급습하는 등 강력한 대응을 실시하였다.

③ 발전방향

'범죄다발지역 경찰활동'에 있어서는 먼저 경찰이 범죄가 발생할 말한 장소를 선점하여 범죄를 원천적으로 봉쇄함으로써 경찰의 범죄 억제력을 강화하는 정책의 실시가 필요하다. 그리고 경찰과 지역 주민들로 구성된 지역 네트워크의 강화를 통해 지역에 고나한 정보를 수집해야 하며 우범죄역 선정에 있어 지역 여론을 충분히 수렴하여 결정하고 적극적인 홍보와 설들이 필요하다.

④ 지역사회 경찰활동과의 관계

이러한 경찰활동에 대해 치안활동이 너무 지리적으로 편중된다는 비판이 있으나 지역사회 경찰활동을 하나의 기본적인 경찰활동의 전력으로 하면서 범죄다발지역에 대한 집중적인 경차력의 운용을 통한 특정 지역, 특정범죄에 대한 예방활동을 펼치는 것은 특화된 전술로 이해할 수 있을 것이다. 건강을 유지하기 위한 전반적인 치료에 있어서 특정 부위에 대한 집중 치료의 관계로 비유할 수 있을 것으로 생각된다. 그러나 학자에 따라서는 지역사회 경찰활동과 '범죄다발지역 경찰활동'의 수준을 같은 것으로 보고 비교의 대상일 뿐이라고 주장하는 경우도 있음에 유의해야 할 것이다(강용길 외, 2010: 82-83).

(3) 무관용경찰활동(Zero-Tolerance Policing)

뉴욕(New York)시의 무관용 경찰활동전략은 '깨어진 창(broken windows)'이론에 기초하고 있다. 이 이론에 따르면 지역사회내의 수리되지 않은 깨어진 창은 이를 아무도 돌보지 않는다는 표시이며, 이로 인해 더 많은 피해와 구걸이나 공공장소에서의 만취, 기물파손 및 낙서(graffiti)와 같은 경미한 무례한 행위를 가져오며, 만약 이러한 행위들이 통제되지 못한다면 지역사회 내에서 보다 심각한 범죄들이 발생하게 되는 분위기를 가져온다는 것이다. 더불어 개인들에게 경범죄를 저지르고도 붙잡히지 않는다면 이는 보다 심각한 범죄들을 저지르도록 장려하거나 적어도 단념케 하지는 않는다는 것이다. 따라서 뉴욕시의 Bratton 경찰청장 등은 깨어진 창명제를 적용하여 노상의 경범죄자를 대상으로 하는 적극적인 경찰 가시성은 범죄수준의 실질적인 감소를 가져올 수 있다고 주장하였다.

Bratton경찰청장이 실시한 무관용 경찰활동(zero-tolerance policing)에 대한 반대의견은 두 가지 밀접하게 관련된 주장에 현저하게 초점을 맞추고 있다. 첫째, 무관용 경찰활동과 같은 전략은 이미 실패한 군대식의 '강경한' 경찰활동수단에 대한 추억으로 고려될 뿐이며, 둘째 '강경한' 경찰활동 유형과 신고된 범죄 수의 감소 사이에 직접적인 연결고리를 지지하는 증거가 명백하게 나타나지는 않았다는 것이다.

무관용 경찰활동은 강력하고 권위적인 수단을 사용하여 낮은 수준의 공공질서범을 대상으로 경찰활동을 행한다는 커다란 약점을 가지고 있음에도 불구하고 지역사회의 삶의 질(Quality Of Life)개선이라는 명제아래 경찰의 강경대응의 이유를 설득력 있게 제시하며 많은 호응을 얻어왔다. 그러나 하나의 정책이 성공적이라고 평가하는 데 있어서는 정책집행 당사자들의 주장과 이들에 우호적인 집단의 선전만으로는 부족하며 정책실시 결과에 대한 실증적인 분석을 통한 평가가 있어야 할 것으로 생각된다. 우리가 어떤 정책의 성과를 평가할 때 그 수치만을 가지고 부작용을 간과할 수 없는 것도 이러한 피드백을 통하여 향후에 더욱 효과저인 정책을 신시히기 위함이다. 따라서 이 연구에서는 무관용 경찰활동의 등장배경과 활동성과 및 이에 대한 비판을 통하여 이에 대한 시사점을 찾도록 한다.

① 무관용경찰활동(Zero-Tolerance Policing)의 의의

무관용경찰활동(Zero-Tolerance Policing)이라는 개념은 쉽게 정의할 수 있는 개념은 아니지만 경찰활동의 접근방법으로서 일반적인 합의가 있음에도 불구하고 개념의 정확한 본질에 대해서는 합의된 것이 없는 실정이다.

그러나 최근에는 다음과 같이 다양한 개념으로 사용되고 있다.

첫째, 경찰은 범죄에 대하여 강경하고 엄격하게 대응해야 한다는 것이다 즉, 법은 집행되어야 하고 범죄자는 체포되고 도주하지 않도록 해야 하며 유죄자는 가혹한 형벌을 받아야 한다는 것이다.

둘째, 경찰은 재량을 개입하지 말고 비재량적인 법집행을 해야 한다는 것이다. 예를 들면 음주운전자의 알콜혈중 농도가 0.05%이상이면 단속하여 면허정지처분을 해야 하고 0.1%이상이면 면허취소처분을 하여 법위반에 대한 책임을 물어야 한다.

따라서 이러한 음주운전자는 벌금, 면허정지, 구류 등으로 비교적 가혹한 형벌을 받게 된다. 따라서 무관용경찰활동은 범죄의 유형이나 범죄가 발생한 상황을 고려하지 않고 예외없이 모든 무질서나 경미한 범죄에 대하여 공격적인 법집행을 하는 경찰활동이다.

셋째, 경찰은 중대한 범죄가 아니라 사소한 범죄나 무질서나 경미한 범죄를 대응해야 한다는 것이다. 경찰은 사소한 범죄나 무질서를 무시하지 않고 공공장소에서의 음주, 노상방뇨, 낙서, 기물손괴, 구걸행위, 방랑행위 등 이러한 삶의 질을 저해하는 범죄에 관심을 가져야한다. 이 접근법의 토대는 깨어진 창이론(Broken Window Theory)이며 지역사회에 미치는 무질서한 행위와 경미한 범죄의 영향을 설명하기 위하여 깨진 유리창을 은유법으로 사용하고 있다. 이에 대하여 켈링과 윌슨은 하나의 건물내의 깨진 유리창이 수리되지 않으면 다른 유리창도 깨어진다는 의미라고 주장하고 있다. 이들은 사소한 무질서한 행위가 무시된다면, 불법과 사회퇴폐의 분위기로 발전하게 된다고 주장한다. 다시 말하면 범죄자가 체포되지 않을 것이라고 믿기 때문에 더 중대한 범죄로 발전하는 환경을 제공하게 된다는 것이다.

무관용경찰활동의 옹호자들은 더 중대한 범죄로 발전하기 전에 싹을 잘라내는 시점을 깨어진 창이론(Broken Window Theory)과 관련시키고 있다. 경찰이 경미한 범죄에 대하여 경고나 훈방을 하지 않고 경미한 범죄자를 반드시 체포하여 비재량적 법집행을 하는 경우가 있고 범죄자와 대화를 하거나 경고 혹은 주의를 주는 등 상황에 적절한 개입방법을 선택하기 위하여 재량권을 행사하는 경우가 있는데 경찰이 이러한 시접을 적절하게 선택하는 것이 더 중대한 범죄로 발전하는 것을 차단할 수 있다는 것이다(장석헌, 2002: 23－24).

② 무관용경찰활동(Zero-Tolerance Policing)의 등장배경

무관용 경찰활동의 등장배경은 그 이전에 경찰에서 실시하던 경찰활동의 효과성에 대한 회의와 함께 뉴욕시의 심각한 범죄문제 해결을 위한 전략 강구에 대한 촉구에서 비롯되었다고 볼 수 있다.

1980년대 이후 각국에서 지역사회경찰활동(community policing)이 강화되는 추세에 있었다. 전통적인 경찰활동이 범죄대응적 범죄투쟁자로서의 역할을 수행하였다고 한다면 지역사회경찰활동은 범죄예방적 문제해결사로서의 역할을 중시하고 모든 경찰활동은 범죄예방과 질서유지에 초점을 맞추어야 한다는 것이다. 지역사회경찰활동이란 경찰과 지역사회가 공동주체가 되어 지역사회의 범죄나 무질서 등의 문제를 발견하고 지역사회의 모든 자원을 동원하여 이러한 문제의 해결책을 찾는 경찰활동을 말한다.

따라서 지역사회 경찰활동의 기본적인 목적은 지역사회의 범죄나 무질서 등 문제가 무엇인가를 파악하여 경찰과 지역주민이 공동으로 지역사회문제를 해결하려는 노력이라고 할 수 있다. 그러나 지역사회경찰활동은 시민들의 삶의 질에 대한 관심부족과 중앙집권적인 경찰관료 조직으로 인하여 범죄와 무질서의 예방효과가 없는 것으로 평가되었다(장석헌, 2003: 178).

1994년 William Bratton이 미국 뉴욕경찰국장으로 취임하여 깨어진 창이론(Broken Window Theory)과 이를 응용한 무관용 경찰활동을 채택한 또 하나의 이유는 뉴욕시의 심각한 범죄문제였다. 20세기 후반 뉴욕시에서 범죄는 가장 심각했던 문제 중 하나였다. 불법방해(nuisance offenses)나 재산관련 범죄에서부터 금전갈취와 살인에 이르기까지 모든 종류의 범죄가 사실상 통제불능 상태에 이르렀다고 해도 과언이 아니었다. 1985년부터 1990년 사이에 살인건수는 1년에 총 2,245건으로 전체 범죄의 62%에 달했고 이후 1990년부터 1993년 사이에 다소 감소하는 경향이 있기는 했지만 살인사건은 여전히 연평균 2,000건이 넘었다.

도시범죄로 인해 오랜 기간 동안 쌓여온 뉴욕시에 대한 부정적인 이미지는 범죄 자체만큼이나 심각한 문제였다. 1994년에 뉴욕시는 인구대비 범죄발생건수에 있어 미국의 25개 대도시 중 21번째였으나 사람들은 뉴욕시를 가장 무섭고 범죄가 많이 발생하는 도시로 인식하고 있었다.

범죄문제를 해결하는 일은 뉴욕시의 서비스를 개선하는데 있어 핵심적인 요소였다. 뉴욕시에 투자하고자 하는 사업가들이나 뉴욕시에서 일하고자 하는 근로자들, 그리고 대중교통이나 기타 공공시설을 이용하고자 하는 대중들의 의지는 결국 그들이 뉴욕시에서 거주하는 것이 안전한지에 대한 판단과, 사회질서를 유지할 수 있는

공권력에 대한 신뢰에 따라서 좌우된다.

뉴욕시의 공공장소들이 갈수록 무질서해졌던 것도 시민들의 뉴욕시 안전에 대한 인식을 악화시키는 원인이었다. 뉴욕시의 공공장소는 공격적인 걸인들, 강제 세차꾼들, 매춘부들, 알콜중독자들과 심한소음, 낙서 등으로 넘쳐났다. 1992년부터 1993년에 걸쳐 Commonwealth Fund와 Manhattan Institute에 의해 시행된 조사에 따르면, 뉴욕에서 다른 지역으로 이주한 사람들의 59%가 생활환경을 개선하기 위해 뉴욕을 떠났다고 한다. 이중 22%의 사람들은 집주변의 낙서 및 쓰레기와 건물잔해 등이 이주를 결정하게 한 주요인이라고 밝혔으며, 17%는 경찰이 범죄와 이들 혐오대상들을 보다 열심히 없애려 노력했다면 이주를 결정하지 않았을지도 모른다고 말했다. 아직 뉴욕을 떠나지 않은 사람들 중 5분의 3은 낙서, 무주택 부랑자들, 소음, 걸인들이 자신들과 가족들의 생활환경을 크게 악화시키고 있다고 말했다. 소음은 사람들이 뉴욕을 떠나게 하는 3가지 주요인에 항상 포함되어 있었다.

③ 무관용경찰활동(Zero-Tolerance Policing)의 성과

무관용 경찰활동의 가시적인 성과를 보여주는 것은 <그림 10>과 같은 범죄통계수치이다. 뉴욕경찰은 무관용 경찰활동을 통하여 범죄가 감소되었고 이는 범죄통계수치로서 확인이 가능하다고 제시한다.

그림 10 뉴욕경찰의 무관용경찰활동 성과

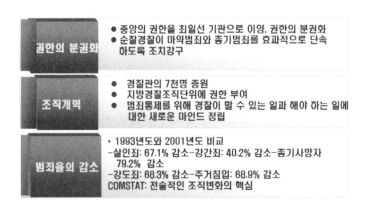

2) 우리나라의 범죄예방활동

(1) CPTED(환경설계를 통한 범죄예방)

우리 사회는 그 동안 눈부신 경제성장으로 인하여 물질적인 풍요를 구가하고 있으나 그 이면에서는 각종 사회문제가 속출하고 있다. 이러한 사회문제 중에서 범죄문제는 인간의 안전에 대한 기본적 욕구를 침해하는 중요한 요소로 작용하고 있다.

경찰청(2019) 「범죄통계」에 따른 최근 5개년 총 범죄 발생 건수를 살펴보면 2014년 1,778,966 건. 2015년 1,861,657 건, 2016년 1,849,450 건, 2017년 1,662,342 건, 2018년 1,580,751 건으로서, 전체 범죄 건 수가 매년 일정 이상의 건 수를 나타내고 있다.

그런데 이러한 범죄의 양적·질적 변화에 대한 정부의 대처방안은 주로 형량을 늘리거나 중범죄에 대한 가중처벌요건을 신설하는 등 일시적이고 임시방편적인 상황대응에 중점을 두는 경향이 강했다. 그러나 이러한 강력한 처벌위주의 범죄대책이 범죄통제에 한계가 있음이 드러났고, 형사사법기관에 대한 국민들의 불신감은 범죄에 대한 새로운 대책의 필요성을 제기하고 있다.

다시 말해 기존의 범죄통제방법이 그 동안 어느 정도 범죄를 예방하는데 효과가 있었음을 부인할 수는 없다 하더라도 어떤 한 가지 방법만으로는 범죄의 감소를 기대하기가 어렵다는 것이 오랜 경험과 실증적 연구결과 등을 통해서 입증되어 왔다. 그리고 설사 형벌이 범죄의 예방에 크게 효과가 있다고 하더라도 범죄자들을 빠짐없이 검거하기란 불가능하며 검거한 범죄자들을 교도소에 수용하는 데도 비용 등[5]의 이유로 한계가 있을 수밖에 없다는 인식이 확산되면서 범죄의 발생을 사전에 예방할 수 있는 방안에 관한 논의가 활기를 띄어가고 있다(조병인, 1997: 15-18).

그러므로 범죄예방은 경찰력과 같은 공식적인 형사사법기관에 의한 것도 중요하지만, 이러한 조치에 앞서 주거단지 거주자들의 공간이용형태와 범죄가 발생하는

---

5) 범죄와 관련하여 치러야 될 부담은 범죄로 인한 인적·물적 피해, 형사사법기관의 활동예산 등 범죄예방에 소요되는 비용, 형집행에 드는 비용 등 직접적인 비용과 범죄의 위협으로 인한 시민들의 행위패턴의 변화, 가석방, 보호관찰 등의 사회적 처우에 드는 비용, 그리고 형을 치른 후 사회로 복귀하는 사람들을 위해 직업, 숙식 기타 생활여건의 제공에 드는 비용 등 간접적인 비용을 들 수 있다. 결국 범죄는 궁극적으로 국가와 지역사회의 책임영역이자 부담으로 되돌아오게 되는 것이다.

공간구조의 분석을 강조하는 환경설계를 통한 해결방안도 역시 필요할 것으로 생각된다. 이와 같은 환경설계를 통한 범죄예방은 범죄피해의 원상회복이 어렵다는 측면뿐만 아니라 범죄자의 범행동기를 유발하는 취약공간과 범행기회가 될 수 있는 목표물을 사전에 제거하거나 자연스러운 감시를 강화하여 범죄를 예방할 수 있고, 범죄로부터 주민의 안전을 확보할 수 있다는 측면에서도 매우 바람직한 방법이다.

① CPTED의 개념

CPTED(Crime Prevention Through Environmental Design)를 우리말로 표현하자면 환경설계를 통한 범죄예방이라고 말할 수 있다. 즉 적절한 설계와 물리적 환경을 효과적으로 사용함으로써 범죄와 범죄에 대한 두려움을 감소시키고, 나아가 삶의 질을 개선할 수 있다는 것이다.

즉 도시정책, 환경정책 등을 통한 갈등해소를 통하여 범죄예방을 추구하는 것인데, Newman이 CPTED 전략의 이론적 기초를 마련하였으며, Jefferey가 체계적으로 개념정립을 하였다. Jefferey(1977)에 따르자면, CPTED는 "물리적 설계, 주민의 참여, 경찰활동 등 3요소를 종합적으로 접합시키는 방법을 통해서 지역사회를 범죄로부터 안전하게 보호하고 범죄에 대한 두려움을 제거하는 방범기법"이라고 정의하였다

좁은 의미의 CPTED는 주로 자연적 감시에 접근 통제(access control)에 의한 방어공간을 형성하는 것이지만, 이미 건축이 완성되면 자연적 감시가 곤란하기 때문에 인위적인 감시기법인 CCTV 기법이 활용된다. CPTED에서 이러한 부분이 강조되는 것은 구축된 환경의 특성이 잠재적인 범죄자에게 영향을 미치고 자신의 주위를 통제하는 시민의 능력에 영향을 줌으로써 범죄의 정도에 영향을 미칠 수 있기 때문이다.

CPTED는 다음의 4가지 전략에 기본을 두고 있다. 첫째, 가로등 조명의 개선이나 전자감시 장비의 활용과 같은 감시의 강화이다. 둘째, 외부인의 행동규제이다. 출입구 축소나 열쇠 및 철책담장의 설치를 예로 들 수 있다. 셋째, 주민에 의한 방범활동 원조이다. 방범활동을 위한 장소제공이나 가두활동 지원이 여기에 해당된다. 넷

째, 방범의식의 계몽이다. 방범캠페인이나 경찰과의 연계 강화를 예로 들 수 있다 (김상균, 2004: 122).

CPTED는 특정지역의 단순한 범죄예방 모델보다는 대상지역의 범죄경향, 물리적 특징, 사회·경제적 특성을 면밀하게 분석하여 물리적 설계, 사회단체나 경찰과의 연계를 포함한 범죄예방 전략을 수립하는 것이 바람직하다. 또한 여기에 주민들의 적극적인 협조가 더해져야 효과를 거둘 수 있는 것이다.

CCTV의 활용은 4가지 기본전략 중 하나인 감시강화의 한 방법으로 CPTED와 밀접한 관계가 있다고 할 수 있다(이상원 외, 2005: 221).

② CPTED의 기본원리

CPTED의 기본원리에 관해서는 다양한 학설들이 있다. 대표적인 것은 CPTED의 이론적 배경이 되는 방어적 공간에서 유래된 영역성, 자연스러운 감시, 접근통제, 활동성 증대 등이다.

첫째, 자연스런 감시(Natural Surveillance)이다. CPTED를 이루는 기본원리 중 자연스런 감시는 자연적 가시성 혹은 관찰력을 최대화하는 물리적인 형태의 배치 그리고 활동을 말한다(임준태. 2009: 195).

감시강화는 몇 가지의 장점이 있다. 체포와 진행도중 중단된 범죄의 숫자를 늘리고, 시민들의 범죄에 대한 두려움을 감소시키고, 수사와 소추에 이용될 수 있는 증거를 질적으로 향상시킨다. 감시를 통해 잠재적인 범죄자들이 다른 사람들이 범행을 목격하고 신고할 것이라고 인식하기 때문에 범죄를 억제하는 효과가 있다.

감시를 증가시키는 방법으로는 보행로와 건물 등의 배치를 통해서 가시권을 확보하고, 야간에 조명등의 기계적인 방법을 통해서 가시권을 확보하는 방법이 있다.

둘째, 자연스러운 접근통제(Natural Access Control)이다. 접근통제란 목표물에 대한 접근을 억제하고 범죄자에게 위험요소 인식도를 높이는 것을 말한다. 여기에 해당되는 것은 지역 및 지역 내 건물에 수상한 사람이 침입하기 어렵게 담을 설치하는 것 등이 이에 속한다. 합법적 용무가 있는 사람들만 출입을 허용하고, 범죄를 저지를 목적으로 어떤 장소나 건물에 출입하려는 시도를 어렵게 함으로 써 범죄 기회를 감소시키려 하는 노력이다.

자연적 접근 통제의 방법은 공동주택이나 아파트 단지에서 많이 활용되고 있는 것을 볼 수 있다. 최근의 자연적 접근통제법에는 건물이나 시설의 배치 등을 통하여 동선을 유도하는 방법 이외에도 CCTV, 무인경비 시스템등과 같은 첨단 기술이 활용되고 있다.

셋째, 영역성(Territoriality)이다. 영역성은 사람들은 그들이 느끼는 영역이 그들 자신의 소유라고 느끼는 영역을 보호하며, 다른 사람들의 영역에 대해서 존중감을 갖고 있는 것을 말한다. 영역성은 공·사 공간을 구별하고 대지의 경계선을 나타내는 기능을 가지고 있으며 이를 위해서 울타리, 표지판 조경, 조명, 도로포장 설계 등과 같은 소유권을 표현하는 물리적 경계를 사용한다(임준태. 2009: 191).

사람들이 특정한 지역을 자신들의 공간이라고 느끼는 영역성은 도로의 포장, 특정한 텍스쳐의 사용, 표지판, 예술품 설치, 펜스, 조경등과 같은 물리적 요소에 의해서 외부로 표출이 된다.

넷째, 활동성 증대(Activity support)이다. 활동성 증대란 공공장소에 대한 일반 시민들의 활발한 사용을 유도 및 자극함으로써 그들의 눈에 의한 자연스런 감시를 강화하여 인근 지역의 하는 것보다는 범죄 위험을 감소시키고 주민들로 하여금 안전감을 느끼도록 하는 것이다(임준태. 2009: 195).

공원·도심지·광장과 같이 다양한 사람들이 사용하는 곳은 청소년·노인과 같은 어느 한 계층의 사람들만이 전용하는 것보다는 가족·성인·지역주민들이 시간대별·지역별로 공동 사용이 기능히도록 놀이시설·휴게시설 등을 부강하거나 공연회·친목회 등 다양한 행사가 개최될 수 있도록 조성해야 한다. 활동성 증대의 예를 들자면 사람들을 밖으로 나오게 하여 함께 모이는 이벤트를 열거나 보행로나 공용공간에 레크레이션 시설이나 운동기구를 설치하는 등의 방법으로 감시의 기능을 강화하는 것 등이 있다.

(2) CCTV를 활용한 범죄예방

최근 들어 증가하고 있는 주거지역의 유괴 및 납치, 강·절도와 같은 강력범죄로 인해 설치에 대한 계획 및 수요가 증가6).하고 있다(강석진 외, 2009: 235).

이와 같이 CCTV는 그동안 범죄예방과 수사, 화재와 재난의 방지 및 이에 대한 신속한 대응, 교통의 원활한 관리 및 통제 등 공공의 안전 확보를 위해 매우 효과적인 도구로 각광받고 있지만, 지속적인 논란의 중심에 있는 것 또한 사실이다.

범죄의 예방과 통제라는 공익 목적을 위해 필요하다는 사회적 공감대가 형성되는 한편, 그 설치 및 운용비용은 누가 부담하며 관리책임과 수집된 데이터의 사용 및 처분권은 누구에게 있느냐 등의 논란에 따라 각국에서는 CCTV 관리운용에 관한 입법이나 가이드라인을 마련하는 노력을 해왔다. 우리나라 또한 행정안전부가 2007년 개정한 "공공기관의 정보보호에 관한 법률"에 의해 범죄예방 등 공익목적으로 설치된 CCTV의 설치 및 운용이 규제되고 있다.

인권침해 우려, 범죄 전이효과 등 CCTV에 관한 여러 논란에 대해 CCTV 설치의 중요한 대응 논거는 '범죄예방의 효과성'이지만 국내외 여러 연구들은 CCTV가 범죄예방에 도움이 된다고 대체적으로 인정하고 있으면서도 효과의 지속 여부, 전이효과의 존재, 예방효과가 없는 경우 의 원인, 보완되어야 할 점 등에 대하여 다양하고 상반된 결과를 보이고 있다.

① CCTV의 의의

CCTV란 'Closed Circuit Television'(폐쇄회로 텔레비전)의 약어로써, 주변에서 일어나는 상황이나 행동 등을 감시하기 위해 고안된 시각용 감시 공학기계를 말한다. 이는 카메라와 모니터 간에 전용 통신링크가 내장되어 실시간으로 카메라에 담긴 영상이 모니터로 곧바로 전송될 수 있고(표창원 외, 2001: 587) 따라서 CCTV는 주변에서 일어나는 상황이나 행동 등을 감시하기 위해서 설계된 감시공학 기계로서 특정 공간에 설치된 카메라에 찍힌 영상정보를 폐쇄적인 유선 또는 무선 전송로를 통해 특정한 수신자에게만 전송하는 시스템을 의미한다. 행정안전부의 『공공기관 CCTV 관리 가이드라인』에서는 CCTV를 '정지 또는 이동하는 사물의 순간적 영상

---

6) 고양시는 유괴납치, 성범죄 등을 계기로 택지개발지구 조성시 사업자가 의무적으로 CCTV를 설치하도록 유도하고, 2011년까지 400대까지 늘리기로 했으며, 여성 실종사건이 발생한 군포시도 2008년 5월까지 방범용 CCTV 120대를 설치하기로 했다(2008.4. 3, 연합뉴스). 또한 잇단 범죄로 일반가정 CCTV가 확산돼 보안시장규모가 전년대비 40%정도 성장할 것으로 예측되었다(2008.8.15, 한국일보).

및 이에 따르는 음성·음향 등을 특정인이 수신할 수 있는 장치'라고 정의하고 있다.

CCTV 시스템의 기본구조는 피사체를 촬영하여 전기신호로 변환하는 촬상장치, 이 전기신호를 원격지에 전송하는 전송장치, 전송되어 온 영상신호를 재생·표시하는 표시장치 등으로 구성되며 최근에는 복수카메라의 조종·통제 및 영상의 기록·재생·해석을 담당하는 정보처리장치 등으로 구성된 제어장치가 추가되고 있다.

기존의 감시카메라는 VCR을 이용한 아날로그 시스템을 운영하였으나, 현재는 성능과 화질이 뛰어난 DVR(Digital Video Recorder)을 이용한 디지털 시스템을 운영하는 것이 대세이다. DVR은 화상을 디지털로 처리함으로서 테이프의 교체없이 계속해서 자동으로 녹화할 수 있으며 사진처럼 선명한 동영상의 제공이 가능하다(이상기, 2010: 5−6).

오늘날 그 기능이 날로 향상되어 보통 좌우 회전을 가능하게 하는 pan기능과 상하 회전을 가능하게 거리를 조절해주는 zoom in, zoom out 기능을 모두 갖추게 되어 CCTV의 카메라 영상에 잡히지 않는 사각 지역은 거의 없어지게 되었다.

CCTV의 유형을 장소, 설치·관리주체 및 설치재원을 기준으로 나누어보면 다음과 같다.

첫째, 장소를 기준으로 본다면 우범지역 등에 설치되고 있는 방범용CCTV, 고속도로 톨게이트에 설치되어 있는 수배차량 감시용 CCTV, 고속도로 및 일반 자동차 주행도로 곳곳에 설치되어 있는 교통흐름조사용 CCTV, 교통법규위반단속용 CCTV, 소규모지역사회 내의 골목길 등에 설치되어 있는 쓰레기 무단투기 단속용 CCTV, 은행 및 백화점 등 사적인 장소에 설치되어 있는 CCTV 등이 있다.

둘째, 설치 및 관리주체를 기준으로 놓고 보면, 정부나 경찰서와 같은 행정주체에 의해 설치되는 CCTV도 있지만 개인재산권보호나 작업장 노동자들의 노동 상황 감시를 위해 개인에 의해 설치되는 CCTV도 날로 증대되고 있는 실정이다.

셋째, 설치 재원의 출처를 기준으로 보더라도, 정부나 경찰이 공적 재원으로 설치하는 CCTV도 있지만, 자경의식이 강한 미국과 같은 경우 지역치안을 위해 지역주민들이 자발적으로 십시일반 돈을 모아 설치하는 사적 재원에 의한 CCTV도 있다.

기타, 제품 특징에 따라 돔형·핀홀형 CCTV로 나눌 수 있고, 설치유형에 따라 폐쇄형 CCTV·네트워크형 CCTV(유선·무선)로 분류할 수 있다(이상기, 2009: 6).

CCTV는 베트남 전쟁 중에 미군에 의해서 처음으로 사용되었고, 1970년대 초반을 전후로 하여 범죄통제의 목적으로 경찰에 의해 사용되기 시작하였다(이상기, 2010: 6).

② 방법용 CCTV관련이론

㉠ 합리적 선택이론

합리적 선택이론(Rational Choice Theory)은 범죄학 고유의 이론은 아니나 범죄에 관해서 다음과 같이 설명한다. 범죄자는 '범죄에서 얻은 이익(benefit)을 크게'하거나 '범죄에 실패할 때의 손실(cost)이 적게'하는 것을 고려해서 범죄의 실행여부, 방법, 장소 등을 선택한다. 이 이론에서는 범죄는 합리적 인간의 자유의지(freewill)에 기초한 것이고 유전이나 환경의 산물이 아니라고 본다(김상균, 2004: 111).

합리적 선택이론은 경제학의 호모이코노믹의 가설(인간은 기대되는 자기의 효용계수를 최대화하려 한다)을 기초로 하고 있다. 이 이론은 18세기에 베카리아나 벤담이 주장한 고전파 범죄학과 비슷하게 범죄에 의해 야기되는 비용과 이익을 비교형량하여 범죄의 실행 여부를 결정하는 합리적인 범죄인상을 전제로 하기 때문에 '고전파 범죄학의 부활'이라고도 평가되고 있다.

여기서 CCTV가 범죄예방에 활용될 수 있는 가능성은 범죄자로 하여금 범행의 의사결정을 함에 있어서 범죄행위의 적발가능성을 높임으로써 처벌의 가능성을 증대하는 것으로 그 목적을 달성할 수 있다는 것이다.

또한 합리적 선택이론에서 고려하는 범죄의 비용의 측면에서도 단순한 물리적 비용 뿐 아니라 CCTV가 설치된 지역이라는 것을 사전에 인식하는 경우 심리적 위축감 또는 압박감을 느끼게 함으로써 범죄의 심리적 비용을 증대함으로써 범죄를 억제 또는 예방하는 효과를 불러올 수 있다는 설명이 가능하다(김석기, 2007: 18-19).

㉡ 일상활동이론

일상활동이론(routine activity theory)은 Cohen과 Felson에 의해 주장된 이론으로 대인범죄나 재산범죄가 일어나기 위해서는 동기부여된 범죄자, 합당한 표적, 보호할 수 있는 능력의 부재가 동일한 시간과 공간에 있어야 한다는 점에 착안하여 만약 그 상황에서 범죄를 조장하는 사람이나 정황이 존재한다면 범죄발생은 용이해질 것이고 범죄를 억제할 수 있는 잠재적 피해자나 다른 사람이 존재한다면 범죄는 예방될 수 있을 것이라고 설명한다(이윤호, 2007: 341).

즉 범행동기를 가진 사람이 존재하고, 적절한 대상이나 잠재적 피해자가 있고, 잠재적 범죄자를 억제할 수 있는 공식적·비공식적 감시가 없을 때 범죄가능성은 증가한다는 것이다. 이러한 주장은 실업률, 경제적 불평등, 인종차별 등 범인성을 증대시키는 구조적 조건이 저하됨에도 불구하고 범죄율이 지속적으로 증가하고 있는 이유를 설명할 수 있다는 점에서 매우 중요한 공헌을 했다고 할 수 있다.

범죄대상의 보호능력이나 매력성이라는 측면에서 잠재적 피해자의 일상생활이나 활동은 곧 범죄기회를 증대시킬 수도 있으며, 반대로 범죄기회를 제한할 수도 있게 된다. 결국 자신의 일상생활 유형에 따라 범죄의 기회를 증대 또는 감소시킬 수 있기 때문에 범행기회의 제거나 축소라는 견지에서 범죄예방의 가능성과 중요성이 제시되고 있다.

이 이론에 의한다면 범죄자는 범죄를 실행하기 전 범행 장소의 CCTV 설치유무, 경비원의 유무, 도주로의 상황, 지구대와의 거리, 인적현황 등을 종합적으로 판단하게 될 것이다. 일상활동이론에 있어서 CCTV는 표적의 강화(target hardening)을 통하여 대상물의 약점을 보강하여 범죄의 기회를 감소시키는 역할을 할 수 있다(이윤호, 2007: 341).

ⓒ 범죄의 전이효과

범죄 전이란 개인적 또는 사회적인 범죄예방활동에 따라 범죄에 변화가 일어나는 것을 뜻한다. 이 개념은 주어진 상황 및 환경에서 범죄예방 또는 감소활동이 단순한 범죄의 대체를 가져올 뿐이라고 본다. 즉 여기에는 전체적인 범죄의 양은 변화되지 않으며, 범죄억제 전략들은 범죄를 제거하는 대신 단지 이동시킨다는 것을 전제로 한다. 예를 들어 한 지역에 경찰인력을 증가시켜 배치했다면 그 지역의 범죄율은 감소할지 모르지만, 인근지역의 이웃들은 범죄율의 증가를 체험할 것이고 순수한 범죄의 감소는 극히 미미한 수준에 그치고 만다는 것이다.

범죄의 전이는 세가지 가설을 가진다.

첫째, 범죄의 양과 종류는 비탄력적이어서 일정기간 일정량의 범죄는 반드시 발생한다. 범죄의 양과 종류는 비탄력적이기 때문에 범죄예방활동에 의해서 범죄가 제거될 수 없다. 하지만 첫 번째 가설은 범죄가 의도적이지 않거나, 기회주의적인 성격의 범죄인 경우 설명력이 떨어진다는 문제점이 있다.

둘째, 범죄자는 다양한 수준의 이동성을 갖는다. 즉 범죄의 전이는 단순하게 지역적이거나 부분적인 이동을 말하는 것이 아니고 잠재적 범죄자에 따라 각각의 이동성의 정도가 달라진다. 예를 들어, 청소년의 경우는 성인과 달리 자가용을 갖고 있지 않기 때문에 지역적 전이에는 제약이 따를 것이고 학교와 야간통행금지 등에 얽매여 시간적 전이에도 한계가 있을 것이다.

셋째, 잠재적 범죄자는 범행에 대한 의지나 지적 능력을 갖고 있다. 이는 합리적 선택이론으로 더 잘 설명될 수 있는 부분인데, 이에 따르면 잠재적 범죄자는 물리적·사회적 환경의 다양한 요인들에 기초하여 합리적 의사결정을 하고, 범행을 결정하며, 이 과정에서 범죄의 전이현상이 나타날 수 있다고 본다(최응렬 외, 2007: 154).

ㄹ 범죄통제 이익의 확산효과

범죄예방활동으로 인해 발생할 수 있는 효과는 범죄의 전이효과 이외에 범죄통제 이익의 확산효과(diffusion effects of crime control benefits)가 있다. Clarke와 Weisburd는 이익의 확산에 대해 "대상이 되는 장소, 개인, 범죄, 시간대 등을 넘어서 긍정적인 영향이 퍼지는 것"이라고 정의하였다. 범죄의 전이(displacement)는 범죄예방활동의 대상이 되는 범행대상으로부터 범죄가 이동하는 과정을 설명하는 것인 반면, 범죄통제 이익의 확산(diffusion of crime control benefits)은 범행대상 뿐 아니라 다른 대상들에게까지 범죄감소 효과가 퍼지는 과정을 설명한다(임준태, 2009: 158).

범죄전이의 유형으로는 레베토(T. A. Reppetto)가 최초로 범죄전이의 다양한 유형(지역적, 시기적, 범행대상, 범행방법, 범죄유형 등)을 소개 했듯이 클라크와 와이즈버드도 범죄통제 이익의 확산효과의 유형을 크게 억제(deterrence)와 단념(discouragement)으로 구분하고 있다(최응렬 외, 2007: 157).

3) 민간경비를 활용한 범죄예방

(1) 민간경비의 개념

많은 학자들이 민간경비에 대한 개념규정을 시도하고 있으나 아직까지 합의점을 찾지는 못하고 있다. 현재까지 민간경비에 대한 통일적 정의에 쉽게 도달하지 못하는 것은 민간경비가 포괄하는 범위가 계속적으로 팽창하고 있기 때문이다. 예전에는 민간경비가 주로 범죄로 인한 재산과 인명에 대한 보호 업무에 국한되었지만, 지금은 자산보호, 보안서비스, 출입통제, 환경설계, 바이오 매트릭스 모니터링, 사이버보안 등으로 그 업무영역이 확대되고 있다(김성언, 2004: 9).

민간경비의 사전적 의미를 살펴보면 민간이란 "관이나 군대에 속하지 않음"을 나타내는 말이며, 경비란 "만일에 대비하여 경계하고 지킴"이라고 정의되어 있다. 다시 말해 민간경비는 공적인 주체가 아닌 사적인 주체들에 의해 조달되는 경비서비스라고 할 수 있고, 여기에 재화가 투입되면서 민간경비산업이 형성되는 것이다.

일반적으로 경비에는 국가가 운영하는 공경비와 민간의 자본과 기술로 운영하는 민간경비로 구분되는데, 일반적으로 민간경비라 함은 공경비의 대칭되는 개념으로 여러 가지 위해로부터 개인의 이익이나 생명 및 재산을 보호하기 위하여 특정한 의뢰자인 고객으로부터 받은 보수에 따른 경비를 행하는 개인 및 단체와 영리기업을 말한다(박옥철, 2004: 6).

우리나라의 경우 민간경비의 일반적인 개념으로 사용하고 있지만 그 역할 및 권한 그리고 주요업무는 각 국가가 직면한 시대적·사회적 상황에 따라 다르다. 우리나라의 경비업법 제2조(정의) 민간경비는 크게 시설경비, 수송경비, 신변보호를 기본업무로 인정하면서 시설경비에 기계경비와 혼잡경비를 포함시키고 있다(박상진, 2007: 9).

(2) 민간경비 관련이론

① 공동화이론(Vacunm Theory)

공동화이론은 증가하는 범죄에 대응하기 위해서 경찰력도 그에 상응해서 증가하여야 하나 현실적으로 경찰력의 증가는 이러한 사회적인 요구를 충족시키지 못하기 때문에 현실과 경찰의 대응력 사이에는 일정한 갭(gap), 즉 공동(空洞)이 발견되고 이러한 공동을 보완하기 위해서 민간경비가 성장한다는 이론이다(이태규, 2005: 12).

이는 기본적으로 공경비인 경찰과 민간경비 양자 사이의 관계가 어떠한 성격을 갖는가 하는 논의에서 이론적 뿌리를 찾을 수 있는데, 공동화이론은 민간경비와 경찰이 상호갈등이나 경쟁관계에 있는 것이 아니라 상호보완적이며 역할 분담적 관계로 이해하는 입장이다(김두현 외, 2002: 46).

② 이익집단이론(Interest Groop Theory)

이익집단이론이란 민간경비를 하나의 외부 독립적인 행위자로 인식하며 민간경비 자체가 그 이익을 추구할 수 있는 이익추구 집단으로의 활동에 따라 민간경비가 발전되었다는 이론이다. 민간경비도 외적으로 양적 성장을 추구하면서 내적으로는 제도의 개선과 발전 등을 거듭하여 사회적 입지의 강화와 경제적 이익집단으로서의 효과를 거둔다는 것으로 공동화에 따른 대안으로서의 활성화가 아닌 자신들의 서비스영역을 끊임없이 늘여가려는 것에서 시작되었다는 것이다. 이러한 이익집단이론은 민영화이론의 경제적 측면인 기업의 경쟁력 강화와 효율성 증가에 따른 소득 재분배와 시너지 효과를 기대할 수 있다(이현희, 2004: 331).

③ 수익자부담이론(Profit-Oriented Enterprisc Theory)

수익자부담이론은 자본주의 사회에서 국가 법집행기관인 경찰이 갖는 근본적 성격과 역할 및 기능에 관한 통념적 인식에 의문을 제기하면서 출발한다. 경찰의 역할이 개개인의 안전과 사유재산을 보호하는 것이라는 일반적 통념을 거부하는 것이다.

국가 법집행기관으로서 경찰은 국가가 자본주의의 전반적 체제유지를 위한 정치적 역할을 수행하는데 있어 일부분 담당하는 공조적으로 파악되어져야 한다는 것이다. 따라서 자본주의 사회에 있어 경찰의 공권력작용은 원칙적으로 거시적 측면에서 질서유지나 체제수호 등과 같은 역할과 기능으로 한정하고, 사회구성원 개개인 차원이나 여타 집단과 조직 등 예컨대, 회사 차원 등이 안전과 보호를 결국 해당 개인이나 조직이 담당하여야 한다는 인식에 기초를 둔 이론이다.

이것은 개인이 자신의 건강을 보호받기 위해서 상업적인 의료보험에 가입하는 것이나 혹은 자동차를 소유한 개인이나 조직이 사고에서 오는 각종 피해로부터 보호받기 위해서 상업적인 자동차 보험에 가입하는 이치와 비교하여 설명할 수 있는 것이다(박중신, 2005: 23).

자본주의 사회에서는 개인의 재산보호나 범죄에서 올 수 있는 신체적 피해로부터 보호를 결국 개인적 비용에 의해 담보 받을 수밖에 없다(you get what you pay for)는 입장이 바로 수익자부담이론이다(Green, 1981: 18).

이러한 수익자부담원칙은 치안행정뿐만 아니라 일반행정에까지 모든 분야에서 광범위하게 적용이 되어가고 있어서 앞으로의 자위방범은 개인이나 단체가 민간경비의 도움을 요청해야 하는 추세이며 다만 경찰은 전체적인 규제와 공공의 위험발생에 대한 조치 등을 위한 최소한의 경비책임을 담당해야 한다(정승호, 1994: 219).

민간경비의 발전은 자본주의 사회에서는 당연한 것이라고 생각된다. 즉 전반적인 국민소득의 증가와 경비개념에 대한 사회적인 인식변화, 실제적인 범죄의 증가, 그리고 민간경비제도나 서비스의 유용성에 대한 인식변화 등이 그것이다.

④ 경제환원론적이론(Economic reduction Theory)

이 이론은 특정한 현상을 설명함에 있어서 그 현상이 경제와 직접적으로는 무관한 성격을 갖는 것임에도 불구하고 그 원인을 경제문제에서 찾으려는 입장을 취하려는 데 그 특징이 있다. 예컨대 한 국가의 정치적 변화를 그 국가의 경제발전 단계나 경제적 운용상태로 귀결을 지우려는 연구들이 있는데, 이는 경제환원론적 입장에서 설명하려는 노력으로 볼 수 있는 것이다(이윤근, 1989: 17).

이와 같은 맥락에서 경제환원론적 입장에 있는 학자들이 민간경비 시장의 성장을 범죄의 증가에 따른 직접적 대응이라는 전제 하에서 출발하였으며, 특히 거시적 차원에서 범죄의 증가를 실업의 증가에서 그 원인을 찾으려고 하는 것이 특징이다. 물론 실업은 경제의 일반적 침체에서 발생한다고 봄으로써 결국 민간경비 시장의 성장을 경제전반의 상태와 운용에 연결시켜 설명하려는 입장이 경제환원론적 시각이다.

이 시각은 경제가 침체를 보였던 미국의 1965년에서 1972년 사이의 시간에 민간경비 시장이 상대적으로 크게 증가하였다는 경험적 관찰에 기초를 두고 있는데 이 기간 동안에 있어 민간경비 시장의 성장은 서비스업 전체의 증가보다 두드러지게 성장하고 있음을 보여주고 있다(Lester, 1982: 88).

⑤ 민영화 이론(Private Management)

1980년대 이후 민영화가 세계적인 추세를 이루었고 이러한 추세는 현재에도 지속되고 있다. 이것은 복지국가의 이념에 대한 하나의 반성이고 앞으로 국가 역할의 범위를 어떠한 방향으로 정할 것인가를 보여주는 것이다.

민영화의 증가에 따라 공공서비스의 민간위탁이 증가하면서 공공관료제의 독점적 지위에 근거를 두고 이루어지던 이전의 관리방식에 혁신적인 변화를 가져왔다. 민간 위탁이란 정부와의 계약에 따라 민간기업이 공공서비스를 제공하는 것을 말한다. 민영화는 수혜자들이 개인적으로 있다고 판단하는 경우 등이다. 치안질서 유지 업무로 이러한 추세에 따라 국가 권력에 의하여 수행되어져야 하는 필수적인 부분을 제외하고 민간 이양이 가능한 부문은 민간에 의하여 수행되어져야 한다는 이론이다(조상철, 2005: 16-17).

이러한 방법은 이윤동기에 따른 서비스 공급의 전문성과 신축적인 대응성은 활용하면서 다른 한편으로는 민간기업이 간파하기 쉬운 공공서비스는 유지하고자할 때 주로 이용한다. 즉 민간 위탁은 경쟁을 전제로 한다는 점에서 민영화와 구별되는 개념이다. 특히 미국에서는 민영화와 계약이 동의어로 사용되고 있지만 실제로는 완전히 다른 것이다. 민영화는 물질적 재산의 소유권을 공공부문에서 민간부문으로 이전하는 것을 말한다. 민영화된 조직은 경쟁적인 환경 하에서 운영될 수도 있는 것이다. 민영화 후에 얼마나 경쟁이 이루어지는가는 산업구조와 정부의 정책에 달려 있다. 반면에 계약은 경쟁을 개방하는 것을 의미한다. 조직은 특정한 서비스를 고객에게 공급하기 위한 계약에 입찰하도록 초대받는다. 계약 공급의 두드러진 특징은 사전적인 경쟁이라는 요소에 있다(정윤길, 1998: 9−10).

이런 민영화이론은 국가중요시설의 경호·경비를 민간경비에 위탁시키는 경우 전용된다고 할 수 있다. 그러나 국가 중요시설의 경호·경비를 민간경비에 전담시키는 것이 전적으로 모든 것을 민간에 이양하는 것은 아니며, 그 관리권을 공공기관에서 보유한 상태로 운영만 민간기업이 하는 것으로 볼 때 외주의 한 형태로 볼 수 있다. 즉 서비스의 내부 공급에서 외부공급으로 전환이 이루어지고, 이 과정에서 경쟁개념을 도입하여 보다 효율적인 서비스를 제공함에 그 의의가 있다고 할 수 있다(안창훈, 1997: 20−21).

4) 생활안전경찰의 이론적 고찰

생활안전경찰은 국민들과 가장 가까운 곳에서 경찰의 역할과 임무를 대변하며 지난 60여년 동안 현대의 역사 속에서 함께 숨쉬어왔다. 가장 낮은 곳에서 국가 공권력의 상징으로 때로는 칭찬 받으며, 때로는 비난의 대상이 되며 경찰이미지를 개선하고 발전하는데 중추적인 기능을 담당하였다. 시대변화에 맞추어 불리어지는 명칭도 바뀌었고, 조직도 개편되었고, 역할에도 많은 변화가 있어왔다. 그리고 앞으로도 국민의 기대를 받으며 한국경찰의 중심에서 조직문화를 선도하고 국민에게 봉사하는 경찰의 상징으로 당당히 자리매김할 것을 기대한다.

생활안전경찰의 가장 큰 의의는 경찰의 임무이자 국가의 임무이기도 한 범죄예방을 통한 국민의 안전과 사회질서 유지에 있다 할 것이다. 이는 경찰법 제3조와 경찰관직무집행법 제2조에 규정되어있는 국민의 생명과 재산을 보호하고 공공의 안녕과 질서유지의 활동을 구체화하고 직접 실행하는 실질적인 집행기능을 수행하고 있음을 의미한다(박현호, 2009: 191).

1) 생활안전경찰의 개념 및 특징

(1) 생활안전경찰의 개념

생활안전 경찰은 범죄예방을 위한 방범활동과 지역사회의 안전을 확보하기 위한 활동을 통합하는 개념이다. 생활안전 경찰은 방범경찰의 기능을 더욱 확대한 개념으로 종합적인 방범대책을 추진하고, 지역의 안전을 확보하기 위하여 차량순찰과 도보순찰 등을 활용하여 지역경찰 중심의 범죄예방활동을 강화하고, 풍속사범과 기초질서 위반사범 및 총포·도검·화약류 위한 사범단속 등 경찰사범단속, 소년의 비행대책, 총기·유해약물 대책 등 시민생활의 신변안전과 관련되는 경찰행정을 보다 강조하는 경찰활동을 말한다. 생활안전 경찰은 범죄수사를 주된 업무로 하는 기능이 아니라 범죄예방을 주된 임무로 한다는 점에서 행정경찰·보안경찰·예방경찰에 해당된다.

(2) 생활안전경찰의 특징

생활안전 경찰은 업무의 특성상 다음과 같은 특징을 갖는다.

첫째, 활동 대상의 복잡성과 다양성이다. 생활안전 경찰활동은 경찰조직의 다른 기능의 활동 분야를 제외한 경찰업무 전반이 활동의 대상이다. 특히 범죄의 수사와 범인의 체포는 수사기능의 활동 대상이지만 생활안전 기능에서 범죄수사와 범인 검거의 상당한 부분을 차지하며, 관내의 우범지역과 범죄단체 등에 대한 정보수집과 보고, 교통단속과 교통사고처리의 초동조치 등도 담당한다.

둘째, 대상의 유동성이다. 생활안전경찰의 활동대상은 사회적 정서와 국민의식의 변화에 따라 계속적으로 변동하는 특성이 있으므로 이에 즉응하는 지도와 단속이 요구된다. 국민들이 기초질서도 지키지 않을 정도로 불법행위가 사회에 만연될 경우에는 경찰사범단속 활동을 한층 강화해야 하고, 청소년들의 비행이나 학교폭력이 사회문제화 될 경우에는 청소년들의 지도·단속에 경력을 집중적으로 투입해야 한다. 또는 성매매 등 성윤리의 타락에 대한 국민들의 부정적인 정서가 사회에 팽배할 경우에 순찰경찰관들은 범인성 유해업소들을 중심으로 단속활동을 강화하지 않을 수 없다.

셋째, 관계법령의 다양성과 전문성이다. 생활안전경찰이 직무수행을 하면서 적용해야 할 법령은 활동 대상의 다양성 만큼이나 다양하다. 청소년의 지도·단속의 경우에 적용 가능한 법률이 『청소년기본법』, 『청소년 성보호에 관한 법률』, 『청소년보호법』 그리고 『소년법』 등이 있는 것만 보아도 경찰의 직무수행관련 적용법률의 다양성을 짐작할 수 있다. 이러한 다양한 법령을 적용한 직무수행은 시민들의 생활에 직접적인 경향을 미치므로 적용 법령에 대한 전문성이 요구된다.

넷째, 주민과의 접촉성이다. 생활안전 경찰은 그 활동영역이 특정 지역을 대상으로 하므로 다른 기능에 비해 주민과 가장 밀접하게 접촉할 수밖에 없고, 대민 서비스 분야가 점차 확대되어 가고 있다. 특히 최근에 경찰과 주민의 협력치안을 본질로 하는 지역사회경찰활동의 강화는 경찰과 주민의 밀접한 접촉을 불가피하게 된다.

다섯째, 업무의 비긴박성과 비측효성이다. 생활안전경찰은 일상적인 순찰활동에 의한 범죄예방활동이 기본 업무이다. 범죄수사와 폭력시위 진압 같은 활동의 긴박성과 즉효성을 요구하는 업무는 수사가능과 경비기능의 소관이다.

여섯째, 다른 경찰활동에 대한 지원성이다. 생활안전경찰은 다른 기능 및 행정기관과 관련성이 많고, 특히 방범활동에는 행정·사법경찰의 작용이 공존하며 양자는 불가분의 관계에 있다. 즉, 유흥업소의 단속은 시·군·구 등 자치단체의 담당공무원과 합동으로 단속하고 범죄수사와 범인체포를 위해 수사기능을 지원한다. 또한 생활안전경찰은 관내의 치안관련 정보를 수집하고 교통관리와 교통사고 초동조치 등을 함으로써 정보과와 교통과를 지원하기도 한다(조철옥, 2008: 369-371).

2) 생활안전경찰의 조직과 임무

(1) 생활안전경찰의 조직

생활안전경찰의 조직과 기능별 임무는 '경찰청과 그 소속기관에 관한 직제'(대총령령 제 20960호)와 시행규칙(행정안전부령 제29호)에 근거를 규정하고 있다.

생활안전경찰의 조직은 경찰청에 생활안전국내 생활안전과, 생활질서과, 여성청소년과가 있으며 지방경찰청에는 생활안전과내 생활안전계, 생활질서계, 여성청소년계가 있고, 경찰서에는 생활안전과내 생활안전계, 생활질서계, 여성철소년계, 지구대 및 파출소가 설치되어 있다.

(2) 생활안전경찰의 임무

생활안전경찰의 임무를 크게 범죄예방활동 또는 위험방지 활동과 범죄·사건발생시 또는 신고접수시의 현장조치활동 그리고 기타 활동으로 소년사건수사 등으로 구분할 수 있다. 범죄예방활동에는 지역사회와의 협력을 통한 지역사회경찰활동, 순찰활동, 불심검문, 경찰방문과 방범진단, 총포·화약류의 점검 그리고 청소년과 여성의 보호활동 등이 있으며, 현장조치활동에는 경범죄조치와 즉결심판, 각종 신고시 현장출동, 주취자의 처리, 범죄현장의 통제와 조치활동, 총기사용, 가출인·실종자의 수색활동 그리고 풍속업소 단속 등이 포함된다. 그리고 소년사건의 경우 생활안전 분야의 여성청소년계에서 수사 및 조치하고 있어 이는 수사의 범주에 해당되나 생활안전 업무로 분류하고 있다(박현호 외, 2009: 193).

3) 순찰활동을 통한 범죄예방

(1) 순찰의 개념

순찰이란 특정한 관할구역 안에서 경찰관들이 일반적인 경찰임무를 수행하고 관내 상황을 파악하기 위하여 일정한 지역을 순회·시찰하는 것을 말한다(임준태, 2007: 189). 순회시찰하는 근무 중에서도 특정한 목적 수행을 위한 순회를 제외한 평상시 일반적인 근무로서 수행하는 활동, 즉 범죄의 예방과 제지, 현행범 또는 피의자의 체포, 위험발생의 방지, 방범지도계몽, 관내 상황의 관찰 및 파악, 미아·가출인의 발견 등의 업무를 위한 순회근무를 의미한다.

Robert Peel에 의해 근대적인 경찰조직이 확립된 이후 순찰은 경찰업무에 있어 가상 중요한 가시적인 부분으로 간주되고 있다. 지역사회경찰활동에서 순찰경찰관이 지역 주민들의 삶의 질에 가장 즉각적이고 직접적인 영향을 끼친다고 지적하듯이 오늘날에도 경찰의 순찰은 경찰활동의 가장 중요한 기능이라 할 수 있다. 그러나 순찰활동에 대한 전략들은 바뀌고 있다. 전통적인 경찰활동에 있어서 순찰의 기본 전제는 경찰관의 가시적인 활동이 범죄를 억제한다는 것이었다. 그것은 범죄의 원인에 대해 범죄자의 사회학적, 심리학적, 경제학적 욕망과 기회를 중요시하게 여겼다. 즉 범죄를 범죄자의 욕망과 기회의 결과라 보았다. 경찰은 범죄자의 잠재적인 욕망을 통제할 수 없기에 범죄의 기회를 줄이려는 노력을 기울여야 하며, 이를 위한 가장 좋은 방법이 지역사회의 모든 지역에 자주 순찰을 실시하는 것이라고 하였다.

그래서 전통적인 경찰활동에 있어 순찰의 가장 중요한 기능은 잠재적인 범죄자가 범죄행위를 성공적으로 수행하지 못하도록 범죄의 기회를 차단하는 것이었고, 그러한 것을 위해 가시적인 자동차에 의한 무작위 난선순찰이 선호되었다. 그리고 범죄진압 측면에서는 차량을 이용한 신속한 출동에 의해 범죄현장으로서 대응시간을 단축함으로써 범인을 체포하거나 증인을 확보하는데 유용할 것이라고 가정하였다.

그래서 전통적인 경찰활동에서 선호되었던 순찰방법은 경찰마크가 표시된 차량을 이용한 임의적인 난선순찰(routine preventive patrol, random patrol)이었다. 순찰과 소속 경찰관에게 담당구역(beat 또는 districts)을 배정하여 임의로 순찰을 실시하게 하거나 담당구역내 대기하다가 사건발생 무전이 떨어지면 신속하게 현장으로 출동하여 대응하도록 하는 방식이다. 이러한 운영방식의 이면에는 범죄자가 언제 어디서 나타날지 확실하지 않기 때문에 경찰관들은 무작위적인 난선순찰을 실시하는 것이 범죄가 발생하였을 때 범죄현장에 신속하게 대응할 수 있을 것이라고 보았던 것이다. 그러나 1970년대 이후 미국에서 순찰에 대한 실험연구는 전통적인 경찰 순찰의 효과성에 의문을 제기하며 새로운 대안들이 나타나는 계기가 되었다(석청호, 2005: 197).

(2) 순찰의 종류

① 순찰노선에 따른 구분

한국 경찰에서 활용되고 있는 순찰근무 방식 중 순찰노선에 의한 구분은 정선·난선·요점·구역순찰로 분류할 수 있다.

㉠ 정선(定線)순찰

정선순찰은 파출소 관내의 광협, 특수사정을 고려하여 가급적 관할구역 내에 전부 미칠 수 있도록 정하여진 노선을 규칙적으로 순찰하는 방법이다. 순찰노선이 일정하고 경찰관 행동이 규칙적이기 때문에 경찰관이 순찰 중 현재의 지 점이 대개 추정되므로 감독, 연락 등의 면에서 편리하지만, 범죄행위자들이 이를 예측하고 출현할 수 있다는 단점이 있다.

정선순찰은 지정순찰선의 반복순찰로 순찰실시 후 다음 순찰시간까지 2−3시간 순찰공백 현상이 초래되어 범인 및 범죄 기도자들이 순찰선과 순찰시간대를 파악 이를 역이용함으로써, 방범효과가 문제될 수 있다.

또한 치안상황은 수시로 변화함에도 불구하고 정선순찰 방식은 지정된 시간에 지정 순찰선에 따라 동일코스를 단순·반복 순찰하게 함으로써 순찰경찰관 자신의 자율적 판단에 따른 취약장소나 취약시간대 순찰근무가 어렵게 된다. 한국은 1995년 3월 이전까지 파출소에서의 순찰방식은 정선순찰을 원칙으로 했다. 그러나 동년 3월부터 순찰제도를 대폭 전환·개선함으로써 정선순찰은 그 의미가 변화되었다.

ⓒ 난선(亂線)순찰

난선순찰은 순찰노선을 사전에 정해놓지 않고 순찰경찰관이 임의로 사고발생 상황 등을 고려하여 순찰지역이나 노선을 선정, 불규칙적으로 순찰하는 방법이다. 정선순찰의 단점인 시간적, 지리적 고정을 방지할 수 있는 반면, 감독이 불편하다.

ⓒ 요점(要點)순찰

요점순찰은 관할구역내에 설정된 요점(중요지점)에서 요점에 이르는 순찰방법으로서 그 요점간에 있어서는 일정한 노선없이 경찰상 적당한 통로를 자율적으로 순찰하는 것이다. 이는 정선순찰과 난선순찰의 절충방식이라 할 수 있다.

ⓔ 구역(區域)순찰

한편 구역순찰은 순찰구역내에 있어서의 중요범죄 혹은 인구분포, 경찰대상물의 존재 능을 과학적으로 분석하여 순찰 小구역을 각각 적당수로 설정하여 그 구역내에 한하여 자율적으로 난선순찰하는 방법이다. 일정한 구역내에서 계속하여 범죄가 발생하는 경우, 이를 예방하거나 검거하는 데 효과적이라고 한다(임준태, 2004: 369−371).

② 순찰수단에 의한 구분

순찰수단에 따른 종류로는 크게 도보순찰, 자동차순찰, 사이카순찰, 자전거순찰 등이 있다. 이러한 다양한 순찰방법을 언제, 어디서, 어떤 방법을 활용할 것인가의 선택은 수행되어야 할 또는 성취되어야 할 특정한 임무나 순찰의 일차적 목적과 그 지역에 따라 결정되어진다. 특히, 지역사회의 지리적·인구학적 그리고 범죄학적 여건에 크게 영향을 받게 된다(이윤호, 2009: 46).

㉠ 도보순찰

도보순찰은 경찰의 가장 기본적인 순찰방법으로써 상세하고 치밀한 정황관찰이 가능하다. 지역주민과의 접촉이 용이하여 정보수집도 보다 용이하고, 도로 및 장소 여건에 크게 구애받지 않고 순찰이 가능하다. 도보순찰로 인하여 지역주민들에게 범죄에 대한 공포감을 감소시킨다는 것은 이미 여러 실험연구들을 통하여 검증된 바 있다.

반면 광범위한 지역의 순찰이나 장시간 순찰은 부적합하고, 기동성이 부족하다는 것이 단점이다. 또한 순찰요원이 신체에 지니는 순찰장비의 휴대량이 제한되며, 자연환경의 영향을 많이 받는다는 것도 단점으로 지적되고 있다.

역사적으로 볼 때 근대적 경찰활동의 초창기에는 도보순찰 중심으로 이루어지다가 과학기술이 발달하면서 자동차 중심의 순찰로 바뀌었고 최근 지역사회 경찰활동이 강조되면서 다시 도보순찰에 대한 재평가 및 인식으로 미국 등에서는 도보순찰을 강화하고 있다(석청호, 2005: 1).

도보순찰에 대한 평가는 다양할 수 있지만 대체로 도보순찰이 범죄감소에 약간은 영향을 미친다는 것으로 알려지고 있다. 그러나 그보다 더 중요한 평가는 시민의 범죄에 대한 공포를 줄이고, 경찰과 시민과의 관계를 긍정적인 상호교환적인 것으로 변화시키는 데 크게 기여한 것이라고 할 수 있다. 한 가지 분명한 것은 도보순찰에 대한 평가는 단순히 범죄와 관련된 통계만이 아니라 시민들의 안전의식, 경찰서비스의 제공, 범죄문제에 대한 주민의 의식전환, 주민의 참여와 협조 등이 동시에 평가되어야 한다는 것이다(이윤호, 2009: 50).

ⓛ 자동차순찰

자동차순찰은 차량을 이용하여 순찰을 실시하는 방법으로 기동성으로 광범위한 지역의 순찰이 가능하다는 것이 장점이다. 순찰차량 내에 다양한 순찰장비의 장착이 가능하므로 순찰차가 일종의 이동 경찰관서가 될 수도 있다. 또한 방범의 높은 가시성 효과가 잠재적 범죄자들로 하여금 범죄의 기회를 줄이는데 기여한다고 본다.

자동차순찰의 단점으로는 순찰경찰관들의 순찰이 차량 내에서만 이루어지므로 지역주민과의 긴밀한 접촉이 곤란하고 소극적인 근무태도를 조장한다는 것이다. 또한 비좁은 골목길 등은 순찰이 불가능하고, 순찰차량 유지에 많은 비용이 지출된다는 것이 단점으로 지적되고 있다. 또한 자동차순찰은 서비스를 받는 지역주민과 격리됨으로써 범죄와 다른 경찰활동을 전개하는데 있어서 사전적이기 보다는 사후적 반응을 보여준다.

자동차순찰에 대한 쟁점의 하나는 1인 승차와 2인 승차의 선택의 문제이다. 윌슨(O. W. Wilson)같은 사람은 1인 승차에 대한 강력한 옹호자로써, 1인 승차가 보다 효율적인 인력자원의 활용이라고 보았다. 그러나 아직은 1인 승차로 인한 운영경비의 효율성과 경찰관의 취약성 사이의 갈등은 해소되지 않고 있다. 다수의 경찰관계자들은 우리 사회에는 경찰이 일하는데 극히 위험한 장소나 지역이 많이 있으며, 따라서 2인 승차가 필요하다는 주장도 하고 있다(이윤호, 2009: 46−48). 일반적으로 우리나라 자동차순찰은 2인 1조로 이루어지고 있다.

ⓒ 사이카순찰

사이카를 이용한 순찰은 자동차순찰과 같은 높은 기동성을 지니면서도 자동차순찰의 단점으로 지적된 순찰구역의 제한을 일정부분 보완하고 있다. 좁은 골목길·교통 혼잡지역도 순찰이 가능하며, 방범의 높은 가시효과 등이 장점이다.

반면 단점으로는 교통 및 안전사고의 위험성이 높으며, 은밀한 잠행 순찰이 불가능하고, 부상자의 수송이 곤란하다는 것이다. 또한 일부에서는 사이카순찰의 위험성으로 인한 인명의 손실과 그로 인한 비용이, 장점을 훨씬 상회한다는 비판도 제기되고 있다. 결국, 현재는 에스코트나 의식용 그리고 제한된 교통통제 업무를 제외하고는 사이카의 이용을 정당화하기 쉽지 않다(이윤호, 2009: 51).

ㄹ 기타

먼저 자전거순찰을 들 수 있다. 순찰시 자전거를 이용하는 순찰은 순찰 활동시 대민과의 접촉이 용이하며, 순찰차로는 순찰하기 어려운 곳도 순찰이 가능하다는 장점이 있다. 또한 도보순찰 보다는 육체적 피로를 줄이면서도 더 광범위한 지역의 순찰이 가능하다. 자전거순찰의 단점으로는 자동차나 사이카에 비해 기동성이 떨어지고 장비적재에 한계가 있다는 점이다. 또한 기후조건에 따라 제약을 받을 수 있다는 문제도 지적되고 있다(이황우, 2007: 553).

그 밖에도 기마순찰, 인라인순찰 등도 시범적으로 운영되기도 한다. 이는 시민들에게 순찰활동의 홍보성을 알리는 목적이 크다고 할 수 있다. 경찰의 다양한 순찰 수단 개발과 시도로 인하여, 일반 시민들은 경찰활동에 보다 관심을 지니게 되고, 이는 곧 경찰과 일반 시민들의 긍정적인 관계형성이라는 효과를 낳게 된다.

(3) 순찰과 범행기회의 억제

순찰근무는 주로 공공장소(경찰과 일반 공중이 자유롭게 왕래할 수 있는 공간)에서 수행되기 때문에 이러한 장소에서 저질러지는 범죄를 억제하거나 직접적으로 영향을 미칠 수 있다. 그런데 대부분의 범죄가 공공장소에서 저질러지는 것이 아니기 때문에 경찰 순찰력에 의해 영향을 받지 않는 범죄도 있을 수 있다. 길거리에서 (정복) 순찰경찰관의 존재에 의해 범죄를 저지르려는 잠재적 범죄자가 얼마나 많이 위축되거나 영향을 받을지 안다는 것은 매우 어렵다. 그러나 길거리나 범죄 현장에서 경찰의 존재는 범죄를 저지르려는 범죄자를 위축시킬 수 있으며, 도심지역이나 시골직역에서 순찰중인 정복 경찰관의 존재를 통한 범죄자에 대한 예방적 효과는 시민의 안전감 향상에도 기여할 수 있다.

범죄는 범죄행위를 저지르고 싶은 욕망과 그렇게 할 수 있는 기회가 있다는 확신에서 비롯되는데, 범죄 발생 요인으로서 범죄 욕구, 범죄 능력 및 범죄기회를 들 수 있다. 그런데 범행하고 싶은 욕망이나 범행기회, 두요소중 어느 하나를 없애면, 다른 한 요소가 아무리 강하더라도 범죄를 저지 할 수 있게 된다. 바로 이 두요인(동기와 기회)을 제거하거나 축소시키는 것이 경찰의 기본적 임무이다.

따라서 범죄를 예방하기 위한 가장 좋은 방법은 경찰관을 길거리로 내보내는 것이라고 경찰은 항상 주장해 왔으며, 정책가나 시민도 그에 동의해 왔다. 정복경찰관의 순찰 빈도 강화나 가두(노출된 공간)에서 경찰관 존재 및 가시화는 잠재적 범죄자의 범행기회를 억제 내지는 변경시킨다는 점에 그 의의가 있다. 즉, 순찰력의 존재를 증가시키면 이러한 변화는 감지되어, 기회적 범죄를 예방하고, 사전에 준비하고 계획했던 범죄가 발생할 시간, 장소와 방법에서 변화가 초래될 것이라는 점이다.

한편, 순찰근무는 범죄에 대한 두려움 문제와 관련이 있다. 즉, 범죄 피해를 당한 경험이 있는 사람들일수록 경찰활동을 부정적으로 평가하며, 경찰의 범죄 대처능력을 신뢰할수록 경찰활동에 대해서도 긍정적인 평가를 하는 경향이 있다. 시민들은 주거지역 내에서 경찰이 순찰 빈도를 강화시켜 줄 것을 요청하기도 한다. 즉, 민생치안을 확보하기 위해 경찰이 우선적으로 수행해야 할 것으로 "24시간 방법순찰"을 지적하고 있다. 얼마나 많은 범죄자가 경찰순찰이나 경찰존재의 가시성을 통해 범죄를 저지르려는 그들의 범행의지와 동기를 포기하거나 혹은 적어도 그 결정을 취소될 수 있느냐의 문제는 범죄예방을 위해 대단히 중요하다(임준태, 2009: 315-317).

3. 수사활동

1) 범죄수사의 단계

(1) 내사

내사는 수사의 전 단계로서 고소·고발·자수 이외의 수사의 단서(예 : 출판물의 기사, 익명의 신고, 소문 등)가 있는 경우 그 진상을 밝히기 위해 입건하지 않고 조사하는 단계를 말한다.

내사는 검사의 지휘 없이 경찰이 독자적으로 진행하고 종결한다. 조사 결과 범죄혐의가 있고 입건의 필요와 가치가 있을 때에는 수사개시의 단서가 되므로 범죄인

지보고서를 작성하여 입건하고, 범죄혐의가 없거나 입건할 필요가 없는 때에는 경찰서장의 결재를 받아 내사 종결한다.

(2) 입건(범죄인지)

고소·고발·자수 이외의 수사의 단서가 있는 경우에 범죄의 혐의가 있다고 판단하여 수사를 개시하는 것을 말한다. 입건의 원인은 내사를 통한 범죄인지, 자수, 자복, 변사체검시, 검사의 수사지휘, 다른 사법경찰업무 취급관서로부터의 이송사건 수리 등이다.

실무상으로 입건이란 수사기관에 비치된 사건접수부에 사건을 기재하고 사건번호를 부여하는 단계를 말하며, 그 이후에는 혐의자가 피의자의 신분으로 된다. 사건을 인지하여 수사에 착수한 때에는 범죄인지보고서를 작성하여야 한다.

(3) 수사의 실행

형사소송법, 형사소송규칙, 사법경찰관리집무규칙 등 법령에 규정된 권한의 범위 내에서 독자적으로 수행하지만 수사의 주재자인 검사의 지휘에 반드시 따라야 한다.

수사실행 전에 현장에서 수집된 여러 가지 자료를 검토하여 어떠한 방향으로 수사를 전개하여야 할 것인가를 결정하여야 하는데, 이를 수사방침의 수립이라고 하며 만일에 수사방침이 어긋나면 범인검거는 어렵게 되고 설사 검거된다 하더라도 많은 시간과 노력을 낭비하게 된다. 그러므로 중요한 사건의 경우에는 수사회의를 개최하여 각 수사관의 의견을 종합, 수사방침을 결정하여야 한다.

수사방침이 수립되면 이를 존중하여야 하나, 수사진전에 따라 신빙성 있는 수사자료가 발견되는 등 사정에 의하여 수사방침을 고치는 것이 적당하다고 확실히 인정되면 변경시킬 수 있는 마음가짐이 필요하다.

범죄수사는 현장에서 수집된 유형·무형의 증거자료를 충분히 활용하여야 한다. 범죄수사의 방법으로는 다음과 같다.

행적수사는 현장 및 그 부근에서부터 범인의 행적을 살피는 수사방법, 유류품수사는 범인이 떨어뜨린 것은 없는가를 살피는 수사방법, 감별수사는 현장상황과 피해자의 생활상태 등으로 보아 범인은 피해자 또는 주변지역을 잘 아는 자인가를 밝히는 수사방법, 수법수사는 범인의 침입·도주한 방법·범행 전후의 사정 또는 수단·방법을 살피는 수사방법, 감식수사는 지문, 혈흔, 족적 등을 수거하여 범인을 발견하고자 하는 수사방법으로서 과학수사의 중추이다.

(4) 수사의 종결

사건의 진상이 파악되고 적용할 법령, 처리의견을 제시할 수 있는 정도에 이르면 사건을 검찰청에 송치한다. 이로써 경찰의 수사행위는 일응 종결된 것으로 본다.

사건송치시 사건송치서, 압수물총목록, 의견서, 기록목록, 피의자통계원표 등을 첨부하여야 하고, 기소의견으로 사건을 송치할 경우 수사자료표에 의한 범죄경력조회를 첨부한다. 형의실효등에관한법률 제5조 제1항에 의하여 혐의없음, 공소권없음, 죄가 안됨, 각하는 수사자료표에 의한 범죄경력조회를 첨부하지 아니한다.

송치 후에도 피의자의 여죄 발견, 검사의 공소제기·유지를 위한 보강수사지시가 있을 경우에는 추가적인 수사활동이 전개된다.

2) 수사의 개시 및 종결

(1) 수사의 단서

수사는 수사기관의 주관적 혐의에 의하여 개시되는데 이 수사개시의 원인을 수사의 단서라고 한다.

표 8 수사의 단서 유형

수사기관자신의 체험에 의한 경우	현행범인 체포, 변사자 검시, 불심검문, 다른 사건 수사중의 범죄 발견, 신문 기타 출판물의 기사, 풍설, 세평 등
타인의 체험에 의한 경우	고소, 고발, 자수, 진정, 범죄신고 등 고소·고발·자수가 있는 때에는 즉시 수사가 개시되고, 피고소인 등은 피의자의 지위에 있게 된다.

(2) 수사의 종결

수사종결권자는 공소제기 여부를 결정하는 수사종결권은 검사만이 가지고 있다(형소법 제246조, 제247조). 공소제기는 수사결과 피의사건에 관하여 범죄의 객관적 혐의가 충분하고, 소송조건 및 처벌조건을 구비하여 유죄판결을 얻을 수 있는 경우에는 공소를 제기한다. 이것이 가장 전형적인 수사종결이다.

불기소 처분는 피의사실이 인정되지 않거나 충분한 증거가 없거나 또는 피의사실이 범죄를 구성하지 아니하는 경우에 하는 처분이며, 기소유예·기소중지·공소보류·타관송치 등이 있다.

3) 수사기관

수사기관이란 법률상 수사의 권한이 인정되어 있는 국가기관을 말한다.

검사는 검찰권을 행사하는 국가기관으로서 검사동일체의 원칙에 따라 상하계층제 조직을 이루고 있다. 검사는 수사의 주재자(수사권, 수사지휘권, 수사종결권)이자 공소권의 주체이고 재판의 집행기관이다.

사법경찰관리는 먼저, 사법경찰관은 수사서기관·수사사무관·경무관·총경·경정·경감·경위는 사법경찰관으로서 검사의 지휘를 받아 수사를 할 수 있고(범인, 범죄사실과 증거의 수사), 사법경찰리는 경사·경장·순경이 사법경찰리로서 검사 또는 사법경찰관의 지휘를 받아 수사의 보조를 한다.

특별사법경찰관리는 삼림·해사·세무·전매·군수사기관 기타 특별한 사정에 관하어 사법경찰관리의 직무를 행하는 자를 말하며, 이에는 검찰주사·교도소장·세무공무원·마약감시원·헌병·삼림감시원·선장·근로감독관·철도공무원·국가정보원 등이 있다(남재성 외, 2007: 557-561).

제 2 장 범죄원인 및 한국사회의 문제

제1절 범죄원인론

지금까지는 범죄의 분포와 정도, 그리고 범죄와 범죄자의 사회적 특성 등 범죄성에 대한 알려진 사실을 기술하였다면, 제 3부에서는 범죄성에 관계되는 이들 알려진 사실, 그 중에서도 범죄성의 원인을 설명하기 위한 이론을 논의의 대상으로 한다. 그러나 사람에 따라서 범죄성의 원인을 밝히기 위한 노력에 있어서 범죄행위를 인식하는 방법을 서로 달리하는 경향이 있는데, 어떤 면에서는 상호대립적이기도 한 이들 범죄인식방법을 간단히 소개하고 범죄의 원인을 규명하기 위한 바람직한 범죄인식방법을 제시하고자 한다.

우선, 범죄이론이 역사적으로 볼 때 그 기본 유형이 초자연적인 것과 자연적인 것이 있음을 알 수 있다. 초자연적인 입장을 울리는 정신적 또는 신학적 입장이라고도 하는데, 이는 범죄를 우리가 이 세상에서 경험할 수 없는 초자연적 초현실적인 다른 세계의 힘의 영향으로 발생하는 것으로 간주하여 범죄의 원인도 바로 이 초자연적 초경험적 사실의 규명에 의해서만 인식될 수 있다는 것이다. 그러나 문제는 초자연적 초경험적인 정신적 영향이 관찰될 수 없다는 데 있다. 즉, 관찰될 수 없는 것은 증명되거나 반증될 수 없기 때문에 비록 이것이 범죄를 가장 잘 설명한다고 하더라도 이러한 초자연적 수장은 과학적이라고 할 수 없는 것이다.

이러한 신학적 범죄관과는 대조적으로 범죄의 원인을 우리가 현실세계에서 경험할 수 있는 사실로서 설명하고자 하는 입장이 자연주의적 범죄관이다. 그러나 이들 자연주의적 범죄관도 각자의 상이한 범죄관에 따라 매우 상이한 준거의 틀에 기초하고 있음을 알 수 있다. 범죄를 보는 준거의 틀이 상이하기 때문에 범죄학이 해결

하고자 하는 기본적인 문제의 개념은 물론이고 범죄와 범죄자라는 용어까지도 다르게 정의하고 있다. 대표적으로 이들 상이한 두 가지 준거틀 중에서, 그 첫 번째는 범죄자의 행위(behavior of criminal law)에 초점을 두는 것이다.

범죄를 범죄자의 행위를 중심으로 설명하려는 입장 중에서, 하나는 범죄행위를 포함한 인간의 행위는 자신의 자유로운 의사로 결정하는 것이라는 자유의사론(free will)이며, 다른 하나는 인간의 행위는 자신의 자유의사가 아닌 자신이 통제할 수 없는 개인의 특수한 소질조건과 환경조건에 의해서 결정되는 것이라고 보는 결정론(determinism)이 그것이다.

그러나 인간은 전적으로 완전한 자유인도 아니고 그렇다고 완전히 환경에 지배되는 것도 아니라 오히려 어느 정도는 자유로우며 어느 정도는 환경의 지배를 받기 때문에 범죄행위를 포함한 인간의 행위는 어느 정도는 결정되는 동시에 어느 정도는 자유로이 선택되는 것이므로 자유의사와 환경의 영향은 사람에 따라 개별적으로 동시에 고려됨에 마땅하다고 하겠다.

범죄의 설명을 위한 세 번째 준거의 틀은 범죄를 범죄자의 행위가 아니라 형법의 행위를 중심으로 설명하려는 입장으로서, 여기서는 특성한 사람과 행위가 범죄자 또는 범죄 행위로 공식적으로 규정되는 이유는 사회가 그 사람과 행위를 범죄자 또는 범죄행위로 규정하기 때문이며, 따라서 특정의 사람과 행위가 범죄자와 범죄행위로 규정되는 과정, 즉 형법이 제정되고 집행되는 과정을 중심으로 연구되어야 한다는 것이다.

범죄의 원인을 설명하려는 많은 이론들이 있지만, 이들을 면밀히 분석하면 대부분의 이론이 범행의 동기(motivation), 사회적 제재로부터의 자유(freedom from social constraints), 범행의 기술(skill),그리고 범행의 기회(opportunity)라는 네 가지 중요한 요소를 가지고 범행을 설명하는 것으로 알려지고 있다. 즉, 범죄는 범행의 의지를 가지고, 사회로부터 아무런 제재를 받지 않아서 자신의 자유의사대로 행동할 수 있으며, 범행할 수 있는 능력과 기술을 가진 사람에게 범행할 수 있는 기회가 주어질 때 실행될 수 있다는 것이다. 그런데 상호배타적으로 개념화된 이들 네 가지 요소의 하나하나는 범행에 있어서 필요한 조건이지만 충분조건은 되지 못하기 때문에 어떠한 범행이 가능하기 위해서는 이들 요소가 동시에 상호작용하지 않으면 안 된다. 즉, 범행의 동기가 필연적으로 범행을 유발시키는 것은 아니며, 사회적 제재로부터 자유롭다고 반드시 범행이 가능한 것도 아니며, 또한 동기와 자유가 있어도 범행의 기술과 기회가 없다면 중요한 것이 되지 못하는 것이다.

여기서 범행의 동기란 조건이 갖추어진다면 범죄적으로 행위할 의향, 즉 기회가 주어졌을 때 범행할 욕망이라고 할 수 있는데, 이론에 EK라 욕망의 원천이 같지 않음을 알 수 있다. 예를 들어, 긴장(strain)이론이나 마르크스주의이론은 구조적으로 야기된 경제적인 문제와 지위의 문제에서 그 원천을 찾고 있으며, 문화적 전이(cultural-transmission)이론은 범죄를 부추기는 가치관으로의 사회화를 강조하고, 또는 범죄에 대한 구조적이고 문화적인 유인에 대한 자기통제(self-control)나 자아개념(self-concept)을 강조하기도 한다.

한편 범행의 시도와 범행에는 다수의 사회적 장애와 제재가 따르기 마련인데, 실제 범행이 가능하기 위해서는 이러한 제재가 제거 되어야만 한다. 그런데 이러한 사회적 제재에는 외적 제재(external constraints)와 내적 제재(internal constraints)가 있음을 알 수 있다. 외적 제재는 사회집단의 관습성에 대한 강력한 유대를 의미하는 것으로서, 이러한 관습적인 유대가 강할수록 외적인 사회제재를 많이 받게 되는 것이다. 내적인 제재는 관습적인 집단의 구성원이 집단의 규칙을 내재화하는 사회화과정(socialization process)에서 야기되는 것으로서, 도덕적으로 규칙에 전념하고 옳은 일을 하는 데 대한 자기존중심을 찾는 사람은 이러한 내적 제재를 더 많이 받게 된다.

몇 가지 전문적인 범행에 있어서는 범죄를 실제로 범할 수 있는 능력으로 보여지는 범행기술이 중요성이 인식되기도 하지만 Sutherland와 Cressey의 차별적 접촉이론(differential association theory)을 제외하고는 대체로 통상적인 범죄에 있어서 범행기술은 그리 중시되지 못하였다. 마찬가지로 특정 범죄의 범행에 공헌하는 물리적 환경의 존재라고 할 수 있는 범행의 기회도 몇몇 환경적 기회를 중시하는 연구를 제외하고는 범행의 기회문제가 심각하게 다루어지지는 않는 편이나, 차별적 기회이론(differential opportunity theory)에서는 범행의 동기만큼이나 이를 중시하

고 있다. 그런데 최근에 와서는 은행이 없다면 은행강도가 불가능한 것과 같이 재산범죄율을 연구하면서 이 범행의 기회가 설명변수로서 상당한 관심을 끌기 시작하였다. 이러한 관심은 최근 물리적 환경의 개선이나 범죄자의 무력화(incapacitation)를 통한 범죄의 예방과 억제, 그리고 이를 위한 피해자 조사자료의 활용 등에서 잘 나타나고 있다.

범죄와 같은 복잡한 현상을 설명하는 것은 전문화된 지식을 요구한다. 바로 이 과학적 전문성의 본성상 지식이란 연구하고자 하는 현상의 모든 부분보다는 부분적으로 생성되는 경향이 있고, 이것이 곧 학문의 분화 내지는 전문화이다. 이러한 측면에서 설명의 수준이란 무엇이 설명되어질 것인가 뿐만 아니라 그것이 어떻게 설명될 것인가에 관련된다.

물론 범죄의 원인을 규명하려는 대부분의 이론은 매우 복잡하고 다양한 분류를 제시하여 그 설명의 수준을 구별하려고도 하였으나, 대체로 개별적 수준(individual level)과 사회학적 수준(sociological level)으로 구별해 볼 수 있다. 또한 개인적 수준에서의 범죄설명은 크게 생물학적 이론(biological theories)과 심리학적 이론(psychological theories)으로 나눌 수 있고, 사회학적 수준에서의 설명은 사회적 과정을 중시하는 미시적 수준(microlevel)과 사회적 구조를 중시하는 거시적 수준(macrolevel)으로 구별될 수 있다(이윤호, 2010: 158).

여기에서는 범죄생물학적 원인론과 심리학적 원인론에 관한이론 보다는 사회학인 관점에서의 범죄원인에 대하여 좀 더 심층적으로 서술하고자 한다.

1. 범죄생물학적 원인론

초기의 실증주의적 결정론자들은 자신이 통제할 수 없는 환경적 요인이 그 사람의 행동유형에 지대한 영향을 미친다고 믿었었다. 이들은 고전주의가 일부 사람들은 범행을 선택하지만 대부분의 사람들은 관습적인 가치와 신념을 견지하는 이유를 설명하지 못한다고 비판하면서, 일부 범행을 선택하는 사람은 바로 생물학적으로 결함이 있고, 열등한 사람들이라고 믿었다. 이러한 설명은 초기에는 단순한 생물학적 증거를 범죄행위의 원인으로 추론하는데 지나지 않았으나, 현대에 와서는 다양한 생물학적 요소들 이외에 환경적 요소들과의 상호작용까지도 가정하고 나서기 때문에 생물학적 이론을 더욱 다양하게 만들고 있다.

초기의 범죄생물학은 이탈리아 실증주의 범죄학의 아버지라 불리는 Cesare Lombroso의 연구에서 기인한다. 그는 사람의 외형적인 모습을 보고 범죄를 저지를 가능성을 예측하는 방법을 활용하였는데, 범죄자의 용모에는 진화론적으로 퇴행한 것으로 간주되는 신체상의 야만적인 격세유전적 특징들이 현저하게 나타난다고 주장하였다. 그는 이러한 연구를 통해 '생래적 범죄자(born criminal)'라는 개념을 창시하기도 하였다. Lombroso의 주장은 Goring에 의해 비판되었으나 Hooton에 의해서는 지지되었다.

한편 독일의 외과 의사였던 Kretschmer는 인간의 체격을 세장형, 투사형, 비만형 등으로 나누어 신체적 특징과 범죄와의 관계를 연구하였으며, 이와 유사하게 Sheldon은 내배엽형·중배엽형·외배엽형으로 인간의 체형을 나누어 범죄와의 관계를 연구하였다. 체형과 비행과의 관계는 Glueck 부부에 의해 다시 검증되었으나 방법론상의 한계로 비판을 받기도 했다.

범죄의 생물학적 원인론은 유전이라는 변수를 중심으로 활발하게 진행되기도 했는데, Dugdale의 Jukes가에 대한 범죄자 가계 연구, 쌍생아 연구, 입양아 연구 등이 이루어졌으나, 유전적 요인과 환경적 요인을 엄격히 분리할 수 없다는 비판을 받아야 했다.

현대에 들어와 범죄생물학은 환경 및 심리학적 요인의 관련성에 대해 관심을 가짐으로써 생물사회학적 요인으로도 설명하는 상황이 늘고 있다. 이러한 연구는 음식물 섭취·호르몬 수준 등으로 설명되는 생화학적 요인들, 신경내분비계의 이상, 뇌신경계의 기능 장애·학습부진·자극추구 등으로 설명되는 신경체계상의 기능장애 등을 범죄나 비행과 연관하여 설명하고 있다.

2. 범죄심리학적 원인론

심리학적 범죄원인론은 범인성의 기본적인 원인은 개인의 유형과 발전에서 찾을 수 있는 것이기 때문에 범죄는 내적 장애의 표출로 이해하고 있다. 그리고 이러한 내적 장애의 표출인 범죄행위에서 있을 수 있는 구체적인 심리학적 장애는 대체로 초기 아동기부터 발전되기 시작한 것이며 이것이 개인의 매우 특정적인 특징으로 자리 잡는다고 보고 있다. 결국 심리학적 범죄원인론은 문제를 안고 있는 것은 그 개인이며, 따라서 문제의 해결과 궁극적으로는 범죄 행위의 변화도 당연히 개인에게 초점이 맞추어져야 한다고 보고 있다.

인간의 심리에 대한 연구 분야는 상당히 다양하고 복잡하기 때문에, 범죄자의 범죄 행위에 대한 다양한 설명이 가능하다. 현재는 범죄에 대한 심리학적 접근에 있어서 대체로 범죄자의 정신을 중심으로 범죄의 원인을 규명하려는 정신분석적 또는 정신의학적 이론, 범죄를 범죄자의 과거 학습경험의 자연적인 발전으로 파악하려는 학습 및 행동이론, 범죄자의 인지발달정도에 따라 범죄자를 밝히고자 하는 인지이론, 그리고 인간의 인격특성의 차이에서 범죄성을 찾으려는 인성이론 등이 주류를 이루고 있다.

먼저 정신분석이론의 대표적 학자인 Freud는 인간의 인격구조를 원본능(id), 자아(ego), 초자아(superego)로 나누어 원본능은 쾌락만족의 원칙을 따르며, 자아는 현실 원리를 따르고, 초자아는 자기비판과 양심이어서 사회적 경험에서 생성되는 요구를 반영한다고 보고 있다. Freud는 범죄행위가 원본능의 힘이 자아나 초자아의 통제기능을 능가했을 때에 생기는 것이라고 주장한다.

행동이론에서는 한 개인의 행동이 타인의 '반응'에 의해 결정된다고 보아, 여기서 '강화'가 행동에 중요한 요인으로 작용하며 어떤 행동이 발전됨에 있어 강화가 관찰되고 학습된다는 것을 강조한다. 이는 주로 공격성과 폭력행위의 학습에서 설명되고 있다.

인지이론(cognitive theory)은 도덕적 판단력이 인간의 인지발달에 따라 내재화하는 과정을 상정하여 범죄원인을 탐구한다. 즉 태도나 기준의 인지적 내재화를 강조하는 인지발달이론에 의하면, 사회적 규칙을 내재화하는 사람은 그 기준을 범할 가능성이 적다는 것이다.

한편 인성이론(personality theory)은 범죄란 인간의 심리적 틀 내에 존재하는 저변의 갈등이 표출된 것이라고 말하며 범죄자의 범죄적 인성을 치료하거나 교정하는 데 중요한 역할을 하고 있다. 또한 인성의 발생기원은 아동기에 있으며, 어려서 형성된 인성적 특징이 그 사람의 일반적 외관뿐만 아니라 전반적인 행위를 특징지으며, 비정상적인 인성이 비행을 유발시키도록 작용한다고 가정한다.

3. 범죄사회학적 원인론

1) 개관

규범위반으로서 일탈을 개인의 생물학적 또는 심리학적 구조나 과정을 중시하여 설명하는 생물학적 이론이나 심리학적 이론과는 달리 사회학적 이론에서는 일탈을 인간의 사회적 과정과 구조를 중심으로 설명한다. 따라서 사회학적 이론은 사회구조를 강조하는 입장과 사회과정을 강조하는 입장으로 구분할 수 있다. 사회적 상호작용의 반복적인 안정된 유형으로서 규범위반을 설명하는 이론은 구조적이라고 할 수 있으며, 반면에 시간에 따른 사회적 상호작용의 계속적인 변화와 발전의 견지에서 규범위반을 설명하는 이론을 사회과정이론이라고 할 수 있다.

사회구조를 중시하는 거시적 관점은 범죄의 유형과 정도의 다양성을 설명하기 위해 하위문화를 포함한 문화 및 사회제도의 속성을 중시한다. 여기에는 다양한 형태의 기능주의(functionalism), 갈등이론(conflict theory), 그리고 마르크스주의이론과 아노미이론, 차별적 사회조직화(differential social organization), 하위문화이론(subcultural theories) 등이 속한다. 이들은 왜 특정 개인이 특정 범죄에 가담하는가보다는 왜 상이한 사회제도, 문화, 하위문화 등이 상이한 유형과 정도의 범죄를 유발하는가 내지는 왜 범죄가 특정한 방법으로 유형화되는가를 설명하고자 한다.

한편 사회과정을 중시하는 미시적 수준에서의 설명은 집단과 개인의 상호작용의 결과와 유형에 초점을 맞춘다. 이들은 어떠한 상호작용의 발전과 구조가 범죄를 유발하는가를 공식화하고자 노력한다. 다양한 형태의 사회학습적 이론들이 이 범주에 속하는 것으로 분류될 수 있다.

이러한 사회학적 이론은 일탈을 규범위반으로서 뿐만 아니라 사회적 정의로서 보고 거시적 입장은 물론 미시적 입장에서 분석하고 있다. 그러나 사회학적 이론은 그 개념이 종종 애매하게 규정되거나 측정되며, 이론을 지지해 주는 연구도 종종 충분한 것이 못 되고 있다.

그러나 이들 많은 이론을 설명의 수준으로서 구별하기란 결코 쉽지 않다. 경우에 따라서는 많은 이론들이 생물학적 조건과 심리학적 조건을 동시에 동원하기도 하고, 때로는 심리학적 조건과 사회적 조건을 동시에 고려하기 때문이다(이윤호, 2010).

그림 11 　범죄사회학적 원인론

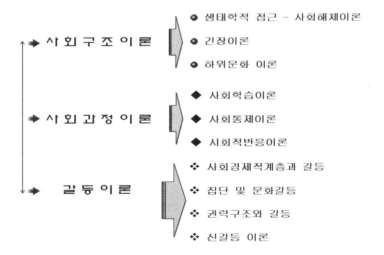

2

2) 사회구조이론

(1) 생태학적 접근: 사회해체이론

사회해체이론에서는 일탈을 제도적 지역사회에 기초한 통제의 붕괴로 야기된 결과라고 보고 있다. 즉 급격한 산업화와 도시화로 인한 사회변동은 지역사회의 제도적·비공식적 사회통제를 약화시키는 사회해체를 가져오며, 이 사회해체는 대체로 동심원 지역으로 일어난다. 여기서 사회해체가 어떻게 사회통제를 약화시키는가가 중요한 논의의 대상인데, 사회해체는 가치와 규범의 갈등, 이동성, 문화변동과 문화적 진공상태의 초래, 일차적 인간관계의 감소를 조장하여 내·외적 사회통제를 약화시킨다. 이러한 사회해체를 범죄와 관련하여 볼 때, 지역사회 내의 관습적인 제도적 통제와 비공식적 사회통제의 붕괴와 지역사회의 개인·집단·조직이 집합적으로 공통의 문제를 해결할 수 없는 것을 말한다.

Shaw와 McKay는 도시성장을 분석함으로써 범죄와 비행의 분포상태 및 그와 같은 도시범죄의 분포이유를 규명하고자 하였다. Shaw와 Mckay는 공식통계를 이용하여 비행을 측정하고, 비행소년이 살고 있는 지역을 중심으로 분석해본 결과, 도심에 가까울수록 비행이 다발하고 반대로 도심에서 멀어질수록 비행사실이 적어진다는 사실을 발견하였다. 사회해체이론의 가장 중요한 발견은 도시의 생태가 범죄행위에 영향을 미친다는 사실의 발견이다. 따라서 사회해체이론은 범죄와 비행의 예방을 위한 중요한 기초를 제공한 것으로 평가될 수 있다.

그러나 도시화와 산업화가 다 이루어진 현대사회에서는 그 적용가능성이 희박하다는 원천적인 한계와 공식기록의 정확성에 대한 의문, 인과관계의 문제, 생태학적 오류, 재산비행이 연구의 중심이었기 때문에 연구의 범위가 제한된다는 점, 비행다발지역에 사는 많은 비비행소년과 비비행지역에 사는 많은 비행소년의 문제를 설명하지 못하는 점, 내용상 비행률이 비행발생지역을 기초한 것인지 아니면 비행소년의 거주지역을 기초한 것인지 불분명하다는 점이 비판점으로 지적되고 있다.

> 그림 12 사회해체이론의 인간구조

(2) 긴장이론

긴장이론에서는 비행과 범죄를 인간이 합법적인 사회적 성공을 성취하기 위한 자신의 무능력한 경험에 대한 울분과 좌절의 결과로 보고 있다. 이 점이 문화적 갈등이론과 긴장이론을 구분해주는 중요한 점인데 긴장이론에서는 모든 사람이 중류층의 목표를 공유하나 그 것을 성취하지 못하는 경우 생기는 좌절감이 하류계층의 사람으로 하여금 범죄행위로 대처하게 만든다는 논리이며, 문화적 갈등이론은 하류계층 사람은 중류계층을 중심으로 한 사회통제기관과 갈등을 야기하는 독특한 가치체계를 가지는 것으로 이해하고 있다. Merton의 논의에 기초한 긴장이론은 1990년대 일반긴장이론으로까지 발전되었다.

① Durkheim의 아노미이론

Durkheim은 무규범 상태인 아노미는 급격한 사회변동의 산물이며 그 결과 사람들은 관습적 윤리성에 대한 자신의 유대를 상실하게 되고, 이는 사회적 통제를 약화시켜서 일탈행위를 증대시킨다고 주장하였다.

비행과 범죄의 설명으로서 아노미의 주요한 가정은 합법적인 경제활동에 대하여 상대적으로 불리한 위치에 있다고 생각하는 사람의 다수는 비합법적이고 일탈적인 활동에 가담하도록 동기를 부여받는다고 보고 있다. 아노미는 사회구조적 속성에 관계되는 것이며, 현재의 사회구조가 구성원 개인의 욕구·욕망에 대한 통제력을 가지고 유지할 수 없을 때 일어나는 것으로 보고 있다. 이러한 아노미는 자연적·인간이 자초한 재난과 갑작스러운 행운이 규범·행위·규칙에 대한 사람들의 관념을 혼란시켜 붕괴시킬 때도 성공적으로 일어날 수 있다.

② Merton의 긴장이론

Durkheim의 주장을 기초로 미국사회의 조건에 부합되도록 한 사람이 Merton이다. Merton에 의하면 아노미 상태가 잠재적으로 문화적으로 규정된 목표와 목표를 성취하기 위한 사회적으로 수용된 수단이라는 두 요소가 상호작용하여 만들어진다.

즉, 문화적으로 규정된 목표는 사회의 모든 구성원이 공유하나, 이들 목표를 성취하기 위한 수단은 사회경제적인 계층에 따라 차등적으로 분배되어 교육·직업적 기회가 차단되거나 제한된 계층에게는 목표와 수단의 간극이 커지게 되고, 이로 인해 아노미가 유발되어 분노와 좌절이라는 긴장을 초래하게 되고 결국 비합법적인 수단에 호소하게 된다는 것이다. 따라서 목표와 수단의 괴리가 아노미상태를 초래하고 그것이 비행의 구조적인 원인이 된다는 점에서 Merton의 이론은 일탈의 수단-목표 이론으로 불리기도 한다.

Merton은 문화적 목표와 제도적 수준에 따라 동조형, 혁신형, 의례형, 도피형, 혁명형의 적응유형이 있다고 보았으며, 이 중 특히 하류계층의 적응방식이며 비행과 관련있는 유형은 혁신형이라고 하였다. 그리고 Merton은 상대적 박탈감을 사회조건이 개인의 행위에 영향을 미치는 연결고리로 보고 있으며 일탈/비일탈적 행위유형화 가능성을 보여주었고, 수단의 불공평한 분배로 인한 특정 사회계층·인종집단의 높은 범죄율을 설명하는데 도움이 되고 있다.

하지만 특정사회 내의 다양한 문화와 추구하는 목표의 다양성을 무시하고 있다는 점, 개인적 적응유형의 차이를 설명하지 못하고 있는 점, 미국사회에만 국한될 뿐 그 외의 사회에서는 적용이 곤란하다는 점, 남성범죄와 비행에만 초점을 맞추고 단순히 쾌락이 목적인 비공식적 청소년비행, 파괴적·폭력적 범죄행위를 설명 못하는 점, 청소년들에게 학업성취와 긴장 예방 가능, 비행의 결과로 긴장이 발전되는지 비행이 긴장의 산물인지에 대한 논란의 여지가 있다는 점이 비판점으로 지적되고 있다.

표 9 Merton의 수단-목표이론 분류표

적응양식	문화적 목표	제도적 수단	특징
동조형	+	+	범죄성 적다.
혁신형	+	−	기존 문화적 목표를 받아들이나 제도화된 수단만으로 만족하지 못하고 불법적인 수단으로 성공하고자 주로 경제범죄, 화이트컬러범죄, 절도 등
의례형	−	+	목표에 따르는 부담을 회피하고 자신에게 주어진 제도화된 수단에 의해 얻을 수 있는 목표로만 만족하는 유형
도피형	−	−	문화적 목표와 수단을 모두 포기, 현실 도피적이다. 주로 알콜중독자나 마약 자살 등
반역형	±	±	문화적 목표와 제도적 수단을 모두 포기하고, 새로운 대안을 세움. 주로 집단적인 활동

③ Agnew의 일반긴장이론

Agnew는 비행의 원인으로는 첫째 목표달성의 실패, 둘째 긍정적 자극의 소멸, 셋째 부정적 자극의 발생을 제시했다.

첫째 목표달성의 실패는 원하는 열망과 기대간의 격차, 기대와 실제 성취 사이의 격차, 공정치 못한 결과로 인한 긴장을 그 요인으로 제시했다.

둘째 긍정적인 자극의 소멸은 청소년들에겐 꼭 필요하나 상실된 생활사건을 긴장의 원천으로 다루었다.

마지막으로 부정적 자극의 발생은 일상생활에서의 부정적 자극을 말한다.

일반긴장이론에서는 그러한 긴장요인들로 인해 청소년들이 부정적 감정을 경험하기 때문에 비행을 저지른다고 봄으로써 긴장과 비행 사이에 부정적 감정을 매개 요인으로 제시하였다. 즉, 비행은 부정적 감정에 대한 대처방식이기 때문에 부정적 감정을 적절히 해소할 수 있는 다른 대처방식이 존재한다면 비행은 일어나지 않는다고 주장한다.

④ 소결

긴장이론은 범죄원인뿐만 아니라 범죄예방 분야에 있어서도 많은 영향을 미쳤다.

그러나 중산층의 비행과 범죄를 무시하고 있다는 점, 재산비행·범죄를 설명할 수는 있어도 쾌락·울분을 이유로 한 범죄를 설명하지 못한다는 점 등이 한계로 지적받는다. 이러한 수정된 논의는 일반긴장이론으로 발전하여 차별접촉, 사회유대, 일반이론 등의 논의를 이론 속에 포함하고 있다.

1960년대의 '빈곤과의 전쟁'이나 '청소년을 위한 동원 프로젝트' 등은 대표적인 범죄예방 대책으로 제시되고 있으며, 분노조절프로그램도 긴장이론과 어느 정도 관련 있는 대책이라고 할 수 있을 것이다.

(3) 하위문화이론

하위문화이론에서는 하층청소년들이 지배적인 문화와는 다른 문화 속에 위치해 있음으로 해서 그러한 문화 속의 가치와 신념에 따라 행동하다 보면 자연스럽게 비행을 많이 할 수밖에 없다는 점을 강조하고 있다.

① 비행하위문화이론

Cohen(1955)은 하층청소년들이 어떻게 비행하위문화를 형성하게 되고 비행을 저지르게 되는지를 설명하여 그 원인을 긴장이라 보았다. 즉 중산층 지위성취에 있어서의 좌절을 강조하여 하층아이들은 늘 지위좌절을 경험하여 자신들만의 문화를 형성한다고 하였다. 그리고 그 문화는 중산층 문화와는 반대인 '반동형성'의 성격을 지니고 있어서 비공리성과 쾌락성을 추구한다고 보았다.

그러나 연구결과, 계층과 비행과는 관계가 없는 것으로 나타났으며, 이 이론은 중산층의 비행을 설명해내지 못한다는 비판을 받았다. 그러나 하층 밀집지역에서 왜 비행률이 높은지를 설명하는 거시이론으로 이해되고 있다.

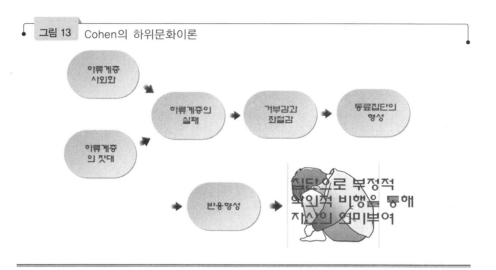

그림 13 Cohen의 하위문화이론

② 차별적 기회이론

Cloward와 Ohlin(1960)의 차별적 기회이론은 Merton의 Anomie 이론과 Sutherland의 차별적 접촉이론, Show와 Mckay의 사회해체이론을 통합하여 가교이론으로 불리기도 한다.

차별적 기회이론에 따르면 불법적 기회가 어떠한 가에 따라 서로 상이한 하위문화에 접하게 되고, 그에 따라 비행 유형도 다르다고 본다. 이는 범죄하위문화, 갈등하위문화, 도피하위문화로 나뉘는데, 범죄하위문화는 범죄조직이 조직화, 체계화되어 있고, 대대로 범죄기술이 전수되어 재산범죄를 수행해 나가면서 생계를 해결하는 등 불법적 기회구조가 확고한 하위문화이다.

갈등하위문화는 범죄조직 집단에서 보다는 주로 거리의 폭력패거리들에게서 발견되는데, 주로 싸움을 잘할 뿐, 체계적으로 전수되는 범죄기술은 없고, 따라서 불법적 범죄기회는 없으나 폭력을 수용하는 하위문화를 말한다. 마지막으로 도피하위문화는 성공목표를 달성하지 못한 긴장 상태에서 불법기회를 학습하지도 못하고 그렇다고 폭력을 수용하지도 못하여 이중실패자가 되ㄴ어 약물과 알코올 중독에 빠지게 되는 문화를 말한다.

표 10 Cloward와 Ohlin 하위문화유형 분류표

부문화 유형	합법적 수단	비합법적 수단	폭력수용	적응양식
범죄적 하위문화	−	+		혁신
갈등적 하위문화	−	−	+(예)	폭력
은둔적 하위문화	−	−	−(아니오)	은둔

표 11 Cloward & Ohlin의 3가지 범죄유형

범죄적	청소년범죄자에게 성공적인 역할모형이 될 수 있는 조직화된 성인범죄자들의 활동이 존재하는 지역에서 나타나는 것으로 성공목표에 대한 대안적인 접근수단을 제공하는 새로운 기회구조를 만들어 낸다. 이 유형은 일종의 도제제도로서 성인범죄자들은 청소년 비행자들에게 성공을 성취하는 수단으로서이 범죄행위의 중요성을 가르키며, 따라서 개문을 불법적으로 취득하는데 필요한 기술의 전수를 강조하게 된다. 더불어 지역사회의 안정을 갈구하여 성인범죄자 집단과 관습적인 집단간에 타협이 이루어지고 상화의존성이 상존하게 되는데 바로 이러한 점이 이 지역의 비행을 주로 비폭력적인 절도와 같은 재산범죄를 지향하게 하고 있다.
갈등적	청소년들을 자신들에게 비폭력적이며 절도위주인 성공수단이 주어지지 않기 때문에 폭력성을 일종의 지위와 성공을 성취하는 수단으로 이용하게 된다. 어떤 면에서는 갈등적 하위문화는 자기파괴적(Self−de−featinfg)이다. 즉, 이 지역에서의 폭력성의 강조로 인하여 경찰의 관심을 끌게 되어 관습적인 합법적 역할모형은 물론 비관습적 비합법적 역할모형조차도 억제하게 되는 것이다.
은둔적	주로 마약과 음주 등을 통하여 즐거움과 쾌락을 지나치게 강조하는 사람들로 구성된다. 이들은 관습적 또는 비관습적 세계 어디에서도 성공할 수 없기 때문에 이중실패자(double failure)라도도 한다. 이들은 합법적 수단뿐만 아니라 비합법적 수단마저도 거부하는 사람들이다. 이 유형의 부문화는 어떠한 지역에서도 존재할 수 있다.

③ 하위계층문화이론

Miller(1958)는 하층지역에 본래부터 비행가치와 문화가 존재하고 있기 때문에

그러한 하층지역에 사는 청소년들이 비행을 저지르게 된다고 본다.

Miller가 주목한 하위계층지역의 특징은 아버지가 없는 홀어머니 가정이 많은 흑인 밀집지역이었으며 아버지의 부재로 인해 과도한 남성성이 발달되어 있었다. 이들 하위계층문화에서는 6가지의 주요관심(focal concern)들이 존재하고 있다.

즉 싸우고 말썽 부려도 문제가 안 되는 말썽(trouble), 남자라면 힘이 세고 용감해야 한다는 강인(toughness), 남을 속이는 것이 똑똑하다고 평가받는 교활함(smartness), 신나는 일과 모험을 추구하는 자극추구(excitement), 모든 것이 운명에 달려 있다는 운명주의(fate), 어른들의 간섭을 싫어하는 자율성(autonomy) 등이 그것이다.

> **그림 14** Miller의 범죄 기본모형

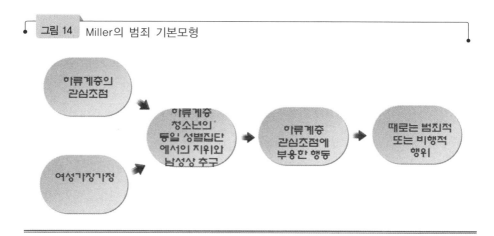

④ 하위문화이론에 대한 평가

하위문화이론과 관련해서 하층지역의 비행률이 높은 것이 실제 현상인지 형사사법기관의 편견으로 인해 더 엄격한 법집행이 이루어진 결과인지에 대한 논란이 있다. 또한 과연 하위계층에 고유하게 존재하는 독립된 하위문화가 존재하는가에 대한 의구심도 제기되고 있으며 하위문화가 범죄를 야기하는 것이 아니라 빈곤이 범죄를 야기하는 것이 아닌가라는 주장도 있다.

한편, 하위문화에 속하는 모든 구성원들이 다 범죄를 저지르지 않는 이유에 대한 설명력이 부족하다는 비판을 받기도 하였다.

2

3) 사회과정이론

규범 위반으로서의 일탈을 개인의 생물학적 또는 심리학적 구조나 과정을 중시하여 설명하는 생물학적 이론이나 심리학적 이론과는 달리 사회학적 이론에서는 일탈을 개인의 사회적 과정과 구조를 중심으로 설명한다. 따라서 사회학적 이론은 사회구조를 강조하는 입장과 사회과정을 강조하는 입장으로 구분할 수 있다.

사회과정이론은 시간에 따른 사회적 상호작용의 계속적인 변화와 발전의 견지에서 규범위반을 설명한다. 즉 사회과정을 중시하는 미시적 수준에서의 설명은 집단과 개인의 상호작용의 결과와 유형에 초점을 맞춘다. 이들은 어떠한 상호작용의 발전과 구조가 범죄를 유발하는가를 공식화하고자 노력한다.

다양한 형태의 사회학습적 이론들, 사회통제이론, 낙인이론 등이 이 범주에 속하는 것으로 분류될 수 있다.

그림 15 사회과정이론

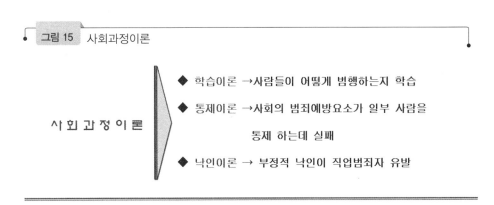

(1) 사회학습이론

1920년대 미국 시카고학파의 사회생태학적 연구를 시작으로, 범죄의 원인을 범죄자의 개인적 자질과 속성에서 찾는 관점이 범죄자의 사회적 환경에서 찾는 관점으로 옮겨가기 시작하였다. 이러한 범인성 규명에 있어 사회학적 접근이 시도되는 것은 기존의 개인적 원인론들이 사회적 구조에 따른 범죄 유형의 다양화와 범죄율의 차이를 설명하지 못했던 점, 범죄라는 것 자체가 상호작용이며, 범죄행위의 모든 참여자 사이의 상호작용을 고려하는 것이 범죄 원인의 이해에 필요하다는 점 때문이다. 물론 사회학적 원인론들 역시 다양하나 대체적으로 사회구조·제도 그리고 과정의 역할을 강조하고 있다.

① 사회학습이론

사회구조적 이론에서는 범죄의 원인을 그 사회의 조직이나 사회적 구조의 특성에서 찾고자 하여, 환경의 구조를 강조하였다. 그러나 사회구조에 초점을 맞춘 이론들은 설령 사회구조와 범죄가 상관성이 있다 하더라도 그 사회의 구성원이 어떻게 범죄자가 되는지에 대해서 별 관심을 갖지 않았다. 사회과정 이론은 이 점에 초점을 맞추어 개인이 범죄자가 되는 과정을 설명하고자 하였다.

즉 사회과정이론에서 동일한 사회구조적 조건을 가진 모든 사람이 동일한 방법으로 반응하는 것이 아니며, 따라서 환경에 대한 차별적 반응을 설명할 수 있는 어떠한 과정이 반드시 있어야 하기에 사회과정이 범죄행위의 중요한 결정요인으로 되는 것이다. 사회과정이론은 크게 사회학습이론, 사회통제이론, 낙인이론(사회반응이론)으로 나눌 수 있다.

② Sutherland의 차별적 접촉 이론

㉠ 차별적 접촉 이론의 개관

Sutherland는 범죄가 어떠한 문화에서도 일어날 수 있는 일탈적인 가치의 학습결과라고 보며, 이러한 관심은 사회해체론, Sellin의 문화적 갈등, 그리고 상징적 상호작용에 영향을 받았다. 이를 기초로 그는 왜 사람의 집단에 따라 범죄율이 서로 다른가하는 이유와 왜 대부분의 사람들이 범죄자가 되지 않는데도 불구하고 일부 사람들은 범죄자가 되는지를 설명하고자 하였다. 첫 번째 의문은 '차별적 사회·집단조직화'라는 개념을 통해 특정 지역의 범죄성을 범죄적 전통에서 찾고자 하였으며, 두 번째 의문인 개인의 범죄성은 개인의 차별적 접촉에서 그 원인을 찾고 있다.

㉡ 차별적 접촉 이론의 9가지 명제

- 범죄행위는 학습된다.
- 범죄행위는 의사소통과정에 있는 다른 사람과의 상호작용에서 학습된다.

- 범죄행위 학습의 주요부분은 친밀한 개인적 집단 내에서 일어난다.
- 범죄행위의 학습은 범행기술의 학습과 동기, 욕망, 합리화 그리고 태도와 구체적 방향의 학습을 포함한다.
- 동기와 욕망의 구체적 방향은 법률을 호의적/비호의적으로 보는 다양한 관점으로부터 학습된다.
- 법률위반에 대한 호의적인 규정이 법률위반에 대한 비호의적 규정을 초과하기 때문에 사람이 일탈자·범죄자가 된다.
- 차별적 접촉은 빈도, 기간, 우선순위, 강도에 있어 다양할 수 있다.
- 범죄행위를 학습하는 과정은 여타의 모든 학습에 관련된 모든 기제를 포함한다.
- 범죄적 행위는 일반적 욕구와 가치의 표현이지만, 비범죄적 행위도 똑같은 욕구와 가치의 표현이므로 그러한 일반적 욕구와 가치로는 설명되지 않는다.

ⓒ 차별적 접촉이론의 비판

차별적 접촉 이론의 가장 큰 문제로 지적되는 것은 중요한 개념의 모호성과 그로 인한 측정의 불가능 및 결과적인 이론검증의 어려움이다. 두 번째로는 왜 사람들이 현재의 접촉을 가지게 되고, 유지하고 되는가와 처음부터 법위반에 대한 호의·비호의적 규정이 생겨야 하는지도 밝히지 못하고 있다. 그리고 그러한 규정에 대한 차별적 노출을 어떻게 설명할 것인가가 의문시되며, 접촉결과에 대한 반응에 있어서 개인적 차이가 무시되고 있다. 다음은 범죄가 과연 비행집단과의 친근한 직접적 접촉을 통해서만 되는가 하는 문제점이며, 과실범·격정범 등의 일부 범죄로는 설명하지 못하며, 접촉이 비행을 우선하는지 비행이 접촉을 우선하는지 알 수가 없다.

③ **최근의 사회학습이론**

위에서 지적된 Sutherland의 차별적 접촉이론에 대한 몇 가지 비판을 수정·보완하려는 노력은 적지 않다. 대체로 수정보완이론은 범죄행위가 학습된 행위라는 사실에는 동의하되, 구체적인 학습의 과정에 있어서 보다 발전된 것이다. 특히 친밀한 개인적 집단이 학습의 중요한 근원이라는 것은 인정하지만, 범죄학습의 주요부분이 친밀한 개인적 집단에서 이루어진다는 Sutherland의 주장을 버리고, 범죄의 시행착오적 학습원리를 통해서 다른 사람과는 무관하게 독립적으로 환경과의 직접적인 접촉을 통해서도 일어날 수 있다고 주장한다.

㉠ Burgess와 Akers의 차별적 강화 이론

차별적 접촉이론에 대한 비판 중 하나였던 특정인이 범죄자가 되기 전에 거쳐야 하는 학습의 과정이 명확하지 않다는 점에 착안하여 이를 보완하기 위해 Burgess와 Akers는 차별적 접촉−강화이론을 제시하였다. Sutherland의 차별적 접촉 이론과 Skinner의 업적을 관련지어 일반적인 행동이론으로 통합함으로써 검증가능성이 더 높아지고 학습과정이 훨씬 명확해질 수 있었다.

Akers에 의하면 인간의 행위는 직접적인 상황이나 다른 사람의 행위모방을 통해 습득된다. 특정행위의 결과로서 보상의 취득과 처벌의 회피가 일어나 차별적 재강화를 구성하게 된다. 이에 따라 관습적인 것보다 일탈적인 것이 더 만족스럽게 되면 관습성보다는 범인성을 선택할 것이다.

그런데 사람들은 자신의 생활에 있어서 중요한 집단과 사람들과의 접촉을 통하여 자신의 행위를 평가하는 것을 배우게 되는데 자신의 행위를 좋거나 적어도 정당한 것으로 볼수록 그 행위에 가담할 가능성이 높아지게 된다. 따라서 이러한 차별적 재강화이론의 차별적 접촉이론을 수정하기 위함이었고, 그 결과 다음의 일곱 가지 가정으로 구성되었다.

• 일탈행위는 시행착오적 학습원리에 따라 학습된다.
• 일탈행위는 차별·재강화하는 비사회적 상황과 다른 사람의 행위가 그 행위에 대하여 차별·재강화하는 사회적 상호작용을 통해서 학습된다.
• 일탈행위에 대한 학습의 주요한 부분은 한 개인의 주요한 재강화의 근원을 통제하거나 절충하는 집단에서 일어난다.
• 특정기술·태도 그리고 회피 절차를 포함하는 일탈행위의 학습은 효과적이고 유용한 강화재 그리고 기존의 강화가능성의 기능이다.
• 학습된 행위의 특정계층과 행위발생의 빈도는 효과적이고 유용한 강화재와 과거

강화를 수반하였던 규범·규칙 그리고 규정의 일탈적/비일탈적 방향의 기능이다.

- 동조된 행위보다 큰 일탈적 행위에 대한 차별적 강화의 과정에서 개인이 일탈행위를 할 확률은 차별적 가치를 습득해 온 규범적 진술·규정 그리고 어구화가 존재할 때 증대된다.
- 일탈행위의 강점은 일탈행위 강화의 가능성·빈도·양의 직접적인 기능이다.

학습된 규정은 미래행위에 대한 판별적 자극으로 작용하며, Akers와 그의 동료들은 모방, 차별적 접촉, 규정 그리고 차별적 강화를 제시하였다.

차별적 강화이론은 차별적 접촉이론의 가장 대표적인 보완이론으로 사회학적 변수와 심리학적 변수를 연계했다는 점에서 중요한 공헌을 하였으며 고전주의 범죄학을 사회학적 이론과 관련시킨 점도 긍정적인 평가를 받고 있다. 하지만, 차별적 강화라는 개념도 측정과 검증이 쉽지 않으며, 순환론적이라는 비판을 받는다.

ⓒ Reckless와 Dinitz의 자아관념 이론

차별적 접촉이론이 차별적 반응의 문제를 도외시하고 있다는 문제점에 대해 Reckless와 Dinitz는 자아관념이라는 개념으로 설명하고자 하였다. 즉, 비행다발지역의 비비행소년에 대한 의문을 풀려고 하였다.

즉 동일한 범죄적 접촉 하에서도 실제로 비행에 가담하고 안 하고의 개인적 차이는 바로 자아관념의 차이 때문이며, 여기서 자아관념은 친근한 세계의 중요한 다른 사람들을 고려하는 소년 자신에 대한 인식으로 정의할 수 있다.

자아관념이론이 차별적 접촉 이론의 차별적 반응에 대한 문제를 보완했다는 점에는 이론의 여지가 없으나 긍정적이 자아관념의 생성·발전 과정 및 어떻게 비행저문화·접촉에 대한 저항력으로 작용하는 가에 대한 설명이 부족한 점, 좋은 관념·나쁜 관념에 대한 준거의 틀에 대한 비판이 제시되고 있다.

ⓒ Glaser의 차별적 동일시 이론

차별적 접촉이론이 차별적 반응의 문제를 해결하지 못하고, 범죄의 학습이 반드시 친근한 집단과의 직접적인 접촉을 통해서만 학습되는 것이 아니라는 비판에 대

한 대안으로서 Glaser는 차별적 동일시라는 개념을 제시하였다. 즉, 실제로 반법률적인 규정을 야기하는 접촉을 하지 않은 사람이더라도, 반법률적 규정이 기대되는 사람과 자신을 동일시한다면 범죄행위가 가능해진다는 것이다.

Glaser는 차별적 접촉보다 역할 이론에 기초한 범죄적 역할과의 동일시를 강조하였다. 범죄행위는 일종의 역할수행이며 따라서 범죄적 역할이 왜 선택되는가를 이해할 필요가 있다는 것이다.

이러한 차별적 동일시 이론은 범죄행위를 이해할 때 사람과 환경 또는 상황과의 상호작용은 물론 사람들과의 상호작용도 고려하는 등 일종의 통합적인 노력을 하는데서 긍정적으로 평가받고 있으나 왜 사람에 따라 상이한 역할모형을 선택하고 자기와 동일시하는가와 같은 근원을 제시하지는 못했다.

Glaser는 차별적 동일시 이론을 차별적 기대이론으로 재구성하여 사람이 범죄로부터의 만족에 대한 기대감이 사회적 유대·차별적 학습, 기회인식의 결과라는 요소로부터의 부정적 기대감을 상회할 경우 범행하고자 한다고 주장하였다.

ⓔ Matza와 Sykes의 중화이론

Sykes와 Matza는 범죄자가 되는 과정을 학습경험으로 간주하지만, 여타의 학습이론과는 상당한 차이가 있다. Sykes와 Matza는 비행자와 범죄자들이 관습적인 가치와 태도를 견지하지만 그들은 이미 이들 가치를 중화시키는 기술을 배워서 비합법적 행위와 관습적 행위 사이를 표류한다고 주장하였다.

표류의 개념은 비행이 개인의 규제되지 않은 선택에 주로 기초한다는 것으로서, 행위에 대한 개인판단의 중요성이 다른 학습이론과는 구별된다. 중화의 기술으로는 책임의 부인, 손상의 부인, 피해자의 부인, 비난자에 대한 비난, 충성심에의 호소 다섯 가지가 있으며, 이 기술을 통해 청소년들이 일반적으로 사회적 규율에 집착하긴 하지만, 일시적으로 이러한 제재로부터 자신을 해방시켜 비행을 한다는 것이다.

심지어 중누범자라고 하더라도 항상 일탈적인 태도와 가치를 가지고 일탈행위만을 하지 않으며, 가장 정상적이고 관습적인 사람이더라도 때로는 일탈적일 수 있다는 점에서 중화이론은 상당한 타당성을 가진다. 그리고 성장효과에 대한 설명과 하류계층 청소년들이 중류계층의 가치와 태도를 어느 정도 수용하고 있다는 점에서도 사회구조이론의 주장을 수용하지 않은 점이 긍정적으로 평가를 받는다.

그러나 비행 전에 중화하는가, 비행 후에 중화하는가에 대한 의문과 왜 표류가 일어나는가에 대한 의문이 해결되지 않고 있다. 이러한 점에서 사회통제이론과의 통합이 요청되고 있다.

④ 소결

사회과정에 기초한 범죄원인론은 범죄행위가 행위자 자신의 주변에 있는 제도 및 사람들로부터 영향을 받게 되는 사회심리적 과정이라고 가정하고 있다. 사회학습이론이론에서는 "왜 사람들이 합법적인 규범을 위반하는가"에 대한 의문을 제기하며, 일탈의 구조적 조건을 규범적 갈등에서 찾으며, 일탈의 근원도 범죄적 가치, 규범, 행위에 대한 성공적 사회화로 보고 있으며 이러한 범죄행위가 계속되는 것을 범죄집단의 규범적 지지에서 근거를 찾고 있다. 이러한 면에서 사회학습이론은 범죄자의 각종 처우프로그램의 이론적 근거를 제공하는 등 형사정책 전반에 상당한 공헌을 하였다. 하지만 사회학습이론은 주요 개념의 모호성으로 인하여 이론에 대한 경험적 검증이 만족스럽지 못하다는 점이 문제점으로 지적되고 있다.

범죄란 다양하고 복잡한 변수를 요하는 문제이며 전통적 범죄이론에서 결코 이처럼 복잡한 범죄이론을 전 과정에 걸쳐 완벽하게 설명할 수 있는 것이 아니라 그 일부만을 설명할 수밖에 없다. 따라서 각 이론들로부터 가장 유용하고 경험적으로 검증할 수 있는 특징들만 도출하여 하나의 통합적 인과모형으로 발전시키는 것이 설명력을 높이는 방편이 될 것이다.

(2) 사회통제이론

사회통제이론도 사회학습이론과 마찬가지로 사회과정과 사회해체 도는 차별적 사회조직화를 중요시 여기고 있다. 그러나 사회통제이론은 범죄를 사회의 일반적인 규범에 대한 결손적 사회화(실패한 사회화, defective socialization)로부터 초래되는 비정상적인 일탈행동으로 보고 있다는데 그 차이가 있다.

사회통제이론의 이러한 주장은 인간은 누구나 법을 위반할 수 있다는 잠재력을 가지고 있어서 인간의 범죄성향이 억제되려면 어느 정도 통제되어야 한다는 가정에서 시작된다. 따라서 대부분의 범죄원인론들이 '무엇이 범죄를 야기하는가?'에 대한 의문에 답하였던 것에 반해 사회통제이론은 '왜 일탈하지 않는가?'에 대해 묻고 있다. 사회통제론자들의 이러한 물음에 대한 전통적인 대답은 가장 기본적인 사회통제요소인 처벌의 두려움이며, 대부분의 사람들은 복종과 순응이 정착되었기 때문이라고 답하고도 있다.

한편, 사람들이 이처럼 사회의 규범과 규칙에 동조성을 견지하는 것은 사회통제 때문인데, 사회통제는 내적인 것과 외적인 것이 있으며 내적 통제에는 개인적 통제가, 외적 통제에는 사회적 통제와 법률적 통제(억제)가 있다.

그림 16   사회통제이론

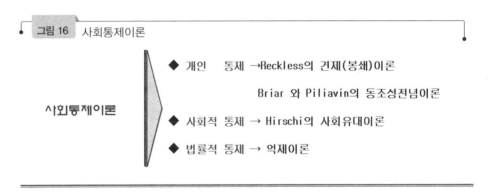

그림 17   사회통제이론의 기본이론

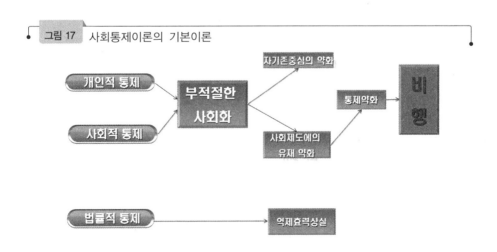

① 개인적 통제

㉠ Reckless의 견제이론

Reckless는 범죄적 영향이 왜 어떤 사람에게는 영향을 미치고, 어떤 사람에게는 영향을 미치지 않는가에 대해 견제이론을 대답으로 제시하고 있다.

Reckless에 따르면 가난, 비행하위문화, 퇴폐환경, 갈등, 차별적 기회구조 등 사람들로 하여금 일탈적인 행동을 하게끔 밀어주는 강력한 외적·사회적인 무엇이 있으며, 좌절·욕구·분노·열등감 등 일탈적인 동기를 제공하는 내적·심리학적 무엇이 있다. 즉 사회가 일종의 범인성을 유인하고, 강요하고 있다는 것이다. 그러나 왜 어떤 사람은 일탈하는데 어떤 사람은 일탈하지 않거나 못하느냐에 대하여 Reckless는 그의 외적·내적 견제가 강하면 그로 인한 통제로 동조적인 행위에 가담하게 될 것이며, 외적·내적 견제가 약하면 일탈적 행위에 가담하기 쉽다고 주장한다. Reckless는 압력, 유인, 강요, 내·외적 견제의 개념을 이론화하여 주장을 펼쳤다.

표 12	Reckless 이론의 개념 이론
외적 압력	빈곤, 실업, 소수집단신분, 차별 등 다양한 생활조건
외적 유인	나쁜 친구, 일탈적 특권인물, 하위문화, 대중매체 유혹
내적 강요	긴장과 좌절, 공격성, 즉각적인 만족감의 욕구, 격정성, 뇌손상, 심리손상
외적 견제	핵집단, 지역사회에서의 기대감, 역할 구조 및 집단·사회에 대한 상대적인 소속감과 수용감
내적 견제	좋은 자아관념, 목표지향성, 현실적 목표, 좌절감의 인내, 합법성에 대한 일체감

이러한 견제이론은 특정인에게 적용될 수 있으며, 내·외적 세재가 관찰되고 측정될 수 있다는 점과 다양한 비행과 동조성 모두를 설명할 수 있고, 사회학 및 심리학을 범죄연구에 통합시킬 수 있으며 비행의 예방과 처우를 위한 기초가 될 수 있다는 점에서 긍정적인 평가를 받고 있다.

그러나 견제이론은 왜 동일한 행위를 하는 사람이 서로 다르게 규정되는가를 설명할 수 없고, 이론의 예측능력에 한계가 있으며, 자아관념의 측정에 대한 의문이

제기되고 있다. 또한 견제이론의 핵심인 내·외적 견제의 강약정도를 측정하기가 어렵다는 비판이 제기될 수 있고, 경험연구를 위한 검증가능한 가설정립이 어려운 것도 문제점으로 지적되고 있다.

ⓛ Briar와 Piliavin의 동조성 전념이론

Briar와 Piliavin의 동조성 전념이론은 첫째, 사람들은 자신의 행위와 가치에 영향을 미치는 비교적 단기간의 자극에 가끔 노출되며 이러한 단기유혹에의 노출이 끝나면 다시 자신의 정상적인 행위와 가치유형으로 돌아간다는 점과 둘째, 사람들은 다양한 정도의 동조성에 대한 전념을 가지고 있으며, 이러한 전념은 범법자로 발견됨으로써 있을 수 있는 처벌의 두려움과 범죄자로 체포되는 것에 따른 영향의 염려라는 것을 모두 포함한다는 가정에 기초하였다. 동일한 상황적 동기가 주어졌을 때, 동조성에 대한 전념이 강한 사람이 약한 사람보다 범죄행위에 가담할 확률이 낮지만, 유혹이 충분하며 성공할 가능성이 높다면 강한 전념을 가진 사람도 넘어간다는 것이다. 이러한 동조성에 대한 전념은 다른 사람과의 중요한 대인관계에서 긍정적인 승인을 얻고 유지하는데서 얻어진다고 한다.

② **사회통제 - Hirschi의 사회유대이론**

㉠ Hirschi의 사회유대이론

다른 통제이론과 마찬가지로 Hirschi의 사회유대이론도 사람들이 범행하지 못하게 하는 요인이 약화되거나 없기 때문에 범행하는 것으로 보고 일탈이나 범죄는 우리 모두에게 보편적인 경향이라 간주한다. 그래서 일탈은 관습적인 신념과 규범에 관한 사회의 일반적인 합의에 기초한 현존의 사회통제기제의 결함 또는 부재의 결과라는 가정에 기초하고 있다. 특히 일탈의 동기는 모든 사람에게 비교적 일정할지라도 관습적인 사회에 대한 개인별 결속 정도는 사람에 따라 차이가 있으며, 이러한 개인별 차이는 바로 애착, 전념, 참여 그리고 신념이라는 네 가지 요소에 의해 결정된다고 보았다.

애착은 자신에게 중요하고 그들의 의견에 민감한 사람들에 대한 청소년의 감정적 결속을 의미한다. 전념은 관습적인 생활방식과 활동에 투자하는 시간과 정역을 의미한다. 참여는 전념의 결과로서, 실제로 관습적인 일에 참여하는 것을 뜻한다. 신념이란 관습적인 도덕적 가치에 대한 믿음이다.

종합적으로 볼 때 비행청소년은 관습적인 사람과의 결속이 약하고, 관습적인 생활에 대한 전념이 없으며 그래서 관습적인 일에 가담하여 몰두하지 못하는 것이다.

ⓛ 사회유대이론의 비판

Hirschi의 이론이 차별적 접촉이론이나 하위문화이론보다 더 완전하다고는 하지만, 몇 가지 불완전한 면도 지적되고 있다. 우선 Hirschi의 이론이 친구에 대한 애착의 문제를 잘못 또는 적어도 불완전하게 다루고 있음을 알 수 있으며, 그가 제시한 네 요소가 동시에 비행에 영향을 미칠 수도 있다고 고려됨에 불구하고 어떻게 작용하는지를 보여주지 않고, 더군다나 이들 네 요소의 상관관계를 경험적으로 검증하고 있지 않다. 그리고 일탈이 실제 일어나기 위해서는 일탈할 수 있는 자유를 이용할 동기가 있어야 하는데 사회유대이론에서는 이것이 설명되지 않고 있다.

③ **법률적 통제 - 억제이론**

㉠ 억제이론의 개관

억제이론은 범죄로부터의 이익이 비행의 원인이라면 범죄에 대한 처벌의 고통은 비행을 제재하는 요인이기에 범죄의 이익이 처벌의 고통보다 크면 범죄가 발생할 것이고, 반대로 처벌의 고통이 범죄의 이익보다 크면 범죄는 일어나지 않을 것이라고 보았다. 즉, 인간은 합리적인 존재로 자신의 행동을 자유로이 선택하고 어떤 행위에 대한 이익과 비용을 정확히 인식하기 때문에 행위의 결과로서 발생한 비용보다 이익이 크면 그 행위가 발생할 수 있다는 것이다. 이 때 처벌이 사회적 또는 외직 통제의 수단으로 사주되며 억제란 처벌의 위협 때문에 생각했던 행동이 제지될 때 일어난다.

억제에는 일반억제와 특별억제, 절대적 억제와 제한적 억제가 있다. 억제이론에 있어 처벌의 신속성·확실성·엄중성이라는 세 요소에 특별한 관심을 둘 필요가 있다. 처벌의 신속성은 범행시기로부터 처벌받는 시기까지의 시간적 간격을 의미하며, 처벌의 확실성은 처벌받을 확률을 뜻하고, 처벌의 엄중성은 처벌의 정도에 관한 것을 말한다. 종합하자면 처벌이 엄중하고, 신속하고 확실할수록 범죄억제의 효과는 커진다.

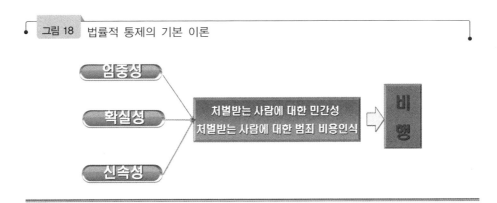

그림 18 법률적 통제의 기본 이론

ⓛ 억제이론의 비판

현대 고전주의범죄학으로의 회귀경향과 분분한 논의에도 불구하고, '과연 처벌의 두려움이 범죄에 있어 억제효과를 발휘하는가?'에 대한 의문에 분명한 결론을 내릴 수 없다. 우선 처벌의 억제효과, 무능력화의 결과, 그리고 규범적 타당화를 구분하기가 쉽지 않으며, 설사 범죄억제효과가 있다하더라도 억제이론에서는 세 가지 차원의 상대적 효과에 대해서는 언급이 되지 않고 있다.

또한 억제효과가 과연 처벌과 정비례하는가에 대해서도 논란의 여지가 있으며, 처벌의 3가지 차원이 범법행위에 독립적인 영향을 미치는가에 관해서도 상당한 논란이 있어왔다. 그리고 억제이론의 가장 큰 문제는 이 이론이 도구적 범죄에는 적용될 수 있어도 표출적 범죄에는 적용이 어렵다는 사실이며, 처벌에 대한 주관적 인식을 중시하기 때문에 사람과 범죄의 유형에 따라 그 인식이 다르다는 사실도 비판점으로 지적되고 있다.

④ **소결**

사회과정에 기초한 범죄원인론은 범죄행위가 행위자 자신의 주변에 있는 제도 및 사람들로부터 영향을 받게 되는 사회심리적 과정이라고 가정하고 있다. 사회통제이론에서는 '왜 사람들이 합법적 규범에 동조하는가'에 의문을 제기하고, 일탈의 구조적 조건을 사회해체에서 찾고자 하며, 일탈의 근원을 부적절한 사회화와 관습적 사회와의 유대약화 및 관습적 가치관과 규범의 중화로 파악하고 있다. 더불어 범죄행위가 지속되는 이유에 대해서는 처벌의 부재에서 그 근거를 찾고 있다.

하지만 관습적 사회와의 유대약화를 일탈의 근원으로 파악하나, 왜 처음부터 사람들이 관습적인 사회와의 유대가 약화되는지 또는 왜 이러한 관습적 유대 약화를 초래하는 부적절한 사회화가 일어나는지를 설명해주지 못한다는 비판을 받는다.

그럼에도 불구하고 사회통제론적 관점은 형사정책에 간접적인 영향을 미쳤는데 교도소의 각종 직업훈련과 외부 통근 또는 교육기회의 제공 등이 여기에 속한다.

범죄란 다양하고 복잡한 변수를 요하는 문제이며 전통적 범죄이론에서 결코 이처럼 복잡한 범죄이론을 전 과정에 걸쳐 완벽하게 설명할 수 있는 것이 아니라 그 일부만을 설명할 수밖에 없다. 따라서 각 이론들로부터 가장 유용하고 경험적으로 검증할 수 있는 특징들만 도출하여 하나의 통합적 인과모형으로 발전시키는 것이 설명력을 높이는 방편이 될 것이다. 최근 억제이론과 사회통제이론을 포괄하는 합리적 선택이론으로의 통합이 이루어지고 있다.

(3) 사회적반응이론(낙인이론)

전통적인 범죄 이론들이 범죄행위의 원인을 찾고자 했던 것에 반해, 낙인이론은 사람들이 일탈자로 지명되는 이유를 밝히고자 하였다. 따라서 그들의 논점은 범죄행위가 아니라 그 행위가 일탈적인 것으로 낙인되는 이유에 관심을 두고 있다. 즉, 특정 행위를 한 모든 사람이 일탈자로 낙인되지 않고 그 중 일부만 낙인되는 이유가 무엇인지를 알고자 한다.

낙인론자들은 일탈을 하나의 상징적 상호주의과정으로 해석한다. 이렇게 볼 때, 사람들이 어떤 행동에 부여하는 의미(상징·해석·정의·낙인)는 그 행동 자체보다 훨씬 더 중요한 것이 된다. 즉, 어떠한 행동이 일탈적인가의 여부는 전적으로 타인이 그 행동에 어떻게 반응하는가에 달려 있다고 해야 할 것이다.

127

① 낙인이론의 주요이론

㉠ Tannenbaum의 '악의 극화'

일반적으로 법과 질서는 물론 관습적 도덕성의 세력을 대변하는 사람들이 이미 도덕성과 법을 의도적으로 어긴 사람들에게 일탈적 낙인을 붙이게 된다. 따라서 낙인이 붙은 일탈자라 하더라도 일탈의 낙인을 제외하고는 비일탈자와 하등의 차이점은 없다. 문제는 이러한 일탈자로서의 낙인이 부정적 결과를 초래한다는 것이다. 일탈의 낙인이 붙게 되면 합법적인 기회로부터 소외당하게 되며 이로 인해 영속적인 낙인을 초래하게 된다. 이러한 영속적인 낙인을 '성공적인 비하의식'이라고 하며, 일탈의 또다른 부정적인 결과는 부정적 자아관념의 문제로, 일단 자신에게 일탈자로서 낙인이 붙게 되면 스스로를 일탈자로 치부하게 되어 일탈적 행위를 지속하는 것이다. Tannenbaum은 이러한 과정을 '악의 극화'라고 한다. 결국 문제의 해결은 악의 극화를 거부함으로써 돌파구를 찾을 수 있으며, 따라서 악의 극화가 적으면 적을수록 좋다.

㉡ Lemert의 '사회적 낙인으로서의 일탈'

Tannenbaum의 '악의 극화'에 관한 논의를 보다 구체화한 주장이 Lemert의 '이차적 일탈'로서 최초의 사회적 반응을 전후해서 일어나는 행동을 구분한 것이다.

일차적 일탈은 다양한 계기와 원인에 기인하여 야기되며 처음으로 사회적 반응을 불러일으키는 최초의 일탈행위를 말하며, 이러한 일차적 일탈이 그 사람의 임상적 구조와 자아관념 또는 사회적 역할에 거의 영향을 미치지 않는다는 것이다.

반면 이차적 일탈은 일차적 일탈행위에 대한 사회적 반응의 결과로서 야기되는 행위다. 중요한 것은 이러한 이차적 일탈이 일탈적 행위유형을 고정화시킨다는 것이다. 그러나 모든 일차적 일탈이 이차적 일탈을 초래하는 것은 아니며, 이차적 일탈은 일차적 일탈에 대한 반응으로 야기된 문제에 대한 것이다.

Lemert는 일차적 일탈로부터 이차적 일탈로의 전이를 ① 일차적 일탈, ② 사회적 처벌, ③ 그 이상의 일차적 일탈, ④ 더 강력한 사회적 처벌과 거부, ⑤ 더 이상의 일탈, ⑥ 일탈자를 낙인화하는 지역사회의 공식행동으로 표현되는 인내계수에 도달한 위기, ⑦ 일탈적 행동의 강화, ⑧ 일탈적 사회신분 의 궁극적 수용과 비사회적 역할에 기초한 적응노력이라는 과정에 기초하여 추적하고 있다.

ⓒ Becker의 '사회적 지위로서의 일탈'

Becker는 일탈을 통제하기 위한 노력이 오히려 일탈적 행위와 일탈적 생활유형을 양산한다는 Lemert의 주장을 더욱 확대하여, 금지된 행동에 대한 사회적 반응이 이차적 일탈을 부추길뿐더러 이방인으로 낙인함으로써 일탈을 창조한다고 주장하였다.

또한 Becker는 규율의 위반과 일탈행위를 구분할 필요가 있다고 주장하였으며, 어떤 규율을 어기는 행위가 규율의 위반이며 그 행위가 인지되고 그 행위를 규율위반으로 반응되는 행위가 일탈로 낙인된다는 것이다. 그런데 낙인으로 인한 이차적 일탈과 관련하여 주지위(master status)라는 개념을 원용하여 설명하고 있는데, 일탈자로서의 공식낙인 또는 신분은 그 사람의 주지위로 기능하여 체계적 규범위반자로 전이시킨다는 것이다.

ⓔ Schur의 '자아관념으로서의 일탈'

Schur는 규범을 위반했다거나 또는 자신이 소수계층의 사람이라고 해서 자동적으로 일탈자로 낙인찍히지는 않으며, 이차적 일탈자가 되는 과정이 순차적 행로를 따르는 것도 아니며 오랫동안의 우회적 협상으로 이해하였다.

Schur는 이차적 일탈은 공식낙인으로 인하여 사회적 상호작용에 부과된 외적 제한의 기능이라기보다는 일탈적 자아관념이나 동일시의 표현이라고 이해하고 있다.

③ 낙인의 조건적 효과: Braithwaite의 재통한저 수치심

낙인의 효과는 조건적이라는 것이 주장되기도 한다. 어떤 경우에 낙인은 아무 영향이 없지만 어떤 경우에는 낙인이 이후 비행을 강화·지속시킬 수 있다는 것이다. 대표적인 주장으로는 Braithwaite의 재통합적 수치심을 들 수 있다.

Braithwaite는 '재통합적 수치'라는 개념을 통해 어느 때 범죄자라는 낙인이 범죄적 자아개념과 미래의 범죄를 양산하는 효과를 가지는가, 그리고 어느 때 범죄를

예방하는 상반된 효과를 가지기 쉬운가라는 문제에 답하고자 하였다.

Bratihwaite는 낙인적 수치(disintegrative shaming)와 재통합적 수치(reintegrative shaming)으로 구분하였고, 공동체 특성, 재통합적 수치심, 상호의존성이라는 세 개념을 사용하여 재범방지기제를 설명하였다. 그는 사회적 상태가 공동체 특성이 강하고 사람들이 상호의존적일수록 사회적 반응은 대체로 재통합적인 경향을 가지게 된다고 주장하며, 재통합적 수치는 범죄율을 낮추는 경향이 있고 낙인은 간접적 방법으로만 범죄율을 높인다.

④ 낙인이론의 형사정책적 공헌 및 평가

낙인이론가는 소위 4D 정책을 제시해왔다. 첫째는 비범죄화discriminalization로, 웬만한 비행은 일탈로 규정하지 말자는 것이며, 둘째는 전환제도(diversion)로, 공식 절차상에 비행청소년을 두지 않고, 기소 전에 지역사회에서 일정한 처우를 받도록 함으로써 낙인을 줄이려고 하는 것이며, 셋째는 공정한 절차(due process)로 계층간에 차별없이 공정하게 법이 집행되어야 하며, 마지막으로 탈시설화(deinstitutionalization)로 시설내 처우보다 사회내 처우를 통해 아이들이 낙인을 덜 받고 사회에 재적응하기 쉽도록 하자는 것이다. 낙인이론의 주장은 소년사법대책 부분에 많은 변화를 가져왔고 그 외에 지역사회봉사명령, 피해자에 대한 금전적 보상제도의 활용을 들 수 있다.

하지만 낙인이론은 일차적 일탈의 근본원인을 설명하지 못하고, 낙인을 지우는 자와 낙인 당하는 자를 지나치게 단순화하였으며, 낙인의 결과와 영향 면에서도 피낙인자의 지나친 수동성, 상황적 요소의 간과, 일탈적 정체성과 경력이 반드시 초래되지 않으며, 개인의 자유의사·선택 및 잠재력을 무시한 점과 낙인이 이차적 일탈의 필요충분조건이 될 수 없다는 점과 중요범죄에 관한 형사정책적 대안을 제시하지 못한 점이 비판받고 있다.

⑤ 소결

낙인이론에서는 합법적 규범이 어떻게 만들어지고 적용되며 그 결과는 어떠한가에 대한 의문에서 시작하여 일탈의 구조적 조건으로는 집단 갈등을, 일탈의 근원은 어떤 행위를 범죄로 규정짓는 사회의 반응으로 간주하고 있다. 더불어 범죄가 지속되는 이유를 부정적 낙인의 결과에서 그 근거를 찾고 있다. 하지만 실제 연구 결과 주요 가설과 가정들이 거의 지지받지 못하는 점이 지적되고 있다. 그리고 낙인제거와 축소를 목적으로 하는 많은 형사정책적 시도들이 있었으며, 이러한 접근이 낙인의 대체, 형사사법망의 확대, 흉내내기 등의 비난을 받기도 하였지만 형사정책 전반에 지대한 영향과 변화를 야기한 것은 분명하다.

4) 갈등이론

1920년대 미국 시카고학파의 사회생태학적 연구를 시작으로, 범죄의 원인을 범죄자의 개인적 자질과 속성이라는 개인적 요인에서 찾던 관심의 초점이 범죄자의 사회적 환경으로 옮겨지기 시작하였다.

범인성 규명에 있어 사회학적 접근이 시도되는 이유로는 첫째, 사회적 구조인 지역과 계층에 따라 범죄행위의 유형이 다양해지고 있으나 개인적 원인을 지향하는 이론들로는 이러한 차이를 설명하지 못하였다는 점, 둘째 사회학에서는 사회변동이 개인과 집단의 행위에 미치는 영향을 규명하고자 하는데 범죄 자체가 상호작용이기 때문에 범죄행위의 모든 참여자의 상호작용을 고려하지 않고서는 설명될 수 없기 때문이다. 범죄의 원인을 사회학적으로 설명하는 이론은 크게 사회구조이론, 사회과정이론, 사회반응이론, 그리고 갈등이론적 관점으로 나눌 수 있다.

(1) 갈등과 범죄
① 합의론 대 갈등론의 비교

인류사회에 대한 사상사의 여정을 보면 플라톤과 아리스토텔레스가지 거슬러 올리갈 정도로 합의곤 내 갈등론 논생의 역사가 되풀이되어 왔다.
합의론적 관점에서는 사회가 그 구성원들의 합의된 가치관에 기초하고 있으며 국가가 사회일반의 이익을 보호하기 위해서 조직되는 것으로 이해하고 있다. 또 국가는 갈등관계에 있는 집단 간의 중재역할을 하며, 사회전체의 이익과 가치를 보호하게 된다.

한편 갈등론적 관점에서는 우리 사회가 가치관과 이익이 갈등관계에 있는 집단으로 구성되지만, 국가는 사회일반의 이익과 가치 보호가 아닌 국가의 운영을 통제할 수 있는 충분한 집단의 이익과 가치를 대변하는 것으로 해석하고 있다.

② 갈등이론의 개관

위에서 살펴보았듯이 갈등론자들에게 있어 범죄는 피지배계층을 통제하기 위한 지배계층의 억압적 노력의 결과라 할 수 있다. 다시 말해서 법이란 지배계층의 가치와 신념의 표현이며 형사사법기관은 그들의 사회통제기제에 불과할 따름이라서 범죄란 그 사회의 부와 권력의 불공정한 분배에 대한 반응으로 해석되고 있다.

따라서 갈등이론은 다음과 같은 의문에 초점을 맞추고 있다.

첫째, 왜 특정 집단이나 계층의 규범은 법으로 만들어지는 반면, 다른 집단·계층의 규범은 법제화되지 않아서 특정 집단이나 계층과 갈등관계에 있는 집단이나 계층에서 범죄자를 만들게 되는가?

둘째, 왜 특정법률은 집행되는 반면, 일부 다른 법률은 집행되지 않아서 특정 법률을 위반한 사람만을 범죄자로 만들고 일부 다른 법률의 위반자는 범죄자로 만들어지지 않는가?

셋째, 왜 법률이 특정집단이나 계층에 대해서만 집행되고 일부 다른 집단이나 계층에 대해서는 집행되지 않아서 일부 특정 법률 위반자만 범죄자로 만들어지고 다른 법률 위반자는 범죄자로 만들어지지 않는가?

갈등이론은 범죄와 범죄자가 만들어지는 사회적·정치적 과정 즉, 범죄의 정치를 연구하고자 한다. 또한 사회적 갈등이 다양한 요인에 기인하기 때문에 다양한 방법으로 범죄에 대한 사회적 갈등의 역할과 기능을 설명하고 있다. 이러한 사회적 갈등의 주요 차원으로는 사회경제계층별 갈등, 집단 및 문화적 갈등, 권력구조별 갈등이 있기 때문에 이들을 중심으로 살펴보아야 할 것이다.

(2) 갈등이론의 주요 이론

① 사회경제적 계층과 갈등

㉠ Marx의 계급투쟁과 범죄

Marx는 현대사회가 물질적 자원을 놓고 서로 경쟁하는 부르주아와 프롤레타리아라는 두 집단에 의해서 상호양립될 수 없는 경제적 이익의 차원으로 특징지어진 다는 사실을 발견하였다. 부르주아의 이익을 증대시키기 위한 수단(적은 비용으로 최대한의 생산성 추구)으로 인하여 한계적 잉여노동인구가 생기게 되며, 이들은 자신의 인간다운 생활조건을 충족시키지 못하기 때문에 범죄의 유혹과 압력을 받게 된다.

즉, 자본주의 하에서의 범죄는 생활조건에 대한 반응이며, 대부분의 노동자계급의 범죄는 생존이 집합적 수단에 의해 보장되지 않는 사회에 존재하기 위한 생존수단이 되는 것이다. 따라서 Marx에게 범죄는 일반적 조건에 대한 독립된 개인의 투쟁으로 해석되고 있으나 범죄자를 미화·동정하지 않으며, 범죄자가 어떠한 긍정적 기능을 한다고도 보지 않았다. Marx에 따르면 범죄는 산업자본주의 하의 실업과 노동착취로 인해 도덕적으로 타락한 사람들의 개별적인 적응이며, 범죄 행위가 지배질서에 대한 혁명의 형태가 아닌 지배질서에 대한 적응이라고 보았다.

Marx 이론의 비판으로는 첫째, Marx가 완전한 범인성 이론을 제공하지 않고, 단지 범죄를 인간행위의 한 관점으로서 흥미를 가졌던 것에 불과하며, 그 추종자들이 범죄자를 낭만적으로 다루고 있다는 점이다. 즉 일탈에 대한 맑스주의적 이론은 존재하지 않거나 순수하게 개발될 수 없다는 점이 비판을 받고 있다.

둘째, 자본주의 국가의 재구조화를 통한 혁신적 범죄해결의 주장도 공산주의·사회주의 국가에서의 범죄유형도 자본주의 국가의 범죄유형과 크게 다를 바 없다는 점에서 비판받고 있다.

ⓛ Bonger의 자본주의와 탈도덕화

상대적으로 소수의 상위계층이 생산수단 및 정치경제적 세력을 전유하게 되어 자신들의 생존과 이익의 극대화를 위해 전적으로 생산수단이 박탈된 다수의 하류계층을 통제하는 것으로 특징지어지는 것이 자본주의이다. 이러한 상황이 사람들의 사회적 본능을 짓누르게 되고 빈부의 격차가 가진 자와 못 가진 자 모두를 타락·비도덕화시키게 된다.

그러나 지배계층의 부르주아는 그들의 욕망을 합법적으로 만족시킬 수 있는 합법적인 기회를 가지고 있기 때문에 범죄란 대체로 하류계층에 집중하게 되는 것이고, 더욱이 형사사법기관이 지배계층의 이익과 갈등을 유발시키는 행위를 통제함으로써 이익으로 얻으려고 노력하기 때문에 하류계층을 더욱 범죄화 시키게 된다. 따라서 하류계층의 범죄는 경제적 종속과 관련이 있으며, 부르주아의 경우 불법적 이득을 점할 기회가 주어지어가 그들의 도덕감이 상실될 때 범행에 가담한다. 화이트칼라 범죄가 여기에 속한다.

Bonger의 이론은 범죄가 곧 빈곤의 기능이라고 할 수 있으며, 범죄에 영향을 미치는 것은 부의 절대량이 아닌 부의 분배문제이다. 따라서 Bonger는 사회가 사회주의구조로 변한다면 거의 모든 범죄가 사라질 것으로 보고 있다.

Bonger 이론의 비판으로는 첫째, Bonger의 이론이 지나치게 개인주의적이어서 순수한 의미에서 마르크스주의 이론의 요건을 충족시키지 못한다는 지적이 있다.

둘째, Bonger는 개인의 이기적 욕망을 범죄행위의 근원으로 보았으나, 실제로 사람들은 이기주의 이외의 다른 여러 원인으로 범죄에 가담하고 있기에 그의 주장은 지나치게 단순화되어 있다고 할 수 있다.

ⓒ Quinney의 범죄의 사회적 구성

Quinney는 우리 사회의 범죄가 기본적으로 물질적 문제이기 때문에 범죄는 자본주의 국가의 사회·경제·정치적 구조에 의해서 영향을 받는다고 보았다. 사회계층간 자원에 대한 경쟁이 필연적으로 갈등을 초래하고, 가진 자는 유리한 입장에서 자신의 이익을 보호하기 위하여 공공 정책을 입안하고 그것을 이용하게 된다는 것이며, 이러한 과정이 현대사회에 존재하는 범죄의 사회적 현실을 조작하는 능력이라고 하였다. 따라서 Quinney의 이론은 사회의 권력·권위 그리고 이익구조가 범죄의 사회적 현실을 구성하는 방법을 보여준 시도라 할 수 있다.

Quinney는 범죄의 사회적 현실을 구성하는 데 있어서 중요한 역할을 하는 형법의 생성 및 적용과 범죄행위의 발생을 다음의 네 가지 상호연관된 요소로 설명하고 있다.

첫째, 지배계층이 자신들의 이익을 위협하는 행위를 범죄로 규정한다.

둘째, 지배계층은 자신들의 이익을 담보하기 위해서 이들 범죄규정이나 법률을 적용한다.

셋째, 하위계층의 구성원들은 자신들의 바람직하지 못한 생활조건에 의해서 범죄행위로 규정된 행동에 가담하도록 강요받는다.

넷째, 지배계층은 이들 범죄행위로서 범죄이데올로기를 유포하고 구성하는 기초로 활용한다.

이보다 구체적으로 이들 요인과 범죄의 발생을 관련시키기 위해서 Quinney는 구조화된 기회, 학습경험, 대인적 접촉과 정체성 그리고 자아관념의 4가지 행위 요소를 들었다.

Quinney의 범죄의 사회적 현실로 Quinney의 주장은 다음의 6개의 가정으로 기술될 수 있다.

- **범죄의 정의** : 범죄는 정치적으로 조직된 사회의 권한 있는 기관에 의해서 만들어지는 인간행위의 규정이다.
- **범죄규정의 형성** : 범죄규정은 공공정책을 형성하는 힘을 가진 사회계층의 이익에 갈등적인 행위를 기술한다.
- **범죄규정의 적용** : 범죄규정은 형법의 운용과 집행을 형성하는 힘을 가진 사회계층에 의해서 적용된다.
- **범죄규정과 관련된 행위유형의 발전** : 행위유형은 분파적으로 조직된 사회에서 범죄 규정과 관련하여 구축되고, 이러한 구조 내에서 사람들은 범죄로 규정될 상대적 확률이 있는 행동에 가담하게 된다.
- **범죄인식의 구성** : 범죄의 인식은 다양한 방법의 의사소통에 의해서 사회의 계층에서 구축되고 전파된다.
- **범죄의 사회적 현실** : 범죄의 사회적 현실은 범죄 규정의 형성과 적용, 범죄 규정과 관련된 행위유형의 발전, 그리고 범죄인식의 구성에 의해서 구축된다.

Quinney의 이론을 요약하자면 법이란 생산수단을 소유·통제하는 사람들의 이익을 위해 입법·운용되며, 정부와 대중매체, 종교 그리고 교육 등 기타제도와 기관들도 생산수단을 소유하고 통제하는 사람들의 이익에 봉사하는 것이다. Quinney는 자신의 이러한 이론적 틀을 이용하여 지배와 억압의 범죄, 저항과 화해의 범죄라는 범인성의 두 가지 포괄적 범주에 대해서 논하고 있다. 결국 Quinney는 범죄의 정치적 특성을 강조하여 법질서 자체를 연구의 주제로 삼고 있다.

Quinney 이론의 비판으로는 생산수단을 소유하고 통제하는 지배집단의 이해관계가 불명확하다는 비판과 사회비판·사회행위에 치중하여서 설명과 예측이 무시되고 있다는 점이 지적받고 있다.

② 집단 및 문화와 갈등

㉠ Sellin의 다원주의 갈등이론

Sellin의 갈등이론은 상이한 문화적 집단간의 갈등에 기초하고 있다. 즉, 행동규범은 상이한 집단에 의해서 상이하게 규정되기 때문에 사회가 복잡해짐에 따라 상이한 집단의 행동규범간에 갈등과 충돌이 생기는데 이를 문화갈등이라 명명하였다. 이를 기초로, Sellin은 일차적 문화갈등과 이차적 문화갈등이란 개념으로 자신의 갈등론적 범죄관을 피력하였다.
일차적 문화갈등은 상이한 두 문화 사이의 경계지역에서 일어나는 것으로 주로 시민과 관련된 문제분석시 적용되고 있다.

이차적 문화갈등은 한 문화 내에서 갈등으로 하나의 문화가 각자 고유한 행동규범을 가지는 여러 가지 상이한 부문화로 진화될 때 일어나는 것이다. 이때 목표달성을 위해 서로 상이한 수단을 활용하는데 이중 일부는 범죄적·일탈적인 것으로 간주되는데 법이 지배문화의 행동규범만을 반영하기 때문이다.

㉡ Miller의 비행하위문화이론

Miller는 미국사회를 이질적 문화와 가치관이 혼재하는 다원적 사회로 파악하였기 때문에 상이한 사회화과정에 따른 하류계층만의 독특한 하위문화가 있다고 보았다. 이때 하위문화의 가치는 지배계층의 가치와 갈등을 초래할 수도 있다고 보았다. Sellin의 이차적 갈등과 유사하게 비행·일탈이 상이한 행동규범과 상이한 사회화의 결과로 생성된다고 보았다.

ⓒ Vold의 집단갈등이론

Vold의 이론은 기본적으로 집단 이익의 갈등에 기초하고 있다. 인간의 행위는 집합적 행위의 개념으로 가장 잘 이해되기 때문이다. 인간은 끊임없이 투쟁하므로 그 결과 사회적 투쟁의 지속적 상태가 되어 집단적 갈등을 초래하게 된다.

따라서 집단갈등과 범죄를 관련시켜 보았을 때, 범죄는 소수권력집단의 행위이며, 법은 집단간 투쟁에서 이긴 정치지향의 집단이 자신들의 이익과 권한을 보호·방어하고 상대집단의 이익을 제기·방해하기 위해 만들어진 것이다.

Vold의 주장대로 범죄가 집단갈등의 소산이며, 소수집단의 행위라는 사실은 범죄의 집단화와 청소년비행을 통해서 잘 입증되고 있다. 따라서 Vold의 이론은 정치적 갈등으로 야기된 범죄, 노사간의 이익갈등, 노동조합간 관할권 분쟁, 인종 갈등을 설명하는데 가장 적합하다.

하지만 비이성적·격정적 범죄를 설명하는데 적합지 않으며, 집단간 충돌로부터 야기되는 경우에 제한된다는 한계를 갖는다. 그러나 전통범죄학에서 도외시되었던 특정범죄를 이해하려고 노력하였고, 소멸될 수 있는 갈등을 이해하는데 이용될 수 있다는 장점을 갖는다.

③ 권력구조와 갈등

㉠ Turk의 '범죄화의 요소'

Turk에게 범죄성은 다른 사람에 의해서 규정되고 부여된 지위·신분을 말한다. 그렇다면 이러한 범죄적 지위나 신분은 어떻게 그리고 누구에 의해서 규정되는가가 의문인데, Turk는 지배-종속 현상으로 설명하고 있다. 그리고 이 지배-종속 현상은 학습의 과정을 통해 유지된다고 보고 있다. Turk는 법률갈등과 범죄화에 초점을 맞춰 다음의 두 질문에 답하고자 하였다.

첫째, 권력자와 종속자 사이의 문화적·행위적 차이가 갈등을 초래하는 조건은 무엇인가? 이를 위해 Turk는 가치의 언어적 형식화와 관련된 문화적 규범과 실질적 행동유형과 관련된 사회적 규점으로 구분하여 양자의 정교함과 조직화 정도에 따라 갈등의 확률도 영향을 받는다고 하였다.

둘째, 어떤 조건에서 권력자와 종속자의 갈등이 종속자의 범죄성을 가장 많이 그리고 빈번하게 유발하느냐에 대한 의문에 법률적으로 규제 또는 금지된 행위의 의미 및 중요성과 권력자와 종속자, 집행자와 저항자 사이의 힘의 상대성, 갈등진행의 현실론이라는 세 요소를 들어 설명하고 있다.

하지만 이론적 개념과 명제가 불확실하게 설명된다는 점과 경제적 차이가 문화적 차이에 미치는 영향을 무시하는 점이 비판의 대상이다.

ⓛ Chambliss와 Seidman의 차별적 범죄화

Chambliss와 Seidman은 갈등론적 관점에서 형사사법기관과 제도를 분석하였다. 여기서 문제는 누구의 규칙이 누구에게 어떻게 집행되는가 하는 것인데 관료적으로 구조화된 기관들이 그러한 책임과 역할을 떠맡게 되어 이러한 관료제적 규율의 결과로서 규율의 제정과 집행은 그것을 통하여 기관과 그 기관 공직자들에게 보상을 증대시킬 때 가능하게 된다는 것이다. 반대로 조직적 제재에 지여한다면 법의 제정과 집행은 이루어지지 않는다.

결국, 법률의 구조와 기능상 법이란 기존 세력집단의 이익을 대변하여 운용되며, 공공이익이나 이들 세력집단의 이익과 일치될 때에만 대변되는 것이다. 따라서 법은 공공이익을 대변하지도 않고, 모든 시민을 동등하게 취급하지도 않으며 사회최고의 이익에 봉사하지도 않는다.

(3) 신 갈등이론
① Tailor 등의 신 범죄학

Tailor와 그의 동료들은 법이라는 것이 힘 있는 이익집단의 손 안에만 있는 것에 충분치 않다고 비판하였다. 국가와 자본가의 동맹으로 형성된 단 하나의 유력한 이익만이 존재할 뿐이며 다른 집단갈등이론이 범죄자를 병리학적으로 개념화하는 것을 비판하고 있다. 또 집단갈등이론의 범죄자관은 알게 모르게 결정론적 입장을 취하고 있으나 신 범죄학에서는 권력과 이익의 불평등을 해소하기 위한 개인적·집단적 행동의 산물로 보고 있다.

2

② Spitzer

Spitzer는 낙인된 범죄자의 지위뿐만 아니라 범죄자의 행위까지도 관심을 가질 필요성을 역설하면서 왜 하류계층의 특정한 사람들이 형사사법기관과 제도의 공식 절차에 회부되도록 선택되며 그들은 왜 그런 행위를 하는가에 대해 규명하고자 하였다. 이에 대한 해답은 자본주의의 역사적·구조적 특성에서 찾을 수 있는데, 문제인구는 자본주의 사회에서 그들의 행위·인성·위치가 생산의 사회관계를 위협하기 때문에 양산되는 것으로 보고 있다.

이러한 문제인구는 사회적 폐물과 사회적으로 고약한 사람으로 나뉘며 이들을 통제하는 대책은 통합적 통제와 분리적 통제로 나눌 수 있고, Spitzer는 통합적 통제가 분리적 통제를 점차 대체할 것으로 보고 있다.

(4) 갈등이론의 평가

갈등이론은 우선, 이론적인 측면에서 '갈등'이란 개념을 중시하고 있으나 개념자체가 명확히게 정의되지 못하고 있다. 그리고 범인성과 갈등의 관계도 그리 명확하지 않으며, 연구결과 실업과 범죄는 그리 많은 상관관계를 지니고 있지 않으며 생산수단의 소유와 통제를 동일한 것으로 잘못 이해하고 있으며 적용범위의 한계, 이상적 사회주의 국가 지향성 등이 비판으로 제시되고 있다.

(5) 소결

이와 같이 갈등이론적 접근방법이 제시하는 개념은 애매한 것이 많고 하나의 현상을 과도하게 일반화하고 있다는 것이 많다는 비판도 끊이지 않고 있다. 그러나 어떤 사회적 갈등이 범죄의 한 요인이 된다는 기본개념이 부정되어서는 안 될 것이다

제2절 한국사회의 문제

1. 개인과 가정

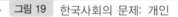

그림 19 한국사회의 문제: 개인

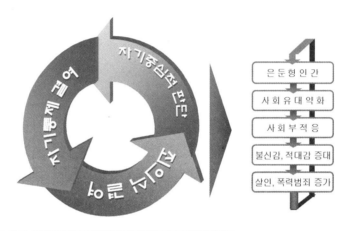

Hirschi의 사회유대이론은 전통적인 청소년일탈의 원인을 설명하는 이론들 가운데 실증연구에 가장 많이 적용된 일탈이론의 하나이다(유순화, 2003). 따라서 사회유대요인, 즉 애착, 관여, 참여, 신념과 청소년일탈의 관계를 검증하기 위한 연구들은 국내외적으로 매우 많다.

이에 청소년의 일탈과 사회유대요인 간의관계에 대한 선행이론들을 살펴보면 다음과 같다.

이세용(2000)은 그의 연구에서 부모와의 신뢰관계가 약한 아이들이 음란사이트에 방문하게 될 가능성이 매우 높으며, 그러한 아이들은 음란채팅도 많이 한다는 결과를 제시하였다. 윤영민(2000) 역시, 음란사이트 접속이나 음란채팅과 관련하여 부모와 자녀간의 신뢰관계가 중요한 요인임을 밝히고 있으며, 부모와의 관계가 좋을수록 사이버 상의 성(性)관련 일탈의 가능성이 낮다는 결과를 제시했다.

또한, 윤영민(2000)은 음란사이트 접속과 부모의 감독이 밀접한 관련이 있음을 밝히고 있다. 이성식(2003)도 인터넷음란물 접촉과 같은 사이버문제행동의 경우에 부모의 감독이 중요한 요인임을 밝히면서, 부모의 감독 요인이 아이들의 사이버일탈을 방지하는 데 있어 효과적이라는 결론을 내렸다.

한편, 종속변인으로 청소년의 사이버일탈을 보다 넓게 설정한 선행연구들을 살펴보면, 조남근과 양돈규(2001)는 학업이 부진하고 선생님으로부터의 사회적 지지가 약한 아이들이 인터넷 중독 이외에 사이버 상의 일탈행동을 일으킬 가능성도 높다는 경험 연구 결과를 제시하였다. 그리고 한종욱(2001)은 일반청소년과 사이버비행청소년간의 가정애착요소, 학교관여요소, 활동참여요소에 있어 뚜렷한 차이가 있음을 밝히고, 일반청소년이 사이버비행청소년보다 강한 가정애착, 학교관여, 활동참여도를 보이고 있다는 결론을 도출하였다(최부용, 2008: 23).

이렇듯 사회에 적응하지 못하는 은둔형 인간은 자연히 사회와의 유대가 약화될 수 밖에 없고 이러한 청소년들은 사회에 부적응하게 되고 사회에 부적응하게 되는 청소년은 사회에 적대감을 가지게 되며 이러한 현상을 보이는 청소년은 결국 폭력범죄나 살인범죄를 저지를 가능성이 높다.

그림 20 한국사회의 문제: 가정

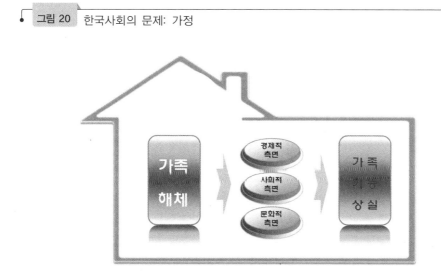

청소년기는 개인의 일생 중 어느 때보다도 자기가 삶을 살아가면서 결정해야 할 많은 문제로 가장 격동적이고 불안정하며 이후 생의 방향을 결정하는 가장 중대한 시기라고 할 수 있다. 그러나 그들은 성인도 아니고 아동도 아닌 중간 지점에서 부모로부터 심리적으로 독립하여 자신에 대한 정체감을 형성하고 진로를 결정하며 사회적 역할을 수용하는 과업을 달성해야 한다는 부담감으로 힘들어하고 있다. 이들의 주된 갈등 요인은 급속한 생리적 신체발달과 장기간의 교육기간으로 인해 예번에 비해 청소년기가 길어졌기 때문에 청소년들이 신체적, 생리적으로는 성인이 되었다하더라고 사회적 역할에 있어서는 여전히 성인노릇을 할 수 없는 위치에 있다는 것이다.

무엇보다도 한국사회에서는 힘들고 치열한 입시경쟁과 취직시험의 문턱으로 인해 거의 모든 청소년은 좌절을 경험하게 하며, 또 그들에게 '무리적 풍요가 곧바로 인생의 성공'으로 받아들이도록 은근히 유도하고 있다.

특히 청소년기의 건강한 성장과 발달을 저해하는 위기상황은 가족해체, 빈곤, 학대 등의 가족적 위기상황과 학습부진, 학업중단 등 교육적 위기상황, 약물, 폭력, 가출, 범죄는 문제행동으로 표출되는 사회적 위기상황에서 두드러지게 나타난다. 현대사회가 산업화, 도시화 지식정보화 사회로 급속도로 변화하는 상황에서 부부의 이혼, 별거 및 가출 등의 급증으로(최선화·박광준·황성철·안홍순·홍봉선, 1999) 구조적 결손가정이 증가하고 있고, 이러한 가정에서 양육되는 청소년들은 자신의 미래를 준비하는 과정에서 심리·정서적 불안정을 경험하게 된다(이옥실, 2009: 1-2).

즉, 가족의 해체로 인한 가족에서의 기능상실로 인해 청소년들은 범죄를 저지를 가능성이 더욱 증가한다.

2. 학교와 사회

그림 21 한국사회의 문제: 학교

교육목적은 다양한 사람들의 열망과 기대를 담고 있기 때문에 그것을 말하는 사람의 수만큼이나 다양하게 정의된다. 그러나 교육의 목적을 어떻게 정의하더라도 교육은 인간을 다루는 일이며, 인간을 변화시키고자 하는 의도적인 활동이다(김도수, 1994 : 19).

학교는 바로 이런 다양한 교육목적을 실현하기 위해 의도적으로 고안된 사회적 장치이다. 사회는 학교교육을 통하여 문화를 유지 발전시킴으로써 자기를 보존하고, 사람들은 자신의 학습욕구와 인격도야의 목적을 달성할 수 있게 된다. 이제 학교를 통하지 않고는 사회의 유지나 개인의 성장을 제대로 보장받을 수 없게 되었다. 특히 학교교육이 근대 공교육제도 혹은 국민교육 제도로 정착되면서 종래 체계적인 교육을 받을 수 없었던 계층의 사람들에게 교육의 기회를 제공하는 계기를 만들었고, 개인에게 평등한 능력신장의 기회를 제공하여 왔다.

지난날 우리가 역경과 고난을 극복하고 한강의 기적이라고 할 정도로 고도 경제

성장을 이룩하며 선진대열에 합류할 수 있었던 것은 교육에 대한 사회적 신뢰가 있었기 때문이고 교육에 대한 신뢰를 바탕으로 학교교육이 견실하게 운영되면서 사회가 필요로 하는 인력을 효율적으로 양성 공급했기 때문이다.

그런데 몇 년 전부터 우리 사회의 대중매체와 학계에서는 학교교육의 위기 또는 붕괴 라는 말이 회자되고 있다(김진경, 1997 : 270). 물론 수업 중에 소란을 일으키는 학생, 잠을 자는 학생, 만화책을 보는 학생 등 정상적인 수업에 방해가 되는 학생들은 이전에도 존재하였다. 그러나 최근 문제가 되는 학교교육 붕괴 현상은 일부 학생들의 수업방해 행위에 국한되지 않고 교육의 아노미현상 (한국교원총연합회, 1999 : 19)으로 표현될 정도로 총체적이고 전면적으로 나타나고 있다.

학교교육 붕괴 의 가장 심각한 문제는 교육의 가장 기초적인 단위인 교실(학급)이 붕괴되고 있다는 점이다. 학교는 물론 행정당국도 다양한 대책을 강구하고 있지만, 그 성과는 미진한 실정이다. 이러한 문제의 해결이 어려운 이유는 그러한 문제 행동의 원인을 명확히 규명할 수 없다는 점에 있다(최낙용, 2002: 3).

이러한 학교에서의 기능상실은 결국에 학생에 대한 교사의 지도가 어려워져 학교 내에서 많은 일탈적 행동을 지도하는데 많은 어려움을 겪고 있다.

그림 22 한국사회의 문제: 사회

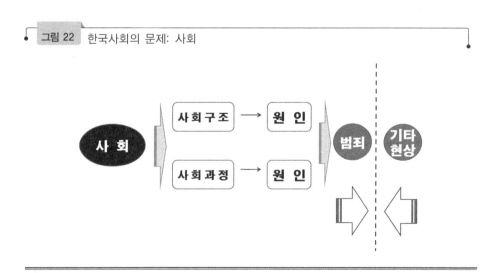

그림 23 　한국사회의 문제: 사회(사회구조)

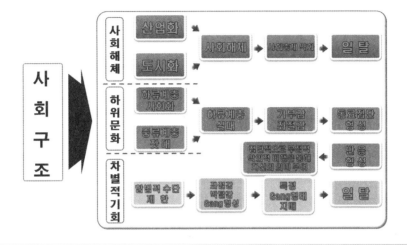

그림 24 　한국사회의 문제: 사회(사회과정)

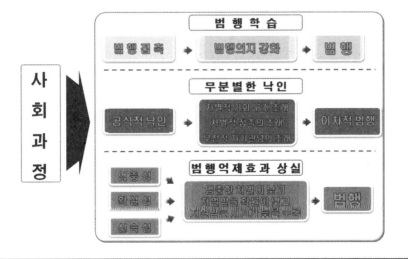

　비행의 원인을 개인이 처한 환경에서 찾는 이론으로 환경적 범죄이론이다.

　학습이론·통제이론·억제이론·사회해체론·긴장이론·하위문화이론·갈등이론 등
이 있으며 이 중 다이버전 제도와 가장 관련이 있는 이론은 학습이론이다.

학습이론은 비행이나 범죄도 학습을 통하여 이루어진다는 이론으로 서덜랜드의 차별적 접촉이론이 이를 대표하는데 어떤 사람이 범죄를 저지르면 다른 범죄자들과 상호 작용할 수 있는 기회가 많아지므로 범죄를 옹호하는 가치나 의미 등을 학습할 수 있는 기회가 증대되어 또 다른 범죄로 나아가게 된다는 이론이다.

비행은 정상 친구보다 비행친구를 보다 많이 차별적으로 접촉함으로써 비행친구의 가치와 태도를 학습한 결과로 행하여지는 것이라고 주장한다. 그러므로 경미 소년범에게 형사절차를 거치지 말고 선도 프로그램을 활용하여 보호 조치하는 것이 필요하다는 것을 입증해 준다.

서덜랜드는 비행친구와의 접촉의 빈도·기간·우선성·강도에 따라 학습의 정도가 달라진다고 주장하며 이러한 차별적 접촉이론에 대해서는 동일한 접촉의 환경 하에 있는 사람들이 서로 다른 반응을 행하는 사실을 간과하고 있고, 범죄학습이 신문·영화 등 비개인적 접촉에 의해서도 이루어질 수 있으며, 법 위반 태도의 학습 과정을 제시하지 않았다는 등의 비판이 제기되기도 하였다.

통제이론은 가족 구성원 간의 집착 또는 애착이나 사회생활에의 간섭과 같은 사회적 유대작용이 범죄를 억제하는 효과가 있는데 범죄 이후에는 이러한 사회적 유대관계가 약화되어 범죄를 저지를 가능성이 높아지게 된다는 이론이다.

허쉬(Hirsch)의 사회유대이론(사회통제이론)은 사람들이 사회와 맺고 있는 유대가 취약할 때 범죄나 비행으로 나아가며 개인이 사회와 유대를 맺는 방법으로는 애착·전념·참여·신념 등이 있다.

즉 소년들이 사회에 대하여 애착이 높고 참여를 하며 사회의 도덕적인 신념을 받아들이려고 노력하면 비행가능성이 낮고 그렇지 못하면 비행을 저지를 가능성이 높다. 즉 자아 통제력이 강한 사람은 범죄를 저지를 가능성이 낮지만 자아통제력이 낮은 사람은 범죄를 저지를 가능성이 높다.

자아 통제력은 10~12세 이전 어린 나이에 형성되는데 자아 통제력이 적절하게 형성되기 위해서는 부모가 자녀의 행동을 수시로 관찰하고 잘못된 행동을 했을 때는 이를 인식시켜 주어야 하며 늘 관심을 가져야 한다.

그러므로 어릴 때의 부모 역할이 중요함을 지적해 주며 부모의 감독이 소홀하거나 부모의 애정을 받지 못하고 자란 아이들은 내적 통제력이 없어 우발적, 충동적 범죄로 쉽게 이어질 수 있다.

쇼(Shaw)와 맥케이(McKay)의 사회 해체 이론은 시카고의 중심지역인 상업지역과 전이지역이 다른 지역에 비하여 왜 범죄율이 높은지를 설명하는 이론이다.

즉 시카고가 도시화·산업화되면서 외부 이민자들이 이들 지역에 이주하고 결손가정이나 빈민하층들의 거주로 인구 이동이 많으므로 지역사회의 전통적 기관들이 주민의 행동을 규제하지 못하고 주민들에게 일관된 가치를 제공하지 못하며 지역사회가 공통으로 겪는 문제를 자체적으로 해결할 수 있는 능력을 상실하게 되는 사회 해체(social disorganization)에 이르게 됨으로써 범죄율이 높아진다는 주장이 긴장 이론은 머튼(Merton)의 아노미 이론과 애그뉴(Agnew)의 일반 긴장 이론으로 아노미 이론은 일반적으로 사람들은 부나 성공 등 문화적 목표를 공유하지만 이를 달성하기 위한 교육이나 직업 등 제도화된 수단을 구비하지 못한 경우에 사회적 긴장이 발생하고 이것이 비행의 원인이 될 수 있다고 한다.

특히 하층 소년들은 성공에 이르는 수단이 구조적으로 제한되어 비행에 빠지기 쉽다고 생각한다. 긴장을 비행의 원인으로 파악하는 일반 긴장 이론은 긴장 요인을 세 가지로 나누어 첫째, 기대와 실제 성취 사이의 격차 등과 같은 목표 달성의 실패, 둘째, 부모의 사망, 친구와의 이별 등과 같은 긍정적 자극의 소멸, 셋째, 부모의 학대, 친구의 괴롭힘 등과 같은 부정적 자극의 발생을 들고, 이들로 인하여 소년들이 화·우울·절망 등 부정적 감정을 경험하고 이를 해소하기 위하여 비행을 저지를 수 있다.

하위문화 이론(문화일탈이론)으로는 하층 소년들이 지배적인 문화와는 다른 문화 속에 위치해 있어서 그러한 문화속의 가치와 신념에 따라 행동하다 보면 자연스럽게 비행을 할 수밖에 없다는 점을 강조한다. 따라서 비행은 하층 소년들이 자신들의 비행 문화의 규칙을 잘 따른 결과라고 한다.

예를 들면 학교폭력의 경우 불량 서클에 가입한 학생들이 자기들만의 규칙을 정해 놓고 그들만의 문화에 따르기를 강요하는 경우이다.

갈등 이론은 법이 지배 계층의 이익과 권력을 유지하고 노동자와 피지배층을 억압·통제하기 위한 도구에 불과하며, 범죄나 비행도 자본주의의 모순적 구조 하에서 발생하는 것이라고 하는 이론으로 하층 소년들이 교육기회도 제대로 받지 못해 학업성적이 부진하고 좋은 직장의 기회를 얻지 못하고 소외된 상태에서 비행에 빠질 수 있다는 것이다.

위와 같이 여러 환경 영역을 포괄하여 범죄 요인을 찾으려는 견해 이외에도 가정·학교·친구 등 개별 환경 영역에서의 범죄 요인도 찾아 볼 수 있다. 먼저 가정과 관련된 범죄 유발 요인에 대해서는 부모와 자식간의 애정적 유대관계가 범죄가능성을 낮춘다(Cernkovich / Giordano), 부모의 자식에 대한 감독이 범죄의 가능성을 차단한다(Wells / Rankin), 일관적이지 않은 양육태도나 지나친 체벌·학대가 폭력 범죄의 가능성을 높인다(Smith / Thornberry) 는 등으로 가정의 중요성을 다시 한 번 생각할 수 있다.

학교와 관련된 요인으로는 학업 실패가 소년들에게 좌절을 경험하게 하고 반항적 태도를 형성하여 범죄에 빠지게 하거나, 주위의 부정적 반응을 야기하여 소외감을 낳거나 자긍심을 낮춰 범죄의 가능성을 높인다. 학교 교사 또는 학교 공부에 대한 애착이 범죄의 가능성을 차단한다. 능력별 학습편성 체계에 따라 열등반에 편입된 아이들이 부정적 낙인으로 인하여 범죄로 나아갈 가능성이 있다.

친구관계가 범죄에 미치는 영향 즉 비행 친구와의 교제가 범죄와 밀접히 관련된다. 비행 친구와 어울리다 보면 그 행동을 모방하고 범죄 우호적 가치를 학습하게 된다는 견해로 소위 말하는 학습 이론이라 할 수 있다. 비행 친구와 집단으로 어울리다 보면 범죄가 나쁜 것이라는 것을 알면서도 호기심에 또는 친구의 기대에 부응하고 소심하거나 비겁하게 보이지 않으려는 집단 심리의 영향으로 범죄에 가담하게 된다는 것이다.

최근 일어나고 있는 집단 성폭행 사건 등 혼자 하면 할 수 없는 범죄도 여럿이 함께 하면 죄의식이 반감된 채 궁중 심리로 더 큰 범죄를 저지를 가능성이 있다.

낙인이론은 일반적으로 환경적 범죄 이론 중 미시적 환경 이론에 포함시켜 설명할 수 있는데 이를 별도로 분리하여 살펴보는 것은 이 이론이 본 연구에서 갖는 중요성 때문이다. 즉 형사 사법 기관의 지나친 개입이 오히려 비행을 유발시킬 수 있기 때문에 이를 자제하는 것이 바람직하다는 이론으로 소년범죄 다이버전에 대한 이론적 기초라고도 할 수 있다.

종래 범죄자에 대한 주요 정책 방향은 형사 사법 기관의 활동을 강화하고 강도 높은 교정에 있었다. 즉 소년들이 범죄를 저질렀을 때 형사 사법 기관이 적극적으로 개입하여 보다 강도 높은 교정 활동을 전개하면 이들의 범죄성을 제거하고 재범을 방지할 수 있다는 것이다.

그러나 이처럼 범죄자에 대한 국가의 강도 높은 적극적 개입은 오히려 비행을 저지른 소년들에게 전과자라는 낙인을 찍음으로써 정상적인 사회생활로의 복귀를 더욱 어렵게 하고 결국 재범의 길로 나아갈 수밖에 없게 된다.

범죄 예방과 검거를 목표로 투입되는 국가 기관의 활동이 오히려 범죄를 유도할 수 있는 여건 조성에 낙인 이론은 주목받는다. 담배를 피우고 술을 마신 소년을 그냥 놔두었으면 아무런 심각한 일도 없었을 것을 학교로부터 퇴학당하고 선도 기관에 의하여 훈계를 받는 등 비행 낙인을 찍음으로써 나쁜 자로 인식된다는 것이다. 낙인이 찍히면 부정적 자아가 형성되고 부정적 자아대로 행동하다가 또 다른 비행을 하게 된다는 이론이다.

따라서 과거 형사 사법 기관의 적극적 개입을 지향하는 정책으로부터 국가의 개입을 가급적 지양할 것을 요구하는 정책 방향이 제시되고 있다.

이에 따라 낙인이론가들은 이른바 4D 정책 즉 비범죄화(Decri minalization), 다이버전 (Diversion), 탈시설수용화(Deinst itutionalization), 탈낙인화(Destigmatization)를 형사 정책적 결론으로 제시하였다 (김재봉, 2006: 15 – 21)

첫째 비범죄화(Decriminalization)는 소년에 대한 경미한 비행은 일탈로 규정하지 밀고 둘째 나이버선(Diversion)은 비행 소년을 체포하여 기소하고 처벌하는 이러한 공식 절차를 하지 말고 기소하기 전에 지역 사회의 일정한 처우를 받도록 해서 낙인을 줄이자는 것이며 셋째 탈시설 수용화(Deinst itutionalization)는 소년원이나 교도소 같은 시설에서 소년들을 수용하여 처우하기 보다는 지역 사회 내에서 프로그램을 통해 소년들을 처우함으로써 낙인 효과를 줄이고 사회에 적응할 수 있도록 하자는 것이다. 넷째 탈낙인화(Destigmatization)는 소년들의 일순간의 잘못을 비행으로 낙인찍지 말자는 것이다.

소년 범죄의 여러 원인 이론들 중 다이버전과 가장 관련 있는 이론은 낙인이론이다. 또 대부분의 소년 범죄는 충동적이고 즉흥적, 우발적 성향으로 범죄를 저지르는 경향이며 개인적 범죄 이론과 관련이 있고, 소년의 시기에는 남성호르몬의 활발한 작용으로 폭력성과 관련 있다는 견해는 생물학적 원인론 중 생화학적 장애 이론에 가깝다.

심리학적 원인론의 인성 이론은 비행이 충동성, 폭력성, 자극 추구성 등 개인의 인성이 표출된 것으로 이 시기에 선도 프로그램을 운영하여 소년들에게 인성 교육을 해야 할 필요성을 말해 주기도 한다(진계숙, 208: 9-12).

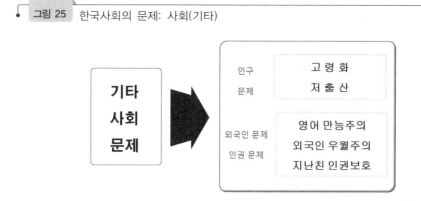

그림 25 한국사회의 문제: 사회(기타)

현대사회의 과학적 발전과 생활향상 등으로 인하여 평균수명이 길어지고 이에 따라서 사회는 점차 고령화되고 있는 추세이며, 이러한 추세는 앞으로도 계속될 전망이다[7]. 이러한 추세와 관련하여 노인에 대한 과학적 연구가 하나의 과학적 분야로서 1940년대에 나타나기 시작하였고 노년학에서는 생물학적, 심리학적 연구에 이

---

7) 한국의 노인인구는 1997년 현재 전체인구의 6.6%를 점하고 있으나 2000년에는 7.1%, 2020년에는 13.2%로 증가할 전망이다. 또한 출생률과 사망률을 외국과 비교해 보면 우리나라의 출생률(1990: 1.56%)은 국제적으로 상당히 높은 편이며 사망률(1990: 0.58%)은 선진국과 비슷한 정도에 이르고 있다. 이와 같이 사망률의 저하는 노인인구를 증가시키는 반면에 양친들로부터 아이를 적게 두도록 하여 가족계획과도 관련되어 있는 것으로 보인다. 이와 더불어 의료의약의 발달로 평균수명이 연장되어 1990년에 71.6세이던 평균수명이 1995년에는 73.5세, 2000년에는 74.9세, 2020년에는 78.1세로 연장될 것으로 전망된다. 현재 자식과 떨어져 사는 60세 이상의 노부부 또는 배우자가 없는 노인단독가구가 53.0%에 달하고 있다.

어서 노인의 사회적 측면에 관한 연구가 진행되었다(송광섭, 1997: 81). 그런 노인의 사회적 측면의 연구의 경우 현재까지의 노인범죄는 주로 노인의 범죄피해에 초점을 맞추는 경향을 가지고 있는 것이 사실이다. 이러한 경향은 노인의 복지를 위협하는 사회환경적 요인이 산재하여 있으며, 그러한 사회환경적 요인이 무엇인지를 파악하여 제거하는 것이 범죄의 피해를 제거하는 핵심이 될 수 있을 것이다(박광민, 1998: 145).

노인은 사회적 약자로서 국가와 지역사회로부터 보호를 정당한 보호를 받아야 하는 것은 복지사회로 나아가고자 하는 복지정책의 큰 관심영역이 아닐 수 없으며, 더구나 한국사회는 예로부터 동방예의지국이라 하여 웃어른을 공경하고 부모에게 효도하는 것을 가장 중요한 덕목으로 생각하여 왔다(승장래, 1999). 그러므로 우리의 어른이시며 부모인 노인을 범죄로부터 보호하여 안전한 노후를 보낼 수 있도록 하는 것이 국가와 지역사회, 그리고 기성세대의 책무일 것이다. 그러므로 노인의 범죄화를 방지하기 위한 노력은 사회복지정책적인 측면에서 보더라도 대단히 중요한 문제가 아닐 수 없다(이윤호, 2007).

다른 한편 노인들이 차지하는 인구비율이 상승하면서 노인범죄가 증가할 것이라고 예상하는 것은 당연한 논리임에도 노인에 대한 근본적인 인식의 전환이 없이 약자로서 보호해야만 하는 소외계층으로 인식하고 있다. 그리고 이들의 사회적 불만과 심리적 황폐함, 욕구 불만족 등이 복합적으로 작용하여 자행하는 범죄에 대해서도 연구가 등한시 되는 실정이다.

각 형사사법기관이 내놓고 있는 범죄관련 통계만 보더라도 노인에 의해 자행되는 범죄의 숫자가 눈에 띄게 증가하고 있음을 알 수 있다. 20세기였던 1995년에만 보더라도 전체 범죄자 가운데 민61세 이상의 노인이 차지하는 범죄비중은 고자 1.8%에 불과하였다. 하지만 고령화 사회로 진입한 2000년의 통계치를 보면 비중이 2.4%로 증가하고 2006년에는 4.3%에 달하고 있음을 발견한다(대검찰청, 1995; 2000; 2006). 즉, 노인의 범죄문제를 우리가 간과하고 있는 사이에 노인의 범죄자가 2006년에는 82,000여명으로 서서히 우리사회 범죄현상의 주류로서 대두되고 있음을 쉽게 확인할 수 있는 것이다.

특히 현대사회에서의 노인은 의학적 발달과 함께 육체적으로 강건하고 교육수준의 향상과 노인들의 도시 집중화로 인해 활발한 사회활동을 하는 노인들도 늘어나는 상황에서 소외계층으로만 노인들을 보아서는 급증하는 노인범죄를 설명할 수 없다.

노인을 보호해야만 한다는 입장에서 본다면 12세 이하의 미성년자들의 범죄처럼 이들의 사회일탈이나 사회범죄 문제를 별다르게 처벌하거나 법적인 재제를 가하기 어려울 것이다. 하지만 노인범죄율이 2006년도에 이미 82,000여명을 상회하고 연쇄살인사건까지 자행할 정도로 이미 노인범죄는 기존의 청. 장년계층이 벌이는 범죄현상과 동일한 패턴이 되고 있으며, 이를 그대로 방치할 경우 앞으로 노인범죄가 사회에 만연하고 큰 부작용을 야기 시킬 가능성이 농후한 실정이다. 이제는 노인들을 우리 사회 구성원의 중요한 부분으로 간주하고 적극적인 역할을 부여하고 사회 각 분야에 걸쳐서 노인문제를 적극적으로 해결해야하는 시대가 도래 한 것이다.

21세기가 시작되며 한국 사회는 '세계화 시대', '지구촌 시대'라는 말조차 무색해 질만큼 외국의 여러 나라들과 기술적·문화적 교류가 가속화되고 있다. 우리나라의 활발한 국제적 활동과 함께 세계 공통어인 영어의 중요성은 점차 강조되고 사회에서 요구하고 있는 영어 능력의 수준 또한 점점 높아져 가고 있다. 그 대상의 연령은 점차 낮아져 조기영어교육이라는 형태로 나타나게 되었다. 이것은 사회의 심각한 문제들 중 하나로 자리 잡게 되었고 심지어 우리나라에서 영어를 공용어로 만들어야 한다고 주장하는 목소리도 나오기도 했다(김태영, 2008: 1−2).

하지만 지나친 영어교육에 대한 부정적인 인식으로 오히려 영어우월주의나 혹은 영어교육을 위한 무조건적인 외국인과 친구맺기등은 오히려 범죄에 악용될 소지가 충분하기 때문에 영어교육에 대한 제대로된 인식이 필요하다.

또한 범죄자에 대한 지나친 인권보호도 사회적 문제로 대두되고 있다.

대한민국의 범죄율이 날로 심각한 양상으로 치닫는 가운데, 갈수록 흉악해지는 무분별 범죄에 따른 국민들의 공포도 쉽게 가라앉지 않고 있다. 강호순사건, 안양 초등생 납치살해사건 등 범죄소굴 대한민국이라는 신조어가 등장할 만큼 해를 거듭하며 날로 진화하는 엽기적 범죄의 파장 속에서, 끝없이 계속되어온 범죄자 인권문제에 대한 국민들의 인식에도 많은 변화가 일고 있다.

2

특히 가장 최근 이슈화된 강호순 얼굴공개에 따른 찬반논쟁은 쉽게 가라앉지 않고 있다. 국민의 알권리와 범죄자의 인권보호, 이 두 입장이 여전히 맞붙고 있다. 하지만 기존의 팽팽히 맞섰던 찬반 논쟁에도 변화가 일고 있다. '흉악 범죄자에 한해 얼굴을 공개해야한다'는 목소리가 더 높은 것으로 나타나고 있기 때문이다.

3. 국가

1) 정치제도와 정치문화와의 괴리

민주주의의 제도들은 시민의 자발적인 정치참여와 정치 엘리트의 책임정치의식을 전제로 한다.따라서 권위주의적 정치문화의 요인들의 영향이 강한 정치문화 속에서 민주주의 제도들이 제대로 기능하기를 기대하기는 어렵다. 한국정치에서는 제도가 문화를 너무 앞섰기 때문에 양자간의 균형이 깨어져 제도가 지향한 민주정치가 좌절된 정치변동을 겪어 왔다(이영호, 1992: 223)

대통령 및 국회의원 선거제도의 변천과정과 역대 대통령 및 국회의원 선거 결과는 선거제도 자체에서,그리고 선거에 참여한 정치엘리트와 일반 시민의 정치의식에서 나타나는 선거문화의 여러 문제점들을 보여주고 있다.

대통령 선거에 있어 초대 대통령은 1948년 국회에서 간선제로 선출하였다. 그러나 2대 국회의원 선거 결과 야당이 우세하게 된 국회에서의 간선으로는 이승만 대통령의 재선 가능성이 없게 되자 자유당은 '발췌개헌'으로 대통령 선거제도를 직선제로 바꾸었고, 이대통령은 재선되었다. 그 후 1963년, 1967년, 1871년의 대통령 선거까지는 직선제였으나, 이른바 '유신 체제'헌법에서는 간선제로 바뀌었고, 1981년의 제12대 대통령 선거는 선거인단에 의한 간선제로 치러졌다.

이러한 체육관 선거라 불리는 간선제는 제도 자체의 장단점과는 관계없이 특정인의 집권 의지로 채택되었다. 권위주의 정권시기에는 대통령 선거제도가 집권 연장또는 강화 의도에 따라 간선제에서 직선제로,직선제에서 간선제로 바뀌었고,1987년에는 국민들의 민주화의 여망에 따라 간선제에서 직선제로 바뀌었다.

이러한 대통령 선거제도의 변천은 어떤 선거제도 자체가 민주주의에 적합하거나 적합하지 않은 것이 아니라 그 제도를 어떤 정치문화 속에서 운영하는가가 중요한 문제라는 것을 보여 주고 있다.

한국의 선거제도 변천에서 가장 두드러진 문제점은 선거제도가 특정 정치가나 정치집단의 정권획득과 유지의 수단으로 이용되었다는 점이다. 대통령직선제냐 간선제냐의 문제가 특정정권의 집권 또는 집권 연장을 위한 방편으로 결정되었고, 국회의원 선거제도는 집권당이 원내과반수 안정 의석을 확보할 수 있도록 조종되었다.

따라서 민주적인 선거문화를 기반으로 하는 민주주의의 발전을 위해서는 선거제도를 대표의 원리에 충실하도록 개선하여야 하며, 특히 전국구 의석을 각 정당이 지역구 선거에서 득표한 비율에 따라 배분하고, 선거구 간의 인구수를 적절하게 조정하는 제도의 개선이 따라야 한다.

선거제도는 한국의 정치문화에 비추어 적합하여야 한다. 선거가 공정한 정치적 경쟁이 되도록 선거 자금과 선거 운동을 규제하여야 하지만 이는 한국의 정치문화와 선거풍토가 서로 맞아야 한다. 1960년의 3·15부정선거는 이지 않았고, 매표, 비방, 흑색선전 등으로 선거는 과열, 타락 현상을 보였으며, 선거가 끝난 후에는 예외 없이 그 후유증으로 정국이 정상적으로 운영되지 못하는 정치적 혼란을 겪었다.

이러한 현상은 선거법의 미비, 선거 운동에 관한 비현실적인 제한 등 불합리한 선거제도와 후보자 및 정당의 공정한 경쟁의식과 자질의 부족, 그리고 국민의 민주시민의식결여 능에서 비롯뇐 것이라 할 수 있다. 최근에는 낞은 시민난체가 조직되어 자발적인 공명선거운동을 추진하는 등 민주적 선거문화가 형성되고 있으나 아직도 만족할 만한 수준에는 미치지 못하고 있다.

2) 인물위주의 정치

헌법의 변동 과정은 또한 한국정치가 인물 위주의 정치였음을 보여 주고 있다. 인물 위주의 정치는 건국 헌법 제정 당시부터 나타났다. 건국 헌법안은 양원제·내각책임제 정부형태였으나, "내각책임제하에서는 어떠한 지위도 맡지 않겠다"는 이승만의 강력한 반대로 하루아침에 단원제·대통령제로 바뀌었다. 개헌은 대부분 집권자 개인의 재선이나 집권 연장, 장기집권 의도의 결과였다. 제1공화정은 이승만 개인의 카리스마에 의존한 정치체제였으며, '발췌개헌', '사사오입 개헌'은 이승만 개인의 집권 연장을 위한 것이었다.

제2공화정의 장면 정부가 붕괴된 원인으로 장면 총리의 무능을 지적하는 것은 당시 정치 상황의 구조적 요인보다는 인물을 정치변동의 더 주요한 요인으로 생각하는 정치문화를 보여주는 것이다. 제3,4공화정 시기의 '3선 개헌'과 '유신 개헌'은 정권의 기초가 박 대통령 개인의 리더쉽에 있었음을 보여주는 것이다.

제4공화정의 강화된 권위주의 체제는 산업화 심화의 위기에 기인한 것이라기보다는, 당시 국가의 과대성장성, 박대통령의 종신 집권 의지, 그리고 그와 종적으로만 연결된 권력구조에 기인한 것이었다.

유신체제로의 전환은 산업화의 심화를 위한 필요성에서라기보다는 박대통령과 집권세력의 정치적 위기감의 결과였다. 유신 전해의 제7대 대통령 선거에서 박정희 후보는 같이 상대하기에는 자존심이 상할 정도의 40대 김대중 후보에게 경상도에서만 150만 표를 앞서고도 전국적으로 95만 표 차이로 당선되었으며, 한 달 후에 제8대 국회의원 선거 결과 집권 공화당의 의석은 제7대국회에서의 73%에서 55.4%로 격감하였다.

대통령 선거와 국회의원 선거 불과 일 년 후에 그들에게 권력의 정당성을 부여해준 헌정 체제 자체를 부인하는 '10월 유신'을 단행한 것은 이러한 친위쿠데타로서 그들의 정치적 위기감을 벗어 던지려한 의도의 결과라고 할 수 있다.

박대통령의 급서로 유신체제가 붕괴되었으나 민주화로 나아가지 못하고 신군부기 집권하게 된 것역시 한국정치가 제도적인 틀 내에서 이루어시지 못하고 인물 위주 정치로 나아갔음을 보여준 것이었다.

한국의 정당들은 전통적으로 단일하고 강력한 지도자의 리더쉽에 의해 지배되어 왔다. 자유당이 이승만 대통령의 정권 안정을 위한 수단으로 조직된이래 집권당은 선거에 참여하여 다수 의석을 차지함으로써 여당이 되기보다는 특정 정치지도자의 집권의지에 의해 조직되어 운영되어 왔다. 야당 또한특정 정치가를 중심으로 창당,

분열, 이합집산을 거듭하였다.

인물위주의 정치는 강력한 리더쉽을 희구하는 권위주의적 정치의식을 토양으로 한다. 민주정치에서의 강력한 리더쉽은 권력이 시민들의 동의와 지지라는 정당성의 기반을 확보할 때 가능하다. 권위주의적인 인물의 강력한 리더쉽을 희구하는 정치 태도는 민주화가 아니라 과거의 권위주의 체제로의 회귀를 가져올 뿐이므로 우리가 하루 빨리 개혁해야 할 한국정치문화의 한요소이다.

3) 제도화되지 못한 정당간의 정치적 경쟁

한국 정당들은 이념 부재의 인물 중심 정당으로 국민적 기반없이 국민과유리된 상태로 소수의 정치인에 의해 조직·운영되어 왔다. 정당의 중앙 조직과 지방 조직은 연계가 부족하여 지방 조직은 단지 선거용 하부 조직에 불과할 뿐이었다.

당원의 수도 몇 십만, 몇 백만으로 등록되어 있으나, 정규적으로 당비를 납부하고 정당 활동에 참여하는 당원은 소수에 불과하고, 따라서 정당의 재정은 경제계와의 결탁이나 불법적인 방법으로 충당되는 경우가 많았다. 특히 정당 내부의 의사결정이 비민주적이며, 이로 인하여 정당내부의 정치적 경쟁은 파벌간의 대립으로, 그리고 정당간의 경쟁은 권력 쟁취를 위한 파당적인 대립의 양상을 띠기 일쑤였다. 이런 특성으로 인해 한국의 정당은 이념이나 정책입장과는 관계가 없는 당파적 이해관계에 따른 이합집산을 반복해왔다. 이러한 제도화되지 못한 정당 간의 정치적 경쟁은 한국 민주주의를 파행적인 과정으로 이끌어온 주요한 한 요인이 되었다. 이는 정치 엘리트의 정치의식에도 문제가 있지만 또한 일반 시민들의 유권자로서의 소극적인 대응 때문이기도 하다.

무엇보다 정당의 조직과 운영, 그리고 내부 의사결정 과정 등에 있어 정당이 민주화되지 않고서는 정당 간의 공정한 경쟁의 제도화를 기대할 수 없다(전수현, 2008: 8−11).

제3장 범죄발생 현황

범죄발생 현황 및 재범률

1. 범죄발생 현황

경찰청(2019)에 따르면, 최근 5년간 전체 범죄발생 건수에 대해 점차 감소 추세에 접어들고 있다고 하였다. 이는 CCTV·블랙박스 설치 확대·경찰관 인력 증원 등 다각적인 치안인프라가 확충됨에 따라 검거율이 높아져 발생건 수가 감소한 것으로 분석히였다.

표 13 범죄유형별 구성비 추이(2014-2018)

단위: 건, %

범죄유형	2014년 발생건수	구성비	2015년 발생건수	구성비	2016년 발생건수	구성비	2017년 발생건수	구성비	2018년 발생건수	구성비
전 체 범 죄	1,778,966	100.0	1,861,657	100.0	1,849,450	100.0	1,662,341	100.0	1,580,751	100.0
강 력 범 죄	25,278	1.4	25,334	1.4	25,765	1.4	27,274	1.6	26,787	1.7
절 도 범 죄	266,222	15.0	245,853	13.2	203,037	11.0	183,757	11.1	176,809	11.2
폭 력 범 죄	290,073	16.3	305,947	16.4	309,394	16.7	293,086	17.6	287,611	18.2
지 능 범 죄	298,652	16.8	316,121	17.0	312,577	16.9	302,466	18.2	344,698	21.8
풍 속 범 죄	25,070	1.4	24,491	1.3	26,165	1.4	22,501	1.4	20,162	1.3
특별경제범죄	72,908	4.1	86,379	4.6	66,075	7.6	52,766	3.3	53,094	3.4
마 약 범 죄	4,025	0.3	6,411	0.3	7,329	0.4	7,501	0.5	6,513	0.4
보 건 범 죄	14,657	0.8	14,602	0.8	14,662	0.8	12,561	0.8	11,033	0.7
환 경 범 죄	2,536	0.1	2,955	0.2	4,349	0.2	4,879	0.3	4,791	0.3
교 통 범 죄	573,493	32.2	596,665	32.1	600,401	32.5	501,162	30.1	408,371	25.8
노 동 범 죄	1,308	0.1	1,145	0.1	2,457	0.1	2,862	0.2	1,883	0.1
안 보 범 죄	84	0.0	121	0.0	81	0.0	98	0.0	69	0.0
선 거 범 죄	1,874	0.1	760	0.0	1,018	0.1	640	0.0	1,897	0.1
병 역 범 죄	21,549	1.2	18,726	1.0	16,651	0.9	15,327	0.9	14,271	0.9
기 타 범 죄	180,437	10.1	216,197	11.6	260,539	14.1	234,871	14.1	221,862	14.0

출처 : 경찰청, 「2018년 경찰백서」

하지만, 경제불황과 금융위기로 경제적 어려움을 겪는 서민들을 대상으로 사기·불법사금융 등의 범죄에 쉽게 노출되고, 저금리·저성장에 따른 투자사기 범죄가 성행하는 등 경제범죄 발생건 수는 전반적으로 증가하고 있다.

전체 범죄 발생에 따른 최근 5년간 검거건수 및 검거인원 추이를 살펴보면, 범죄발생에 따른 검거 비율이 점차 증가하고 있다는 것을 알 수가 있다.

표 14 범죄유형별 검거건수 및 검거인원 추이(2014년~2018년)

단위: 건, 명

범죄유형	2014년		2015년		2016년		2017년		2018년	
	검거건수	검거인원	검거건수	검거인원	검거건수	검거인원	검거건수	검거인원	검거건수	검거인원
전 체 범 죄	1,392,112	1,712,435	1,500,234	1,771,390	1,552,455	1,847,605	1,413,717	1,685,461	1,328,609	1,581,922
강 력 범 죄	23,898	25,066	24,373	25,821	24,897	27,071	26,334	28,927	25,811	28,302
절 도 범 죄	119,467	95,645	127,368	103,166	118,597	106,415	113,771	105,695	106,669	97,334
폭 력 범 죄	242,792	358,270	262,401	372,723	271,048	380,965	257,623	363,511	251,586	348,969
지 능 범 죄	204,116	286,099	236,499	294,379	240,226	287,025	225,445	269,117	245,413	292,114
풍 속 범 죄	23,214	41,770	22,733	41,083	24,600	45,149	21,089	35,781	18,390	32,183
특별경제범죄	52,658	87,648	57,736	90,356	50,608	77,669	43,791	72,452	46,222	75,348
마 약 범 죄	4,567	5,264	6,103	6,913	7,096	8,443	7,211	8,512	6,168	7,677
보 건 범 죄	14,437	22,085	14,304	20,721	14,447	21,649	12,286	19,130	10,724	16,965
환 경 범 죄	2,462	3,136	2,864	3,176	4,252	3,802	4,763	4,378	4,662	4,066
교 통 범 죄	518,897	533,126	535,417	549,374	539,637	555,352	469,162	484,552	397,277	413,147
노 동 범 죄	1,283	2,131	1,118	2,395	2,433	5,860	2,819	4,964	1,851	2,073
안 보 범 죄	76	90	103	174	69	151	80	251	50	187
선 거 범 죄	1,724	2,800	737	1,121	895	1,525	590	787	1,746	3,280
병 역 범 죄	18,712	18,523	18,374	18,241	15,698	15,659	14,444	14,574	13,137	13,254
기 타 범 죄	163,809	230,782	190,104	241,747	237,952	310,870	214,309	272,830	198,903	247,023

출처 : 경찰청, 「2018년 경찰백서」

최근 5년간 지역별 전체범죄 발생건수를 살펴보면, 유동인구가 많은 수도권에 집중해 있다는 것을 알 수가 있고, 충청남도를 제외한 그 외 지역에서는 범죄발생 건수가 감소하였다.

표 15 지역별 전체범죄 발생건수 및 구성비 추이(2014년~2018년)

단위: 건, %

지역	2014년		2015년		2016년		2017년		2018년	
	발생건수	구성비	발생건수	구성비	발생건수	구성비	발생건수	구성비	발생건수	구성비
서울	355,991	20.2	356,575	19.4	343,104	18.9	320,193	19.3	308,997	20.0
부산	133,755	7.6	140,700	7.7	129,211	7.1	116,449	7.0	110,628	7.2
대구	95,753	5.4	98,897	5.4	86,150	4.7	75,016	4.5	72,341	4.7
인천	94,210	5.3	99,915	5.4	100,387	5.5	91,385	5.5	86,391	5.6
광주	64,822	3.7	61,234	3.3	54,271	3.0	48,213	2.9	43,569	2.8
대전	47,565	2.7	49,593	2.7	49,038	2.7	46,988	2.8	45,527	3.0
울산	41,167	2.3	44,569	2.4	39,799	2.2	34,912	2.1	32,764	2.1
경기	404,390	22.9	430,790	23.5	476,348	26.2	417,066	25.1	388,938	25.2
강원	53,722	3.0	56,928	3.1	58,814	3.2	53,171	3.2	45,233	2.9
충북	50,857	2.9	53,703	2.9	56,179	3.1	50,387	3.0	48,315	3.1
충남	71,136	4.0	73,409	4.0	72,072	4.0	67,276	4.0	68,577	4.4
전북	56,642	3.2	57,342	3.1	53,375	2.9	48,979	2.9	47,944	3.1
전남	63,197	3.6	66,643	3.6	62,794	3.5	53,892	3.2	50,993	3.3
경북	88,938	5.0	91,876	5.0	88,059	4.8	80,061	4.8	74,356	4.8
경남	112,253	6.4	118,843	6.5	114,410	6.3	100,775	6.1	90,267	5.9
제주	31,254	1.8	33,819	1.8	35,003	1.9	31,368	1.9	27,427	1.8
계	1,765,652	100.0	1,834,836	100.0	1,819,014	100.0	1,636,131	100.0	1,542,267	100.0

출처 : 경찰청, 「2018년 경찰백서」

주요 범죄유형별 범죄자 연령을 살펴보면, 18세 이하·30대·40대 범죄자는 2014년 이후 점차 감소추세에 있는 반면, 50대·60대 이상의 범죄자는 점차 증가추세에 있어 노인범죄에 대한 대응방안이 모색되어야 한다.

표 16 주요 범죄유형별 범죄자 연령 구성비 추이(2014년~2018년)

단위: 명, %

범죄유형	연령	2014년		2015년		2016년		2017년		2018년	
		인원수	구성비	인원수	구성비	인원수	구성비	인원수	구성비	인원수	구성비
전체범죄	18세 이하	77,226	4.5	79,262	4.5	75,679	4.1	72,337	4.3	65,784	4.2
	19-30세	299,646	17.5	310,660	10.1	336,457	18.2	312,506	18.6	287,591	18.2
	31-40세	356,845	20.8	355,459	20.1	372,957	20.2	324,427	19.3	290,204	18.4
	41-50세	451,195	26.3	451,239	25.5	455,404	24.7	397,805	23.6	359,201	22.8
	51-60세	374,514	21.9	392,989	22.2	410,792	22.3	379,739	22.6	364,528	23.1
	61세이상	150,902	8.8	170,604	9.6	193,277	10.5	196,911	11.7	209,095	13.3
강력범죄	18세 이하	2,610	10.4	2,374	9.2	2,407	8.9	2,310	8.0	2,267	8.0
	19-30세	6,193	24.7	6,268	24.3	6,617	24.5	7,473	25.8	7,393	26.1
	31-40세	4,937	19.7	5,186	20.1	5,261	19.5	5,556	19.2	5,106	18.1
	41-50세	5,493	21.9	5,538	21.5	5,630	20.8	5,719	19.8	5,514	19.5
	51-60세	3,928	15.7	4,259	16.5	4,610	17.1	4,961	17.2	5,021	17.8
	61세이상	1,869	7.5	2,170	8.4	2,510	9.3	2,897	10.0	2,971	10.5

절도범죄	18세 이하	25,994	27.2	25,901	25.1	22,502	21.2	19,963	18.9	16,873	17.3
	19-30세	20,424	21.4	22,268	21.6	22,806	21.4	21,609	20.5	18,778	19.3
	31-40세	13,123	13.7	13,942	13.5	14,652	13.8	14,171	13.4	12,753	13.1
	41-50세	14,394	15.1	15,242	14.8	15,554	14.6	15,742	14.9	14,391	14.8
	51-60세	13,369	14.0	15,164	14.7	16,865	15.9	17,709	16.8	17,053	17.5
	61세이상	8,303	8.7	10,594	10.3	13,956	13.1	16,450	15.6	17,406	17.9
폭력범죄	18세 이하	19,990	5.6	20,014	5.4	20,389	5.4	21,938	6.0	20,617	5.9
	19-30세	71,520	20.0	74,795	20.1	77,261	20.3	76,839	21.2	70,849	20.3
	31-40세	71,654	20.0	72,937	19.6	74,301	19.5	68,530	18.9	63,941	18.3
	41-50세	92,336	25.8	94,482	25.4	92,688	24.4	83,986	23.1	78,550	22.5
	51-60세	75,142	21.0	79,018	21.2	81,037	21.3	76,011	20.9	75,475	21.7
	61세이상	27,295	7.6	31,090	8.3	34,925	9.2	35,896	9.9	39,078	11.2
교통범죄	18세 이하	9,241	1.7	9,009	1.6	9,297	1.7	9,315	1.9	7,391	1.8
	19-30세	89,687	16.8	91,539	16.7	93,354	16.8	84,553	17.5	70,765	17.1
	31-40세	126,868	23.8	124,113	22.6	123,298	22.2	104,643	21.6	84,716	20.5
	41-50세	144,336	27.1	144,661	26.3	141,557	25.5	116,796	24.1	94,684	22.9
	51-60세	113,049	21.2	121,654	22.2	123,228	22.2	107,548	22.2	94,039	22.8
	61세이상	49,695	9.3	58,168	10.6	64,207	11.6	61,537	14.7	61,455	14.9

표 17   전체 범죄자 연령별 구성비 추이(2014년~2018년)

단위: %. ※ 14세미만 제외

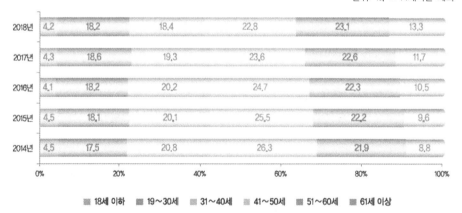

출처 : 경찰청, 「2018년 경찰백서」

그림 26 한국의 범죄시계

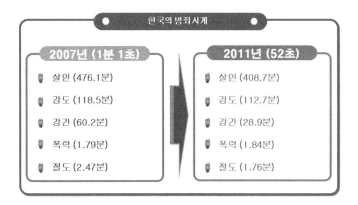

범죄시계(犯罪時計)는 '범죄의 발생 비율을 시간 단위로 분석한 것'으로, 범죄가 얼마나 자주 되풀이되는가를 알아보기 위해 종류별 사건의 수를 시간으로 나눈 수치다.

범죄시계는 범죄 유형별 발생 시차를 알 수 있고, 무엇보다 범죄 발생 현황을 통해 전반적인 그 시대의 사회상을 알 수 있다는 점에서 중요한 분석 자료가 되고 있다. 현재 우리나라의 범죄시계가 계속적으로 단축되고 있는 것은 국민이 체감하는 치안불안감과 같은 범죄의 두려움이 증가하게 될 것이다.

그림 27 범행시 중요한 요소(범죄자 입장)

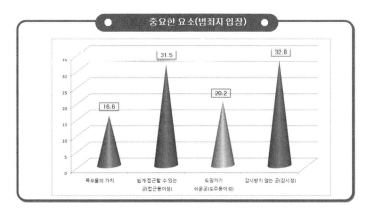

국내 뿐만 아니라 영국, 미국, 캐나다 등 22개 지역에서 CCTV의 범죄예방 효과에 대하여 범죄자에게 범죄억제효과에 상당한 영향을 미친다는 연구결과가 도출되고 있다.

감시하는 장소와 상황에 따라 혼합적인 효과를 보였는데 주차장에 설치된 감시카메라는 분명한 범죄감축효과를 나타냈다. 또한 몇몇 연구들에서 일부는 모호한 수법적, 장소적 범죄전이를 보였으나 대부분 범죄의 전이는 거의 발생하지 않았다. 오히려 긍정적인 파급효과로 카메라를 설치하지 않은 인근 지역까지도 범죄가 경감되는 양상을 보였다.

위의 그림에서 보는바와 같이 실제 범죄자를 대상으로 설문조사를 한 결과 범행 시 가장 중요하게 여겨지는 요소에서 감시성을 가장 높게 나타났다.

2. 재범률

그림 28 범죄자의 특징

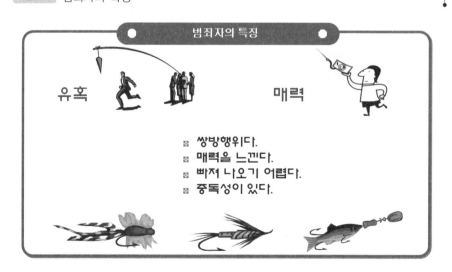

표 18　주요 범죄유형별 범죄자 전과유무 추이(2014년~2018년)

(단위 : 명, %)

범죄 유형	전과유무	2014년		2015년		2016년		2017년		2018년	
		인원수	구성비	인원수	구성비	인원수	구성비	인원수	구성비	인원수	구성비
전 체 범 죄	없음	401,952	23.5	408,411	23.1	429,304	23.2	391,015	23.2	355,589	22.5
	있음	826,063	48.2	836,002	47.2	873,307	47.3	787,453	46.7	709,823	44.9
	미상	484,420	28.3	526,977	29.7	544,994	29.5	506,993	30.1	516,510	32.7
강 력 범 죄	없음	7,821	31.2	8,133	31.5	8,547	31.6	9,289	32.1	8,667	30.6
	있음	13,845	55.2	13,871	53.7	14,175	52.4	14,474	50.0	13,684	48.3
	미상	3,400	13.6	3,817	14.8	4,349	16.1	5,164	17.9	5,951	21.1
절 도 범 죄	없음	36,876	38.6	39,580	38.4	40,423	38.0	38,442	36.4	33,587	34.5
	있음	51,686	54.0	55,565	53.9	57,388	53.9	57,650	54.5	54,257	55.7
	미상	7,083	7.4	8,021	7.8	8,604	8.1	9,603	9.1	9,490	9.7
폭 력 범 죄	없음	71,678	20.0	74,012	19.9	74,646	19.6	71,079	19.6	67,793	19.4
	있음	179,811	50.2	180,819	48.5	180,520	47.4	168,271	46.3	159,597	45.7
	미상	106,781	29.8	117,892	31.6	125,799	33.0	124,161	34.2	121,579	34.8
교 통 범 죄	없음	139,321	26.1	135,060	24.6	129,526	23.3	116,138	24.0	97,557	23.6
	있음	257,373	48.3	256,453	46.7	260,429	46.9	224,631	46.4	180,884	43.8
	미상	136,432	25.6	157,861	28.7	165,397	29.8	143,783	29.7	134,706	32.6

출처 : 경찰청, 「2018년 경찰백서」

재범률은 점차 증가하고 있는 추세이며, 그 중 2018년에 검거된 전체 범죄자의 44.9%가 전과가 있었고, 주요범죄 유형별 전과자의 비율은 절도범죄 55.7%, 강력범죄 48.3%, 폭력범죄 45.7%, 교통범죄 43.8% 순으로 나타났다.

표 19　범죄 유형별 재범 현황

(단위 : 명)

구　분	총 검거인원	재 범 자		
		소계	동종 재범	이종 재범
총 범죄	1,712,435	833,458	272,582	560,876
강력 범죄	25,065	13,966	1,686	12,280
절도 범죄	95,645	53,016	22,254	30,762
폭력 범죄	358,275	180,715	55,006	125,709
지능 범죄	286,099	107,116	36,513	70,603
교통 범죄	533,126	258,330	105,456	152,874
기타 범죄	414,225	220,315	51,667	168,648

2014년 검거한 총 범죄자 중 48.7%가 재범자이고 같은 범죄를 반복해서 저지른 경우는 15.9%로 나타났다. 범죄 유형별로는 절도범죄가 23.3%로 동종 재범률이 높게 나타났다(경찰청, 2015: 139).

3. 성범죄 발생현황

| 표 20 | 성폭력 범죄 발생건수 및 검거 현황

	발생건수	검거건수	검거인원
2014	29,863	28,420	25,223
2015	31,063	29,981	27,199
2016	29,357	28,197	29,289
2017	32,824	31,585	32,837
2018	32,104	30,706	32,858

성범죄(sexoffense)라 함은 성에 관련된 모든 범죄를 일컫는 것으로서, 피해자에게 신체적, 정신적으로 회복할 수 없는 치명적인 상처를 주는 범죄이다. 이러한 점에서 성범죄는 피해자의 영혼을 죽이는 범죄라고 한다. 또한 이러한 성범죄는 피해자에게 있어서 지우고 싶은 기억이자 상처이기 때문에 무엇보다도 신체적, 정신적인 치료를 포함하여 형사절차상의 피해자에 대한 보호 역시 절실히 필요하다.

그리고 성범죄는 그 어떠한 범죄보다도 재범률이 높기 때문에 국민들이 안심하고 살아갈 수 있도록 사회질서 유지와 공공의 이익을 위하여 먼저 성범죄를 미리 방지할 수 있는 노력을 하여야 할 것이고, 이미 범죄가 일어난 뒤라면 가해자가 저지른 범죄에 대해 법원은 엄격한 잣대를 가지고 법을 집행해야 할 것이다.

그러나 우리나라의 성범죄 상황을 보자면, 그렇지 못한 것이 현실이다. 과거에는 오히려 피해자의 인생에 있어서 그 범죄가 '주홍글씨'처럼 새겨져 자신을 괴롭힐 것을 염려하거나 혹은 순결지향적이고 남성 중심의 보수적인 사회적 분위기로 인해 피해자 자신의 체면이나 부모의 체면, 혹은 가해자의 보복 등이 두려워 피해자 스스로 성범죄 피해를 당한 사실을 감추는 일이 많아서 세상에 드러나지 않은 채 묵인된 성범죄가 많았다.

물론 이는 일반형법상의 성범죄 규정들이 대부분 친고죄인 영향도 없지 않아 있었을 것이다. 그러나 최근 들어 성범죄는 피해자의 고소가 늘어난 만큼 증가하였으며, 성범죄가 과거보다 훨씬 흉폭하고 잔인해지고 있는 실정이다. 성범죄의 양이 증가한 것은 갑자기 늘어났다기보다는 사회적으로 여성의 인권이 신장되면서 피해자의 고소나 신고가 늘어난 덕분이라고 풀이된다. 그러나 여전히 일반형법상의 성범죄 규정이 친고죄인 이상은 피해자는 두려움에 떨며 쉽게 고소나 신고를 할 수는 없을 것이다(김성은, 2012: 1-2).

제2절 한국사회의 범죄특징

1. 저연령화와 무동기범죄

1) 저연령화

그림 29 18세 미만 살인, 강간 등 강력범죄자 및 사례

 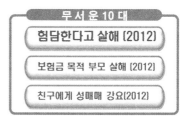

소년은 장래 우리 사회를 이끌어 나갈 주역이라는 점에서 소년범죄는 성인범죄보다 더 심각성을 내포한 사회적 문제라고 할 수 있다. 최근 5년간 소년범죄의 발생현황을 보면, 소년인구의 감소 등에 따라 전체 소년범죄자 수는 절대건수나 범죄율면에서 양적으로 감소하고 있는 추세를 보이고 있으나, 만14세 이상 19세 미만의범죄소년 재범률이 해마다 높아지고 소년범죄가 성폭력,마약 등 강력 범죄화 하고있는 것으로 나타났다.

또한 범죄의 질적인 측면에서도 폭력화, 저연령화, 저학년화, 중상류 가정 출신의 증가, 사이버범죄 증가, 재산·교통·약물범죄 등으로 다양화되는 특징을 보이고있다.

이러한 소년범죄는 성인범죄로 발전할 수 있기 때문에 소년범죄가 감소하면 성인범죄도 감소하게 된다는 점에서 소년범죄에 대한 예방과 대책의 중요성은 아무리강조해도 지나치지 않다. 그런데 소년은 성인과 달리 사회적으로 미성숙한 존재이며, 인격이 형성되는 과정에 있다는 점에서 쉽게 범죄에 빠져들게 되지만 동시에성인보다 빠르게 교정될 수 있는 가능성도 내포하고 있으므로 국가와 사회의 노력

여하에 따라 성인범죄보다

훨씬 다양하고 효과적인 처우방안을 마련할 수 있다. 소년범죄에 대응하기 위한 대책으로는 사법적 대책과 사회정책적 대책으로 구분할 수 있다. 전자는 소년법에 의한 보호조치를 의미하며 여기에는 범행 후에 이루어진 교정처우와 재범예방대책이 포함된다. 후자는 소년이 속하는 가정, 학교, 사회 등의 환경개선을 통한 범죄예방을 의미한다. 소년범죄에 대한 가장 바람직한 대책은 양자의 대책을 유기적으로 융합하는 것이다(연한모, 2013: 1-2)

표 21 소년 형법범죄 연령층별 현황(2008년-2017년)

[(단위 : 명(%)]

연도 \ 연령	계	12세~13세		14세~15세		16세~17세		18세~19세	
		인 원	범죄율	인 원	범죄율	인 원	범죄율	인 원	범죄율
2008	79,766 (100)	346 (0.4)	24.8	30,031 (37.7)	2,107.7	28,896 (36.2)	2,026.4	20,493 (25.7)	1,618.5

연도 \ 연령	계	10세~13세		14세~15세		16세~17세		18세	
		인 원	범죄율	인 원	범죄율	인 원	범죄율	인 원	범죄율
2009	81,378 (100)	244 (0.3)	9.3	31,784 (39.1)	2,235.1	35,013 (43.0)	2,441.7	14,337 (17.6)	2,046.6
2010	70,045 (100)	147 (0.2)	5.7	24,210 (34.6)	1,733.3	31,208 (44.6)	2,187.3	14,480 (20.7)	1,995.6
2011	66,240 (100)	98 (0.1)	4.0	19,417 (29.3)	1,428.2	32,627 (49.3)	2,291.3	14,098 (21.3)	1,983.4
2012	87,779 (100)	582 (0.7)	25.1	29,700 (33.8)	2,262.0	40,169 (45.8)	2,879.9	17,328 (19.7)	2,427.0
2013	74,509 (100)	241 (0.3)	11.0	24,735 (33.2)	1,961.8	33,014 (44.3)	2,430.9	16,519 (22.2)	2,332.4
2014	63,145 (100)	27 (0.0)	1.3	21,156 (33.5)	1,681.9	27,173 (43.1)	2,040.5	14,789 (23.4)	2,128.0
2015	56,962 (100)	45 (0.1)	2.4	12,632 (22.2)	1,052.8	28,660 (50.3)	2,273.8	15,625 (27.4)	2,326.9
2016	61,162 (100)	65 (0.1)	3.5	18,955 (31.0)	1,684.8	27,543 (45.0)	2,191.2	14,599 (23.9)	2,232.4
2017	58,255 (100)	38 (0.1)	2.0	17,695 (30.4)	1,788.8	26,112 (44.8)	2,177.4	14,410 (24.7)	2,325.2

2) 무동기범죄

8월 한달 발생한 묻지마 폭력 및 살인사건

1 18일: 경기도 의정부시 의정부 역사
지하철 승객 8명에게 공업용 커터칼 휘둘러

2 19일: 인천시 부평구
술취한 괴한 2명 길가던 20대 여성 3명에게 무차별 폭행

3 20일: 부산 강서구
40대 여성 노숙인이 하교길 초등학생 공현연장으로 폭행

4 21일: 수원시 장안구
주점 여주인 성폭행하려다 미수에 그치자 주인과 손님 찔러 살해

5 21일: 용인시 수지구
2인조 괴한이 50대 부부 집 앞에서 둔기로 폭행

6 22일: 서울 영등포구 여의도
30대 남성, 흉기 휘둘러 행인 등 남성 2명, 여성2명 찔러

최근 별다른 원인 없이 불특정 다수를 상대로 폭행, 강간, 살인 등의 끔찍한 범죄를 저지르는 이른바 '묻지마 범죄' 사건들이 등장하여 온 국민을 불안하게 했다. 특히 지난 2012년 8월 22일 여의도에서 전 직장 동료와 지나가던 행인을 흉기로 공격한 이른바 여의도 칼부림 사건이 언론을 통해 보도된 후 이와 유사한 범죄에 대한 관심이 급증하였다. 최근 언론을 통해 보도된 대표적인 묻지마 범죄 유형의 사건으로 앞의 여의도 칼부림 사건부터 의정부역칼부림 사건, 수원 술집여주인 살해 사건, 인천 부평시장 사건 등을 들 수 있다.

한국에서 묻지마 범죄의 시초로 보이는 사건은 1982년 발생한 우범곤 순경 총기난사 사건이다. 당시 순경이었던 우범곤은 경상남도 의령의 한 시골마을로 전출된 뒤 여자 친구와의 교제를 반대한 여자 친구의 부모를 포함해 마을 주민 90여명에게 무차별적으로 총기를 난사하며 주민 62명을 사망케 하였고 33명에게 중경상을 입혔다.

이외에도 시력이 나쁘다는 이유로 직장에서 번번이 쫓겨난 후 사회에 복수하고 싶다는 동기로 여의도 광장을 차량 질주하여 2명의 사망자와 21명의 부상자를 낸 여의도 차량질주 사건이나, 생활고 압박에 시달려온 상태에서 고시원에 불을 지른 후 피해자들을 무차별적으로 찔러 13명(2008년 발생, 6명 사망)의 피해자를 낸 논현동 고시원 살인사건이 우리나라의 대표적인 묻지마 범죄 사건에 속한다.

이들 사건의 공통적인 특징은 치정이나 원한관계 등을 가지고 특정인을 상대로 보복형 (vindictive) 범죄를 저지른 전통적 사건과 달리 특정인에 대한 불만으로 촉발되기도 하지만 거기에 제한되지 않고, 평소 가지고 있던 사회나 현실에 대한 불만감, 혐오감 등으로 확대되어 과잉 분노 상태에서 모르는 사람들에게 무차별적으로 범죄를 저질렀다는 것이다.

이렇게 다른 폭력범죄 사건과 묻지마 범죄가 차별화되는 것은 불특정다수를 상대로 극심한 분노의 상태에서 범죄를 저지른다는 사실이며, 이러한 이유로 인해 묻지마 범죄 사건은 일반 국민에게 누구도 범죄 피해의 예외가 될 수는 없다는 두려움을 생성시킨다(윤정숙, 2013 148-149).

2. 죄의식결여와 흉폭화

1) 죄의식결여

그림 31 죄의식을 결여한 범죄 사례

사이코패스와 면담을 한 전문가들은 마치 피부에 벌레가 기어가는 듯 묘한 위화감과 이질감을 공통으로 느꼈다고 한다. 이는 사이코패스들은 깊은 정서 상태인 척하는 위장기술이 발달하여 자신을 그럴듯하게 위장함에 아주 익숙하여서 미묘한 표정의 변화와 함께 진솔한 감정의 비언어적 표현이 부재하기 때문이다. 이러한 사이코패스의 주요 특징은 복합적 성격장애인 사이코패시의 감정 및 대인관계 측면의 특징과 사이코패스 특유의 불안정하고 반사회적인 사회적 일탈적 측면으로 정리할 수 있는데 아래 표와 같다.

표 22 사이코패스의 주요 특징

감정 및 대인관계	사회적 일탈
•답변이며 깊이가 없다.	•충동적이다.
•자기중심적이며 과장이 심하다.	•행동제어가 서투르다.
•후회나 죄의식 결여	•자극을 추구한다.
•공감능력 부족	•책임감이 없다.
•거짓말과 속임수에 능하다.	•어린 시절의 문제행동
•피상적인 감정	•성인기의 반사회적 행동

출처: (김홍균, 2013: 15).

사이코패스의 주요 특징을 좀 더 심도 있게 연구하면, 사이코패스의 감정 및 대인관계 측면에서 사이코패스는 언변이 좋아 임기응변에 능하여 자신을 포장하는데 능숙하여 호감을 주며 매력적이다. 그리고 얕은 지식으로 전문가처럼 과시하는 경향이 있으며, 이것이 거짓으로 밝혀지더라도 전혀 개의치 않는다. 과장된 자존심과 자만심으로 세상이 자신을 위해 존재해야 한다고 생각하는 자기중심적 인간이다. 그래서 거만하고 허풍과 과장으로 자신감이 차 있으며, 다른 사람들을 통제하려 한다. 하지만 이들은 현실적인 계획은 없다.

또한, 자신의 행동으로 끔찍한 결과를 일으켰더라도 어떤 후회나 죄책감을 갖지 않으며 피해자들의 고통에 무관심하다. 그래서 자신의 행동을 합리화하기도 하고 일어난 일 자체를 부정하거나 극단적으로는 피해자들에게 긍정적인 영향을 미쳤다고 주장하는 예도 있다.

이처럼 사이코패스는 타인의 감정을 머리로만 이해할 뿐 공감하지 못한다. 그래서 자기 자신 외의 사람들은 자신의 만족을 위해 이용할 대상으로만 바라보기 때문에 일반인들이 이해하기 어려운 행동을 할 수 있으며, 가족의 권익이나 고통에 대해서도 끔찍하게 냉담한 태도를 보이기도 한다.

이들은 세상이 포식자와 먹잇감으로 이루어졌다고 보며, 상대방을 먹잇감으로 이용하여 자신의 이익을 얻는 것에 거침이 없다.

심리학자인 J. H. 존슨(Johns)과 H. C. 퀘이(Quay)는 사이코패스의 정상적인 정서와 감정적 깊이의 결여에 대해 "가사는 알아도 음악은 모른다."고 비유하였다. 즉 그들의 감정은 피상적이여 미묘한 감정 상태를 표현하지 못하고, 두려움의 감정 또한 불완전하고 피상적이며 공포와 불안을 일으키는 상황에서도 근육 긴장이나 이완, 두근거림, 떨림 등의 신체증상 등 신체적 반응이 나타나지 않는다는 것이다.

또한, 사회적 일탈 측면에서 사이코패스는 사리분별을 위해 검토하거나 결과에 대해 생각하지 않고 즉각적 만족, 쾌락 등을 추구하기 때문에 순간적 욕망을 위해 충동적인 행동을 한다. 그들은 미래에 대한 고민과 계획이 없다. 모욕이나 경멸에 민감하게 반응하며, 자신의 행동을 제어하는 통제력이 약해 쉽게 폭력을 행사하거나 폭발한다. 참을성이 없고 다혈질에 욕구불만인 사이코패스는 극단적인 감정폭발도 일시적이며, 바로 평온함을 되찾는다.

사이코패스는 새로운 자극을 추구하고 갈망하기 때문에 일상의 지루함과 단조로움을 견디지 못한다. 새로운 자극은 대부분 사회규제를 벗어나는 일로 마약, 범죄 등으로 연결된다. 그리고 무책임함과 신뢰할 수 없는 행동은 생활 전반에 나타난다. 직장에서의 잦은 결근, 사규 위반 등과 더불어 가정에서도 무책임한 부모의 행동을 보여준다. 대부분 유년기 시절부터 거짓말, 사기, 도둑질, 야뇨난8, 폭력 등의 문제 행동을 보인다. 특히 유년기의 동물 학대는 정서적으로나 행동적 문제가 있음을 내포하고 있다.

특히 사이코패스는 자신을 제약하는 사회 규칙이나 규제에 대해 불합리하다고 생각하여 자신만의 규칙을 만들어 행동한다. 이런 이기적인 반사회적 행동은 평생 그들을 따라다니며 범죄행위로까지 이어진다.

특히 사이코패스 중에는 범죄를 저지르지 않고, 겉으로 보기에는 평범한 생활을 영위하거나 심지어 주변 인물로부터 상당히 매력적인 인물로 평가받는 사람도 있다. 오늘날 강력범죄를 저지르지 않고 속임수와 사기를 이용하여 교묘하게 이기적인 욕심을 채우는 사기꾼 유형의 사이코패스, 소위 '화이트칼라 사이코패스'가 점점 증가하는 추세라고 할 수 있다(김홍균, 2013: 14-17).

2) 흉폭화

그림 32 범죄흉폭화 사례

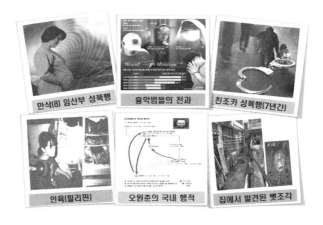

연쇄살인이 이루어지는 과정을 학자들은 단계별로 나누어 설명하기도 한다.

Holmes& Holmes(1996)는 연쇄살인의 단계를 환상(Fantasy) - 스토킹(Stalk) - 유괴(Abduction) - 살해(Kill) - 사체처리(Disposal)의 5단계로 나누어 설명하고 있다.

첫 번째, 환상(Fantasy)의 단계이다. 연쇄살인범은 지속적으로 자신만의 상상을 통하여 폭력적인 충동을 키우고 이를 계속 확대한다. 이와 같은 과정에서 피해자를 비인격화하고, 자신만의 왜곡된 도덕관념으로 피해자에 대한 폭력과 살인을 합리화시킨다. 이 같은 비정상적인 상상이 계속 더 세밀하고 정교하게 커지면서 연쇄살인범은 이러한 상상을 현실에서 직접 실현시켜보고 싶은 욕구에 시달리게 된다. 처음에는 상상만으로도 충족되던 만족감이 점점 감소하게 되면서 더 큰 만족감을 얻기 위해 상상을 현실로 실행하기 위한 준비에 들어간다. 스토커(Stalk)단계에서는 상상속의 피해자를 주변에서 물색하게 되고 자신의 상상에 부합하는 피해자를 찾게 되면 실제로 피해자에게 폭력을 행사하기로 결심한다.

유괴(Abduction)단계에서는 물색해놓은 피해자를 대상으로 범죄를 실행하게 되는데 피해자를 유인하여 범행을 실행하면서 피해자를 비인격화하여 스스로의 범죄행위를 합리화시키게 된다. 현실에서의 범죄의 실행은 단지 범인이 평소에 해왔던 환상의 연장이며 그것을 실행하는 것에 불과하기 때문에 이에 대한 죄책감을 느끼지 못한다.

살해(Kill)단계에서는 범죄자는 가장 큰 만족을 느끼게 된다. 자신이 생각한 가장 만족이 큰 살해방법을 선택하여 살인을 시작하며 범인에게 있어서 피해자의 고통과 절망을 보는 것은 매우 중요한 자극이 된다. 피해자의 사체를 절단하고, 흡혈을 하거나 인육의 일부를 먹는 경우도 가끔 있다. 피해자의 사체에 대한 성적 행동을 보이며 성교를 하거나 자위를 하는 경우도 있으며 살인 도구는 다양하게 이용된다.

사체처리(Disposal)의 단계에서 연쇄살인범은 유형에 따라서 사체를 그대로 방치하기도 하고 유기하기도 한다.이러한 연쇄살인범의 사체 처리 방식은 수사 과정에서 범죄자의 심리를 파악할 수 있는 중요한 단서가 된다. 피해자의 사체를 그대로 방치하는 경우 자신의 범죄를 과시하려는 의도가 내포되어 있다고 볼 수 있으며 의도적으로 사체의 위치를 바꿔놓아 수사에 혼선을 주기도 한다.

마지막으로 회복단계에 이르면 자신의 범행에 대해 생각할수 있는 여유를 찾게 되고 사체를 처리하면서 자신이 겪을 수 있는 위험성을 최소화하고자 노력하면서 피해자를 살해하고 사체를 유기하는 과정에서 심리적 만족감을 얻는다(이수정, 2005: 187).

사체의 유기까지 완료되면 범죄자는 심리적 안정기에 이르게 되고 어느 일정 시간이 지나면 이러한 안정상태가 다시 심리적 저하상태로 돌아가서 연쇄살인범은 다시 환상에 의한 새로운 범행 대상을 물색하게 된다(오소영, 2011: 13−14).

3. 교묘화와 성범죄대상의 전환

1) 교묘화

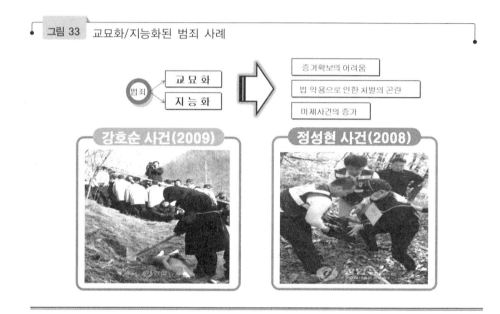

그림 33 교묘화/지능화된 범죄 사례

강호순의 8건의 여성연쇄살인은 경기지방경찰청 광역수사대의 자료 (2009)에 따르면 06년 9월 정선군수 여비서 윤모씨(23세)를 강원 정선군 애산리에서 출근하는 피해자를 차량에 태워 목졸라 살해하는 것에서 시작한다. 2006년 12월 13일에는 군포시 노래방에서 배모씨(45세)를 만나 차안에서 성관계를 가지고 스타킹으로 배모씨를 목졸라 살해한다.

그 뒤 12월 24일에는 노래방도우미 박모씨(46세)를 만나 비봉 IC 근처에서 차안에서 박모씨를 역시 목졸라 살해한다. 불과 10여일 만에 세번째 살인을 저지른 것이다. 이후에도 07년 1월 화성 버스정류장에서 회사원 박모씨(50세)를 동승시켜 성폭행하고 스타킹으로 목을 조르는 방법으로 살해한다.

20대부터 50대 여성들을 성폭행하고 목졸라 살해하는 쾌락형 연쇄살인범의 치밀한 범죄양상이라 할 것이다. 그러나 이러한 과정에서 어떻게 여성들이 순순히 강호순의 요구에 응하여 차량에 동승하게 되었는지, 이는 호감형의 외모와 차분한 말투

고급승용차와 말끔한 복장이 여성의 경계심을 풀고 호감을 가지게 할 수 있었다는 것을 짐작할 수 있다.

이후 07년 1월 노래방도우미 김모씨(39세), 1월대학 생 연모씨(20세), 08년 11월 사회원 김모씨(48세), 08년 12월 안모씨(21세)를 차례로 성폭행하고 목졸라 살해한다. 유영철이나 이전의 연쇄살인범죄가 비체계적이고 사회에 대한 보복형 범죄라면 강호순의 연쇄살인은 치밀하게 계획적 체계적 연쇄살인의 형태라 할 것이다. 여성을 성폭행하고 살해하는 일련의 과정을 게임을 즐기는 심정으로 즐겼다는 것을 범행결과에서도 확인할 수 있을 것이다.

강호순의 범죄가 반인륜적, 비도덕적, 비양심적이고 여성과 생명을 자신의 성적 유희를 위해 잔인하게 이용하였다는 점이 평범한 여성들에게 위협이 되지 않을 수 없다. 범죄가 사회현상의 반영이라는 점에서 강호순의 연쇄살인은 우리사회의 여성의 현주소를 그대로 보여준 것이고 연쇄살인범 한 명을 검거하는 것으로 사건을 종결해서는 안될 것이다.

이러한 결과에 대한 사회전체의 각성과 여성에 대한 일자리마련, 보호장치가 시급하다 할 것이다.

사건을 분석해 보면 대부분의 연쇄살인은 분노와 사회적 불만을 표출하는 경우가 대부분이다. 그러나 강호순의 경우에는 개인적 욕구와 쾌락을 위한 연쇄살인으로 이전의 연쇄살인범과는 달리 분류된다. 전문가들은 강호순 살인 이후 쾌락적 연쇄살인이 증가할 것이라고 우려하고 있다. 강호순의 경우사회적 분노도 없었으며 힘든 어린시절도 없었다. 그러나 강호순은 여성들을 쾌락을 위해 혹은 경제적 이유로 성폭행이후 살인하였다. 논리적이고 후회도 없었다.

전형적인 사이코 패스의 모습이고 쾌락적 연쇄살인의 서형이었다. 강호순은 수사 진행상황에 대하여 해박한 지식을 가지고 있었으며, 프로파일러라는 일반인에게 생소한 전문용어를 정확히 알고 있었다고 한다. 연쇄살인 이전에 여러 매체를 통하여 연쇄살인에 대한 연구를 하였을 것으로 추측된다고 한다.

수사단계에서도 수사관들이 범행동기를 묻는 질문에 대하여 "사람을 죽이는데 무슨 이유가 있느냐", "나와 통화하거나 안면이 있는 사람을 죽이지 않았다"는 등 비상식적 발언을 하였으며, 살인을 한 후 12시간이 상 휴대폰을 사용하지 않는 치밀함도 보였다. 범행 은폐를 위해서는 피해자들을 살해한 장소에서 이동하여 시체를 은닉하였으며, 범행대상을 추운 날 버스를 기다리는 여성이나 노래방 도우미들을 주로 선택하였다.

강호순의 경우에는 우발적 분노형 연쇄살인이 아니라 사전에 치밀하게 계획되고 살인의 과정을 게임처럼 즐기는 전형적인 사이코패스의 모습을 볼 수 있다.

경찰청 사건분석(2009)에 따르면 강호순은 어떤 연쇄살인범보다 자존심이 강하고 타인에 대한 통제나 지배욕이 강했다고 한다. 수사과정에서도 자신이 주도권을 가지려고 노력을 했고 상대방이 자신의 통제를 따르지 않을 때는 난폭한 행동도 서슴치 않았다고 한다.

여성에 대하여도 자신이 주도권을 가지고 자신의 명령에 복종하기를 원하며 여성을 지배의 대상으로 생각했다고 한다. "여성 열두 명과 결혼하는 것이 목표"라며 자기중심적이고 여성착취적인 이성관을 가지고 있었다고 한다. 강호순은 직업을 자주 바꾸고 이혼하고 별거하는 일이 많았고 검거할 당시에도 5명의 애인이 있었던 것으로 알려져 있다.

강호순 연쇄살인사건은 여성들에게 새로운 위기의식과 두려움을 안겨주었다는데 그 특징이 있다. 호감형 외모에 고급차에 명품 옷을 걸친 남성이 연쇄살인범일 것이라는 예상은 그리 쉬운 일이 아니다. 그러나 이제 우리주위의 이러한 유사범죄가 계속될 것이라는 것은 누구나 짐작할 수 있다. 그리고 여성에 대한 남성들의 지배성과 성착취 의식이 난적으로 표현된 사건이라 할 것이다.

여성을 동등한 인격체로 파악하기보다 성적인 쾌락의 대상으로 보고 통제와 지배의 대상으로 파악하는 남성들의 기본적 시각이 강호순의 경우에는 극단적 범죄로 표출된 것이라 할 것이다. 가정에서 혹은 직장에서 여성은 우리사회에서 성적 유희의 대상이거나 지배욕을 표출하는 대상으로 여겨지고 있다는 것을 강호순 범행에서 일면 확인할 수 있는 것이다.

이러한 여성인권유린적 범죄행위가 지금도 유사한 형태로 우리의 일상과 관습, 제도에서 계속되어지다 결국 범죄에 이용된다는 것이 강호순 연쇄살인사건의 사회

2

적 의미가 아닌가 한다. 또한 한국사회의 여성의 위치를 확인할 수 있는 사건으로 여성들이 인식해야 할 것이며 스스로의 인권보호와 방어가 되어지지 않는 이상 어떠한 법이나 제도로도 이러한 억압과 범죄를 막

아줄 수 없다는 것을 깨달아야 할 것이다(박선영, 2009: 26 – 30).

2) 성범죄 대상의 전환

그림 34 아동을 대상으로 한 성범죄 사례

소아기호증(Pedophilia)은 성도착증의 일종으로 특히 13세 미만의 아동을 대상으로 성폭력범죄를 일으켜 성적쾌감을 얻는 것을 말한다. 소아기호증의 유형에는 아동에게만 매력을 느끼는 순수형과 아동과 때로는 어른에게도 매력을 느끼는 비순수형이 있으며, 대개의 경우 여아를 좋아하지만 남아를 좋아하는 경우도 있다.

이들은 소아를 벗기고 노출상태를 보고 즐기거나, 더 나아가 자위행위까지 하거나, 소아를 만지거나 애무를하는 정도에 그치기도 하지만, 구강성교, 손가락, 이물질, 남근 등을 소아의 질에 넣거나 추행을 하기도 한다. 이들은 자신의 친자식, 친척, 의붓자식 등을 대상으로 하거나, 타인의 아동을 대상으로 하기도 한다.

이들의 접근방법은 다양하지만 소아를 위협하거나, 소아의 부모에게 신뢰를 얻거나, 매력 있는 소아의 어머니와 결혼을 하거나, 음식을 같이 먹는 등으로 자연스러운 분위기를 조성하는 방법으로 접근하다. 또한 소아기호증 환자들은 사회에 적응을 할 수 없고, 대인관계를 맺을 용기와 기술이 없기 때문에 상대적으로 잘 순응하는 아동을 선택하고, 소아의 반응이 그의 긍정적 자존심을 유지하는데 도움이 되며, 이들과의 성관계는 이상적이라고 합리화시키고 상습적으로 범죄를 일으키는 경향이 강하다.

이러한 환자는 아내로부터 사랑받지 못하고 있다고 생각하며, 자신을 희생자라 생각하고 소아들로부터 대리만족을 얻으려고 하는 경우가 많다(신회천, 2000: 125-127)

진단기준은 13세 미만의 소아에 대해 성적흥분, 충동, 공상, 매력 등을 느끼고 이로 인해 사회생활에 심각한 장애를 초래하거나, 나이는 최소한 16세 이상이어야 하고, 유아들보다 최소 5세 연상이어야 한다. 어린 시절 부모로부터 받은 성적학대가 소아를 성적으로 정복하는 것이 복수의 수단이 되기도 하고, 비정상적 방법으로 소아를 통해 성적만족을 얻으려고 한다.

제4장 범죄예방 전략

제1절 합리적선택이론에 기인한 범죄예방

1. 범죄발생 필요충분조건

그림 35   범죄발생을 위한 필요충분조건

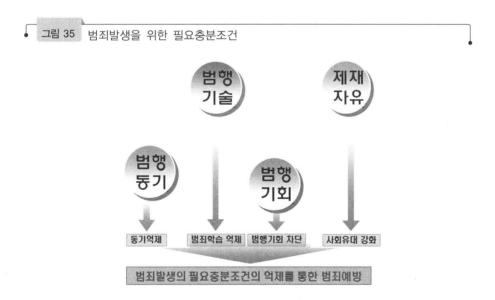

범죄는 사전에 미리 예방하기 위해서는 어떻게 해야 하는 것일까? 먼저 범죄의 원인을 분석하여야 한다. 범죄자가 어떠한 경우에 범죄를 범하게 되고 어떠한 경우에 범행에 대한 결심을 포기하게 되는지를 분석해야 한다.

범죄의 원인을 설명하려는 많은 이론들이 있지만, 이들을 면밀히 분석하면 대부분의 이론이 범행의 동기(motivation), 사회적 제재로부터의 자유(freedom from social constraints), 범행의 기술(skill), 그리고 범행의 기회(opportunity)라는 네 가

경찰학 입문

지 중요한 요소를 가지고 범행을 설명하는 것으로 알려지고 있다. 즉, 범죄는 범행의 의지를 가지고, 사회로부터 아무런 제재를 받지 않아서 자신의 자유의사대로 행동할 수 있으며, 범행할 수 있는 능력과 기술을 가진 사람에게 범행할 수 있는 기회가 주어질 때 실행될 수 있다는 것이다. 그런데 상호배타적으로 개념화된 이들 네 가지 요소의 하나하나는 범행에 있어서 필요한 조건이지만 충분조건은 되지 못하기 때문에 어떠한 범행이 가능하기 위해서는 이들 요소가 동시에 상호작용하지 않으면 안 된다. 즉, 범행의 동기가 필연적으로 범행을 유발시키는 것은 아니며, 사회적 제재로부터 자유롭다고 반드시 범행이 가능한 것도 아니며, 또한 동기와 자유가 있어도 범행의 기술과 기회가 없다면 중요한 것이 되지 못하는 것이다.

즉 위에서 언급한 바와 같이 우리는 범죄로부터 미리 예방하기 위해서는 범행의 필요충분 조건인 범행의 동기(motivation), 사회적 제재로부터의 자유(freedom from social constraints), 범행의 기술(skill), 그리고 범행의 기회(opportunity)를 사전에 억제하거나 차단하여 범죄자로부터 매력적인 범행의 대상이 되지 않음으로써 범행의 포기를 이끌어 내야 할 것이다.

2. 합리적선택이론 의한 생활수칙

그림 36 합리적 선택이론에 기인한 범죄예방 수칙

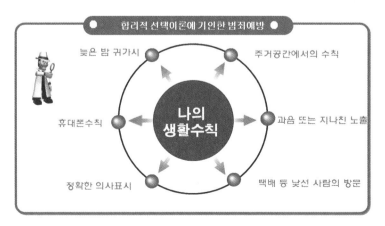

이러한 관점에서 범죄를 예방하기 위해서는 어떻게 해야 하는가?

범죄를 예방하는 것은 우리사회에서 아주 간단하고도 단순한 우리 일상생활속에서의 생활수칙을 통해서 예방할 수 있는데, 일상생활에서의 범죄예방 수칙으로는 첫째, 주거공간에서의 수칙이다. 혼자 사는 여성의 경우 베란다에 여성의 옷만을 걸어놓기 보다는 남성의 옷을 함께 걸어 놓음으로서 여성만이 살고 있는 이미지를 없애고, 오래된 신문이나 우유 등이 현관문 앞에 쌓이게 함으로써 오랫동안 집이 비어있다는 이미지를 주면 안 된다. 또한 현관문 앞에 「CCTV 설치지역」이라는 문구를 통해 감시효과를 극대화 시키는 것 또한 좋은 방법이다.

둘째, 늦은 밤 귀가시 수칙이다. 늦은밤 귀가시 조금 돌아가더라고 가로등이나 사람들의 왕래가 많은 길을 이용하고, 지름길이라는 이유로 감시효과가 전혀 없는 길을 이용하면 안된다. 또한 늦은 밤 택시를 이용하는 경우가 많은데, 택시를 이용할 때는 일행이 택시번호를 확인한다거나 택시 안에서도 전화통화를 하는 등 자신의 동신을 다른 사람이 알고 있다는 것을 타인으로 하여금 인식시켜 주어 한다.

셋째, 지나친 과음이나 노출의 삼가이다. 치나친 과음으로 자신의 판단력을 흐리게 한다. 던지 몸을 가눌수 없을 정도로 만취한 경우에는 범죄자로 하여금 매우 매력적인 대상으로 작용할 수 있으므로 지나친 음주는 삼가해야하며, 지나친 노출 또한 지나친 노출이 성범죄 원인의 절대적인 원인은 아니지만 연구결과에 따르면 지나친 노출이 성욕을 자극할 수 있는 요소로 작용한다고도 볼 수 있다.

넷째, 택배 등 낮선 사람의 방문에 대한 수칙이다. 택배나 음식의 배달 등으로 낮선 사람이 집에 방문할 경우 혼자 있을 때에는 현관문 앞에 두고 가라고 한다든지 집안에 본인 외에 다른 사람이 함께 있다는 것을 인식시키기 위해 예를 들어 "아빠혹은 오빠가 나가서 받어"라고 혼자 중얼 거리며 다른 사람이 함께 있다는 것을 인식시켜야 한다.

다섯째, 정확한 의사 표시이다. 특히, 성범죄나 학교폭력의 경우에 정확한 의사표시를 하지 않아 상대방의 묵시적 동의가 있다고 오인하고 계속적으로 범행을 저지르는 경우가 많은데, 정확한 의사표시로 자신의 의사를 분명히 해야 한다.

여섯째, 휴대폰 수칙이다. 휴대폰의 단축번호 1번에는 112신고 번호를 저장해 둠으로써 범행 발생시 단축번호를 이용해 자신의 위치를 범죄자의 시선을 피해 쉽게 신고할 수 있는 장치를 미리 만련해야 한다. 또한 휴대폰 고리에 조그마한 호루라기를 달아 위험발생시 호루라기를 불어 자신의 위험을 다른 사람에게 알리는 방법도 좋은 방법이다.

범죄는 형사사법기관의 꾸준한 노력에도 불구하고, 이 인류가 존재하는 한 계속적으로 발생할 수 밖에 없는 존재이다. 위에서 언급한 바와 같이 범죄발생에 대한 심각성을 인지하고, 스스로 범죄자에게 매력적인 존재가 되지 않게 하기 위해서 자기 자신의 생활수칙에 조금만 관심을 가져 범죄로부터 안전하고 행복한 삶을 살기를 바란다.

3. 가정 · 학교 · 지역사회 · 국가의 역할

1) 문제점

(1) 가정 내

가정은 아동이 세상에 태어나게 되면서 제일 처음에 접촉하는 제1의 생활공간이고 이들의 안식처이다. 소년범의 대부분이 가정 문제로 인해 가출을 하기도 하며, 더 나아가 범죄까지 이르게 된다. 따라서 가정의 역할은 어느 역할보다도 가장 중요하며, 청소년 비행의 예방에 일차적인 책임과 의무가 있다고 볼 수 있다. 또한 가정은 가장 기본인 사회집단의 구성원으로서 그 구성원 사이에서 신뢰감과 애정, 정신적 요소를 서로 협조하며 살아가는 혈연집단이며, 부모는 성장하는 청소년들에게 사회화와 인격형성에 막대한 영향을 미치며 그 안에서 자녀에게 부모의 가치관이 전승되는 곳이다. 그러므로 오늘날에 청소년이 갖고 있는 개인적인 문제, 사회적인 문제는 그들이 속한 가정문제에 기인하는 것이라고 할 수 있다.

우리나라의 가장 두드러지는 교육의 특성은 "가정 중심의 교육"이다. 부모가 자녀에게 교육을 하기 전 이미 자녀들은 부모의 행동을 배워가고 그 가족 공동체 안에서 부모가 하는 대로 따라서 배우게 되기 때문에 자신의 부모와 공통성을 갖게 된다. 이렇게 가정은 청소년에게 매우 중요하다.

이에 따라 가정환경의 개선은 가장 확실한 청소년 비행의 대책이 될 것이며, 비행의 사전적, 사후적 대책의 핵심은 문제가 있는 가정을 문제없는 가정으로 개선하기 위해 노력해야 할 것이다.

(2) 학교 내

비행청소년의 문제는 심각성을 비롯한 한국 교육의 전반적 위기와 정체성의 관하여 논의가 확산되어지고 있다. 학생들은 일탈을 점차 집단화 하고, 일상화 하고 있는 것에 대해 현장의 교육자들 뿐 아니라 학부모나 학생 자신들 스스로도 위기의식을 느끼는 것에 이르렀다. 학교 내에서 교사를 폭행한다거나 집단폭력을 행하는 것, 약물사용 및 가출, 성폭력 등의 소위 학교붕괴 현상들은 과거에서부터 내재되어 있었던 우리나라 학교교육의 구조 모순이 표출된 것이라고 할 수 있다.

학교에서 부적응하게 되는 것인 비행과 밀접한 관련이 있으며, 전인교육을 위해서 학교에선 수업에만 치중하는 것이 아니라 학생들 개개인이 직면하고 있는 특수한 문제에 대해 관심을 갖고 지도하는 대안학교를 신설하고 육성되어야 한다. 교사는 물론이거니와 학교에서는 상담과 학교의 사회사업제도를 활용하여 학교나 가정, 지역사회 사이의 관계를 조정하는 것을 통하여 비행예방에 힘을 써야 한다.

현재 우리나라 교육의 현실은 입시위주 교육과 무조건적인 주입식 교육제도의 문제점으로 인해 학교가 정상화 되어가는 것은 상당히 어려워 보인다. 또한 학교에서의 생활지도도 시급히 개선되어야 할 방안중 하나이다(이수정 외, 2007: 53-54).

(3) 사회 내

① 청소년들의 가족복시싱책의 확립이 필요

가족의 물질적인 토대를 보장하기 위해서는 가족수당 혹은 각종 소득공제나 세액공제 등을 확충하여야 하고, 주택정책을 통하여 청소년 자녀나 노인부모를 포함한 3대 가족이 함께 거주하여 생활 할 수 있는 제도적인 지원이 필요하다.

또한 가족 구성원들의 구체적인 문제에 대하여 가족복지의 서비스, 가족상담, 가족치료 등 다양한 프로그램이 공공기관과 민간기관을 통하여 제공될 수 있게 제도적인 체계화를 확립해야 한다.

② 사회복지 프로그램 도입

인간성의 완성보다는 무한한 경쟁을 요구하는 성적, 입시 위주 교육은 열등자와 탈락자를 만들어내는 위험한 제도라고 할 수 있다. 따라서 정상적 사회화를 위하여 교육적 차원에서의 사회복지의 프로그램 도입이 반드시 필요하다.

③ 불평등 완화 북지국가정책 도입

불평등의 완화, 절대빈곤의 해소를 위해 국가적 복지정책들이 도입되어야 한다. 불평등에 수반되어지는 빈곤은 청소년이 건전하게 발달되는 것에 해를 미치는 환경을 제공하기 때문에 청소년 비행의 구조적인 요인으로 큰 영향을 끼치게 된다. 또한 과도하게 부유한 가정의 경우에도 청소년 삶을 불건전하게 유도할 수 있기 때문에 바람직하지 못하다고 할 수 있다(배영길, 2001: 57).

비행청소년을 사후적으로 대처하는 방법을 교정 복지라고 한다. 교정 복지라는 것은 소년 범죄인이나 비행청소년을 개선하거나 교화시키는 것으로써 재범의 발생을 방지하고 이들을 재사회화의 도모를 하기 위한 공공 차원 및 민간적 차원의 조직 저문 활동이다.

청소년 비행은 성인의 비행과 달리 다른 특성을 갖고 있다. 청소년기의 과도기적인 특성으로 인해 우발적이며 충동적인 비행이 잦고, 자유의지에 따라서 하는 비행 보다는 주변 환경의 영향을 받아 저지른 비행이 많으며, 성인비행에 비해 범인성이 적기 때문에 처벌을 위주로 교정과 교화개선의 가능성이 높다.

우리나라에서는 현재 아동상담소나 사회복지기관, 가정복지기관 등이 있으나 전문적인 수준을 수행하기에는 많은 제한점과 한계점을 지니고 있다. 특히, 비행이 예측되어지는 청소년에 대해 개별적인 지도나 상담 프로그램 등이 효과적으로 전개될 수 있어야 하고, 법원 등에서 청소년의 심리치료 활동이 시급히 개발되어야 할 문제이다. 또한 내적 심리 분야의 치료기술을 활용하여 청소년들의 심각한 문제나 비행을 사전에 예방하여야 한다.

그림 37 가정/학교/지역사회/국가의 범죄역할

2) 개선방안

(1) 가정내

① 청소년들의 건전한 성장에 기여할 수 있는 가정환경 조성

대화를 통하여 문제가 있는 행동, 또는 비행은 정신적인 고민과 내재되어있는 불안감 등에서 나타나는 것인데 이러한 것들을 없애 줄 수 있는 한 가지의 방법은 서로와의 대화이다. 청소년은 부모, 학교 교사보다는 자신의 친한 친구들에게 마음을 열어 이야기를 하는 편이지만 가정문제로부터 생긴 고민은 어느 누구에게도 이야기하는 것을 꺼려하게 된다. 부모에게 받은 스트레스를 부모를 통해 해소시키는 것이 가장 바람직한 방법이며, 이것은 대화만을 통해 문제의 해결이 가능하게 된다는 것이다. 또한 부모의 진정한 애정을 받아 청소년들은 어린아이들처럼 부모로부터 자신이 사랑 받고 있다는 사실을 알고 싶어 한다. 이때 부모들은 자녀에게 지나친 기대나 방임은 금물이며, 청소년들에게 항상 따뜻한 배려와 관심을 보여줘야 한다.

② 부모의 교육을 통해 가정강화

'문제가 있는 부모에게는 문제의 아동이 있다'라는 표현과 같이 비행청소년들의 배경에는 비행을 유발하게 하는 부모가 있으며, 그 부모들의 무관심이나 무책임, 무능력 등이 비행 유발의 중요 요인으로 작용한다. 부모들은 급속하게 변화하는 사회를 따라서 젊은 세대를 이해하며 용납할 수 있는 지도와 육성하는 지도력이 점차 상실되고 있다. 부모들의 기준으로 행하는 강압적인 행동들은 청소년들에게 오히려 반항심과 일탈을 조장하게 한다. 따라서 젊은 세대들에게 행해지는 교육 못지않게 부모들에게도 이들을 위한 각종 사회교육 프로그램 등이 반드시 개발되어야 한다.

③ 경제 원조를 통한 가정의 강화

비행의 예방에는 경제적인 안정을 위해서 결손가정의 원조가 반드시 필요하며 선행되어야 한다. 소년원에서의 재소자 과반수는 저소득 계층 자녀들이다. 국민기초생활보호법 및 아동복지법 등을 통해 부양아동에 대해 적절한 보호를 해야 하며, 이는 사회복지기관을 통해 가정복지의 서비스는 청소년 비행의 예방을 위한 적극적인 대책이라고 할 수 있다.

④ 문제 있는 가족에 대한 상담

최근 들어 비행청소년이 속해있는 문제가족에 대해서 부모가 건재하고, 경제적인 어려움도 없는 가정 비율이 증가되고 있다. 이러한 현상들은 경제적인 문제보다는 부모와 자녀간의 애정관계나 가정교육, 또는 가족의 기능상 문제 등이 증가하기 때문이다. 따라서 이 문제가족들은 정신의학자나 사회복지사 및 심리학자 등을 통하여 가족 상담이나 가족치료를 함으로써 이 문제를 적극적으로 해결해 나가야 할 것이다.

(2) 학교 내
① 학습지도와 생활지도가 조화로운 교육 실시

학교교육의 바람직한 형태는 학습지도의 '교(校)'라는 기능의 생활지도, '육(育)'이라는 기능의 상호보완적인 유기적 관계를 유지하며 균형과 조화를 이루어야 한다. 전인적 교육은 교화활동, 특별활동, 학습지도 및 생활지도의 어느 한편으로 치우치는 것 없이 서로 보완적 관계를 유지하는 교육이기 때문이다. 또한 입시위주주입식 교육을 지향하고 개인의 재능과 적성에 맞게 창의성을 개발한다던가, 가치관의 교육 정립 균형 있게 성장하는 것과 이의 발달에 기함이 되는 전인적 교육이 요구된다.

② 청소년의 문제에 관련하여 전담 상담실 운영 및 상담원 배치

교내 외에서의 생활지도의 내실화 문제로 학생을 선도하는 것과 학생들의 진로문제나 인생문제, 또는 정서적 문제 등으로 학생들이 안고 가는 각종의 어려운 문제에 귀 기울여주고, 해결에 도움을 줄 수 있는 상담실과 상담원 배치의 운영이 요구된다.

청소년의 문제에 관련하여 전담 상담교사와 학교사회복지사 등 전문 인력을 학교 내에 배치, 파견하여 이들의 문제해결을 위해 적극적으로 대처해야만 할 것이다. 학교의 사회사업은 학교와 가정, 그리고 지역사회와 관계의 개입을 통하여 부적응하는 학생들을 상담 및 치료에 도움을 주고 예방하기 위한 제도이다. 사회복지의 실천을 전문적 수행이 가능한 학교사회복지사를 학교 내의 현장에 배치해야 하며, 또한 학교 내의 프로그램은 물론이거니와 지역사회 내 각종의 기관들과 협력하여 반드시 필요한 자원을 동원함으로 문제해결에 효과적으로 기여가 가능 할 것이다. 과밀학급을 해소할 수 있는 방법이 시급하며 개별적으로 접촉할 수 있는 교육환경을 사제 간에 제공함으로써 충분한 대화의 기회를 부여하게 되고, 이는 학생들의 고민이나 갈등 등의 문제발생에 관련하여 사전에 예방할 수 있는 노력을 해야만 한다.

(3) 사회내

① 유해환경 정화

감수성이 예민한 청소년들은 사회의 환경에 크게 영향을 받는다. 사회 환경에는 성인들을 위한 것으로 각종의 유흥업소나 공연장 등 매우 불건전하며 퇴폐적인 면들이 많고 청소년들이 쉽게 다가갈 수 있으므로 청소년 내적에서의 성인 모방심리를 더욱이 자극하여, 사치나 유흥 등에 휩쓸려 청소년들은 더욱 불량해지거나 범죄행위에 빠져버리게 되는 결과를 초래한다. 그러므로 청소년들은 좋은 환경에서 건전하도록 자랄 수 있게 모든 기관, 단체들이 긴밀하게 협조 관계를 맺어서 사회내의

환경정화에 힘을 써야 한다.

② 청소년들을 위해 건전한 오락시설 마련

우리의 사회는 정치·경제·문화 어떠한 면에서도 먼저 경험하지 못했던 변화를 심하게 겪고 있으며, 이와 같은 변화들 때문에 청소년들이 심한 욕구불만에 빠져가고 있다. 청소년들의 욕구불만은 한편에서는 넘치는 정력들을 건전히 소화할 수 있게 도우는 것은 청소년을 위해 각정 오락시설을 마련하는 길이라고 본다.

③ 매스미디어의 사회적 교육의 기능 재고와 역기능의 최소화

일부 매스미디어에서 청소년 교육적 측면을 외면한 채로 자신의 본분에서 벗어나 저속하고 선정적 내용을 제작하고 출판, 그리고 방영함으로 청소년의 호기심이나 모험심 또는 모방심을 자극하여 범죄 수단의 기술에 대하여 가르쳐 주거나 혹은 범죄를 촉진하는 기능을 갖고 있다. 따라서 선정적 음란물이나 폭력물에 대해 과감한 단속과 함께 각 단체의 자율적 노력이 필요하다고 본다. 또한 매스컴에서 청소년을 위한 유익한 내용을 만들 수 있도록 하는 강력한 자체적 정화가 이루어져야 한다고 본다.

④ 기성세대 의식의 순화

청소년의 눈에 비추어 지는 성인사회에서는 부패와 향락의 과정이 이뤄지고 있으며, 기성세대들은 부정부패를 일삼으며 자신의 자녀들에게 듣지도 말고 보지도 말라는 강요를 할 때, 청소년들의 마음속에는 불신, 반항의 의식이 나타나는 사실을 감안하여 행동에 대한 모범을 보이는 것과 동시에 청소년들 비행성 행동을 방관하지 않고 어디서나 내 자녀와 같이 지도가 가능한 적극적 자세가 필요하다.

⑤ 지역사회를 통한 관여

지역사회를 통하여 관여하는 것은 총 세 가지로 생각해 볼 수 있다.

첫째, 지역사회를 조직화하는 것으로 비행의 지역이나 집단, 혹은 비행의 문화·윤리 등을 제거하기 위해서 그 지역사회의 전체의 노력과 체제가 필요하다고 할 수 있다. 비행원인의 가능성이 지역 내에서 있다고 밝혀진다면 주민, 지역단체, 지역과 관계있는 전문가들이 협력하여 해결과 예방에 대해 관심을 갖고, 그 지역의 자원의 연락조정을 통해 비행예방대책을 강구 하여야 한다.

둘째, 사회행동으로서 지역사회 내에서 민간기관 혹은 주민단체는 청소년들의 비행을 유인하게 하는 사회 환경에 정화하는 사회행동 주체가 되어야한다.

셋째, 특정지역의 근접을 통해 예방하는 것으로, 이는 시티로드에 의해 개발된 예방 접근 방법으로, 특정 비행지역의 사회 내에서 상호책임감을 발전시키려는 것을 말한다. 이의 전제 조건으로 지도력은 그 지역사회 안에서 발굴되어야 하고, 외부에서 절대 개입해서는 안 된다. 또한 비행의 요인을 안고 가는 지역사회자체가 그 자생적인 지도자로서의 내적 결합력 개발을 통해 자조할 수 있어야 한다.

비행이란 청소년 개인의 불안정적인 정서의 갈등, 또는 만족을 얻지 못한 내적인 본능에서 시작된다. 또한 성격적 결함에 의해 비행행동의 이면에서는 사회적인 영향력이 내재되어 있다.

비행의 예방에 성공적 대책은 첫 번째, 수용을 할 수 있는 행동 가치규범을 가르치며 두 번째, 올바르게 일을 행할 욕구를 조성하여 주고 세 번째, 사회적으로 용납이 되는 행위를 발전시켜주어 개인의 삶의 만족도를 높여주는 것이어야만 한다. 따라서 개인의 성격적 결함을 치료해 주며, 개개인의 인성을 풍성하게 하는 개별적 서비스가 사회의 기관이나 시설을 통하여 제공되어야 한다.

교정사업은 전문적으로 이루어져야 하며 개별화가 반드시 필요하다. 비행청소년들을 격리하거나 구금하는 것의 위주로 적절한 처우가 이뤄져 할 것이다. 또한 교정의 사회화가 필요하다고 보며, 교정 시설 내에서 이뤄지는 것 보다는 탈시설화를 통해 공개적이며 민간에서의 참여를 촉진시키는 방법으로서 비행청소년의 교화 과정에서 일반적인 사회와 유사 생활환경을 제공하는 것이 바람직한 방법이라고 할 수 있다.

(4) 강력한 처벌

한국에서는 처벌수준은 여러 가지 양형사유를 들어서 상당히 처벌이 약하기 때문에 범죄는 나날이 늘고 사회는 불안해져 범죄에 대한 두려움이 증가하고 있다는 주장이 제기되고 있다.

첫째, 한국은 사형제도는 있지만 과거 20년이 지나도록 사형을 집행한 적이 없다. 사람의 탈을 쓰고는 상상할 수 없는 끔찍한 토막살인을 해도 사형은 없다. 이들은 사형대신 종신형이지만 언젠가는 풀려 나올 수도 있다는 공포에 오히려 피해자 유가족들이 떨고 있다.

사형집행이 있고 없는 데는 끔찍한 범죄예방에 큰 차이가 있다고 믿기 때문에 인간의 권리를 가장 존중한다는 미국에서도 1년에 수십명씩 사형을 집행한다. 살인마들은 자신도 죽을 수 있다는 공포가 있는 한 범행을 주저할 수도 있다는 조사결과 때문이다. 아직도 세계 58개국은 계속 사형제도를 유지하고 있다.

둘째는 집행유예(probation) 제도를 미국식으로 바꾸는게 바람직하다. 예를 들면 2015년 25억원을 받고 군사기밀을 미국 군수업체에 팔아넘긴 고위공직자에게 대한민국 대법원이 징역 10개월에 집행유예 2년을 선고한 원심을 확정했다. 앞으로 2년간 똑같은 범죄를 저지르지 않고 조용히 있으면 10개월 감옥을 안가도 된다는 것이다. 현재까지 집행유예기간 동안 다시 감옥에 갔던 경우는 거의 없다. 미국식으로 징역 10개월, 집행유예 2년을 선고 받으면 우선 10개월 징역을 살고 그 다음 집행유예 2년을 계속하는 게 바람직하다.

다음은 주로 일상생활속에서 죄의식없이 범죄를 저지르는 유형이다. 예를 들면 술을 먹고 행패를 부린다든가 스포츠카로 야밤에 질주를 한다든가, 지식인들의 성추행, 노인과 부녀자를 상대로한 용돈 사기 등 이런 비도덕적이고 창피하고, 공공질서를 어지럽히는 파렴치한한테도 강력한 처벌을 통하여 범죄를 억제 시켜야 한다. 현재와 같이 200만~300만원 벌금형은 전혀 효력이 없다(LA중앙일보 2015년 2월1일자).

(5) 모방범죄 예방

그림 38 인터넷/대중매체를 통한 모방범죄

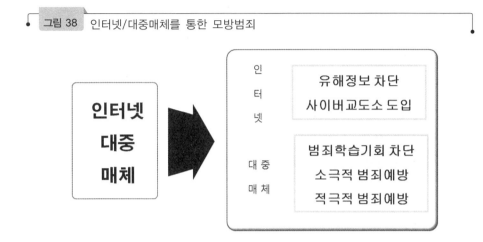

현대사회가 다원화되고, 폭력적 미디어가 홍수처럼 만연함에 따라 모방범죄 역시 하나의 사회문제로 인식되게 되었다.

모방범죄의 원인으로 영화, TV의 프로그램, 언론의 사실적인 범죄보도, 인터넷 게임 등 미디어의 영향력에 대한 선행연구 검토와 사례분석을 실시하였다.

범죄보도를 모방한 범죄는 자세한 범죄수법을 묘사한 경우이거나 사회적으로 반향을 일으킨 사건에서는 범행동기를 모방한 경우가 많으며 영화를 모방한 경우에는 범행수법이 매우 상세히 묘사된 영화이거나, 폭력이나 범죄를 미화시킨 범죄의 경우 모방한 사례가 증가하고 있다..

우리나라에서 발생하는 모방범죄를 억제하고 미디어의 악영향을 감소시키기 위하여 미디어의 폭력 및 범죄수준에 대한 적절한 통제가 필요하고, 미디어를 소비하는 시민들 역시 올바른 판단력을 배양할 수 있는 적절한 교육이 요청된다.

Polizeiwissenschaft

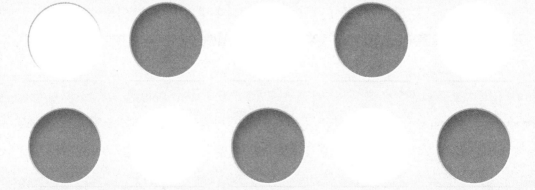

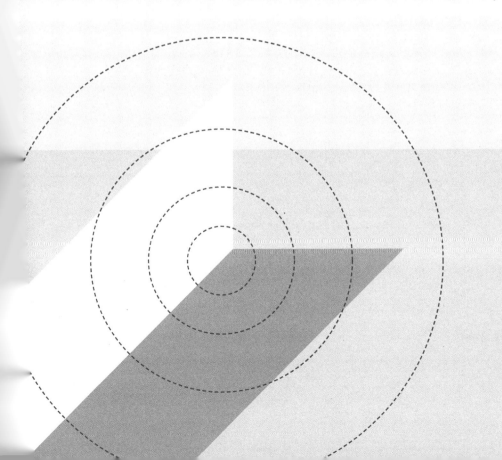

제**3**편

경찰학의 이해

Polizeiwissenschaft

제1장 경찰의 개념

경찰개념의 의미

1. 경찰개념 정립의 필요성

경찰의 개념은 역사성을 띠고 있으며, 국가마다 고유한 전통과 사상이 반영된 것이어서 일률적으로 정의하기에는 어려움이 있는 등 역사성과 다양성을 가지고 있다.

그럼에도 불구하고 경찰개념의 형성과 변천사를 연구함으로써 경찰의 탄생과정과 역사상의 경찰기능을 이해할 수 있고, 이를 통하여 오늘날의 경찰의 존재이유와 미래의 나아갈 방향을 설정하는 데 기여할 수 있다.

또한 경찰개념의 정립을 통하여 경찰의 정체성을 확립할 수 있고, 이를 통하여 경찰구성원들에게 경찰의 존재목적과 역할을 인식시켜 정당한 직무수행을 가능하게 할 수 있다(남재성, 2009: 3)

2. '경찰' 호칭의 기원

Police라는 단어의 어원에 대하여는 여러 가지 설명이 공존하지만 일반적으로는 그리스어의 'polis'라는 단어를 그 기원으로 이해한다. 고대 그리스시대의 polis란 사회구성원들의 생명·재산·건강을 보전하고 법의 집행을 담보하기 위해 형성된 사법 및 행정체계를 총칭하는 용어였다(John, 1977: 1−2). 즉 당시의 polis는 오늘날의 city(시)처럼 시민집단의 합의로 조직화된 총체적 관리체계를 뜻하는 개념이었다. 그리하여 polis라는 개념으로부터 '시민의 생존과 복지를 보살피는 일체의 관리

활동'을 뜻하는 'politeia'라는 축소개념이 파생되고 이것이 영어의 politics(정치), policy(정책), police(경찰)로 이어졌다(Wilson, 1997: 4).

이와 같이 police란 본래 사회구성원의 생존과 행복 및 질서유지를 총괄하는 개념이었기 때문에 '도시를 통치하는 기술(the art of governing the city)'이라고도 불렀다. 실제로 polis의 책임자들은 공공질서·안전·도덕·식량공급·복지 등 시민생활과 관련된 일체의 도시업무를 총괄하였으며, 그리스의 철학자들도 이들을 국가의 안전보장에 대한 최종책임자로 이해하였다(Brian Chapman, 1970: 11−12). 그러나 인류역사의 발전으로 국가권력의 분산 및 국가작용의 전문화가 이어지면서 police(Polizei)라는 개념도 진화의 과정을 겪었다(이황우, 2005: 4−5).

오늘날 우리나라 국립경찰과 유사한 국가경찰 또는 자치경찰을 서구에서는 'police' 혹은 'Polizei'라고 부른다. 그런데 우리나라의 국립경찰은 처음부터 국가의 치안조직으로 출발하였지만 서구의 police나 Polizei는 시대와 국가에 따라 그 의미가 각기 달랐다. 이는 우리나라의 경찰제도가 서구의 police 혹은 Polizei의 근대적 형태를 모방한 것임을 의미한다. 서구의 police나 Polizei는 본래 국가의 통치기능 혹은 군대기능에 포함되는 개념이었다. 그러나 점차 국가권력이 분화되면서 범죄의 예방·수사·기소·재판·행형이 분리되고, 이 중 범죄의 예방과 수사 및 공공의 안녕과 질서유지 기능을 police 혹은 Polizei가 담당하여 오늘의 모습으로 발전한 것이다.

3. 경찰의 개념

행정법학자들에 의한 전통적 논의에서는 경찰개념을 주로 제도적 의미에서의 "형식적 의미의 경찰"과 학문적 의미에서의 "실질적 의미의 경찰"로 구분한다.

보통경찰기관의 소관이면서도 실질적 의미의 경찰에 포함되지 않는 것이 있고, 다른 행정기관에 속하는 행정작용 중에도 실질적 의미의 경찰작용에 속하는 것이 많이 있다. 예컨대, 건축허가와 같은 경우는 건설교통부소관이고 유흥주점의 허가와 같은 위생 또는 영업경찰활동은 보건복지부가 담당한다.

경찰의 개념은 아래 표와 같이 형식적 의미의 경찰과 실질적 의미의 경찰개념으로 구분할 수 있다.

1) 형식적 의미의 경찰

형식적 의미의 경찰은 일반적으로 「작용의 설질과 무관하게」 담당기관을 기준으로 하여 법적·제도적으로 파악한 개념이다. 특히 실정법상(정부조직법, 경찰법, 경찰관직무집행법 등)보통경찰기관에 분배되어 있는 임무를 달성하기 위하여 행하여지는 경찰활동을 의미한다. 즉, 실정제도상 보통경찰기관(경찰청장, 지방경찰청장, 경찰서장 등)의 권한에 속하는 모든 작용을 말한다. 무엇보다 경찰의 범위를 실정법상 어떻게 규정할 것인가의 문제는 각 국가의 전통이나 현실적 환경에 따라 다르다. 즉, 형식적의미의 경찰개념에만 속하는 작용에는 정보경찰활동, 보안경찰활동, 범죄의 수사 등 사법경찰활동, 경찰의 서비스적 활동 등이다.(김남진, 2002: 16-17; 신현기 외, 2012: 3)

2) 실질적 의미의 경찰

실질적 의미의 경찰은 일반적으로 사회공공의 안녕과 질서유지를 위하여 일반통치권에 의거 국민에게 명령·강제하는 권력적 작용적 작용이라고 정의되고 있다. 실질적 경찰개념은 행정조직의 일부로서가 아니라, 작용을 중심으로 파악한 것이다.

즉, 본래 실질적 의미의 경찰개념은 학문상으로 정립된 개념이다. 독일의 행정법학에서 경찰법상의 이른바 일반조항의 존재를 전제로 경찰관청에 대한 권한의 포괄적 수권(授權)과 법치국가적 요청을 조화시키기 위하여 구성된 도구 개념이다. 이른바 경찰권이 한계론도 이와 같은 배경 하에서 형성된 것이며, 실질적 의미의 경찰개념은 행정저직의 일부로서가 아니라, 사회공공의 안녕과 질서유지라는 작용을 중심으로 파악한 것이다. 또한 실질적 의미의 경찰은 사회공공의 안녕과 질서를 유지하기 위한 사회목적적 작용이다. 외교, 재정, 군사 등의 작용과 같이 국가의 조직 또는 존립을 직접 목적으로 하는 국가 목적 작용과는 구별된다(하상군 외, 2003: 28).

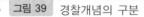

그림 39 경찰개념의 구분

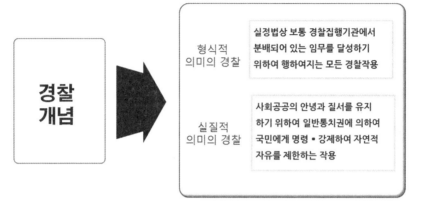

3) 형식적 의미의 경찰과 실질적 의미의 경찰개념의 구분

형식적 의미의 경찰과 실질적 의미의 경찰은 반드시 일치하는 것은 아니며, 각국의 역사적·제도적 환경에 따라서 모두 다르게 나타난다. 왜냐하면 형식적 의미의 경찰은 경찰조직이 경찰관련법규에 따라서 집행하는 현실적 활동을 중심으로 파악된 개념인데 반해서 실질적 의미의 경찰은 학문적으로 연구된 개념이기 때문에 지금의 경찰조직이 집행하고 있지 않지만 경찰조직이 과거에 집행해왔던 작용까지도 포괄하는 개념이기 때문이다.

실질적 의미의 경찰은 사회공공의 안녕을 위해서 국가의 일반통치권에 근거하고, 국민에게 명령·강제하는 권력적 작용이라는 개념을 충족시키면 현재 어떤 기관이 그 역할을 수행하고 있는가에 상관없이 실질적 의미의 경찰이라고 정의하는데 반해서, 형실적 의미의 경찰은 과거에 그 역할을 했던 안했던 상관없이 현재 반드시 경찰기관이 그 역할을 수행해야만 한다는 차이점이 있다.

이러한 차이점을 자세히 살펴보면 첫째, 실질적 의미의 경찰에는 속하지만 형식적 의미의 경찰에는 속하지 않는 것도 있다. 다시 말해서, 다시 말해서, 다른 일반 행정기관의 행정작용 중에도 실질적 의미의 경찰작용이 있다. 즉, 건축허가, 영업허가, 위생감찰 등과 같은 작용은 관거에는 경찰기관이 활동이었기에 실질적 의미의 경찰에는 포함이 되지만, 오늘날에는 경찰이 아닌 일반행정기관이 수행하고 있기 때문에 형식적 의미의 경찰에는 포함되지 않는다. 또한 대민서비스와 같은 활동은 과거에는 경찰조직이 수행하지 않았고 경찰조직의 활동으로 보지 않았기 때문에 실질적 의미의 경찰에는 포함되지 않지만, 오늘날에는 경찰법규에 대민서비스가 규정되어 있기 때문에 형식적 의미의 경찰개념에는 포함되게 된다.

둘째, 실질적 의미의 경찰에는 속하지 않고 형식적 의미의 경찰에만 속하는 것도 있다. 이러한 활동에는 정보경찰과 사법경찰 그리고 서비스경찰 등이 포함된다. 실질적 의미의 경찰이 되기 위해서는 국민에게 명령·강제하지 않는 비권력적 작용이기 때문이다. 반면에 경찰관련법에는 정보수집과 대민서비스가 법으로 규정되어 있기 때문에 형식적 의미의 경찰에 속하게 된다.

이 중에서 문제가 되는 것은 수사경찰이 왜 실질적 의미의 경찰개념에 속하지 않느냐는 것이다. 이는 프랑스의 경찰개념이 형성되는 시점에서 유래한 것으로 볼 수 있다. 즉 프랑스는 일찍부터 행정경찰과 사법경찰이라는 개념을 분리하여 사용하였는데, 이에 의하면 사법경찰 즉, 수사경찰은 행정권에 속하는 것이 아니라 사법권에 속하는 것으로 개념지워졌기 때문이다. 오늘날 수사경찰은 당연히 행정권에 속하고 있지만 과거에는 인권침해의 여지가 있었기 때문에 행정권이 아닌 사법권에 수사권한을 주어왔기 때문이다.

따라서 수사경찰은 국민에게 명령·강제하는 권력적 작용이라고 하는 실질적 의미의 경찰개념에 가장 근접한 경찰활동이지만 프랑스의 경찰개념이 형성되는 과정에서 애초부터 행정권이 아닌 사법권에 속하는 것으로 규정되었기 때문에 실질적 의미의 경찰에 속하지 않게 되었다. 물론 수사경찰은 '범죄의 예방·진압 및 수사'라고 경찰과 경찰관직무집행법에 명확하게 규정되어 있기 때문에 형식적 의미의 경찰에는 속하게 된다.

셋째, 실질적 의미의 경찰과 형식적 의미의 경찰에 모두 속하는 것도 있다. 불심검문과 풍속단속경찰은 양자에 속하는 가장 대표적인 경우이다. 왜냐하면 불심검문과 풍속단속경찰은 내국인과 외국인을 불문하고 범죄혐의가 있는 국민을 강제로 정지시켜서 질문하거나 풍속위반 행위에 대해서 강제로 단속하는 행위이기 때문에,

실질적 의미의 경찰에 속하게 되며, 경찰관직무집행법과 풍혹단속관련법에 근거를 하고 있기 때문에 형식적 의미의 경찰에 속하게 된다.

마지막으로 경찰을 행정경찰과 사법경찰로 나누어 볼 때, 행정경찰은 대부분 실질적 의미의 경찰에 해당하고 사법경찰은 형식적 의미의 경찰에 해당한다. 왜냐하면 과거에 행정경찰에 속하는 활동의 대부분을 경찰이 실제로 수행했기 때문이다.

행정경찰을 다시 보안경찰과 협의의 행정경찰로 나누게 되면, 보안경찰은 형식적 의미의 경찰을 위미하고, 협의의 행정경찰은 실질적 의미의 경찰을 의미하게 된다. 왜냐하면 보안경찰은 오늘날 대부분 경찰조직이 수행하고 있기 때문이며, 협의의 행정경찰은 일반행정기관이 그 역할을 수행하고 있기 때문이다(김창윤 외, 2003: 18-19).

4) 경찰학의 체계도

다음 표에서 보는 바와 같이 경찰학의 학문적 흐름은 경찰의 개념에서 시작한다고 해도 과언이 아니다. 위에서 살펴본 바와 같이 경찰의 개념을 형식적 의미의 경찰과 실질적 의미의 경찰개념으로 나누어 설명할 때 형식적 의미의 경찰은 조직법상 개념 즉, 경찰조직법을 말하며, 실질적 의미의 경찰은 작용법상 개념으로 경찰작용법을 말한다.

다시 말해서 아래 표에서 보는 바와 같이 경찰학은 경찰의 개념에서 출바한다고 볼 수 있으며 행정학 부분까지를 경찰학 총론으로 분류하고, 생활안전경찰, 수사경찰, 교봉경찰, 성보경찰, 보안경찰, 경비경찰, 외사경찰 등 실무영역을 긱론으로 분류하고 있다. 이러한 학문적 흐름을 모두 경찰학의 학문적 범위에 포함하고 있다.

그림 40 경찰학의 체계도

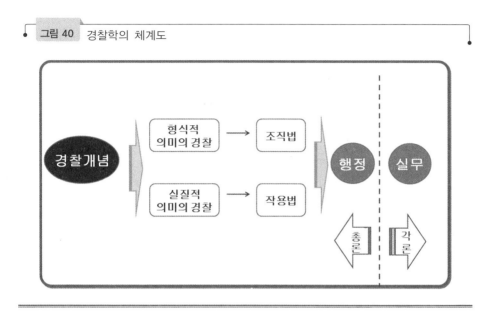

4. 경찰의 특수성

현대사회는 더욱 복잡해지고 다양성이 공존하는 사회이다. 이로 인해 범죄도 유형 및 성격이 다양해지고 빈도도 증가하고 있다. 이에 따라 치안의 문제가 중요하게 부각되고 있으며 그 업무를 담당하는 경찰의 역할이 더욱 증가되고 있다. 국민의 생명과 재산을 보호하는 것을 주 임무로 하는 경찰의 활동은 국민생활의 안녕과 그 기본적 인권에 직접적으로 영향을 미친다는 점에서 경찰관들은 다른 공무원보다도 경찰업무에 있어서 많은 특수성을 보이고 있다.

경찰은 권력을 행사하는 작용이라는 점에서 일반행정 조직과는 다른 성격을 지닌다. 따라서 경찰의 본질을 정확히 이해하기 위해서는 경찰조직의 특수성을 규명할 필요가 있다.

1) 위험성

경찰이란 직업은 위험을 감수해야 하며 24시간 항시 근무해야하는 특수성이 있다. 촛불집회 등 다양한 시위진압과 범죄예방 및 수사라는 경찰업무의 특성상 매일

거리에서 범죄·교통사고와 전쟁을 수행하고 있어 항상 위험부담을 수반하고 있다.

경찰업무 중 순직한 경찰관과 부상경찰관의 통계 수치만 보더라도 경찰업무의 위험성이 잘 드러나 있다. 경찰관이 순직한 원인을보면 과로사가 가장 많은 것으로 나타났다. 경찰업무는 상대적으로 많은 근무시간과 높은 업무 강도 하에서 이루어지기 때문에 업무수행에 따른 위험도가 높은 편이다. 다음으로 순직의 원인이 교통사고와 범인피격, 기타의 순으로 나타났다. 경찰관이 공상을 입게 된 이유는 가장 많은 것이 범인피격이었으며, 다음으로 과로와 시위진압의 순이었다. 범인피격과 시위진압으로 인한 공상은 다른 공무원 업무에서 발생하지 않는 경우로 경찰업무의 특수성을 단적으로 보여주는 자료라고 할 수 있다. 공상이 발생한 데이터 못지않게 중요한 것은 경찰업무 중 많은 경우, 부상의 위협에 노출되어있다는 사실이다(박종환, 2009: 23–24).

2) 돌발성과 기동성

일반 행정기관의 일선공무원들은 한정된 사항을 일정한 여건하에서 어느 정도 예측 가능한 상태에서 대부분 알려진 대상을 상대로 업무수행이 이루어지고 있다. 그러나 경찰공무원은 대부분의 경우, 예기치 못한 사태가 돌발적으로 발생하며 또한 그 사건의 주체는 일정하게 고정되고 지각되어진 것이 아니며 동시에 돌발적인 사태에 대하여 빠르게 대처해야하는 기동성을 요한다는 특수성을 가지고 있다.

즉, 일반 행정기관이 당면하는 업무는 예측이 가능한 것은 물론이며 피해가 발생한 후에도 그 흔적이 뚜렷하게 남아있는 경우가 많아 구제가능성이 비교적 높은 것에 비해서, 경찰의 업무는 그 대부분이 언제 어느 때에 닥칠지 모르는 돌발성과 함께 시급히 해결하지 않으면 그 피해를 회복하기가 곤란하여 구제의 기회를 상실하게 된다. 뿐만 아니라 기동성은 질서유지를 위한 범죄와의 투쟁에 있어서 범인의 체포와 증거물의 확보에도 대단히 중요한 요소가 된다.

112 시민신고체제가 범죄사건에 신속하게 대응할 수 있도록 초동대처 시간을 최소화하고 있는 것 또한 그러한 이유에서이다. 따라서, 경찰은 순찰차와 무전기를 비롯한 기동력을 갖추기 위한 여러 장비들을 운용하고 있다. 그런데 이러한 돌발성에

3

기인한 기동력확보를 위한업무를 수행하다보면 높은 교통사고의 위험이 뒤따르게 된다. 그 단적인 예로 순찰차량의 사고발생 빈도는 적지 않게 발생하고 있으며 2001년에서 2004년 6월까지의 통계로써 총 2,018건의 순찰차량 사고가 발생하였고, 매년 400여건이 넘는 사고가 발생하는 것을 알 수 있다. 이와 같이 기동력 확보를 위해서는 순찰차량의 운용이 불가피한 만큼 높은 사고의 위험에 노출되어 있다고 할 수 있겠다(박소담, 2009: 49-50).

3) 권력성

경찰작용은 사회공공의 안녕과 질서를 유지하기 위하여 국민에게 명령·강제하는 권력작용이다. 윌슨(O. W. Wilson)은 경찰의 이와 같은 권력적 요소가 경찰에 대한 반감을 초래하는 주요한 원인이라고 하였다.

경찰관은 질서유지를 위하여 일반시민에게 지시하여야 하며 시민 행동의 자유를 제한하여야 한다. 그러나 그러한 권력작용의 상대방이 되는 시민은 자유의 제한에 분개해 하고 경찰관의 권위를 경시하고 경찰의 직무에 적대적 또는 비우호적이어서 경찰관에게 사회적 고립을 느끼게 한다(최응렬, 2006: 30).

경찰의 개념에 관한 논의의 문제는 경찰개념이 시간과 공간을 초월한 절대적인 개념이 아니라 역사성과 사회성을 반영한 유동적인 성격을 갖는 개념이기 때문에 일률적으로 정의하기는 쉽지 않다. 그럼에도 불구하고 경찰개념의 정립이 요구되는 것은 이를 통하여 경찰의 정체성을 확보하고 경찰구성원들에게 그 존재 목적과 역할을 인식시켜 직무수행의 정당성 및 경찰의 존재이유와 미래방향을 제시할 수 있기 때문이다.

경찰작용이란 공공의 안녕·질서를 유지하기 위하여 국가의 일반통치권에 근거하여 개개인에게 명령·강제하는 작용이다. 이러한 경찰작용은 국민의 자연적 자유를 제한하는 전형적인 권력작용으로 다른 어떤 행정작용보다 국민의 자유와 권리에 대한 침해가능성이 큰 행정작용이다.

경찰작용으로서는 권력성 유무에 따라 권력적 작용(경찰명령, 경찰처분)과 비권력적 작용(경찰상의 사실행위, 경찰지도, 경찰조사)로 구분되며, 행위형식에 따라 경찰명령, 경찰처분, 경찰상의 사실행위, 경찰지도, 경찰조사 등으로 분류된다.

이러한 경찰행정의 목적은 기본적으로 공공의 안전과 질서유지에 대하여 야기되는 위험의 발생을 예방 또는 제거하기 위하여 경찰권의 발동이 이루어지는데, 경찰의 목적을 소극적인 위해방지에 국한하는 것은 권력적 명령·강제라는 수단을 사용하여 국민의 자유를 제한하는 작용이라는 경찰의 성질에 비추어 경찰권의 발동될 수 있는 경우를 엄격하게 제한하고자 하는데 그 취지가 있다. 이러한 경찰행정의 소극목적성은 경찰권의 한계문제와 관련이 있기 때문에 경찰권이 적극적 복리목적을 위하여 발동되는 것은 위법이라고 보는 것이 종래의 통설이었으나, 현대행정의 다양화, 복잡화에 따라 소극적인 위해방지작용과 적극적인 복리증진작용의 구별이 어렵고, 일반행정경찰(보안경찰)과 특별행정경찰(협의의 행정경찰)의 구별에 대한 실익이 상대적이므로, 특별행정경찰(협의의 행정경찰)은 급부행정과 분리하여 실질적 의미의 경찰을 광의로 이해하는 것이 타당하다고 생각된다.

경찰작용은 공권력의 행사에 의하여 개인에게 명령·강제하는 것을 주된 작용으로 한다. 그러나 실제로 경찰기관은 위해방지를 위하여 권력적명령·강제 외에도 비권력적 수단을 많이 사용한다. 종래의 통설은 경찰기관이 부수적으로 비권력적인 수단을 사용하더라도 실질적 의미의 경찰은 아닌 것으로 이해하여 왔다. 그러나 비권력작용을 경찰에서 제외하면 그것을 어떤 행정영역으로 속하는가가 문제되며, 현실적으로 경찰기관의 활동의 대부분에 대하여 법적규율을 포기하는 결과가 될 것이므로, 경찰기관의 비권력작용도 그것이 위해방지를 목적으로 하는 작용이라면 당연히 경찰에 포함되는 것으로 보아야 한다.

경찰작용의 근거가 되는 법규에는 판단여지와 재량권이 부여되어 있다. 즉 경찰작용은 전형적인 침익적 행정작용으로서 기속행위로 규정할 필요성이 크지만 실제는 경찰기관에 판단여지와 재량권을 부여하는 경우가 많다. 행정행위 중에는 고도의 정책적 판단이나 전문기술적 판단을 요하는 경우가 있는데, 법원은 불확정개념을 해석·판단할 권한이 있지만 스스로 그 권한을 행사하지 않고 행정청의 해석·판단을 존중하여 그대로 수용하는 경우가 있다. 이러한 경우에 행정청이 사실상 가지는 불확정개념 해석·판단의 권한을 판단여지라고 한다.

또한 경찰법은 하나의 조항에서 서로 다른 행위형식에 속하는 다양한 성질의 경찰작용(경찰하명, 경찰상 즉시강제, 직접강제 등)을 한꺼번에 수권하는 경우가 많다. '적당한 조치', '필요한 조치' 등과 같이 포괄적으로 경찰권을 수권함으로써 구체적인 경우에 경찰기관이 취할 수 있는 조치에 관하여 형식적으로 제한을 두지 않는 경우도 있다. 경찰작용은 급박하거나 현존하는 위해를 현장에서 즉시 방지하기 위하여 조직법상 행정청이 아닌 경찰공무원 개개인이 일정한 조치를 취할 수 있도록 규정하여 경찰작용의 주체가 확대되어 있다(윤상근, 2012: 72-74)

4) 조직성

경찰은 그 조직에 있어서 일반행정 조직과는 다른 특성을 지니고 있다. 즉 돌발적인 사건이 발생하면 그 해결이 시급하며 이해관계는 직접적으로 국민에게 미치고 또한 경찰업무가 위험성을 띠고 있기 때문에 경찰조직의 기동성, 협동성을 충분히 발휘할 수 있도록 치밀한 장치가 필요하다.

따라서 경찰조직은 안정되고 능률적이며 군대식으로 조직되어야 한다. 이러한 조직성의 요구에 부응하기 위하여 경찰조직은 계급사회를 이루고 있으며 제복을 착용하고 있는 것이다(최응렬, 2006: 32).

5) 정치성

경찰에 대한 정치적 간섭은 직무할당, 승진, 전보, 채용 그리고 특정한 징계 등에서 나타나게 되며 이러한 정치적 간섭 때문에 결국 경찰도 냉소적 태도를 보이게 되고 시민들은 경찰에 대하여 객관성, 성실성, 그리고 신뢰성을 갖지 않게 될 것이다(최응렬, 2006: 31; Andrews, 1985: 6).

또한 경찰조직의 중립성을 위한 제도적 장치가 이루어지지 않았을 때에 경찰조직은 그 정치성, 권력성으로 인하여 정치운용 여하에 따라서는 악용될 소지가 많다는 것을 부인할 수 없다. 경찰조직은 전국에 걸쳐 있고 주·야간 구별 없이 활동하며 그 집행력이 강력하기 때문에 정부기능 가운데 경찰력을 이용하는 경향이 많으나 특정한 정당 내지는 정권에 의하여 좌우되어서는 안되며 국민 전체의 봉사자로서

그 역할을 해야 한다. 우리나라에서는 오랜 권력기관으로서의 전통 아래 독재정권의 사병화로 전락되어 경찰에 대한 많은 비판이 있어 왔으나 이에 대한 반성으로 정치적 중립성을 확보하기 위하여 95. 6. 27. 4대 지방선거는 참으로 파란만장한 우여곡절 끝에 실시되었다. 지난 지방 선거를 실시하게 된 것은 1961년 5.16 군사쿠데타에 의하여 그 실시가 중단되었던 지방자치제를 다시 부활시키려는 야당 등의 끈질긴 노력의 산물이었다.

이제 4대 지방선거가 실시되어 제도적으로 지방자치제가 정상화되었다고 볼 수 있다. 그러나 지방자치제가 제대로 정착 되고 발전되기 위해서는 아직도 여러가지 측면에서 딸은 부족한 면이 있다. 경찰행정에서도 이러한 문제점들을 발견할 수 있다. 구태의연한 중앙통제, 획일적인 중앙중심의 행정으로는 더 이상 민족의 생존과 이익증대를 효율적으로 달성할 수 없다. 지방에 상당한 권한과 책임 을 부여함으로써 지방을 활성화시키고 지방이 활력을 갖고 경쟁에 뒤지지 않고 앞서 나가는 것이 필요하다.

경찰의 정치적 중립과 지방자치경찰의 문제는 지금까지 끊임없이 제기되어 왔다. 국회에 법률안의 형태로 발의 또는 제출된 件만도, 이미 △1953. 9. 28. 정부가 제출한 「경찰 법안」 △1960. 6. 9. 국회 '경찰중립화법안기초특별위원장'이 발의한 「경찰법안」 △1960. 12. 5. 주수윤의원외 12인이 발의한 「경찰법안」 △1961. 2. 4. 고담용의원외 10인이 발의한 「경찰법안」 등이 있었다. 이 밖에도 경찰중립화를 입법적으로 제도화 하려는 다양한 시도 가 있었다. 퇴직 경찰관 모임인 경우회, 국립경찰대학총동창회도 이러한 시도를 하였다. 그러나 이 모두 것은 집권자 및 그 주변의 권력장치 세력 등에 의하여 거부되었다. 특기할만한 사실은 60. 6. 15. 제2공화국 내각책임제 개정헌법 제75조제2항에 '경찰의 정치적 중립을 보장하기에 필요한 기구에 관하여 근절을 두어야 한다'는 것과 이 헌법을 토대로 60, 7. 1. '경찰의 중립성을 보장하기에 인하여 공안위원회를 두며 공안위원회의 狂직과 경찰행정에 관하 여 필요한 사항은 법률로써 정하도록 하는 정부조직법 개정 공포된 것이었다. 그러나 관련 경찰법은 끝내 처리되지 못하였다. 자유당 정권 치하에서 경찰의 매서운 맛을 톡톡히 본 민주당이 정권을 잡고서 버릇을 단단히 고치겠다고 나섰다가 흐지부지 되고 말았다. 역시 권력의 맛은 도취적이다.

제13대 여소야대 국회는 개혁차원에서 경찰의 정치적 중립과 지방자치경찰을 추진해 나갔다. 제13대 대통령선거에서 김영삼·김대중·김종필후보가 공통적으로 경찰의 정치적 중립을 보장하는 경찰개혁을 선거공약으로 제시한 바 있었기 때문이다. 제13대 국가에서 평 화민주당과 통일민주당 간에는 실무적 차원에서 양당이 공동으로 경찰법안을 국회에 발의하는 작업이 진행되고 있었다. 그러나 통일민주당이 1988. 10. 24. 먼저 「경찰법안」을 발의하자, 평화민주당도 1988. 11. 25. 경찰법안을 국가에 발의하였다. 그 이후인 89. 1. 24. 김대중 김영삼·김종필 야 3당 총재는 공식적으로 공조체제를 형성하면서 7개항의 합의 사항을 발표하는 데 그 중 6번째로 '사회안정과 생업보호' 한목에 민생치안 문제와 경찰의 정치적 중립을 위한 조치를 취하는 것이 포함되어 있었다. 신민주공화당은 1989. 5. 10. 늦게서야 경찰법안을 국회에 발의하였다. 그리고 야 3당의 정책위의장과 각 당 소속 실무의원들이 각 당이 발의한 법안을 토대로 공동의 경찰법 단일안을 작성하여 1989. 11. 30. 국회에 발의하였다. 사실 그 당시로 보아서 경찰의 정치적 중립 실현을 목전에 두게 되었다. 「경찰의 제도적 혁명」이 이루어지는 계기가 만들어지는 순간이었다.

당시 경찰법안을 야 3당 공동으로 국회에서 통과시키는 것과 관련하여, 실무자는 다 음과 칼은 요지의 보고서를 작성하였다. 지금까지 정부·여당의 태도로 미루어 여·야간에 합리적인 해결이 순조롭게 이루어질 것 같지 않으므로 야 3당 단일안의 국회통과가 바람직 한 데, 그 이유로서 민생치안의 부재상황에서 정부·여당에 대한 국민여론이 비판적이며, 해방이후 지금까지 특히 정권교체기에 있어서는 수차례에 걸쳐 경찰자체가 경찰의 중립화를 위한 의사를 구체적으로 표현한 바 있으며, 현재 경찰은 여소야대의 정국구도하에서 야당에게 경찰의 정치적 중립화를 세노석으로 보장할 수 있는 입법을 요구하고 있기 때문이다.

이상의 여건을 고려해 보건대 현재 정부·여당은 난처한 입장에 처해 있을 것으로 판단되며, 야당의 경찰법 국회통과를 저지 또는 무산시켜 버리기 위한 방법 중의 하나로 정부·여당의 경찰법안을 마련하여 야당에게 협상 끝에 이해 올 것이다. 그러나 정부 여당이 구상하고 있는 경찰법안은 야 3당 단일안과는 그 성격이 확연하게 대치됨으로 지지부진한 협상을 할 필요가 없다. 이번 정기국회에서 야 3당의 공조를 바탕으로 경찰법안을 통과시키면 야당이 주장해 온 경찰중립화 및 민생치안 확보의 구체적 의지표현으로서 국민으로부터 호응을 얻을 것으로 판단되며 이러한 상황을 고려하건대 노태우정권이 마음대로 거부권 행사를 하지 못할 것이다. 설사 거부권을 행사하더라도 노태우정권은 이에 대한 국민 및 대다순 경찰의 비판 적 의견을 감당하기가 어려울 것이며, 거부권 행사 후 경찰법안에 대한 여·야 협상시 야당 이 유리한 입장에서 협상을 이끌어 나갈 수 있을 것으로 판단되기 때문에 이번 정기국회 회기내 야3당의 경찰법 단일안의 국회통과는 절대 필요하다고 사료된다는 내용이었다.

그러나 그 당시 이미 3당합당 작업이 깊숙하게 진행되고 있는 시점에서 통일 민주당과 신민 주공화당은 마지못해 경찰법안의 공동 작성에는 참여하였으나, 그 처리에 있어서는 여러가지 정황을 고려하건대 소극적인 자세를 취하고 있었다. 당시 경찰법안이 국회를 통과만 하였더라도 정치상황의 변화, 경찰체포의 개혁이 이루어 졌을 것이다. 이러한 측면에서 김영삼·김종필 총재는 경찰, 나아가서 경찰의 정치적 중립과 민생치안 확립을 바라는 국민에게 큰 빚을 지고 있는 셈이다.

정부는 아주 늦게서야 90. 12. 12. 경찰의 정치적 중립과 지방자치제 경찰의 실현과 는 전혀 무관한 경찰법안을 제출하였다. 당시 국회에서 이를 강행처리하려는 여당과 이를 저지하려는 야당이 맞서는 극한 대립이 있었다. 마침내, 91. 5. 10. 여당은 정부가 제출한 경찰법안을 강행처리 하였다. 그 내용을 보면, 치안본부가 경찰청으로 승격되고 경찰고위직 인사들의 일부 슈진이 있었고 형식적 기구인 경찰위원회·치안행정협의회를 설치했을 뿐, 경찰행정의 본질적인 변화는 아무 것도 이루어지지 않았다.

제13대 국회초 야당이 국회에 발의하였던 「경찰법안」의 주요 내용은 경찰의 정치적 중립을 담보하기 인한 방안으로서 '국가경찰위원회' 제도를 도입하고 위원회의 구성, 위원의 선출에 있어 민의의 대변기구인 국회의 의사가 반영되도록 하자는 것이며, 지방자치경찰의 도입도 중앙의 '국가경찰위원회' 제도의 취지를 따라 '지방경찰위원회'제도를 도입하자는 것이었다. 대부분 영미계와 대륙계를 비교하여 '위원회

3

제'와 '독임제'를 단순 비교하면서 그 장단점을 거론하나, 이러한 도식적 비교를 현행 우리나라 경찰행정이 안고 있는 문제점을 개선하는 데 응용하는 것은 적절하지 않다.

경찰을 정치적으로 중립화 시킬 수 있는 방안으로서 최상이 방안이 무엇이겠느냐에 대하여 많은 이론이 있을 수 있으나, 정치적 중립은 권한의 분산과 공동 책임을 지는 형태로 이루어질 수 있는 데 이것을 실현하는 방안으로의 '위원회' 제도가 바람직하다. 지금까지 경찰의 정치적 중립과 관련해서 그 방안으로 '위원회' 제도만이 줄기차게 제기되었다는 것은 이러한 맥락에서 연유한 것이다.

경찰의 정치적 중립은, 제13대 국회에서 3당합당 이후 정부안의 일방 강행처리이후 별 다른 진전이 없었다. 다만, 새정치국민회의 소속 국회의원 중심으로 꺼져가는 불씨를 다시 지피는 심정으로 1994. 6. 17. 「경찰의 정치적 중립과 민생치안 확립」이라는 주제로 정책토론회 등을 걸쳐서 1994. 12. 1. 「경찰법개정법률안」과, 국가경찰위원회 설치를 골자로 하는 「정부조직법중개정법률안」을 국회에 발의된 것이 있을 뿐, 김영삼정권의 어떠한 개혁조치 및 그 계획에도 경찰의 정치적 중립은 포함되어 있지 않고 있으며 개선의 조짐이 전혀 엿보이지 않고 오히려 정권의 사병으로서 민생치안 파탄의 악화일로를 더욱 질주가고 있다(이상환, 1996: 33-35).

6) 고립성

맥킨스(Colin McInnes)는 경찰관의 일반시민으로부터의 고립감을 다음과 같이 표현하고 있다.

"경찰관은 모든 일반인과 같이 한 사람의 시민이며 일반시민 속에서 생활하고 있나고 한다. 그러나 이것은 선실에 붏과하나. 경찰관은 고립되고 있다. 즉 경찰관은 일반시민과 동일한 위치에 있는 것은 아니다. 시민들 가운데 어떤 자는 우리들을 무서워하고 어떤 자는 우리들에게 아부하며 어떤 자는 우리들을 혐오하며 회피하고 있다. 그리고 우리들을 일반시민과 동일하게 생각하고 있는 사람은 극히 소수일 것이다. 여하간에 이와 같은 일들은 때때로 우리들을 고독하게 만든다." 고 지적하고 있다(McInnes, 1962: 20).

경찰관의 이러한 소외감은 경찰에 대한 존경심의 결여, 법집행에 대한 협력의 결여, 경찰업무에 대한 몰이해 등에서 비롯되고 있다. 그러나 국민들로부터 가장 신뢰받고 있는 영국경찰은 시민경찰로서 인식되고 있다.

7) 보수성

경찰은 사회공공의 안녕과 질서를 유지하는 것을 임무로 하기 때문에 본질적으로 쇄신적인 변화를 추구하기보다는 현상유지적인 행태를 지니고 있다.

따라서 경찰은 본질상 보수적인 색채가 강한 것이며 이로 인하여 내부로부터의 전보·개선은 극히 완만하기 때문에 사회정세의 변화가 심하여 객관적인 요구와 경찰과의 사이에 격차가 커지게 되면 정치적인 수단에 의하여 비약적으로 개혁이 행하여진 것이 많다(백형조, 1985: 14-15).

8) 스트레스

사회가 복잡해지고 다양화 되면서 행정 또한 다양화되었고 과거 통합되었었던 행정도 시. 군. 구청으로 분리되어 적극적인 복지행정과 더불어 경찰은 소극적이 질서행정으로 거듭 나고 있다.

국민들은 편안한 삶을 보장받기 위하여 종래의 경찰의 주요 업무인 범죄예방 범죄수사, 교통의 안전과 소통의 원활화 등과 같은 서비스이외에 다양한 형태의 서비스를 요구하고 있고, 각종 매스미디어와 언론, 인터넷들은 경찰활동에 대한 감시와 비판을 게을리 하지 않기 때문에 이는 경찰관의 심리적 부담과 업무 과중을 초래하고 특히 일선 경찰관들에게는 심한 스트레스에서 오는 사기저하를 초래함으로서 국민들의 요구에 부응하지 못하는 국민에 대한 신뢰를 잃는 악순환을 겪고 있다(이도조, 2004: 1).

다른 어느 직장인도 스트레스를 받는 것은 마찬가지 이지만 경찰의 스트레스문제는 심각하게 받아들여질 수밖에 없다. 국민들의 밀접하게 접근해서 국민의 생명, 신체, 재산과 밀접한 관련을 가지고 있는 경찰이 자칫 잘못하면 그 피해가 일반 국민에게 돌아갈 수 있기 때문이다.

경찰공무원 고유의 직무스트레스 요인으로는 경찰공무원의 직무는 일반행정의 직무와는 다른 특수성으로 인해 권력행사의 범위가 넓으며 그 제약요인도 많다. 따라서 경찰공무원의 경우는 다른 직종과는 상이한 독특한 요인들도 직무스트레스에 상당한 영향을 미칠 것이다.

정책집행론 관점에서 일반행정업무와 비교할 때 경찰공무원 업무가 갖는 특성을 보면 다음과 같다. 첫째, 집행되는 대부분의 정책은 집행정책이다. 둘째, 시민들 일부가 되겠지만 이들의 자유를 구속, 억제함을 기본임무로 함으로 지행 수단이 강제적 억제적이어서 그 집행활동에 가시성이 높다. 셋째, 정책집행의 대상집단이 한정되어 있지 않고, 지역적으로 광범위하게 분포되어 있다.

위와 같이 경찰공무원은 직무의 특수성으로 인해 경찰공무원의 정책집행과정에서는 알반 행정부처의 정책집행에 비해 몇 가지 제약을 받는다.

첫째, 규제정책은 다른 유형의 정책에 비해 그 집행과정에서 집행을 둘러싼 논란과 갈등이 정두가 높고 집행과정에서 결정내용에 대한 반발의 강도도 높은 것이 특징이다. 둘째, 정책집행활동의 가시성이 있게 나타나기 때문에 집행과정에서 차지하는 집행담당자 개개인의 비중은 일반행정 부처에 비해 높게 나타나는 편이다. 셋째, 정책대상 집단의 불특정성과 광범위한 분포로 집행활동에 대한 평가가 어렵다.

경찰공무원은 타 직종과의 공통적인 스트레스외에도 경찰공무원의 고유한 직무스트레스 요인으로 업무특성 중에서 총기 등의 위험물질 휴대, 신체적 위험상황하에, 업무수행, 제복착용에 따른 부담감등 조직내에서는 조직내에서의 지나친 위계성향, 조직외적인 요인에는 잦은 근무지 이동, 비상대기 검찰과의 직무갈등 관계, 국민들의 비판적 시선 등을 들을 수 있다(지은호, 2003: 19-21).

이러한 경작관의 직무스트레스 결과는 대체로 경찰관의 스트레스요인으로 인한 결과는 개인적인 측면과 조직적인 측면으로 나누어 볼 수 있다.

첫째, 개인적인 측면으로는 생리적인 결과로는 심장병, 위궤양, 두통, 식욕감퇴, 간경화를 일으킬 수 있으며, 심리적으로는 긴장, 가정불화, 정서불안, 성기능장애, 사기저하, 집중력 상실 등으로 이어질 수 있다. 이로 인해서 경찰관은 또한 술, 담배 등의 의존하기 쉬어 건강약화에 치명적인 원인이 되고 있다.

둘째, 직적인 측면으로는 직무스트레스로 인해서 경찰조직은 동료 서로에 대한 불신이 생겨나고 채임감 또한 저하되므로 경찰업무의 혼선이 올 수 있다. 이러한 문제는 곧 국민들에게 돌아간다는 것이 더욱 큰 문제라고 할 수 있다.

제2절 경찰개념의 형성 및 변천과정

세계의 경찰제도를 크게 두 가지로 나누어 볼 수 있다. 하나는 독일과 프랑스의 법체계를 바탕으로하는 대륙법계와 다른 하나는 영국과 미국의 법제를 바탕으로 하는 영미법계가 그것이다. 이 둘의 큰 차이는 크게 중앙집권화와 지방자치의 차이로 나타난다. 역사적으로 대륙법계는 중앙집권적 국가형태를 영미법계는 지방자치적 국가형태로 발전되어 왔다.

1. 대륙법계의 경찰개념

대륙법계의 경찰의 개념은 역사적·사회적 배경에 따라 발전되어 왔으므로, 상당한 다양성이 내포되어 있어 한마디로 정의하기는 어렵다. 한국 및 일본의 경찰은 서양의 'Police'에서 유래되었으며 역사적 발전단계를 고대시대, 중세시대, 경찰국가시대, 법치국가시대 4단계로 구분하여 고찰하면 다음과 같다.

1) 고대의 경찰개념

Police라는 단어의 어원에 대하여는 여러 가지 설명이 공존하지만 일반적으로는 그리스어의 'polis'라는 단어를 그 기원으로 이해한다. 고대 그리스시대의 polis란 사회구성원들의 생명·재산·건강을 보전하고 법의 집행을 담보하기 위해 형성된 사법 및 행정체계를 총칭하는 용어였다.

아래 표에서 보는 바와 같이 당시의 polis는 오늘날의 city(시)처럼 시민집단의 합의로 조직화된 총체적 관리체계를 뜻하는 개념이었다. 그리하여 polis라는 개념으로부터 '시민의 생존과 복지를 보살피는 일체의 관리활동'을 뜻하는 'politeia'라는 축소개념이 파생되고 이것이 영어의 politics(정치), policy(정책), police(경찰)로 이어졌다.

이와 같이 police란 본래 사회구성원의 생존과 행복 및 질서유지를 총괄하는 개념이었기 때문에 '도시를 통치하는 기술(the art of governing the city)'이라고도 불렀다. 실제로 polis의 책임자들은 공공질서·안전·도덕·식량공급·복지 등 시민생활과 관련된 일체의 도시업무를 총괄하였으며, 그리스의 철학자들도 이들을 국가의 안전보장에 대한 최종책임자로 이해하였다. 그러나 인류역사의 발전으로 국가권력의 분산 및 국가작용의 전문화가 이어지면서 police(Polizei)라는 개념도 진화의 과정을 겪었다(최응렬, 2006: 15 – 16).

그림 41　고대시대의 경찰개념

2) 중세의 경찰개념

중세의 프랑스는 전통적으로 로마와 동일한 법률과 경찰을 을 갖고 있었다. 로마인들은 각 지방에 행정과 사법·경찰권을 동시에 부여 받은 치안판사를 파견하였는데 도시내에서의 경찰 기능은 지방관료에게 다시 재위임 되었고, 시골에서는 로마군대에 의해 질서가 유지되었다. 11세기경 법원과 경찰기능을 가지는 「프레보」가 파리에 나타나게 되었는데, 그는 왕의 지명을 받아 임명되었으며, 집행관의 보좌를

받았다. 이러한 프레보가 각 지방도세에 까지 확대되면서 지방의 영주와 중앙권력의 대표자인 프레보와의 마찰이 끊이지 않았다(박창호 외, 2005: 62-36).

14세기 초 프랑스에서 경찰대(police force)가 설립됨으로써 폴리스(police)란 용어는 치안조직을 뜻하는 '파리경찰'이라는 명사로 사용되었으며, 이는 파리시의 질서를 바로 잡아 시민을 문명인으로 만드는 조직체라는 뜻으로 사용되었다. 14세가 말의 프랑스에서의 경찰개념은 국가목적 또는 국가작용을 의미하는 la police라는 용어가 성립되어 독일·영국 등 유럽각국으로 전파되었다. 15세기말 프랑스에서 독일로 도입된 경찰권이론은 국민의 공공복리를 위해 동원할 수 있는 통치자의 권한을 인정함으로써 절대적 국가권력의 기초를 제공하였다.

중세의 독일에서는 경찰개념 유례는 15세기에서 17세기까지로 거슬러 올라가는데, 경찰이라는 용어는 그리스어에서 유래된 말이며, 독일에서는 15세기 후반부터 사용하기 시작했다. 독일의 경우는 16세기 인 1530년 독일의 '제국경찰법'에 으해 공공복지라는 국가목적 내지 그러한 목적을 위하여 행하여지는 국가행정 중 교회가 가지고 있던 교회행정 권한을 제외한 일체의 국가행정을 위미하였다. 즉, 교회행정을 제외한 일체의 국가행정을 경찰이라고 구정하였는데 이러한 경찰 개념은 세속적이 사회생활의 질서를 공권력에 위해 유지하는 작용으로 축소되었다(김창윤 외, 2009: 8-9).

그림 42 중세시대의 경찰개념

- **14 세기 말 프랑스**
  모든 국가작용을
  경찰로 본다

- **15세기 말~16세기 초 독일**
  교회행정을 제외한
  모든 국가 작용을
  경찰로 본다

3) 경찰국가시대의 경찰개념

17세기에 이르러 국가활동이 점차 분업화되고 전문화되어 감에 따라 외교, 사법, 군사, 재정 등이 경찰로부터 분리되어 경찰은 사회공공의 안녕과 복지를 직접 다루는 내무행정으로 축소되었다. 그러나 절대군주의 등장으로 내무행정에 관한 국가의 임무는 점차 확대되어 경찰로서 통치권의 전반을 행사하는 이른바 경찰국가 (Polizeistaat; Police State)시대가 도래하였다. 경찰국가란 17~18C 유럽에서 발달한 관방학8)이론에 입각한 절대군주국가와 사실상 같은 개념이라고 볼 수 있다.

당시 절대군주들은 강력한 국가권력을 배경으로 중상주의 경제정책을 통해 국부 (國富)의 증대를 도모하면서 경찰권을 확대·강화함으로써 국가의 통일을 달성하려 하였다. 그 결과 당시의 police 및 Polizei는 경찰권·행정권을 모두 포함하는 국가권력 전반을 뜻하는 것이었다. 국가의 표면상 이념은 국민복지(salus publica)를 구현하는 것이었지만 모든 결정권은 절대군주에게 있었고 국민의 복지와 관련된 모든 문제가 경찰에 의해 처리되었다. 군주의 경찰권 발동에 대하여 국민은 이의를 제기할 수 없었고, 경찰은 국민생활을 무제한으로 규제하였다(이상안, 2005: 44-45).

즉, 왕권신수설과 군주주권론에 바탕을 둔 절대군주체제가 성립됨에 따라 절대군주가 경찰로써 통치권의 전반을 행사하는 경찰국가시대가 전개되었으며, 국가활동이 점차 분업화·전문화 되어감에 따라 종래 경찰개념 속에 포함되었던 외교·군사·재정·사법(司法)작용 등이 경찰에서 분리되어, 경찰은 사회공공의 안녕과 복지에 직접적으로 관계되는 내무행정 전반을 의미하게 되었다.

내무행정에 관한 국가의 임무, 즉 경찰은 소극적인 사회질서유지뿐만 아니라 적극적인 복지증진을 위해서도 강제력을 행사하는 작용으로 이해되었으며, 경찰관을 포함한 모든 관료는 절대군주의 권력에 복종·헌신하여 절대군주제의 유지·강화에 기여하였고, 반면 국민에 대해서는 전제적·포괄적인 권한에 근거하여 법적 구속이나 재판통제도 받음이 없이 일방적으로 국민의 생활전반에 간섭하고 지배하는 체제

---

8) 관방학이란 17-18C 독일, 오스트리아에서 발달한 국가경영학으로 관방관리들에게 국가 통치에 필요한 재정, 경제, 행정지식과 기술 등을 제공하기 위해서 형성된 학문체계를 말한다. 근대 행정학의 근원을 이루는 관방학은 농업, 재정, 경제, 경찰 등의 정책영역을 포함하고 있으며, 아울러 정부의 공식적 기구와 기능 및 정부관료의 업무와 행동윤리 등에 중점을 두고 집대성한 학문체계를 말한다(손봉선, 2001: 25)

였다(남재성, 2009: 4).

그림 43 경찰국가시대의 경찰개념

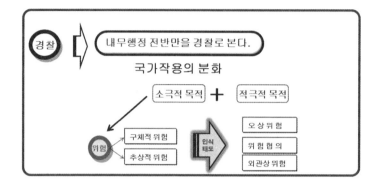

위의 표에서 보는 바와 같이 경찰국가시대에는 경찰의 작용을 내무행정 전반만을 경찰의 역할로 보며 소극목적(사회공공의 안녕과 질서유지, 위험방지)과 적극목적(공공복리 증진)을 경찰의 역할로 보았는데, 여기에서 경찰의 발동권의 한계라고 할 수 있다.

경찰은 공공의 안녕과 질서유지를 위하여 위험을 방지할 임무를 지니고 있다. 경찰의 개입에 있어서 그러한 행위가 기본권 침해적 개입을 의미하는 것은 아니며, 이 직무규범은 경찰의 법적 정당성을 충족시키는 것이다. 법률상의 수권근거를 필요로 하는 것은 아니다. 다음에서는 위험의 개념, 종류, 위험방지의 보호법익으로서 공공의 안녕과 질서유지에 대해서 알아보겠다.

위험이란 가까운 장래에 공공의 안녕과 질서에 대하여 충분한 개연성과 함께 손해가 발생하는 쪽으로 나아갈 것 같은 상태이다. 즉 "손해발생의 충분한 개연성 혹은 손해의 가능성"을 의미한다. 여기서 손해라는 것은 공공안녕과 질서 개념에 해당하는 규범·권리들 그리고 법익에 관해 침해를 말한다. 이 말은 단순한 성가심, 불편함 등을 경찰개입은 경찰개입 대상이 아니며 그 성가심의 빈도나 기간이 일정 수준에 도달하여 정상적인 평균인의 판단으로 볼 때 손해나 더 나아가서는 위험의 한계를 넘어섰을 때 경찰개입여지가 생긴다.

위험의 종류로는 구체적 위험과 추상적 위험으로 나뉘어질 수 있다. 구체적 위험이란 "구체적인 경우에 있어서 실제로 혹은 일반적으로 사전적 관점에서 경찰공무원의 합리적 판단에 따를 때 가까운 장래에 손해가 발생할 충분한 개연성이 있는 상태"를 말한다.

추상적 위험은 일반적인 생활경험 혹은 전문가적 입장에 의한 전문지식에 따라서, 그러한 위험이 출현할 수 있는 경우에 위험을 묘사할 수 있는 가능한 사태라고 한다. 즉 "특정한 행위 혹은 상태를 일반적, 추상적으로 고찰했을 때 손해가 발생할 개연성이 있다"는 결론에 도달하게 되는 경우에 존재한다.

이러한 위험은 인식태도에 따라 오상위험, 위험의 혐의, 외관상 위험으로 나뉘어지는데, 오상위험은 위험이 존재할 수 있었다는 사실적인 혐의가 존재하지 않아서, 경찰공무원은 이것을 단지 착오로 받아들였다면, 그것은 오상위험 혹은 추상적 위험의 사례가 되는 것이다.

위험의 혐의는 상황에 대한 사실 혹은 불확실성에 있는 관련된 경험칙들에 대하여 모든 면밀함, 현명함 그리고 신중함을 갖고서, 행동하는 경찰공무원이 있을 때 그리고 심지어 위험에 의해서가 아니라 위험의 가능성에 근거하여 행동할 때, 위험의 혐의가 존재한다.

외관상 위험은 객관적으로 관찰할 때, 위험하게 보이고, 그렇지만 실제로는 위험이 존재하지 않는 상황이다.

4) 법치국가시대

(1) 독일

18세기 후반에 자유주의적 자연법사상을 이념으로 한 법치국가(Rechtsstaat)의 발전으로 적극적인 복지경찰은 제외되고 경찰권의 발동이 소극적인 질서유지를 위한 위해방지에 국한되어 치안행정만을 의미하게 되었다.

계몽주의와 자연법사상 하에서 1794년 제정된 프로이센 일반주법에서는 "공공의 평온, 안전 및 질서를 유지하고, 공중 또는 그 구성원들에 대한 절박한 위험을 방지

하기 위하여 필요한 조치를 강구하는 것이 경찰의 책무이다"라고 규정하였다. 이후 경찰 관념은 다시 확대되어 1850년의 프로이센 경찰행정법에서는 소극적인 질서유지작용 뿐만 아니라 복리증진작용도 경찰임무의 일부가 되었다.

그러나 프로이센 고등행정법원의 1882년 크로이쯔베르크(Kreuzberg) 판결[9]에 의하여 경찰의 임무는 소극적인 위험방지에 한정된다는 사상이 법해석상 확정되는 계기가 되었다.

> 그림 44 크로이쯔베르크 판결(Kreuzberg-Urteil)의 원인이 되었던 베를린 전승기념탑

자료: 남재성, 2009: 5

그 후 1931년 프로이센 경찰행정법은 "경찰청은 일반 또는 개인에 대한 공공의 안전과 질서를 위협하는 위험을 방지하기 위하여 현행법의 범위 내에서 의무에 합당한 재량에 따라 필요한 조치를 취하여야 한다."고 규정하여 경찰의 직무는 소극적인 위험방지에 한정한다고 하는 개념이 확립되었다.

9) 이 판결은 베를린 크로이쯔베르크 언덕에 있는 전승기념탑의 전망을 방해하지 않고, 그곳으로부터 시내를 내려다 볼 수 있는 조망을 방해하지 않기 위해서는 주변 토지에 대한 건축물의 높이를 제한하도록 하는 베를린 경찰청장의 법규명령을 무효로 선언한 것이다. 이러한 이유에서 경찰권은 소극적인 위해 방지를 위한 조치만을 할 수 있고 적극적으로 공공복리를 위한 조치를 할 권한이 없다는 것이다(김동희, 2000: 158)

3

한편 2차 대전 후 독일에서의 '비경찰화(탈경찰화)[10]' 작업은 히틀러의 나치독일 시대에 국가경찰기관에 집중되었던 소방·영업·도로·위생·건축 등의 사무를 경찰로부터 분리하여 일반행정기관의 사무로 이관하는 조치를 취하였는바, 이로써 경찰은 사회공공의 안녕과 질서유지라는 보안경찰임무로 너욱 축소되었다(남재성, 2009: 5).

이러한 개념은 1986년 '독일연방 및 주의 통일경찰법모범초안'에서 "경찰은 공공의 안녕 또는 질서에 대한 위험방지를 그 임무로 한다."고 규정하여 이를 명백하게 유지하고 있다(이황우 외, 2006: 6).

(2) 프랑스

프랑스에서는 1795년 경죄처벌법전에서 「경찰은 공공의 질서, 자유, 재산 및 개인의 안전을 유지하는 것을 임무로 한다」고 규정하였다. 또한 1884년 지방자치법에서 「자치제경찰은 공공의 질서, 안전 및 위생을 확보하는 것을 목적으로 한다」고 규정하여 경찰의 직무를 소극적인 목적에 한정하고 있으나 위생사무와 같은 행정경찰사무가 포함되어 있었다(이황우 외, 2006: 7).

그림 45 법치국가의 경찰개념

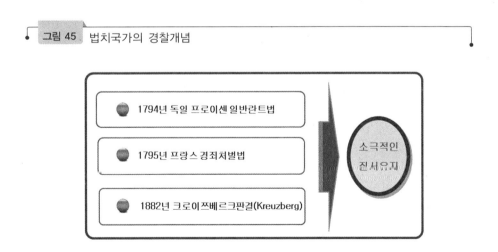

- 1794년 독일 프로이센 일반란트법
- 1795년 프랑스 경죄처벌법
- 1882년 크로이쯔베르크판결(Kreuzberg)

→ 소극적인 질서유지

---

10) 범죄예방과 검거 등 보안경찰이외의 다른 행정경찰사무 즉, 영업경찰·건축경찰·위생경찰·환경경찰 등의 사무를 다른 행정관청의 사무로 이관하는 것을 말한다.
   • 비경찰화의 대상사무는 협의의 행정경찰사무이다.
   • 비경찰화는 학자(동국대 임준태 교수 등)에 따라 '탈경찰화'라는 용어로 쓰이기도 함.

위에서 살펴본 바와 같이 대륙법계국가에서의 경찰에 대한 개념의 변천을 요약하면 다음과 같다.

표 23   대륙법계국가의 경찰개념 변천

시 기	경 찰 개 념	특 징
고대국가	도시국가(polis)에 관한 일체의 정치, 국정전반	경찰과 다른 국가 작용의 미분화
중세국가	교회행정의 권한을 제외한 모든 국가작용	
경찰국가	외교, 군사, 재정, 사법(司法)을 제외한 일체의 내무행정 전반(소극적질서유지 + 적극적복리증진)	경찰과 다른 국가 작용의 분화
법치국가	•내무행정중 소극적인 질서유지 및 위험방지작용(적극적 복리증진작용은 제외) •2차대전후 '비경찰화' → 협의의 행정경찰사무를 제외한 보안경찰작용	

2. 영미법계의 경찰개념

영·미의 경찰개념은 경찰을 시민과 대립적인 상대로 보지 않고, 오히려 주권자인 시민으로부터 자치권한을 위임받은 조직체로서의 경찰이 주권자인 시민을 위해서 수행하는 기능 또한 역할을 중심으로 형성되었다고 볼 수 있다. 하지만, 대륙법계국가의 경찰개념은 경찰권이라고 하는 통치권적 개념을 전체로 그 발동 범위와 성질을 기준으로 형성된 것이다.

따라서 영·미에서 'police'라는 말은 질서를 유지하기 위한 목적으로 설치된 조직체라고 정의도고 있고, 경찰은 무엇인가라는 문제보다 경찰은 무엇을 하는가 또는 경찰활동이란 무엇인가라는 문제로 경찰의 개념이 논의되고 있다. 즉 경찰은 시민을 위하여 법을 집행하고 서비스(service)하는 기능 또는 역할을 수행하는 조직체라고 할 수 있다.

대륙법계와 영미법계를 비교하여 특징을 살펴보면 첫째, 조직면에서 대륙법계의 경찰제도는 경찰이 국가행정작용의 일부를 담당하는 행정관청으로 그 조직도 국가기관임을 원칙으로 한다. 즉, 중앙집권적 관료적인 국가경찰제 반면에 영미법계는 역사적으로 도시경찰이 원인, 지방분권적인 자치경찰제를 취한다.

둘째, 직무의 범위면에서 대륙법계 경찰본래의 활동인 치안유지 외에 건축, 위생, 노동, 산업 등 광범위한 행정사무를 담당하고 치안목적을 위한 권력적 작용에 한하지 않고 복지 증진상의 질서유지를 위한 권력 작용도 포함되나 이에 반해 영미법계는 생명 보호, 공안유지, 범죄수사 등 경찰 고유업무에 한정을 원칙으로 한다.

셋째 권한면에서 대륙법계 경찰은 행정적 권한 외에 다양한 확장된 권한을 갖는 경우가 많았으나 영미법계 경찰은 아주 제한된 권한만이 주어지는 경우가 많았다.

넷째, 수단면에서 대륙법계 경찰작용의 중점은 공공의 질서유지에 둠으로 전략적 수단을 취하는 경우가 많으나 영미법계 경찰의 중점은 개인적 이익 또는 사회적 안전보호에 중점을 두는 까닭에 비권력적 수단을 취하는 경우가 많다.

다섯째, 사법경찰과 행정경찰의 구분면에서 대륙법계 경찰은 경찰 작용을 행정경찰과 사법경찰로 구분하며 특히 사법경찰은 범죄의 수사, 피의자의 체포라는 작용만을 행하는 경찰을 지칭하나 영미법계 경찰은 사법경찰의 임무를 일반경찰임무의 일부분으로 여기고 있다.

여섯째, 경찰관의 복무자세면에서 대륙법계 경찰은 행정관청인 관계로 경찰관도 필연적으로 국가의 권위를 대표한다. 따라서 국민에 대한 우월적 경향을 가지나 영미법계의 경찰은 일반시민에 대하여 특별한 권력을 지니지 않는 것을 원칙으로 봉사기관적 성격이 강하다.

3. 우리나라의 경찰개념 형성과정

프링스빕의 '경찰권'의 관념은 독일의 '경찰'이라는 관념의 형성에 영향을 미치고, 일본이나 우리나라의 경찰 개념의 형성에 있어 중요한 영향을 미쳤다.

그것은 프랑스의 죄와 형법 법전이 일본의 1875년의 「행정경찰장정」을 통하여 그대로 이식되었기 때문이다. 즉, 일본의 행정경찰규칙 제1조는 '행정경찰의 취지는 인민의 위해를 예방하고 안녕을 보전함에 있다.'라고 규정하고 있는데, 이것이 우리나라에 그대로 반영되어 행정경찰장정 제1절 제1조에서 '행정경찰의 임무는 국민의

재해로부터 예방하고 평온함을 유지하는 것이다.'라고 규정하였던 것이다. 행정경찰이라는 용어나 행정경찰의 정의는 다름 아닌 프랑스로부터 유래하는 것임을 알 수 있다.

한편, 일제시대인 1914년 행정집행령이 제정되었는데, 이것은 일본이 프로이센의 영향하에 1900년 제정한 행정집행법을 모범으로 한 것으로, 행정집행령의 일정 부분은 후에 경찰관직무집행법을 제정할 때 반영되었다. 예를 들면, 보호조치나 범죄의 예방과 제지 등의 관념이 도입된 것이다.

그러나 1945년 일본의 패전에 따라 미군정이 실시되면서 종래의 대륙법계의 치안유지 중심의 행정경찰적 관점이 강조되던 입장으로부터, 영미법계의 민주주의적 이념에 따른 경찰개념이 강조되면서 '국민의 생면, 신체 및 재산의 보호'가 경찰의 책무로서 강조되기에 이르렀는데 이러한 변화는 독일에서와 마찬가지로 제2차 세계대전의 종전과 함께 영·미를 중심으로 하는 연합국의 점령당국이 일본과 우리나라에서 행했던 과거의 협의의 행정경찰 사무를 포괄하던 경찰사무의 정리, 이른부 비경찰화 작업에 따른 것으로, 영업경찰·건축경찰·보건경찰 등의 경찰사무가 다른 관천의 분장 사무로 정리되었던 것이다.

이를 종합해 보면 한국에서 근대적 경찰개념 및 제도가 도입된 것은 갑오경장(1894)이후이며, 일제식민지지배 과정을 통하여 대륙법계의 경찰개념과 제도를 수용한 일본의 영향하에 대륙법계의 경찰개념이 도입되었다.[11]

2차대전 후 해방과 더불어 미국의 영향을 받았으며, 한편 미국의 경찰개념을 수용한 일본의 1947년 「경찰관등 직무집행법」은 한국의 1953년 「경찰관직무집행법」 제정에 영향을 미쳤다.

즉 우리나라의 경찰개념의 특징으로는 첫째, 혼합적 개념이다. 대륙법계의 공권력을 통한 사회질서유지중심의 경찰관점과 영·미법계의 민주주의적 이념에 따른 시민의 생명과 재산보호의 경찰관점이 혼합되어 있다. 둘째, 한국에서도 연합국(미국)에 의해 '비경찰화'가 추진되었다. 셋째, 영·미법계의 영향으로 1953년 「경찰관

---

11) 프랑스의 1795년 「경죄처벌법전」은 일본의 1875년 「행정경찰규칙」의 모범이 되었고 이를 모델로 한국의 1894년 「행정경찰장정」이 제정되어 1953년 「경찰관직무집행법」이 제정되기까지 존속하였던바, 「경찰관직무집행법」의 원전(原典)은 프랑스의 「경죄처벌법전」이라고 할 수 있다.

직무집행법」에 국민의 생명·신체·재산보호 이념이 도입되었다(박범래, 1991: 65).

4. 경찰개념의 분류

경찰은 담당하는 기능에 따라 경무·생활안전·교통·정보·수사·보안·외사경찰 등으로 구분하고 있는가 하면, 부서의 기능에 따라 산림·위생·건축·관세·환경경찰 등으로 구분하기도 하나 이러한 분류는 커다란 의미가 있는 것은 아니다. 경찰을 이해하는데 있어서 구별할 개념으로는 다음과 같은 것들이 있다.

1) 청원경찰과 일반경찰

(1) 청원경찰

① 개념 및 도입배경

'청원경찰제도'란 「국가기관 또는 공공단체와 그 관리 하에 있는 중요 시설 또는 사업장」, 「국내 주재(駐在) 외국기관」, 「그 밖에 행정안전부령으로 정하는 중요 시설, 사업장 또는 장소」 중 어느 하나에 해당하는 기관의 장 또는 시설·사업장 등의 경영자가 경비(청원경찰경비)를 부담할 것을 조건으로 경찰의 배치를 신청하는 경우 그 기관·시설 또는 사업장 등의 경비(警備)를 담당하게 하기 위하여 배치하는 경찰(청원경찰법 제2조)을 배치하는 제도를 말한다.

그렇기 때문에 청원경찰[12]은 민간인 신분으로 근무지역 내에서 경찰관의 직무를 수행할 수 있도록 법적으로 허가된 유사 민간경비제도 내지 준 경찰제도라 할 수 있다.

이러한 준 경찰제도라고도 할 수 있는 청원경찰제도의 도입배경은 1960년내 초반의 국가주도형 경제개발이 본격화되었던 시기라고 할 수 있다. 이러한 국가주도형 경제개발의 영향으로 경비를 필요로 하는 산업시설, 공장, 금융기관 등이 서서히

---

12) 청원경찰의 이원적 신분구조를 보면, 예컨대 "형법 기타 법령에 의한 벌칙적용에 있어 서는 공무원으로 보고, 직무상 불법행위에 대한 배상책임은 민법의 규정에 의하도록 한다는 점 등) 때문에 청원경찰의 정체성에 대한 논란의 여지가 적지 않다.

등장하기 시작하였다. 그런데, 한국전쟁 이후 남북 간에 형성된 첨예한 대립상황은 이러한 산업시설에 대한 경비를 단순히 범죄피해로부터의 예방, 즉 '방범'(防犯: Crime Prevention)이 아닌 적대세력으로 부터의 시설파괴에 대한 '방호(防護: Defense)'의 개념으로 인식하게 되었다(최선우, 2008: 92).

방호개념이 적용되는 것은 국가가 이 시설들에 대한 경비에 적극적으로 개입하여 국가적인 위기에 봉착했을 때 적극 활용하기 위한 것이다. 그러나 국가가 위기상황을 대비하여 모든 산업시설들의 경비를 담당하는 당시의 국가적 경제 상황에서는 불가능한 것이었다. 이는 계속적인 산업화가 진행되어 시설들이 새로이 생성된다고 해서 계속적인 예산을 투자하여 경찰력을 배치할 수 있는 것이 아니기 때문이다.

또한 기존의 산업시설들에도 경찰상 위협 요인이 있을 때만 경찰력을 배치할 수 있었을 뿐, 경찰력을 상주하여 시설을 보호하지는 않았다. 따라서 산업화가 진전됨에 따라 경찰을 대체할 수 있는 다른 경비수단 및 경비인력이 절실히 요구되었다(최선우, 2008: 92－93).

당시 서서히 성장하고 있던 경비업체들이 그 대안이 될 수 있었지만 정부는 이러한 시설들의 국가적 중요성 내지는 필요성으로 인해 전적으로 국가의 통제를 받을 수 있는 조직을 원했다. 또한 국가적 예산이 투입되지 않고 국가중요시설이나 산업시설들을 보호할 수 있어야 했다. 그래서 생겨난 것이 '청원경찰제도'라고 할 수 있다(박병식, 1996: 35).

이러한 배경하에 생겨난 청원경찰제도는 정부의 입장에서는 국가가 부담해야 할 시설의 보호에 대한 경비(經費)를 절감하면서도 실질적으로는 경찰력에 준하는 효과를 거둘 수 있었고, 시설주와 같은 수요자의 입장에서는 비용을 지불하여 경찰에 준하는 청원경찰을 배치하여 시설을 보호 할 수 있어 비용 면이나 시설관리 면이나 더욱 효과적이었다.

어떤 측면에서, 청원경찰제도는 치안활동 영역에서 수익자부담원칙이 사적부문은 물론 공적부문으로도 점차 확대되어 나갈 것임을 예고하는 제도였다. 더욱이 공적인 시설에 대한 경비가 민간부문에 의해 행해진다는 것은 앞으로 치안활동에서의 국가의 역할과 위상에 중대한 변화가 야기될 것임을 암시하는 것 이었다. 뿐만 아니라 비록 제한된 범위 내에서 이기는 하지만 민간인에게 경찰 권한의 일부가 법적인 근거를 갖고 이양되었다는 것은 한국사회에서도 더 이상 치안활동을 국가경찰의 활동과 동일한 것으로 간주할 수 없게 되었음을 의미하는 것이었다(최선우, 2008: 94).

이러한 청원경찰제도의 근거법령인 청원경찰법은 1962년 4월 3일 법률 제2666호로 처음 제정되었다. 그리고 청원경찰법시행령은 20일 후인 1962년 4월23일에 제정되었다. 그러나 시행규칙은 이로부터 5년 6개월이 지난 1967년 11월 9일에서야 제정되었다. 즉, 그 동안 청원경찰제도는 법률은 있었으나 사문화 되었던 것이다. 이러한 지체는 경찰이 독점해왔던 경찰권한을 민간부문에 이양하는 문제에 대해 정부가 얼마나 소극적이었는지를 단적으로 보여주는 것이다.

이러한 태도의 기저에는 공공시설의 치안활동은 국가경찰이 담당하지 않으면 안된다는 관념이 내재되어 있었던 것으로 보인다(최선우, 2008: 93).

그 결과 청원경찰제도는 자격요건, 임용과 배치, 보수의 기준, 상여금, 징계, 교육훈련, 감독, 복장, 직무, 무기휴대 등에 있어서 철저한 국가통제 하에 운영되는 것을 조건으로 시행되었다.

이러한 청원경찰법은 1973년 12월 31일 전문개정을 통해 성장의 기틀을 마련하게 되었다. 새롭게 전문개정 된 법률은 청원경찰을 배치할 수 있는 시설의 범위를 확대하였다. 이에 따라 청원경찰제도는 국가기관 또는 공공단체와 그 관리 하에 있는 중요시설과 사업장, 국내주재 외국기관, 선박, 항공기 등 수송시설, 금융 또는 보험회사, 언론사, 통신사, 방송사, 인쇄소, 학교, 기타 공안유지와 국민경제상 고도의 보호를 필요로 하는 중요시설과 사업장으로 확대 적용할 수 있게 되었다(김양현, 2010: 56-59).

② 청원경찰의 신분

청원경찰의 신분에 대해서는 형식적으로 '공무원이 아니면서 공무원처럼' 또는 실질적으로 '공무원이면서 공무원이 아닌 것처럼'의 이중적인잣대가 적용되고 있는 것이 현실이다(공배완, 2008: 448).

청원경찰의 신분과 관련하여 청원경찰법 시행령 제18조는 "청원경찰은 「형법」이나 그 밖의 법령에 따른 벌칙을 적용하는 경우와 법 및 이 영에서 특별히 규정한 경우를 제외하고는 공무원으로 보지 아니한다."고 규정하고 있다. 이와 관련하여 헌법재판소는 청원경찰은 원칙적으로 사용자와의 고용계약에 의한 근로자 신분으로서 공무원은 아니라고 보고 있으며, 국가 또는 지방자치단체에 소속되어 근무하는 청원경찰의 경우에도 본질적으로 다르지 않다고 보고 있다2).

그러나 청원경찰은 관할 지방경찰청장의 사전승인을 받아 청원주가 임명하고, 국가공무원법상의 임용결격자는 청원경찰로 임용될 수 없으며, 일정한 신체조건 등 별도의 자격이 요구된다. 또한 청원경찰은 형법 기타 법령에 의한 벌칙 적용 시 공무원으로 간주하고, 국가기관·지방자치단체에 근무하는 청원경찰의 직무상 불법행위에 따른 배상책임에 있어 공무원으로 간주하며, 그 복무는 공무원에 관한 규정을 준용하고 있다. 이처럼 청원경찰은 신분이 공무원이 아닌 근로자임에도 불구하고 관련 법령에서 일정한 한도 내에서 경찰공무원과 유사한 직무를 수행하는 공공성 때문에 근로자와 공무원의 이중적인 지위를 가지는 특징을 지니고 있는 것은 부인할 수 없는 사실이다(김양현, 2010: 59).

③ 청원경찰의 직무

청원경찰의 직무라 함은 청원경찰법 제3조의 규정에 의하여 청원경찰의 배치 결정을 받은 자와 배치된 기관·시설 또는 사업장 등의 구역을 관할하는 경찰서장의 감독을 받아 그 경비구역만의 경비를 목적으로 필요한 범위에서 「경찰관직무집행법」에 따른 경찰관의 직무를 수행하는 것을 말한다. 다만, 청원경찰이 직무를 수행할 때에는 경비목적을 위하여 필요한 최소한의 범위에서 하여야 하고, 경찰관직무집행법에 의한 직무 이외의 수사 활동 등 사법경찰관리의 직무를 행해서는 아니 된다(청원경찰법 시행규칙 제21조).

즉, 청원경찰은 근무지역 내에서 경비목적을 위하여 필요한 범위 안에서 경찰관직무집행법에 의한 경찰관의 직무를 행하도록 하고 있다. 경찰관직무집행 법상의 경찰관의 직무(제2조)라는 것은 ㉠ 범죄의 예방·진압 ㉡ 경비·요인경호 및 대간첩작전수행, ㉢ 치안정보의 수집·작성 및 배포, ㉣ 교통의 단속과 위해의 방지, ㉤ 기타 공공의 안녕과 질서유지 등과 관련된 다양한 업무를 수행한다는 것을 의미한다.

또한 이러한 직무수행의 구체적인 권한은 경찰관직무집행법 제3조(불심검문), 제4조(보호조치), 제5조(위험발생의 방지), 제6조(범죄의예방과 제지), 제10조(경찰장구의 사용, 분사기 등의 사용, 무기의 사용) 등에 규정되어 있다. 이러한 점에서 볼 때 청원경찰의 활동영역은 대단히 방대하고 포괄적임을 알 수 있다.

④ 청원경찰의 복무 및 교육

청원경찰의 복무에 관하여는 「국가공무원법」 제57조, 제58조 제1항, 제60조, 제66조 제1항 및 「경찰공무원법」 제18조를 준용한다.

「국가공무원법」상에서 청원경찰의 복무의무를 보면, "공무원은 직무를 수행할 때 소속 상관의 직무상 명령에 복종하여야 한다."고 하면서 「복종의 의무」를 규정하고 있다. 또한 "공무원은 소속 상관의 허가 또는 정당한 사유가 없으면 직장을 이탈하지 못한다." 고 규정하면서 「직장 이탈 금지 의무」를 규정하고 있으며, "공무원은 재직 중은 물론 퇴직 후에도 직무상 알게 된 비밀을 엄수(嚴守)하여야 한다."고 규정하면서 「비밀 엄수의 의무」를 규정하고 있다.

그리고 "공무원은 노동운동이나 그 밖에 공무 외의 일을 위한 집단 행위를 하여서는 아니 된다."고 규정하면서 「집단 행위의 금지」 의무를 두고 있다.

「경찰공무원법」상에서 청원경찰의 복무의무를 보면, "경찰공무원은 직무에 관하여 허위의 보고나 통보를 하여서는 아니된다."고 규정하면서 「허위보고 등의 금지」 의무를 규정하고 있다.

청원경찰의 교육에 관하여는 신임교육과 직무교육으로 구분할 수 있다. 신임교육과 관련하여서는 청원경찰법 시행령 제5조에 의하여 청원주는 청원경찰로 임용된 사람으로 하여금 경비구역에 배치하기 전에 경찰교육기관에서 직무수행에 필요한 교육을 76시간(2주)을 받게 하여야 한다. 다만, 경찰교육기관의 교육계획상 부득이하다고 인정할 때에는 우선 배치하고 임용 후 1년 이내에 교육을 받게 할 수 있다. 다만, 경찰공무원(전투경찰순경) 또는 청원경찰에서 퇴직한 사람이 퇴직한 날부터 3년 이내에 청원경찰로 임용되었을 때에는 제1항에 따른 교육을 면제할 수 있다.

직무교육과 관련하여서는 청원경찰법 시행규칙 제13조에 의하여 청원주는 소속

형사사법전공 대학생들을 위한
경찰학 입문

청원경찰에게 그 직무집행에 필요한 교육을 매월 4시간 이상 하여야 한다. 예외적으로 청원경찰이 배치된 사업장의 소재지를 관할하는 경찰서장은 필요하다고 인정하는 경우에는 그 사업장에 소속 공무원을 파견하여 직무집행에 필요한 교육을 할수 있다(김양현, 2010: 58-60).

(2) 일반경찰

일반경찰은 경찰공무원으로 구성된 경찰을 말한다.

2) 평시경찰과 비상경찰

평시경찰과 일반경찰기관이 일반경찰법규에 의하여 업무를 수행하는 경찰을 말한다. 비상경찰은 비상시에 있어서 일반경찰의 기관 이외의 기관, 특히 군대가 치안의 임무를 수행하는 것을 말한다. 비상경찰은 헌법적 근거를 필요로 한다. 현행 헌법상 계엄이 선포된 경우에 계엄사령관의 지휘하에 공공의 안녕과 질서를 유지하는 경우가 이에 해당한다.

비상경찰과 평시경찰을 구분하면 다음 <표 19>와 같다.

표 24   평시경찰과 비상경찰의 구분

분류기준	· 공공의 안녕과 질서에 대한 위해의 정도, 적용법규, 위해를 제거할 담당기관
평시경찰	•일상적 상태에서 보통경찰기관이 일반경찰법규에 의하여 행하는 경찰작용을 말한다.
비상경찰 (군대)	•전국 또는 어느 한 지방에 비상사태가 발생하여 계엄령 또는 위수령이 선포될 경우에 군대가 병력으로 공공의 안녕과 질서를 유지하기 위하여 행정사무의 일환으로 경찰사무를 관장하는 경우를 말한다. •계엄령 : 전시·사변 또는 이에 준하는 국가비상사태에 있어서 병력으로써 사상의 필요에 의하거나 공공의 안녕·질서를 유지할 필요가 있을 때에 「계엄법」에 따라 대통령이 선포한다. •위수령 : 재해 또는 비상사태시에 시·도지사로부터 병력출동의 요청을 받은 위수사령관이 육군참모총장의 승인을 얻어 이에 응할 수 있다(「위수령(대통령령)」 제12조).

228

3) 사법경찰과 행정경찰

행정경찰과 사법경찰의 구별은 삼권분립의 사사에 투철했던 프랑스에서 확립 구분으로서, 프랑스 죄돠 형벌법전 제18조 '행정경찰은 공공질서유지·범죄예방을 목적으로 하고, 사법경찰은 범죄의 수사·체포를 목적으로 한다.'는 데서 유래하는 것이다.

우리나라에서는 조직법상으로 행정경찰과 사법경찰로 구분되어 있지 않으며 보통경찰기관의 두가지 사무를 모두 담당한다(강용길 외, 2009: 28).

앞서 서술한 바와 같이 사법경찰은 범죄의 수사, 범인의 체포 등 국가형벌권에 의한 활동을 의미하는 것으로 형사소송법의 적용을 받아 특정한 범죄에 대한 수사를 담당하는 경우를 말한다. 여기에는 경찰기관의 수사경찰관과 검찰청 등의 수사관이 행하는 수사활동이 해당된다.

행정경찰은 실질적 의미의 경찰, 즉 사회공공의 안녕과 질서를 유지하기 위하여 일반통치권에 의거하여 국민에게 명령·강제하는 권력적 활동을 의미한다. 여기에는 산림경찰, 위생경찰 등으로 불리는 협의의 행정경찰이 포함된다.

행정경찰과 사법경찰을 구분하면 다음과 같다.

표 25 행정경찰과 사법경찰의 구분

분류기준 및 연혁	• 경찰활동의 직접적인 목적, 3권분립사상 • 양자의 구별은 3권분립의 사상에 투철했던 프랑스에서 확립된 구분으로 대륙법계 국가에서 보편화되었다. 프랑스 경죄처벌법전 제18조는 "행정경찰은 공공질서유지·범죄예방을 목적으로 하고 사법경찰은 범인의 수사·체포를 목적으로 한다"라고 규정함으로써 처음으로 법제화하였다. • 영미법계 국가에서는 이러한 구분을 모른다.
(광의) 행정경찰	• 사회공공의 안녕과 질서를 유지하는 권력작용인 실질적 의미의 경찰 • ┌ 보안경찰(교통·풍속·경비·영업·소방·해양경찰활동 등) └ 협의의 행정경찰(환경·건축·보건·철도·산림경찰활동 등)
사법경찰 (수사경찰)	• 범죄를 수사하고 범인을 체포하는 권력작용으로 실질적으로는 사법작용(형사사법권의 보조적 작용)이며, 형식적 의미의 경찰에 해당한다.

양자의 관계 (우리나라)	•행정경찰은 공공질서의 유지·범죄예방을 목적으로 하고, 사법경찰은 범죄의 수사·체포를 목적으로 한다. •행정경찰은 사회에 야기된 현재 및 장래의 사태에 대하여 발동하는 작용이지만, 사법경찰은 과거의 사태에 대한 작용이다. •행정경찰은 행정법의 일반원칙과 각종 경찰법에 의하여 작용하지만, 사법경찰은 형사소송법에 의하여 권한을 행사한다. •행정경찰의 사무는 경찰청장의 지휘·감독을 받지만, 사법경찰의 사무는 검사의 지휘·감독을 받는다. •행정경찰은 실질적 의미의 경찰에 해당하고, 사법경찰은 형식적 의미의 경찰에 해당한다. •우리나라에서는 조직법상으로는 행정경찰과 사법경찰로 구분되어 있지 않으며, 보통경찰기관이 양 사무를 모두 담당한다(이황우, 2002: 10－11).

4) 고등경찰과 보통경찰

고등경찰과 보통경찰은 보호되는 법익의 가치를 표준으로 한 분류기준으로 고등경찰이란 국가조직의 근본에 대한 위해의 예방 및 제거를 위한 경찰로서 정치경찰을 의미하고, 보통경찰이란 일반사회의 안전과 질서유지를 위한 경찰작용을 말한다.

5) 예방경찰과 진압경찰

경찰권 발동의 시점을 기준으로 한 분류로, 예방경찰이라 함은 경찰상의 위해의 발생을 방지하기 위한 권력적 작용으로 행정경찰보다 좁은 개념이다. 예를 들어 타인에게 해를 끼칠 우려가 있는 정신착란자를 경찰이 보호조치 시키는 것이 이에 해당한다.

진압경찰은 이미 발생된 범죄의 수사를 위한 권력적 작용으로 사법경찰과 일치한다. 다만, 경찰법 제3조와 경찰관직무집행법 제2조의 '진압'은 특히 집단적 범죄 등에 대한 강력한 예방작용을 의미함과 동시에 사법적 수사에도 관련되는 것으로, 예방경찰과 진압경찰의 양자에 관련된다.

분류기준	•경찰권 발동의 시점
예방경찰	•사전에 경찰상의 위해의 발생을 방지하기 위한 작용으로 행정경찰보다는 좁은 개념이다. •예 : 방범순찰, 정신착란자의 보호조치, 총포·화약류 등의 취급제한, 전염병에 걸린 가축 등의 도살처분 등
진압경찰	•이미 발생한 경찰상의 위해(危害)를 제거하기 위한 권력적 작용을 말한다. •예 : 범죄의 제지·진압·수사, 피의자 체포 등

6) 질서경찰과 봉사경찰

　질서경찰과 봉사경찰은 형식적 의미의 경찰 중에서 경찰활동의 질과 내용을 기준으로 한 분류로서, 질서경찰을 보통 조직의 직무범위 중에서 봉사경찰을 강제력을 수단으로 사회공공의 안녕과 질서유지를 위한 법 집행을 주로 하는 경찰활동을 말하며, 강제력이 아닌 서비스·계몽·지도 등을 통하여 경찰 직무를 수행하는 경찰활동을 말한다. 전자에는 범죄수사·진압·즉시강제·교통법규 위반자에 대한 처분 등이 있으며, 후자에는 방법순찰, 청소년선도, 교통정보의 제공 등이 있다(강용길 외, 2009: 30).

분류기준	•경찰활동의 질과 내용
질서경찰	•강제력을 수단으로 사회공공의 안녕과 질서 유지를 위하여 법집행을 주로 하는 경찰활동을 말한다. •예 : 범죄수사·진압, 경찰상 즉시강제, 교통위반자에 대한 처분(범칙금통고처분, 면허취소) 등
봉사경찰	•강제력이 아닌 서비스·계몽·지도 등을 통하여 경찰직무를 수행하는 경찰활동을 말한다. •예 : 방범지도, 청소년 선도, 교통정보의 제공, 지리안내, 방범순찰, 수난구호 등(이황우, 2002: 12).

7) 국가경찰과 자치경찰

오늘날 경찰제도에는 여러 가지 패러다임이 존재하나 크게 대륙법계의 영향을 받은 국가경찰제도와 영미법계의 영향을 받은 자치경찰제도가 있다. 이러한 제도는 국가별 역사 발전 과정이나 국민의 성격, 일반행정제도에 많은 영향을 받고 있다. 그러나 Global 사회에서 순수한 제도의 고집은 더 이상 발전적 태도는 아니다.

(1) 국가경찰제도

경찰제도에 관한 논의는 다양한 관점에서 고찰될 수 있으나 일반적으로 경찰권이 존재하는 양식을 기준으로 중앙집권적 경찰제도와 지방분권적 경찰제도로 구분하는 방식이 가장 많이 적용되고 있다(이황우 외, 2004: 40). 국가경찰제도와 자치경찰제도로 구분하여 논하는 접근방법도 사실은 같은 것이라고 볼 수 있다. 경찰은 흔히 경찰유지의 권한과 책임, 즉 경찰조직권·인사권 및 경찰유지에 관한 경비부담책임 등의 소재에 따라 국가경찰과 자치경찰로 구분할 수 있다. 다시 말해 경찰의 주체를 국가(중앙정부)로 하느냐 지방자치단체로 하느냐에 따라 국가경찰과 자치경찰로 구분할 수 있는 것이다. 일반적으로 대륙법계국가에서는 국가경찰로서 중앙집권적 경찰조직을 유지하고 있고, 영미법계 국가에서는 개인의 생명·신체 및 재산의 보호가 경찰개념의 중심을 이루고 있어 경찰조직도 자치경찰제도를 유지하고 있으며, 각각의 제도는 <표 23>과 같이 그 나름대로의 장·단점이 있다.

표 28 〈표 23〉 국가경찰과 자치경찰의 장단점

이념	국 가 경 찰	자 치 경 찰
	합법성, 능률성, 집권성, 책임성	민주성, 분권성, 중립성, 자치성
장점	① 강력하고 광범위한 집행력 행사 ② 타 행정부처와 긴밀한 협조체제 구축에 용이 ③ 각 경찰단위간 협조용이 ④ 교통통신의 발달로 인한 통일적 운영 및 범죄수사에 유리 ⑤ 교육훈련, 인사행정상 적재적소 배치 ⑥ 형사·감식시설 등 전국적인 시설 이용에 편리	① 정치적 중립성의 보장 ② 경찰사무의 분권화로 권력독점과 중앙집권 해소 ③ 지방행정의 효율성 강화 ④ 주민의 경찰에 대한 호감 및 참여 촉진 ⑤ 독립된 조직운영으로 조직운영상의 개혁 가능 ⑥ 지역공무원으로서의 치안유지 책임감 강화

단점	① 주민참여, 시민의 자발적 협조 취약 ② 정권 담당자 및 타 행정부처의 정치적 의도 개입 여지 ③ 경찰조직의 비대화로 인한 비효율성 ④ 획일적 업무수행으로 인한 지역적 특수성에 대한 대응 결여 ⑤ 지방이해관계보다 중앙의 반응을 고려하려는 경향 ⑥ 경찰장비의 지역고려 미흡 ⑦ 부당한 직무에 대한 책임감 저하 가능성	① 경찰기관간 상호 응원 곤란 ② 범죄수사 등 광역적 경찰업무에 불리 ③ 경찰부패의 가능성 ④ 인사에 대한 지방정치인의 간섭으로 경찰 간부의 통제력 미흡 ⑤ 승진기회 축소로 경찰사기 저하 우려 ⑥ 예비경찰의 미 보유로 기동성 약화 ⑦ 경찰의 전문적 기능 발휘가 어려움

자료: 조성택, 2005: 212.

경찰조직을 편성함에 있어서 경찰의 주체를 중앙정부로 하느냐 지방자치단체로 하느냐 하는 문제는 중요한 국가정책상의 문제이다. 국가경찰에서는 경찰권은 국가의 통치권으로 인식하여 국가적 이해관계의 지배 아래 두고 경찰행정의 중앙집권화를 추진하여 능률성 내지는 합법성을 추구한다. 이에 반해 자치경찰에서는 경찰권은 고유한 자치권의 일부로 인식하여 지방적 이해관계 아래 경찰행정의 지방분권화를 추진하여 지역주민의 자치에 의한 민주성 내지는 자치성을 추구하는 것이다. 그러나 진정한 의미에 있어서는 민주성과 능률성은 상호 보완됨으로써 그 가치를 인정받게 되므로 상호 밀접한 관련을 가지게 된다.

그런데 오늘날에 있어서는 양대 체계의 차이점은 개괄적이고 유형적인 것에 불과해서 각기 장·단점을 가지고 있고 어느 제도가 특별히 우월하다고 할 수 없기 때문에 오늘날 세계 각국은 각각의 장점을 혼합 융화한 절충형 제도를 채택하는 것이 일반적 경향이기도 하다(백형조, 1999: 114). 즉 오늘날 세계 각국은 특정 유형의 경찰제도를 고집하기보다는 사회변화와 국민여론을 바탕으로 시대에 부합하는 경찰제도를 채택하고 있다.

국가경찰의 원조격인 프랑스나 독일이 지방분권화를 통한 주민의 지지와 협력을 높이는 데 관심을 집중하고, 지방자치경찰의 원조격인 영국과 미국은 범죄의 첨단화·광역화·조직화·국제화 추세 및 치안서비스의 질적 저하를 감안하여 자치경찰에 대한 중앙정부의 역할을 강화하는 추세이다. 이러한 현상은 경찰권의 중앙집권

화 및 지방분권화의 장점을 수용하여 문제점을 해소하는 방향으로 진화가 계속되고 있음을 뜻하는 것이다(이황우 외, 2004: 45).

(2) 자치경찰제도

① 자치경찰제도의 개념

아직까지는 명확하게 자치경찰의 개념을 규정한 사례나 또는 국민일반에게 공개되는 자치경찰제의 개념이 정립되지 못한 실정이다. 자치경찰제의 개념에 대해 그동안 연구된 개념을 살펴보면 다음과 같다.

한국지방행정원(1998)은 자치경찰제의 개념을 "지방자치단체의 장 또는 주민을 대표할 수 있는 기관이 지방자치단체를 관할구역으로 하는 경찰행정관서의 유지에 대한 권한과 책임을 가지고 조직·행정·재정 등에 관하여 경찰행정 정책 등에 관하여 경찰행정 정책에 주민의 의사를 반영하여 그 주민들에게 직접적 또는 간접적으로 치안 공공 서비스 제공하는 제도와 활동"으로 정의했다.

김석범(1996)은 자치경찰제의 개념을 "경찰행정을 지방자치행정의 일부로 보고 경찰권 지방자치기관이 담당하며, 그 책무도 개인의 생명·신체·재산의 보호와 범죄의 수사, 범인체포, 교통관리 등으로 한정하면서 직무수행 방법에 있어서도 주민의 자유와 권리를 보호하고 권한을 남용하지 못하도록 적법절차를 지키는 것"으로 정의했다.

이종수(2000)는 자치경찰의 개념정의에 대해 "일정 지역의 치안에 관한 권한과 책임을 지역민과 지역민의 대표자가 보유, 행사토록 되어 있는 제제"라고 정의했다.

이황우(2005)는 자치경찰제도는 지방분권의 정치사상에 따라 지방자치단체에 자치권을 부여하고 지방자치단체가 경찰유지의 권한과 책임을 가진다(이황우, 2007: 71). 지방분권의 이념에 따라서 지방자치단체장에게 경찰권을 부여하고 경찰의 설치, 유지, 운영에 관한 책임을 지방자치단체가 담당하는 제도라고 정의했다.

또한 경찰청 자치경찰제 실무기획단(1995)에서는 자치경찰의 개념을 "시·도지사에게 지방경찰을 맡겨 일반행정 뿐 아니라 치안행정의 업적에 관해서도 차기선거 때 주민 심판의 대상이 되도록 하고 주민의 필요에 따라 지역실정에 맞는 치안ㄹ행정을 펼침으로써 풀뿌리 민주주의 이념을 더욱 완벽하게 구현하는 제도"라고 규정 했다.

최기문 경찰청장(2000)은 자치경찰제란 "경찰행정을 지방분권화하여 지방자치단체 가 그 우지의 권한과 책임을 지고 주민의 참여와 통제를 받는 풀뿌리 민주주의인 지 방자치제를 정책 시키는 한편 경찰의 정치적 중립을 보장하는 제도"라고 정의했다.

이상에서 살펴본 바와 같이 자치경찰제의 개념은 학자마다 다양하게 정의되고 있 는데 이들을 종합해 정의해 보면 "자치경찰제란 지방자치제의 실시에 따라 자치경 찰이 지역주민들의 의사를 종합해 지방자치단체의 권한과 책임 하에 지역의 치안을 담당하는 제도"라고 정하고자 한다(이상열, 2004: 202-204).

② 자치경찰의 기본이념

자치경찰제도가 추구하는 기본이념은 정치적 중립성 확보, 민주화, 분권화 세 가 지로 압축하여 설명할 수 있다.

첫째, 경찰의「정치적 중립성」확보이다.

막스(Marx)는 그의 저서【행정국가론】에서 공무원이 스스로 조직화된 제 이익간 에 적과 우군을 구별한다면 공정을 기할 수 없다고 하면서 공무원의 정치적 중립성 (political neutrality)이야 말로 투쟁적 신조(militant creed)이며 공무원의 계급화를 막는 해독제를 제공하는 것이라고 지적한 바 있다.

이것은 공무원이 국론을 분열시키는 정쟁에 개입해서는 아니 된다는, 즉 정치적 중립주의의 중요성을 강조한 것이다(김충남, 2005: 30).

더욱이 국민의 생명·신체·재산과 직접적으로 영향을 미치는 경찰의 정치적 중립 은 중요한데, 경찰의 정치적 중립성은 경찰조직이 특정 정당이나 정치적 사정, 특수 계층의 이익을 위하여 존재하는 것이 아니고 지역주민의 편익과 지역사회의 삶의 질을 개선하기 위한 방향으로 접근하여야 한다는 것이다. 이와 같은 경찰의 중립성 은 경찰활동과 그 운영에 대해 지역 주민들이 공동으로 결정할 수 있어야 중립성이 확보될 수 있다는 전제하에 출발할 수 있는 것이다.

둘째, 경찰행정의「민주화」이다.

행정의 민주성은 두가지 측면에서 살펴볼 수 있는데, 첫째, 국민과의 관계측면에

서 행정의 민주성이란 행정의 국민의사를 존중하여 국민의 요구를 수렴하고, 이를 행정에 반영시킴으로서 대응성 있는 행정을 실현하고, 국민에게 책임을 지는 책임행정을 구현하며, 일부 특수 계층이 아닌 전체 국민을 위한 행정을 하는 것을 의미한다. 둘째, 행정조직내부 측면에서 행정내부에서는 권위주의적인 상의하달적 의사전달이 아니고 계급과 권한에 개의치 않는 충분하고 자유로운 의사전달이 행해지고, 행정의 분권화를 이룩하며, 자발적 의사경정의 기회가 증대되고 능력발전의 기회가 부여되며, 자아실현의 욕구가 실현되도록 조직의 관리가 이루어질 것을 요구한다(이상안, 2005: 122-123).

아울러 경찰행정은 지역사회와 시민생활 존립의 기본적 상황에 관한 것이고 경찰활동은 시민생활과 시민인권에 직접적으로 영향을 미치기 때문에 경찰의 조직과 제도도 민주성에 부합한 방향으로 운영되어야 한다. 자치경찰제는 지역주민의 의사가 경찰행정에 적극적으로 반영되고 주권자인 지역주민 위주의 지역주민에 의한 경찰행정이 행해진다는 의미이다.

셋째, 경찰행정의 「분권화」이다.

분권화는 국가운영의 결정권한을 중앙에서 지방으로 이양하는 지방분권화의 의미도 내포되어 있다. 이러한 분권화의 이념에 따라 자치경찰제에서는 중앙집권화된 경찰을 지방으로 이양함으로써 지역의 치안은 지방경찰의 책임 하에 지역 실정에 맞추어 자율적으로 수행하도록 함으로써 경찰운영의 효율성을 높이고 그 지역 주민에게 적실성 있는 경찰행정을 수행할 수 있다.

(3) 제주자치경찰제도의 운영실태

① 자치경찰제의 연혁

추진은 '80. 12월 : "2000년대를 향한 경찰발전방안"에서 자치경찰제 도입안을 검토하기 시작하여 '97. 12월: 새천년국민회의, 대선공약으로 채택, '98년 : "지방자치경찰제 기획단"설치 및 연구, '03. 4월 : 참여정부 프로젝트로서 "자치경찰제 도입"을 지방분권 핵심정책과제로 지정, '04.01.16 : 자치경찰제 도입 국가의무사항 명시(지방분권특별법 제정), '04.11.30 : 제주특별자치도 추진계획 정부제출, '05.10.14 :

제주특별자치도 기본계획이 확정(정부)하게 되었다.

  그에 따른 출범은 '06.07.01 : 제주자치경찰 출범(국가경찰 특별임용 38명), '07.02.21
: 1차 신임순경 45명 임용, '08.03.05 : ITS센터 자치경찰단 이관, '12.03.08 : 통합 자치
경찰단 출범(1단, 4과, 1지역대, 1센터, 11담당), '12.03.08 : 자치경찰 기마대 신설,
'16.01.25 : 자치경찰 단장 직급 개선(경무관), '16.02.01 : 관광경찰과 신설, '18.08.28 :
現 자치경찰단 구성(1관, 3과, 1지역대, 1센터), '19.01.31 : 국가경찰 파견(260명)
국가사무 시범 운영을 하고 있다.

② 자치경찰 조직 및 인력

가. 자치경찰 조직도

그림 46 자치경찰 조직도

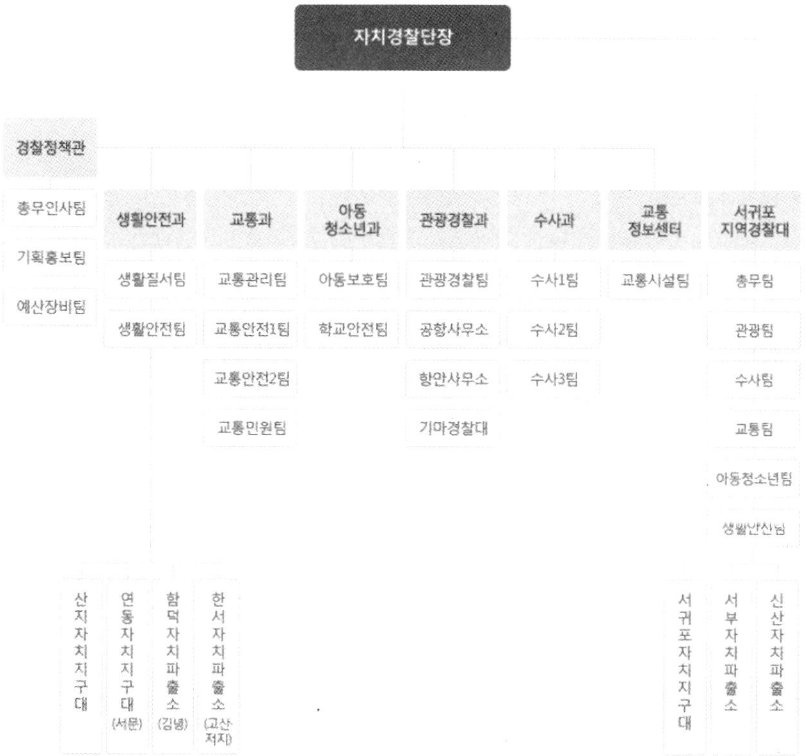

나. 자치경찰 인력 현황

표 29 자치경찰 인력 현황

구분	총계	자치경찰공무원										일반직공무원		
		계	경무관	총경	경정	경감	경위	경사	경장	순경	계	일반직	공무직
정 원	169	151	1	1	5	17	28	28	38	33	18	10	8
현 원	164	146	1	1	5	16	27	30	31	35	18	10	8
별도정원	10	10			1	3	2	1	2	1			
과부족	−5	−5	−	−	−	−1	−1	+2	−7	+2	−	−	−

표 30 자치경찰 및 국가경찰 인력 현황

구분	총계	경찰정책관	생활안전과	교통과	아동청소년과	관광경찰과	수사과	서귀지역대	교통정보센터	타부서파견	별도정원(휴직, 파견)
계	164(260)	18(1)	8(133)	30(32)	3(9)	42	18(1)	24(84)	9	12	10
경찰관	146(260)	17(1)	8(133)	28(32)	3(9)	35	16(1)	24(84)	3	12	10
일반직	10	1	−	1	−	−	2	−	6	−	−
공무직	8	−	−	1	−	7	−	−	−	−	−

※ ( ) 국가경찰 파견인원

③ **자치경찰 사무**

가. 경찰정책관

 − 자치경찰행정 종합기획 조정 및 활동목표 수립

 − 자치경찰공무원 인사·교육·홍보·인력·장비 운용계획 수립 및 운영

 − 자치경찰 예산·편성·집행 및 계약에 관한 사무

 − 자치경찰 제도개선 및 법령·조례·규칙 개정에 관한 사무

 − 국가경찰과의 업무협약·협력체계 및 인사교류에 관한 사무

나. 생활안전과

 − 주민의 생활안전에 관한 사무

 − 112 신고(12종) 전담 접수/출동 처리

- 자치 지역경찰 및 협력단체 운영 기획, 성과 분석·평가·환류

- 범죄예방진단 관련 유관기관 협력체계 및 운영·관리

- 통합유실물센터 및 주취자응급의료센터 운영 및 관리

- 자치경찰 112지령실 운영에 관한 사무 m 경범위반 범칙금 세외수입 부과
  /징수 등 관리

다. 교통과

- 교통사고 예방대책 및 특별활동계획 수립

- 교통법규위반 지도단속, 교통안전 및 교통소통에 관한 사무

- 스마트범칙금 관리시스템 운영 및 과태료 체납관리에 관한 사무

- 어린이·노인 등에 대한 안전교육 및 교통사고예방 캠페인 시행

- 공공시설 및 지역행사장 경비에 관한 사무

- 교통시설심의위원회 운영에 관한 사무

- 어린이교통공원 조성 및 운영업무 전반에 관한 사무

라. 아동청소년과

- 아동·장애인·치매환자 실종 예방을 위한 사전지문등록 사무

- 아동안전지킴이(집) 선발, 배치 등 운영·관리에 관한 사무

- 장기실종자 수색계획 수립 등에 관한 사무

- 117신고사건 접수 처리 및 학교전담경찰관 청소년 선도활동

- 선도심사위원 관리 및 위원회 운영, 학교폭력 대책자치위원회 참석

- 학부모폴리스, 청소년경찰학교, 명예경찰학교 운영 및 관리

- 학교 밖 위기청소년 관리 등에 관한 사무

마. 관광경찰과

- 관광지 주변 치안서비스 관광객 보호 및 질서유지

- 내·외국인 관광객에 대한 안전 확보 사무

- 관광사범에 대한 유관기관 합동 지도단속

  – 공항만에서의 외국인 관광객 보호 및 관광질서 지도 단속

  – 기마대, 명예기마대 설치 및 운영에 관한 사무

바. 수사과

  – 특사경 분야에 대한 기획수사 및 특별수사활동 전개

  – 산림 · 환경 · 관광분야 등 특사경 직무에 관한 수사

  – 식품·위생·의료 및 원산지 표시에 대한 지도단속 및 수사

  – 자동차 무보험운행 및 무단방치 관련 특사경 직무에 관한 수사

  – 가축분뇨 불법배출 예방 및 단속을 위한 서부출장소 운영

사. 서귀포지역경찰대

  – 주민의 생활안전에 관한 사무

  – 공공시설 및 지역행사장 경비에 관한 사무

  – 사회적 약자(아동 · 청소년 · 노인) 보호 및 가정, 학교폭력 등 예방활동

  – 주민참여 방범활동지원 및 기초질서 · 교통법규위반 지도

  – 관광지 주변 치안서비스 활동, 관광객 보호 및 질서유지

  – 내 · 외국인 관광객에 대한 안전확보 사무

  – 관광 환경 산림분야 등 특별사법경찰관리 직무에 관한 사무

  – 자동차 무보험 운행 및 무단방치관련 지도단속 및 수사

  – 위생 · 식품 · 의약품 등 원산지 분야 등 지도단속 및 수사

아. 교통정보센터

  – 차세대 지능형 교통체계(C–ITS) 실증사업 시행

  – 지능형 교통체계(ITS센터) 운영 및 관리

  – 교통신호기 설치 · 관리 및 교통신호기 연동제 운영

  – 어린이 · 노인·· 장애인 보호구역 지정관리 및 개선사업

  – 주요정보통신 기반시설 정보보안업무에 관한 사무

표 31	자치경찰사무	
법률상 고유사무	국가경찰과 협약사무	교통정보센터 사무
• 주민의 생활안전 활동에 관한 사무 • 지역교통에 관한 사무 • 공공시설 및 지역행사장 등의 지역경비에 관한 사무 • 특별사법경찰관리 직무에 관한 사무(17개 분야)	• 공항·만 교통질서 및 관광질서 지도·단속 • 관광지·한라산 관광객 보호 및 관광 질서 지도 단속 • 단체 관광객 등 수송안전을 위한 에스코트 • 축제·문화행사, 민속오일장 교통관리 및 혼잡 경비 • 시내권 교통혼잡 지역 등에 대한 주정차 관리	• 첨단교통정보시스템(ITS) 구축운영 • 광역버스 정보시스템(BIS) 구축·운영 • 교통신호기 설치·운영 및 연동제추진 • 교통방송국 설립지원 및 교통정보 제공

④ 주요 추진업무

가. 전국 광역자치경찰제 Role Model 제주형 자치경찰제 완성

- 주민밀착형 광역자치경찰제 방향과 목표의 구체화를 통한 명확한 실천 로드맵 제시
- 치안과 일반행정의 융합, 주민밀착형 치안사무 발굴 ➔ 시범운영 ➔ 고도화된 정책 모델 제시
- 주민중심 다운－탑(Down－Top) 방식 치안정책 수립

나. 촘촘하고 두터운 사회안전망 구축으로 주민안전 확보

- 112현장대응시간 목표관리제 추진, 현장대응력 강화
- 주민참여 CPTED 환경설계로 안전한 생활환경 조성
- 주취자 인진과 재활 지원을 위한 응급의료센터 운영
- 학교안전경찰관(SSPO)를 통한 학교안전 통합케어

다. 수요자 중심 안전하고 쾌적한 교통안전 환경조성

- 차세대 지능형 교통체계(C－ITS) 구축 완료
- 교통사고 요인별 맞춤형 예방대책 추진

- 교통안전시설 실효적 개선, 맞춤형 교통안전환경 조성
- 어린이교통공원 내 체험형 교육장 구축, 조기 안전교육

라. 환경자원과 관광산업을 보호하는 특사경 수사활동 전개
- 산림·환경 등 특사경 전문수사 체계 구축
- 관광질서 확립을 위한 시장교란행위 집중단속
- 도민생활 밀접 현안 특별 수사활동 전개
- 디지털포렌식 시스템 구축으로 첨단 과학수사 기반 마련

8) 보안경찰과 협의의 행정경찰

위에서 언급한 바와 같이 행정경찰은 광의의 개념이고, 그 중에는 경찰청의 분장 사무처럼 사회공공의 안녕과 질서를 유지하기 위하여 다른 행정작용을 동반하지 아니하고 오로지 경찰작용만으로 행정의 일부문을 구성하는 경우와, 건축경찰·위생경찰 산림경찰 처럼 다른 행정작용과 결합하여 특별한 사회적 이익의 보호를 목적으로 하면서 그 부수작용으로서 사회공공의 안녕과 질서를 유지하기 위한 경찰작용이 있다. 전자를 '보안경찰'이라고 하고, 후자를 '협의의 행정경찰'이라고 한다.

제2차 세계대전의 종전과 함께 영·미를 중심으로 하는 연합국의 점령 당국이 독일이나 일본 그리고 우리나라에서 행했던 과거의 경찰사무의 정리, 이른바 비경찰화 작업은 비로 협의의 행정경찰 사무에 대하여 이루어져, 그러한 사무가 다른 관청의 사무로 정리되었던 것에 대하여는 이미 앞서 살펴보았다(강용길 외, 2009: 29).

3

표 32 보안경찰과 협의의 행정경찰 구분

분류 기준	· 경찰업무의 독자성
보안 경찰	• 사회공공의 안녕·질서를 유지하기 위하여 다른 종류의 행정작용에 부수되지 아니하고 오직 경찰작용만이 독립하여 행정의 일부분을 구성하고 있는 것을 말한다. 예 : 교통경찰, 풍속경찰, 방범경찰, 소방경찰, 해양경찰 등이 있으며, 경찰청장 또는 해양경찰청장, 광역자치단체장(소방)의 소관사무이다.
협의의 행정 경찰	• 다른 행정작용(예 : 건축행정·보건행정 등)에 부수하여 그 다른 행정분야에서 생길 수 있는 사회공공의 안녕과 질서를 유지하기 위하여 행하여지는 작용을 말한다(이황우, 2002: 11−12). 예 : 건축경찰, 위생경찰, 산업경찰, 산림경찰, 관세경찰, 철도경찰, 경제경찰 등으로 해당 주무부처장관의 소관사무이다. • '비경찰화'와의 관련성 : 2차 세계대전 이후 독일에서 영업경찰, 건축경찰, 보건경찰 등 협의의 행정경찰 사무를 다른 행정관청의 관장사무로 이관한 조치를 비경찰화라고 한다.

제2장 경찰의 기본이념과 윤리적사상적 토대

제1절 경찰의 기본이념

경찰철학은 오늘날 우리 현실에 왜 경찰이 필요한가라는 명제에 대한 철학적 배경을 의미하는 바, 이에는 조직으로서의 경찰이 추구해 나가야 할 기본가치·방향·규범을 의미하는 경찰이념의 분야와, 경찰관 개개인에게 요구되는 바람직한 경찰상을 논하는 경찰윤리의 분야가 포함된다.

그러나 양자는 전혀 별개가 아니라, 경찰의 기본 이념이 경찰관 개개인의 신념체계로서 윤리의 바탕이 되어야 하고, 또한 이념간의 충돌이 발생될 때에는 종국적으로 각 경찰관의 윤리의 문제로 귀결된다는 측면에서 양자는 상호의존적이다. 뿐만 아니라 각 이념들도 서로 연결되어 있어서, 예를 들어 법치주의나 인권존중주의, 정치적 중립주의 등의 민주주의 이념과 서로 연결되어 있는 것처럼, 완전히 독립적이지 않다는 점을 염두해 둘 필요가 있다(강용길, 2009: 95).

1. 민주주의

경찰조직은 그 민주주의적 이념을 다하여야 한다. 경찰은 본래 국민을 위하여 국민에 의해 그 권한을 부여받은 조직으로 그 원한행사는 국민의 대표자가 결정하는 법률에 의해야 한다(허경미, 2008: 18). 즉, 경찰권은 국민에게 있고 경찰권력은 국민으로부터 나오며 경찰의 조직과 작용은 민주적이어야 하며, 경찰권은 국민전체를 위해서 행사되어야 한다. 경찰권은 국민에게 있고 모든 경찰권력은 국민으로부터 나온 것이므로 경찰은 국민을 위하여 경찰권을 행사하여야 하고, 경찰공무원은 국민 전체에 대한 봉사자로서 국민에게 책임을 져야 한다.

3

따라서 경찰의 민주성을 확보하기 위해서 첫째, 경찰조직내부의 민주화를 위해 경찰은 민주적으로 조직되고 관리·운용되어야 한다. 경찰법 제1조는 이것을 경찰법의 목적으로 규정하고 있다. 둘째, 경찰에 대한 민주적 통제와 참여장치이다. 경찰이 민주적이기 위해서는 경찰에 대한 민주적 통제와 참여장치가 있어야 한다. 이를 위한 장치로서 경찰위원회가 도입되어 있고 행정절차법이 제정되어 있다. 셋째, 경찰활동의 공개이다. 경찰의 민주화가 촉진되기 위해서는 경찰활동이 폐쇄적이어서는 안되고 공개적이어야 한다. 이를 보장하기 위한 제도적 장치로서 '공공기관의 정보공개에 관한 법률'이 제정되어 있다. 그러나 경찰활동의 공개는 다른 기본적 인권의 보호 등을 위하여 제한될 수 있다. 넷째, 권한의 적절한 분배이다. 경찰관 개개인에게 책임에 걸맞는 권한이 주어져야 하고, 중앙과 지방간 그리고 상하간에 권한의 분배가 적절히 이루어져야 한다. 다섯째, 개개 경찰관의 민주의식 확립이다. 개개 경찰관의 민주의식이 확립되어야 하고, 특히 경찰간부에게는 경찰조직 전체를 민주적으로 관리·운영하고 통합할 민주적 리더십이 요청된다(이황우, 2002: 34).

2. 법치주의

오늘날 헌법상에 법치주의(ruleoflaw)를 명문으로 선언한 나라는 그리 많지 않지만 현대민주국가에서는 예외 없이 헌법적 원리의 하나라로 인식되고 있다. 법치주의가 어떤 의미인가에 대해서는 그것은 다의적인 개념으로 각국에서 발전된 특유의 역사적 상황과 법문화, 전통에 따라 그 개념 규정이 동일하지는 않다.

법치주의란 보통 '국가가 국민의 자유와 권리를 제한하든기 새로운 의무를 부과하려 할 때에는 국민의 의사를 대표하는 국회가 제정한 법률에 의하거나 법률에 근거가 있어야 하며, 또 법률은 국민만이 아니고 국가권력의 담당자도 규율한다.'는 헌법상의 원리를 의미하는 것으로 정의되고 있다.

즉 법우선의 원칙에 의하여 국가작용이 법에 의하여 이루어져야 한다는 의미이다. 국가가 작동하고 국민의 자유와 권리를 제한하거나 의무를 부과하려고 하는 때에는 국민대표기관인 의회가 정하는 법률에 의하여야 한다는 의미는 법치국가의 발전에서 초기단계였던 법률국가에서의 법치주의였다. 그러나 근대입헌주의의 발달로 법률국가에서 헌법국가로 나아가면서 법치주의의 내용은 더욱 확장되고 강화되어 국가와 국민을 규율하는 법률도 헌법에 합치하는 것이어야 하며, 헌법이 정하는 내용을 실현하는 것이어야 하는 것으로 진화하였다. 헌법국가로 발전한 단계에서의 법치주의는 헌법에 의하여 국가가 창설되고, 국가작용과 국민의 생활이 헌법을 최정점으로 하는 객관적 법규범에 의하여 이루어져야 한다는 것을 중심내용으로 한다. 헌법 국가에서 법치주의는 국가작용이 정당성을 가진 헌법에 합치하는 것을 의미하게 되었다.

따라서 법치주의를 실현하기 위해서 법은 반드시 국회에서 또는 국회의 참여로 제정되어야 할 뿐만 아니라 독립된 법원에 의하여 적용되고, 모든 행정도 법에 근거하여 집행되어야할 것이 요구된다. 법치주의는 적극적 의미에서는 국민의 대표인 국회가 제정한 법률이 국가권력 발동의 근거가 된다는 뜻에서, 소극적 의미에서는 국민의사의 결정체인 바로 그 법률이 국가권력을 제한, 통제한다는 뜻에서 그 기능을 수행하고 있다고 볼 수 있다(소병철, 2010: 8−9).

경찰활동의 경우 그 작용형태가 행정처분인 경우나, 행정강제, 그 중에서도 특히 상대방에게 사전의 의무를 과함이 없이 행사되는 즉시강제의 경우에 이와 같은 법치주의의 권리가 강하게 요구된다.

이에 반하여 국민의 자유와 권리를 제한하지 않고, 국민에게 의무를 과하지 않는 순전한 임의활동은 직무의 범위 내에서라면, 법률의 개별적 수권규정 없더라도 이를 행할 수 있다. 예를 들면, 도로교통정보의 제공, 순찰 등의 활동 등이다.

그러나 임의활동이라고 하더라도 궁극적으로 국민의 자유와 권리를 제한하고, 국민에게 의무를 과하는 데까지 이르는 임의활동은 상대방의 완전한 자유의사에 기한 동의를 필요로 한다. 예를 들면 경찰관직무집행법상의 동행요구로 이를 넘는 동의는 더 이상 동의로 인정되지 않고, 그러한 경찰관의 행위는 불법행위를 구성하여 국가배상의 문제가 제기될 수 있다.

경찰관청에게 재량권이 인정되는 경우라고 하더라도 재량권을 일탈·남용해서는 안되며, 재량권이 0으로 수축되는 경우에는 반드시 법률이 정한 권한에 따라 의무를 이행해야 한다. 전자에 대해서는 하자있는 재량행사의 문제와 비례원칙의 문제로서 경찰권의 행사에 대한 법적 제한을 받게 되고, 후자에 대해서는 경찰재량의 0으로의 수축론을 통하여 제한을 받는다.

이러한 법치주의의 내용으로는 첫째, 법률의 법규창조력이다. 국민의 대표기관인 국회가 제정한 법률만이 국민의 권리와 의무에 관한 사항을 규율할 수 있는 힘이 있다. 법규, 즉 국민의 권리와 의무에 대한 구속력을 가지는 법규범을 창조하는 것은 국회의 전속적 권한이다.

둘째, 법률유보의 원칙이다. 경찰권의 발동은 법률의 수권, 즉 법적 근거가 있어야 하며 경찰기관은 수권규정 없이 자기판단에 따라 독창적으로 행위할 수 없다(근거규범). 또한 국민의 자유와 권리를 제한하고 의무를 부과하는 권력적 경찰작용(예 : 운전면허 취소처분, 경찰강제 등)은 법치주의의 원리가 강하게 요구된다. 그러나 국민의 자유와 권리를 제한하지 아니하고, 국민에게 의무를 과하지 아니하는 비권력적 경찰작용은 경찰직무 범위 내에서라면, 법률의 개별적 수권규정이 없더라도 행할 수 있다.

셋째, 법률우위의 원칙이다. 경찰작용은 법률규정에 위반, 즉 모순·저촉되어서는 안 된다. 법률은 경찰기관이 국민에게 법률의 취지에 저촉되는 명령을 할 수 없도록 하는 제약규범으로서의 역할을 한다(허경미, 2003: 22).

3. 인권존중주의

1) 인권의 의미

인권에 대한 사전적 의미를 살펴보면, "인권이란 사람이라면 누구나 태어나면서부터 가지고 있는 생명·자유·평등 등에 관한 기본적인 권리"라고 기술되어 있음을 볼 수 있다.

오늘날 우리에게 인권이란 너무나도 흔한 단어가 되었다. 정치권과의 관계에서,

학교나 사회단체, 군대나 회사, 수용시설에서 등을 막론하고 사람들이 모인 곳이라면 그 어느 곳에서든 끊임없이 인권이 침해되었다고 주장하곤 한다. 과연 '인권'이란 무엇일까? 인권에 대한 일반적인 견해는 "인간이라면 누구나 누릴 수 있는 당연한 권리" 혹은 "사람이기 때문에 당연히 가지는 권리"를 말하는 것으로 모아지고 있다. 다시 말해, 어떠한 명분으로도 "함부로 인간의 존엄성과 가치, 자유와 권리를 침해하거나 훼손해서는 안된다."는 원칙이다(신현기 외, 2006: 310).

대한민국 헌법은 인권의 절대성과 함께 "공공의 이익이나 다른 인권의 보호를 위해 법이 정하는 한도 내에서 인권의 본질이 아닌 일부에 한해 그 침해가 허용된다."는 예외성을 인정하고 있다(헌법§37). 이는 우리사회가 합의하는 '인권과 국권 사이의 균형과 조화'가 무엇인지를 보여주고 있는 것이다.

우리나라의 인권관련 논의의 결정체라고 할 수 있는 '인권위원회법' 역시 인권을 "헌법 및 법률이 보장하거나 대한민국이 가입 비준한 국제인권조약 및 국제관습법에서 인정하는 인간으로서의 존엄과 가치 및 자유와 권리"라고 규정하고 있다.

또한, 다른 측면에서의 인권을 의미를 살펴보면, 인권은 "인간이면 누구나 누릴 수 있는 당연한 권리", "사람이기 때문에 당연히 가지는 권리"를 말한다.

사람이라면 누구나 자신의 신체와 생명을 지킬 권리, 고문받지 않을 권리를 지닌다. 이러한 권리는 사람이 세계의 어느 장소에서 살건, 어떤 문명권에 속하건 상관없이 이미 세계사적 보편성을 지니는 개념이 되었다. 오늘날 인권이란 말은 우리가 너무나 흔하게 접하는 용어가 되었다. 여기서는 '경찰' 즉 '경찰활동'과 관련하여 인권의 의미를 부여하고자 한다(최경천, 2010: 4-5).

2) 인권의 개념 및 유형

위와 같은 의미의 인권에 대하여 일반적인 개념을 살펴보면, 세계인권선언문 제1조에서는 "모든 인간은 태어날 때부터 자유롭고 존엄성과 권리에 있어서 평등하다."라고 규정하고 있고, 대한민국 헌법 제10조도 "모든 국민은 인간으로서의 존엄과 가치를 가지며, 행복을 추구할 권리를 가진다."라고 명시하고 있다. 인권위원회법 제2조 제1호에서는 인권을 "헌법 및 법률에서 보장하거나 대한민국이 가입·비준한 국제인권조약 및 국제관습법에서 인정하는 인간으로서의 존엄과 가치 및 자유와 권리"라고 정의하고 있다.

또한, 그러함과 동시에 인권은 국가의 절대적인 권한 행사에 제한을 가하고 있다. 즉 국권이 중요하다 할지라도 인간의 존엄과 가치를 훼손할 정도로 국가가 권한을 행사해서는 안 된다. 또한 인권은 보편적이기 때문에 인간의 기본적 권리는 세계 어디에서나 동일하게 보호되어야 한다. 그러나 어떤 특수한 입장에 있는 개인이나 집단의 권리는 다른 사람의 권리나 공동의 이익을 위하여 필요한 만큼만 제한되어야 한다. 국가마다 역사와 전통이 다르기 때문에 구체적인 실천방법에서 차이가 있긴 하지만 인권 원칙의 큰 틀 자체는 세계 공통적이라고 할 수 있다.

또한, 인권의 유형을 살펴보면, '인권'을 영어로 쓸 때 복수형인 'human rights'로 쓴다. 인권의 종류가 다양하다는 뜻이다(어떤 한 종류의 인권만을 가리킬 때에는 단수형을 쓴다. 시대가 변함에 따라 새로운 인권문제가 계속 발생한다. 예를들어, 타인의 이메일을 열어 보는 것은 통신자유의 침해이지만 과거 컴퓨터가 없던 시대에는 이런 문제 자체를 상상할 수 없었다.

따라서 얼마나 많은 종류의 인권이 있는지를 일일이 열거하는 것은 큰 의미가 없다. 그러나 국제인권법의 발전과정에서 형성된 인권의 유형을 큰 테두리 내에서 분류하자면 학자들에 따라 다소 분류방식이 다르기는 하지만 첫째로, 사상과 양심의 자유, 참정권, 의견표명과 언론의 자유, 집회와 결사의 자유 등 인권의 역사에서 가장 오래된 권리유형은 사람 개개인의 안전과 안녕을 다루는 '시민적·정치적 권리'(civil and political rights)이다. 시민적·정치적 권리는 18세기 말부터 나오기 시작해서 가장 먼저 국제법으로 인정되기 시작했다. 부자 나라이든 가난한 나라이든 마음만 먹으면 법석설자와 세노 개선을 통해 비교적 쉽게 보장할 수 있는 권리를 말한다.

둘째로, 밥을 먹고, 살아갈 집이 있고, 가정을 꾸리고, 건강을 지키고, 노동조건을 보장받고, 교육을 받고, 예술과 과학의 업적을 인정받고, 사회보장의 혜택을 누릴 수 있는 권리 등 사람이 하나의 생명체로서 살아가려면 기본적인 의식주와 삶의 질이 보장되어야 하는데, 이와 같이 경제적·사회적·문화적 권리(economic, social and cultural rights)가 있다.

셋째로, 국적, 인종, 피부색, 성, 종교, 사상, 신분, 성적지향, 출신지역, 장애, 나이 등을 가리지 않고 모든 사람이 똑같이 모든 권리를 누릴 수 있는 '차별받지 않을 권리'(non − discriminatory rights)가 있다.

넷째로, 법 앞의 평등, 유죄 판결전까지 무죄로 추정받을 권리, 공정한 사법부, 공정한 재판, 인신보호, 사생활보호, 소급입법방지, 구금자처우 등 모든 인간이 합법적인 절차에 의해 대우를 받을 '법적권리'가 있다. 권력자가 마음대로 통치하는 인치가 아니라 법의 지배에 의한 법치를 뜻한다. 따라서 법적권리를 '절차적 권리', '규범적 권리'라고도 한다. 고문금지 또는 사형반대 역시 엄격한 의미에서는 법적권리이다. 특히, 법적권리는 경찰, 교도관 등 법집행 공직들과 관계가 깊은 권리이기도 하다. 법적권리는 여러면에서 시민적·정치적 권리와 비슷하므로 이들을 한데 묶어 '시민적·정치적·법적권리'라고도 한다.

여기서는 법적권리에 대하여 중점적으로 논하고자 한다. 경찰은 경찰법에서 요구하는 의무인 '공공의 안녕과 질서'를 유지해야 한다. 그리고 '국민 개개인의 생명과 재산을 보호'해야 할 과제를 가지고 있다. 경찰의 대표적인 과제는 범죄, 재해, 사고로부터 시민을 보호 해 주고 순찰을 돌며 미아를 찾아 주는 업무라고 볼 때 만일 경찰이 이러한 과제들을 잘 수행한다면 국민의 인권을 제대로 수호해 주고 있다는 증거가 된다.

하지만 경찰은 시위대, 범죄자, 가정폭력범과 대결하고 제압하여 피해자를 보호해야 한다. 이러한 과정에서 인권침해나 인권유린이라는 억지 문제에 부딪혀 어려움에 처하기도 한다. 경찰은 이러한 인권침해 소지갈등에서 지혜롭게 업무를 수행하는 능력을 발휘해야 할 것이다(최경천, 2010: 5−7)

3) 경찰활동에서 인권의 중요성

최근 우리 사회에 인권의식 향상, 공동체 의식의 붕괴, 개인 및 집단이기주의 팽배 등으로 인해 국가 공권력의 약화 현상이 심화되고 있다. 당연히 보호받아야 할 인권에는 피의자, 피해자의 인권뿐만 아니라 경찰의 인권도 포함되어야 한다. 그러나 수많은 경찰이 업무 수행과정에서 사망 또는 부상 당하거나 외부적 압력으로 인해 극심한 스트레스를 겪고 있음에도 불구하고, 이를 보호하거나 구조해 줄 법적 장치는 미흡하다.

특히, 경찰의 인권과 관련하여 최근에 많이 논의되는 것이 바로 주취자 처리와 같은 문제인데 일선 지구대에서 처리하는 신고사건의 50% 이상이 주취자 문제이나 경찰이 주취자를 제지하거나 적절히 보호하기에 어려움이 있다. 주취자들이 경찰서나 파출소에서 음주 소란, 기물파손, 경찰관 폭행 등의 행위를 하거나 방화, 차량돌진 등으로 인해 경찰관이 피해를 입는 사례도 늘고 있다. 반면에 상시 근무 체제의 유지를 위해 경찰공무원의 경우, 지정근무외 별도 동원근무로 인해 근무시간 과다 및 주·야간 교대근무로 인한 수면장애, 피로, 강한 스트레스가 발생하고 있다.

경찰관도 '제복을 입은 시민'으로 언젠가는 일반시민으로 되돌아가서 보호를 받아야 할 대상이라고 본다면 경찰의 인권에 대해서도 숙고 할 필요가 있다. 경찰이 자신의 직무에 만족하지 않고서는 국민이 만족할 만한 서비스를 제공할 수 없기 때문이다. 따라서 경찰관의 인권보장은 인간지향경찰활동(Human Oriented Policing, HOP)의 필요조건이라 할 수 있다.

따라서, 경찰활동과 인권과의 관계는 매우 밀접하다. 또한, 경찰권 행사는 법치주의의 기본원칙에 따라 명확하고 정당한 법적 근거하에서 공권력이 행사되어야 하고, 그 범위와 한계도 법에 구체적으로 명시되어야 한다. 또한, 공정한 법적 절차에 의해 공권력이 실현되어야 한다는 절차의 공정성은 인권보호의 원리이자 공권력을 제한하는 원리이기도 하다.

따라서 수사권을 발동함에 있어서는 절차에 위배되어서는 안 되고, 특히 상대방에 대한 각종 고지절차를 반드시 이행하여야 한다. 경찰은 공공의 안녕과 질서를 유지해야 함은 물론, 국민 개개인의 생명과 재산을 보호해야 하는 역할도 수행해야 한다.

인권이 경찰활동에서 중요하다면 인권과 경찰활동 중 과연 무엇을 우위에 둘 것인가가 문제가 될 수 있다. 인권을 절대적 가치로 두게 되면 치안유지라는 경찰활동은 상대적 열세에 있게 되고, 반대로 치안유지를 상대적 우위에 두면 인권보호는 그 만큼 어려워진다.

또한, 경찰은 우리의 일상과 밀접한 관계를 맺고 있으면서 '민중의 지팡이'라는 영예로운 별칭을 가지고 있다. 일반시민이 어려울 때 지팡이처럼 의지가 되는 존재라는 뜻일 것이며, 여기에는 인권수호자로서의 의미도 포함되어 있다.

이는 무엇보다도 경찰이 공공의 안녕과 사회질서를 유지하는 역할을 하는 기관이기 때문이다. 하지만 방범순찰활동, 시위질서 유지, 불심검문, 음주측정, 교통질서 유지활동 등 일반시민이 경찰을 만나는 경우엔 그러한 경찰 본연의 모습보다는 과거 권위적인 경찰의 모습을 떠 올리게 되는 때가 많다. 많은 노력에도 불구하고 수사기관의 인권침해에 대한 고소, 고발이 급격하게 늘어나고 있다.

국가인권위원회에도 경찰과 관련한 많은 진정이 제기되고 있어 경찰에 의한 인권침해가 여전히 국민의 관심이 되고 있음을 보여 주고 있다. 인권침해의 개념은 시대의 변화에 따라 달라지고 국민의 인권의식이 신장하면서 그 내용들도 갈수록 다양해지고 있다. 경찰의 폭력, 가혹행위는 물론 수치심을 유발하는 행위, 불공정한 수사도 인권침해로 생각하게 되었다. 최근 보도된 서울 양천경찰서 내에서의 가혹행위 발생사건의 경우 경찰활동에 있어 인권이 얼마나 중요한 것인가를 실감케 한다(최경천, 2010: 9-11).

4. 경영주의

1) 의의

경찰에게는 능률성의 차원이나 효과성의 차원을 넘어 경찰경영 차원에서 조직을 관리하고 운용해 나갈 이념인 경영주의의 내용으로는 장비·예산의 적정배분, 생산성의 개념을 공유·생산성 극대화를 위한 조직활동 등이 있다. 즉, 경찰경영은 고객인 국민만족을 넘어 국민감동을 지향해야 하며, 경찰경영차원에서 조직을 관리·운용해 나가야 한다는 것이다.

우리 경찰의 조직구조가 치안서비스의 제공자로써 적합한 인력과 예산 집행이 이루어지고 있는지를 진단하고 실천해야 한다. 즉, 현재의 획일적인 계층구조가 진정 최적의 구조인지를 분석하고 지휘계층의 비대화와 과도한 중복이 있지 않은지, 새로운 동태적 구조로 나가야 할 조직은 없는지 분석·평가해 보아야 할 것이다.

2) 내용

(1) 고객만족성

최근 세계 각국이 정부혁신의 주된 목표로 삼고 있는 것은 고객에 대한 관심을 높이고 고객에 대응성과 서비스의 질을 향상시키는 것이다. 즉, 기업은 이미 첨단상품이나 서비스가 개발이 된 상태에서 이것을 어떻게 고객에게 전달하여 만족시키느냐에 초점이 있는 반면, 행정서비스는 아직도 낙후된 상태에 있기 때문에 서비스의 질을 우선 행상시키는 방향에서 고객만족, 즉, 시만의 만족도를 높이는 방안이 논의되고 있다.

이러한 고객만족을 이끌어 내기 위한 다양한 제도가 시행되고 있다. 즉, 제공된 행정서비스에 대한 주기적인 만족도 조사와 만족도 조사결과의 반영을 위한 서비스 제도인 '시민헌장제도', 한명의 공무원만 만나면 모든 서비스 절차가 완결되는 '일회방문서비스', 서비스를 받기 위해 관공서에 오지 않아도 되는 '온라인서비스제도', 공무원의 불친절을 적발하는 '경고카드제도' 등이 있다.

고객만족은 두 가지 요건을 충족시켜야 한다. 하나는 제품이나 서비스에 대한 만족이고 다른 하나는 불만의 처리에 대한 만족이다. 이와 같은 요건을 경찰서비스에 적용해보면, 경찰의 단속이나 수사절차가 우선 질적으로 다른 행정서비스, 다른 나라의 경찰서비스보다 우수해야 한다는 것이다. 행정서비스의 우수성은 업무처리과정의 속도, 품질, 정체성, 친절성 등으로 평가할 수 있다.

(2) 효율성

일반적으로 효율성은 투입과 산출의 비용을 말한다. 즉, 공공서비스의 제공을 들어간 시간, 노력, 자원, 정보지식 등을 합산한 값으로 제공된 서비스의 양을 나눈 결과를 퍼센트로 환산한 것이다. 정책분석에서 정책의 효율성을 판단하는 기준에는 비용편익분석이 있다. 비용편익분석은 편익을 비용으로 나눈 백분율을 가지고 판단하는 방법이다. 즉, 편익을 비용으로 나눈 비율이 큰 것이 좋은 대안이고 효율성이 있다고 보는 것이다.

경찰활동을 예로 들면, 경찰이 음주운전을 단속하는데 드는 인력, 시간, 장비, 시민들의 불편 등을 환산하고 음주운전 측정건수나 음주운전 단속건수를 산출로 환산하여 음주운전단속 활동의 효율성을 계산하는 것이다. 그러나 투입과 산출에 들어가는 항목은 효율성을 분석하는 사람의 판단에 의하지만 가능한 항목을 빠짐없이 반영하여야 하며 수치화하고 돈으로 환산하여야 한다. 따라서 계산과정에는 주관성이 개입할 수밖에 없다.

(3) 효과성

효과성은 목표달성정도를 의미한다. 효율성이 산출에 대한 비용이라는 조직 내의 현상으로 볼 수 있는데 비해 효과성은 최종적으로 어떠한 결과를 외부에 산출하는가를 의미한다. 일반적으로 효율성에서 사용되는 산출과 효과에서 의미하는 목표의 달성정도는 목표와 수단의 연쇄관계내의 위치가 다르다. 즉, 효율성에서 사용되는 산출은 목표를 달성하기 위한 하위목표의 성격을 가진다.

경찰의 범죄예방과 대응활동에 들어가는 비용, 시간, 자원, 정보지식 등은 비교적 측정이 쉽지만 목표달성정도를 평가한다는 것은 어렵다. 즉, 범죄의 예방을 어떻게 측정할 수 있을 것인가에 대한 논란이 많다(김창윤, 2009: 47-48).

5. 정치적 중립

1) 정치적 중립의 개념

공무원의 정치적 중립(political neutrality)이란 어느 정당이 집권하든 정권교체의 동요됨 없이 집권당의 정책을 충실하게 집행해야 한다는 공무원의 당파적 중립성을 의미한다. 이는 공무원이 정치에 무관심할 것을 요구하는 것이 아니라, 부당하게 정파적 특수이익과 결탁하여 공평성을 상실하거나 정쟁(政爭)에 개입하지 않는다는 비당파성(非黨派性)을 말한다. 공무원의 정치적 중립은 세 가지 관점에서 파악할 수 있다.

첫째, 공무원이 충원되는 과정에서 정치적인 간섭이 배제되어야 한다는 것을 의미한다. 왜냐하면 공무원이 어느 특정정당이나 특정정치인에 의해서 선발되는 경우 그는 이미 정치적으로 관여하게 되는 것이며 특정인을 위한 편파적인 업무를 수행할 것이기 때문이다.

둘째, 공무원은 국가의 봉사자로서 직무를 수행할 때 어떤 정당이 집권하더라도 불편부당(不偏不黨)한 입장에서 자기의 직무를 성실히 수행해야 한다는 것을 의미한다.

셋째, 공무원은 스스로 정치적 활동에 적극적으로 관여하지 않고 정치적 경쟁으로부터 초연해야 한다는 것을 의미한다. 즉, 이것은 적극적으로 공무원이 시민으로서 당연히 향유해야하는 정치활동에 관한 기본권의 많은 부분을 포기한다는 데서 중요한 의미를 갖는다.

이러한 공무원의 정치적 중립이 인사행정에서 주요한 문제로 대두하게 된 것은 정치·행정이원론 및 실적주의의 출현과 그 맥을 같이 한다. 즉, 미국의 잭슨(Jacson)대통령 이후 도입된 엽관주의의 폐해를 극복하기 위해 실적주의가 대두하게 되어 공무원을 정치적인 횡포로부터 보호하고, 행정은 정치에서 결정한 것을 중립적인 입장에서 집행하는 관리적인 측면만을 담당함으로써 정치로부터 중립적인 입장을 지키게 된 것이다.

이러한 공무원의 정치적 중립성을 제도화됨으로써 행정발전에 크게 기여하였다. 먼저, 정치로부터 행정의 기능이 분화되어 행정의 기능적 자율성이 확보되었음은 물론 이런 배경 하에서 행정학이라는 독자적인 학문분야가 개척되었다. 또한 인사행정 분야에서 실적제도가 두입되고 공무원의 신분이 보장됨과 동시에 행정업무가 전문화되고 능률화되었다. 더 나아가 공무원이 정치현실에 개입되지 않는 것이 관례화됨으로써 특히, 서구사회가 정치기능의 자율성을 유지하고 소위공명선거를 통한 민주주의를 제도화하는데 중요한 역할을 담당하였다(이진현, 2009: 3-4).

특히 경찰의 정치적 중립이란 다당제가 존재하는 민주정치체제하에서 경찰조직이 전문가이며 동시에 중립적인 입장에서 정치세력간 정치적 대립을 중재·조정하는 정치적 역할을 수행할 때에 어느 특정 정당에 당파성을 갖는 것을 방지하고 여·야간의 차별없이 공평성을 갖고 봉사하는 것을 의미한다. 따라서 경찰이 정치적 중립이라고 하여 국회나 정당의 요구에 무관심하고 국민의 대표인 대통령의 지시도 받지 말라는 것을 의미하는 것은 아니다. 오히려 경찰조직이 누가 정권을 잡든 간에 집권자에게 전문적인 능력을 바탕으로 공평하게 봉사하라는 의미이다. 특히 우리 사회에서 권력이 곧 돈과 명예 등의 가치를 수반하는 권력지상의 문화가 팽배하기 때문에 경찰조직이 가진 방대하고 거대한 사법적 권력을 중립적으로 행사하도록 전제장치를 강화할 필요가 있다(임재강, 2009: 9).

2) 경찰의 정치적 중립의 중요성

경찰기능은 본질적으로 전공 속에서 일어나는 중립적 행위가 최고한 가치와 이익의 배분을 둘러싸고 누가 누구로부터 무엇을 얻는 협상, 설득, 타협의 정치행위에 가깝다. 경찰행정에 있어서 경찰중립을 강력하게 요구하는 까닭은 갈등하고 경쟁하는 집단사이에서 경찰중립이 침해받고 훼손되면 그 결과로 나타나는 병폐들이 국가 흥망을 좌우하고 존망을 위협할 정도로 위기를 초래하기 때문이다.

경찰이 정치적 중립을 지키지 못할 때 정당간의 대립과 노사간의 대립은 극단으로 치닫게 될 것이고 한정된 경찰력을 시위 현장에 투입함으로써 본연의 임무를 소홀히 하게 된다. 경찰의 정치적 중립과 민생치안 확립은 서로 불가분의 관계이며, 경찰이 외풍으로부터 영향을 받지 않을 때 비로서 시국치안에서 민생치안으로의 구조적 인력배치도 가능해진다.

대통령의 정치적 정당성이 의심받거나 정치불안이 지속되면 시국치안에 동원되는 경찰인력을 민생치안으로 전환할 수 없게 되고 결국 그 피해는 일반 시민들의 범죄피해 증가로 나타나게 된다.

또한 경찰의 정치적 중립이 상실되면 권력 있는 자는 처벌되지 않고 권력없는 자만 처벌 받는다는 '유전무죄 무전유죄'의 부정의한 현실이 유포되고 결국 시민들이 공권력을 적으로 인식하여 대항하는 사태가 유발된다. 정치권력이든 경제권력이든 뒷배경이 있는 사람들이 수사와 처벌대상에서 제외됨으로써 시민들은 무엇이 정의인지 의심하게 되고 저마다 부정의한 행동을 정당화하고 강화하게 된다. 시민이 경찰을 신뢰하지 않게 되면 파출소에서 난동을 부리거나 경찰의 범집행과정에서 협조를 거부하는 방식으로 저항하게 된다. 이에 대응하여 경찰에서는 경찰력을 증강시킬 것이고 결국 법집행 비용이 증가하는 악순환을 초래하게 된다.

무엇보다도 경찰의 정치적 중립의 상실은 민주주의의 모루인 선거가 공정하게 이루어 질 수 없도록 만든다. 3.15부정선거에서 보듯이 경찰이 선거부정에 전국적으로 개입하게 되면 민의가 제대로 반영될 수 없게 된다. 경찰의 정치적 중립이 훼손되면 민의가 선서를 통해 정확하게 전달되지 않고 결국 국민이 원하는 대표를 선출하지 못하게 된다. 이는 독재를 의미하는 것이다.

그 동안 정치권의 경찰의 정치적 중립 논의와 입법시도는 선거와 관련된 당리당략적 차원의 것이 많았다. 선거과정에서 경찰이 개입할 수 있는 영역은 후보공천과 관련된 정보보고, 선거운동과정, 투표과정과 개표과정에서의 개입에 이르기까지 선거전체를 장악하고 있다고 해도 과언이 아니다. 이렇듯 선거에서 경찰기능이 중요하기 때문에 여당과 야당을 막론하고 경찰의 중립성에 관심을 갖는 것이다. 여당은 엄정중립을 요청하면서도 경찰서장 정보과장의 인사에까지 개입하려고 시도하였다.

김대중 대통령도 야당시절 경찰의 선거개입을 막기 위해 경찰의 정치적 중립화를 추진했고, 1996년 15대 총선에서 국민의회는 경찰수사의 독자성 확보를 공약으로 내걸기도 했다. 특히 대선 직적인 97년 7월 국민회의는 민생범죄만 경찰이 독자 수사할 수 있도록 한 법안까지 완성했으나 국회에 상정하지는 않았다. 이는 대선을 앞둔 미묘한 시점에 경찰에 대한 배려로 법안을 만들고, 검찰에 대한 배려로 국회 상정을 하지 않는 양다리 작전을 구사한 것으로(조선일보, 1995. 5. 5.)보이며 정치직 술수로 경찰의 정치적 중립화를 이용했다는 비판이 가능하다(임재강, 2003: 10-11).

한편 경찰공무원은 국가공무원법에 정치운동의 금지의무로서 공무원은 정당이나 정치단체에 가입할 수 없고, 또한 선거에 있어서 특정정당 또는 특정인의 지지나 반대를 위한 행위를 해서는 안 된다(국가공무원법 제65조)고 규정하고 있으며 경찰공무원의 신분보장에 의한 뒷받침으로 공무원은 형의 선고·징계처분 또는 법정사

유에 의하지 아니하고는 그 의사에 반하여 휴직·강임 또는 면직을 당하지 아니한다(국가공무원법 제68조).고 규정하여 경찰공무원의 정치적 중립을 보장하고 있다.

제2절 경찰활동의 윤리·사상적 토대

1. 경찰과 윤리

1) 경찰윤리의 개념

인간은 사회적 동물이다. 이 말은 인간은 사회의 구성원으로서 그 사회가 갖는 생활방식인 습속, 도덕 그리고 법률과 같은 규범 아래서 사람과 사람 사이에서 살게 됨을 의미한다. 사람이 사회를 구성하여 살아가면서 국가라는 통치구조를 필요로 하게 되는 사회계약론이 대두되는데 이에는 두 가지 상반되는 견해가 대립된다.

하나는 홉스(T. Hobbes)적 모형이고, 다른 하나는 로크(J. Locke)적 모형이다. 홉스는 자연 상태에서 인간을 이기적 불신의 소유자로 보아 '만인에 대한 만인의 투쟁'이 발생되므로 이의 투쟁 상태를 해결하기 위해 통치 구조가 필요하다고 본다. 이에 반해 로크는 홉스와는 달리 자연상태에서 인간들은 무법천지가 아니며 이성적 자연법이 존재하나 인간 이성의 한계로 인하여 분쟁이 발생할 경우 이를 판정해 줄 국가기관이 필요하다는 것이다(박동서, 1988: 178-179).

윤리(ethics)라는 말은 아리스토텔레스가 사용한 그리스어 에토스(ethos)라는 말에서 유래하며 에토스의 본래적 의미는 관습 또는 품성을 의미하는 것으로 거주지라는 장소의 의미를 가진 것으로 사람이 오래 살게 되면 그 특유의 관습이나 품성이 형성됨을 뜻하였다.

행동은 개인 또는 집단의 관찰된 행태이며, 윤리는 사람들이 그들의 행동을 평가하기 위해 선택되는 당시의 기준이며, 도덕은 선과 악의 기준처럼 시간을 초월해서 존재하는 절대적인 기준이다.

그러나 도덕은 어떤 이성적 관념의 체계에 속하는 것이 아니라 인간사회의 풍습에서 유래하는 것이며, 규범은 사회적 혹은 개인적으로 수용 가능한 묵시적 기준으로 윤리·도덕과 같은 범주로 파악할 수 있기 때문에 윤리와 도덕, 규범, 의무 등은 비슷한 의미로 사용될 수 있다(유종해·김택, 2006: 18-20).

또한 행위규범으로서 윤리를 말할 때는 법 규범과도 관련된다. 윤리의 뜻을 한자로 보면, 윤(倫)자는 무리, 또래, 질서 등의 뜻을 가지는 것으로 인간의 결 또는 길이라고 하며, 이(理)자는 이치 또는 도리 등의 뜻이 있다. (김재운·최진태, 1997: 14-17). 또한 역사적으로 보면 프로테스탄트에 의해 도입된 프로테스탄트 윤리는 이윤을 합리적·체계적으로 추구하는 근대적 자본주의 정신의 토대를 이루게 하여 주었다.

윤리학은 우리가 사회생활에서 경험하는 가치 판단의 문제를 다루는 학문으로서 크게는 규범윤리학과 메타윤리학으로 나눈다. 규범윤리학은 목적론적 윤리설, 의무론적 윤리설, 가치론적 윤리설 그리고 절차론적 윤리설이 있다. 목적론적 윤리설은 인간이 살아가는데 궁극목적으로서 좋은

것이 있다고 보는 반면 의무론적 윤리설은 의무나 옳은 것이 우선적이라고 본다.

가치론적 윤리설은 평가자 자신이 가지고 있는 선호를 중요시하는 것으로 어떤 것이 옳다는 것은 내가 좋아하기 때문이라고 말한다. 절차론적 윤리설은 일정한 절차적 조건에서 사람들이 논의의 과정을 통해서 정립된 내용은 객관성을 가짐으로서 가치 판단의 기준이 된다고 한다. 이에 반해 메타윤리학은 옳음과 좋음의 의미에 대해서 논리적 분석과 인식론적 접근을 취한다(김항규, 2009: 202-210).

또한 윤리는 시공을 초월하여 보편적으로 타당한 규범이 존대한다는 절대적 윤리설과 가치 판단적인 역사적 산물로 이해하는 상대적 윤리설로 구분되며, 그 대상을 기준으로 개인윤리와 사회윤리로 구분칠 수 있다.

경찰윤리라 함은 경찰기관이나 경찰공무원이 준수해야 할 바른 가치로서 경찰행정의 역할을 수행하거나 경찰목표를 설정하는 등의 경찰행정과 관련된 모든 행동이 준거해야 할 당위적인 행동규범으로서 직업윤리이자 경찰공무원이 준수해야 할 공직윤리이다. 오늘날 경찰윤리가 강조되는 이유는 정부의 실패와 공무원의 가치관 혼재에서에서 찾아볼 수 있다.

정부의 실패로는 행정기능의 비대화와 전문성에 의해 행정이 정책기능까지 수행하게 됨에 따라 그 책임성 또한 증대하게 되었다. 또한 경찰업무는 그 특수성으로 물리력의 사용, 비정상적인 상황, 긴급 상황, 많은 유혹 등과 관련되므로 경찰관 개개인의 도덕적 용기가 요구되므로 그들의 도덕적 결의를 강화하고, 도덕적 감수성을 배양하고 그리고 도덕적 전문지식의 전수가 필요하다(Kleinig, 1990: 4-11).

또한 경찰윤리는 경찰이 임무를 수행하면서 특별한 수단을 사용함으로서 도덕적 논란에 빠지기 쉽고, 제도적 수단에 의해 비행이 통제되지 못하는 영역에서 더욱 발전하게 됨으로 필요하게 되며, 경찰문화 그리고 경찰정신과 밀접한 관련이 있다(이황우·김진혁·임창호, 2007: 431-452).

2) 경찰윤리와 경찰행정이념

경찰행정의 기본이념에 대한 일치된 견해는 없다. 이념이란 이론과 논리의 합성어이며, 행정윤리는 행정행위에 요구되는 가치기준으로 행정이념과 거의 같은 개념으로 쓰인다. 이념은 문화의 소산이며, 자유·정의·평등·독립 등과 같은 가치들을 중심으로 통일되어 있으며, 사회현상을 비판하고 변화를 기도하므로 정치성을 띠며, 이상적인 목적을 달성하려는 사람들이 공통적으로 갖고 있는 관념으로 실천에 옮기도록 하고 행동을 조장한다(박영기, 1990: 14-17).

이와 같이 이념은 어떤 이상을 실현시키려는 체계적인 행동 지향성이며 행정제도에 의한 행정은 공익을 경찰행정의 기본이념에 대한 일치된 견해는 없다. 이념이란 이론과 논리의 합성어이며, 행정윤리는 행정행위에 요구되는 가치기준으로 행정이념과 거의 같은 개념으로 쓰인다.4) 이념은 문화의 소산이며, 자유·정의·평등·독립 등과 같은 가치들을 중심으로 통일되어 있으며, 사회현상을 비판하고 변화를 기도하므로 정치성을 띠며, 이상적인 목적을 달성하려는 사람들이 공통적으로 갖고 있는 관념으로 실천에 옮기도록 하고 행동을 조장한다(박영기, 1990: pp. 14-17).

이와 같이 이념은 어떤 이상을 실현시키려는 체계적인 행동 지향성이며 행정제도에 의한 행정은 공익을 표방한다. 행정에서 윤리문제가 대두된 배경은 다음과 같다.

첫째, 정치·행정이원론의 포기이다. 행정은 단순히 공공정책을 실현하는 작용으로서가 아니라 공공정책을 수립하는 것 자체를 중심적 과제로 인식하면서 이에 참여하는 관료들의 공공윤리성이 중요하게 부각되었으며, 공익의 판단을 유념하게 되었다.

둘째, 행정에 있어서 의사결정론의 새로운 역할이다. 의사결정에서 경제성과 능률성 이외 사회심리적 요인들인 느낌, 감정 및 정신적 요소들이 의사결정에 영향을 미침으로서 윤리적 선택문제가 대두되었다.

셋째, 공익의 의미가 미국에서 비인간적·기술적·비인격적이라는 평가를 받았다. 공무원들이 기술국가와 과학주의의 가치에 너무 혼란되어 도덕성 문제에 대해 사고를 흐리게 하였기 때문에 관료의 책임성이 나타났다(유종해·김택, 2006: 83-86).

경찰행정의 기본이념으로 어떠한 국가에서도 통용될 수 있는 것으로는 합법성, 민주성, 능률성, 효과성, 중립성 그리고 사회적 형평성을 들 수 있다. 그리고 경찰은 사회질서유지의 의무와 함께 국민에게 봉사하는 기능을 함께 수행해야 하므로 민주성과 효율성이 다른 이념보다 강조되어 왔으며, 최근 사회적 형평성의 개념이 부각되고 있다(이황우, 2007: 23-27).

이와 같은 경찰행정의 이념 중에서 가장 중요한 이념으로는 경찰행정의 쌍두마차라고 할 수 있는 능률성과 민주성이다. 행정의 능률성은 과학적 관리론의 핵심사상이며, 이는 또한 정치행정이원론의 주장이며, 행정의 정치로부터 독립성을 강조함으로서 행정의 기술성과 합리성을 확보하기 위한 것으로 경찰행정의 생산성과 관련된 것이다.

이에 반해 민주성은 행정행위의 정통성과 관련된 것으로 국민에 의한 국민을 위한 행정을 목표로 한다. 민주성이란 민주주의의 정치이념에 따라서 행정이 민주주의의 모든 가치와 제도에 따라서 민주적으로 이루어져야 한다는 것으로 행정통제, 행정책임, 시민참여 그리고 자유와 평등을 강조한다.

경찰행정은 국가·사회 및 국민생활존립에 관한 것으로 그 근본정신은 인간의 존엄에 대한 자각으로부터 출발하여 인간 자유를 보장하는 민주주의의 이념을 기초로 한 것으로 경찰은 국민에게 봉사하고, 국민에 대해 책임을 지는 관계에서 권위가 생긴다(이황우, 2007: 24-25).

그러나 경찰과 민주성은 상충되는 경우가 많다. 민주주의는 합의·자유·참여·평등을 대표하는 반면 경찰은 제한과 개인에 대해 정부의 권위를 부여한다. 이러한 이유 때문에 경찰은 아무리 효율적이고 잘하더라도 민주주의에서 경찰은 적대감, 반대, 비난에 직면하는 이유가 된다. 따라서 민주주의는 이러한 모순을 극복하기 위해 법의 지배의 중요성을 더욱 강조하게 되고 경찰행정에서 민주성 확보의 노력은 지역사회경찰활동 그리고 경찰과 지역사회관계 개선의 노력으로 나타나게 된다.

최근 사회적 형평성이 부각되게 된 것은 지금까지의 행정이 가치중립적인 입장에서 벗어나 규범성을 강조함으로서 신행정학이 대두되었기 때문이다. 사회적 형평이 추구하는 가치로는 응답성, 시민참여, 공평한 배분, 시민의 선택, 행정의 책임성 등으로 이러한 가치는 분권·분산·참여·관여·중복 등을 인정하고 보장하는 제도 속에서 구현된다.

경찰행정의 이념인 능률성은 예나 지금이나 변함없는 행정이념의 제일 가는 가치로 자리 잡고 있으며, 민주성은 행정의 정책기능 수행으로 인해 그에 대한 책임성의 증대가 더욱 요구되고 있다. 또한 분배적 정의에 초점을 두고 있는 사회적 형평성은 사회적 약자에 대한 배려를 요구하면서 시민참여와 응답성을 우선순위로 두고 있다. 경찰행정이념의 패러다임의 변천으로 보면 경제성과 능률성에서 출발하여 민주성 그리고 사회적 형평성으로 이어지고 있다(이병종, 2009: 315-137).

2. 한국경찰의 윤리규정

경찰은 국민복지 및 세계평화와 인류공영에 이바지함으로써 자유민주주의를 수호하는 국가조직이다. 그러므로 경찰은 법률과 명령에 따라 법치주의원칙과 보편적 가치를 배경으로 자유·평등·정의를 구현함으로써 국민의 존엄성과 기본권의 보장을 도모할 책임이 있다. 뿐만 아니라 오늘날 선진국가의 국민은 경찰관 개개인에 대하여 고도의 도덕성과 투철한 직업정신을 발휘해 줄 것을 기대한다.

따라서 경찰공무원에 대하여는 일반국민이나 다른 공무원에게 요구되는 기준보다 훨씬 더 엄격한 신념체계가 요구되고, 이는 경찰의 직업윤리(경찰윤리)로 결집되어 경찰관들의 언행과 처신에 영향을 미친다. 특히 민주국가의 경찰공무원은 국민 전체에 대한 봉사자로서 국민에 대하여 책임을 져야 하므로 엄정한 직업윤리가 적용되는 경향이 뚜렷하다. 한국도 민주주의 정신을 효율적으로 수호하기 위해 국가와 경찰공무원의 관계를 특별권력관계(특별행정법관계)13)로 설정하여 엄정한 직업윤리를 적용하고 있다.

경찰의 직업윤리는 경찰관 각자가 지켜야 할 덕목들을 행동규범으로 정함으로써 비로소 가시화(可視化)되는 개념이다. 따라서 경찰의 직업윤리는 경찰공무원으로서 '반드시 해야 하거나(작위의무) 절대로 해서는 안 되는(부작위의무) 언행'들을 구성요소(행동규범)로 가지는 특성을 갖는다.

경찰의 행동규범이 현실적으로 존재하는 형식은 일정하지가 않다. 경찰공무원들이 자발적으로 정한 행동규범이 있는가 하면 법으로 강제된 행동규범도 있다. 이론적으로는 경찰공무원 스스로가 자율적 행동규범을 만들어 실천하는 자율방식이 바람직하겠으나 현실적으로는 자율규제에 대한 보완책으로 경찰관의 행동규범을 법으로 강제하는 방법이 적용되고 있다.

1) 자율적 행동규범

한국경찰의 자율적 행동규범은 「경찰헌장」,14) 「경찰서비스헌장」, 「새천년 우리의 다짐」, 「신지식경찰관 선발 및 운영규칙」 등에 다짐 혹은 실천약속의 형식으로 반영되어 있다. 이러한 규범들은 경찰관들이 자발적으로 채택한 자율적 행동규범이므로 위반을 하더라도 공식적인 제재가 뒤따르지는 않는다. 그러나 「경찰공무원

---

13) 국가와 국민간의 법률적 관계는 일반권력관계와 특별권력관계로 나누어진다. 일반권력관계는 일반국민이 국가 또는 공공단체의 일반통치권에 복종하는 관계를 말하고, 특별권력관계는 공법상의 특정목적을 위하여 특정인이 국가 또는 공공단체의 포괄적인 특별권력에 복종하는 관계를 말한다. 예컨대, 국민이 경찰권에 복종하거나 납세의 의무를 지거나 범죄로 인하여 재판을 받아 형벌을 받는 등의 관계는 일반권력관계이며, 공무원으로 근무하거나 징집에 의하여 군무에 복무하거나 국립대학에 입학하여 수학(修學)하는 등의 관계는 특별권력관계이다.

14) 국립경찰은 창설(1945년 10월 21일)에 맞추어 '봉사와 질서'를 경찰의 행동강령으로 채택하고 1966년 7월에는 「경찰윤리헌장」을 제정하여 경찰관들의 행동지표로 삼도록 하였다. 1980년에는 「새 경찰신조」를 제정하여 경찰활동의 길잡이로 삼고 1990년 3월에는 '공직자 새 정신운동'을 전개하여 '정직·절제·봉사'를 구현하고자 노력하였다.

법」 제22조(직권면직)에 의해 경찰공무원으로서 부적합할 정도로 직무수행능력 또는 성실성이 부족하거나 혹은 직무수행에 있어서 위험을 일으킬 우려가 있을 정도의 성격 또는 도덕적 결함이 있는 자 등은 임용권자의 직권에 의한 면직처분을 받을 수 있다. 법률에 금지 및 처벌 조항이 있는 경우는 당연히 해당 조항에 의해 처벌을 받는다. 아래 <표 33>는 경찰헌장 등 자율적 행동규범에 반영된 경찰의 행동규범을 나타낸 것이다.

표 33 자율적 행동규범의 종류와 내용

구 분	행동규범(직업윤리)
경찰헌장	• 사람의 인격 존중, 봉사와 친절 • 진실추구, 불의 및 불법의 배척 • 양심에 입각한 공정한 법집행 • 전문지식 연마, 성실한 직무수행 • 화합과 단결, 규율준수, 검소와 청렴
경찰서비스헌장	• 범죄와 사고 예방, 엄정한 법집행 • 적극적 출동 • 민원의 친절·신속·공정한 처리 • 국민의 안전과 편의 중시, 성실한 직무수행 • 인권존중, 권한남용 억제, 잘못의 즉시 시정
새천년 우리의 다짐	• 자율 • 창의 • 책임
신지식경찰관 선발 및 운영규칙	• 창의적 업무수행 • 능동적 직무수행 • 지식의 공유 • 업무의 효과성 제고

1991년에 제정된 「경찰헌장」은 그 전문 강령에서 국립경찰의 탄생과 역할에 대한 긍지와 경찰의 책임 그리고 임무를 성실히 수행할 것을 다짐하고 나서, 경찰의 행동규범을 다섯 개의 문장으로 제시(제3조)하고 있다. 즉 친절한 경찰·의로운 경찰·공정한 경찰·근면한 경찰·깨끗한 경찰을 제시하고 경찰관들에게 항상 친절·신의·공정·근면·청렴을 실천에 옮기도록 지도하고 있다. 이러한 덕목들은 민주주의

의 근간인 자유·평등·정의를 위한 행동규범으로 간주되어 모든 경찰공무원은 이를 항상 마음에 새겨야 하고, 직무를 수행함에 있어서도 경찰헌장에 명시된 신조와 다짐들을 진지하게 구현하여야 한다.

1998년 9월에 제정된 「경찰서비스헌장」은 경찰이 국민에 대하여 맡은 바 책임을 다 할 것을 스스로 다짐한 행동규범이다. 경찰서비스헌장 역시 그 전문에서 '국민의 생명과 재산을 보호하고 법과 질서를 수호하는 것'을 경찰의 임무로 밝히고 '모든 국민이 안전하고 평온한 삶을 누리도록 범죄와 사고 예방, 엄정한 법집행 등을 비롯한 다섯 가지를 실천할 것을 다짐'하는 형식으로 이루어져 있다.[15]

1999년 12월에 작성된 「새 천년 우리의 다짐」은 '자율·창의·책임'을 개혁강령으로 강조하고 '제2의 창경(創警), 신지식 경찰, 국민의 경찰'을 개혁표어로 제시함으로써 경찰관들의 행동을 지도하는 형태로 이루어져 있다. '국민의 정부' 출범과 더불어 제정된 「신지식경찰관 선발 및 운영규칙」도 창의적 업무수행, 능동적 직무수행, 지식의 공유, 업무의 효과성 제고 등을 경찰관의 바람직한 자세로 열거하고 있다.

2) 강제적 행동규범

경찰공무원의 강제적 직업윤리는 「경찰공무원복무규정」, 경찰기본법(「경찰법」, 「경찰공무원법」, 「경찰관직무집행법」), 그리고 「형법」 제7장(공무원의 직무에 관한 죄)에 작위 혹은 부작위 의무의 형태로 반영되어 있다. 아래 표는 「경찰공무원복무규정」 등에 반영된 경찰의 작위 혹은 부작위 의무를 정리하여 나타낸 것이다. 「경찰공무원복무규정」은 처벌조항이 없어 자율규범의 성격도 갖지만 대통령령으로 되어 있어 강제규범으로 간주하였다.

「경찰공무원복무규정」 제3조의 기본강령은 경찰관들이 반드시 지겨야 할 본분과 마음가짐 여섯 가지를 제시하여 경찰관들의 처신과 언행을 지도한다. 제2장(복무자세)은 예절(고운말, 겸손, 친절, 상호간 예절), 용모·복장(단정과 품위), 환경정돈(정리·정돈, 명랑한 분위기), 일상행동(공·사생활의 모범, 모범적 처신) 등을 규정

---

15) 경찰은 경찰행정의 고객인 국민의 입장에서 국민을 최우선으로 하는 경찰행정을 실현하기 위해 「경찰서비스헌장 제정 및 운영에 관한 규칙」까지 제정(2000. 10. 20)하여 시행하고 있다. 해양경찰도 「해양경찰헌장운영규칙」을 제정하여 시행하고 있다.

하고 있다. 제3장은 지정장소 외에서의 직무수행금지(제8조), 근무시간중 음주금지(제9조), 민사분쟁에의 부당개입금지(제10조), 상관에 대한 신고(제11조), 보고 및 통보(제12조), 여행의 제한(제13조), 비상소집(제14조), 특수근무자의 근무수칙(제15조) 등을 규정하고 있다.

| 표 34 | 강제적 행동규범의 종류와 내용 |

구 분	행동규범(직업윤리)
「경찰공무원복무규정」 제3조(기본강령)	•**경찰사명** : 국가와 민족에 대한 충성과 봉사, 국민의 생명·신체 및 재산 보호, 공공의 안녕과 질서유지 •**경찰정신** : 국민의 자유와 권리 존중, 호국·봉사·정의에 바탕한 직무수행 •**규 율** : 법령준수, 명령복종, 상사존경, 부하신뢰 및 부하사랑 •**단 결** : 일치단결을 통한 역량집중 •**책 임** : 창의와 노력, 직무결과에 대한 책임 •**성실·청렴** : 성실과 청렴, 모범적 생활 (※ 벌칙조항 없음)
「경찰법」 제4조 (권한남용의 금지)	국민의 자유와 권리 존중, 공정중립 유지, 권한남용 금지 (※ 벌칙조항 없음)
「경찰공무원법」	허위보고 등의 금지(제18조), 지휘권남용 등의 금지(제19조), 벌칙(제31조)
「경찰관직무집행법」	직권남용 금지(제1조제2항), 벌칙(제12조)
「형법」 제7장 (공무원의 직무에 관한 죄)	직무거부 및 직무유기(제122조), 직권남용(제123조), 불법체포·불법감금(제124조), 폭행·가혹행위(제125조), 피의사실공표(제126조), 공무상비밀의 누설(제127조), 선거방해(제128조), 수뢰·사전수뢰(제129조), 제3자뇌물제공(제130조), 수뢰후 부정처사·사후수뢰(제131조), 알선수뢰(제132조), 뇌물공여등(제133조)

경찰기본법 (「경찰법」, 「경찰공무원법」, 「경찰관직무집행법」)에 규정된 작위 혹은 부작위 의무들은 각각 처벌조항을 동반하고 있다는 점에서 「경찰공무원복무규정」상의 그것들보다 경찰공무원에 대한 강제의 정도가 더 강하다고 말할 수 있다.

「경찰법」 제4조(권한남용의 금지)의 규정은 처벌조항이 없으므로 상징성을 가질 따름이다. 하지만 「경찰공무원법」 제18조(허위보고 등의 금지)와 제19조(지휘권남용 등의 금지)의 규정은 동법의 처벌조항(제31조)에 의하여 현실적으로 강제력을 발휘한다. 「경찰관직무집행법」 제1조제2항(직권남용 금지)의 규정도 동법의 처벌조항(제12조)에 의하여 강제력을 갖는다. 그리고 이러한 벌칙조항은 처벌규정이 없는 「경찰헌장」, 「경찰서비스헌장」, 「새천년 우리의 다짐」, 「신지식경찰관 선발 및 운영규칙」, 「경찰공무원복무규정」, 그리고 「경찰법」상의 직업윤리까지도 강제력을 갖게 하는 효과를 발휘한다.

「형법」 제7장(공무원의 직무에 관한 죄)에 규정된 죄명들은 공무원이 이러한 범죄를 범할 경우 그에 따른 침해가 중대한 경우들을 가려서 부작위 의무와 벌칙을 함께 규정해 놓은 강제규범이다. 그런데 부작위 의무의 대부분이 공권력을 오용 혹은 남용하는 행동을 금지하는 것으로 이루어져, 경찰공무원의 언행을 규제하는 강력한 강제규범으로서 기능을 한다. 그 가운데도 제124조의 불법체포·감금, 제125조의 폭행·가혹행위, 제126조의 피의사실공표, 제128조의 선거방해 등은 인신구속 혹은 범죄수사를 담당하는 형사사법공무원에게만 적용되는 죄명이므로 경찰공무원에 대한 강제규범으로서의 의의가 한층 더 크다. 그리고 「형법」 이외의 형사특별법 혹은 절차법이나 그 하위규범에 경찰공무원의 행동규범이 명시된 경우도 많다.[16]

경찰공무원이 법률에 규정된 행동규범(직업윤리)을 위반한 경우에 적용되는 제재는 형사처벌에만 그치지 않는다. 법률에 의해 경찰공무원 부적격자로 간주되어 치명적인 인사처분이 뒤따르는 것이다. 「경찰공무원법」 제21조(당연퇴직)는 '경찰공무원이 자격정지 이상의 형의 선고를 받거나, 징계에 의하여 파면 또는 해임의 처분을 받은 때는 당연히 퇴직된다'고 규정하고 있다. 그리고 요행히 형사처벌을 면한 경우라도 동법 제22조(직권면직)의 규정에 따른 임용권자의 면직처분이 뒤따를 수 있다(이황우 외, 2006: 29-34).

---

16) 「경범죄처벌법」 제4조(남용금지) : 이 법의 적용에 있어서는 국민의 권리를 부당하게 침해하지 아니하도록 세심한 주의를 기울여야 하며, 본래의 목적에서 벗어나 다른 목적을 위하여 이 법을 함부로 적용하여서는 안된다. 「도로교통법」 제121조(직권남용의 금지) : 이 장(제12장 범칙행위에 관한 처리의 특례)의 규정에 의한 통고처분을 함에 있어서 교통을 단속하는 경찰공무원은 본래의 목적에서 벗어나 직무상의 권한을 함부로 남용하여서는 아니된다. 「형사소송법」 제198조(주의사항) : 검사, 사법경찰관리 기타 직무상 수사에 관계있는 자는 비밀을 엄수하며 피의자 또는 다른 사람의 인권을 존중하고 수사에 방해되는 일이 없도록 하여야 한다. 그 하위규범인 「사법경찰관리집무규칙」 제3조(사법경찰관리의 신조), 「범죄수사규칙」 제3조(법령 등 엄수) 등에도 같은 내용이 반영되어 있다.

3. 경찰활동의 기준지향

1) 사회계약설

경찰활동의 사상적 토대는 사회계약설에서 찾을 수 있다. 홉즈, 로크, 루소에 의해 주장된 근대의 사회계약설은 계약이라는 개념을 통해서 경찰제도를 포함한 제도나 정부형태, 법체제 등이 조직되는 원리를 도출하고 있다. 학자들에 의해 민주적인 경찰활동에 대해 훌륭한 근거를 제시한다고 주장되는 로크의 사회계약론은 그의 저서 「정부에 관한 제2논문」 에서 찾을 수 있다.

로크는 시민사회 이전의 자연상태에서 사람들은 자유를 가지고 있지만 안전을 결여하고 있고, 이러한 자연상태의 결함으로 인해 개인들은 자연상태를 떠나 시민사회를 결성하게 되며, 이러한 정치적 사회를 결성하는 개인들의 결정을 계약으로 부른다. 사회계약을 통해서 개인은 좀 더 큰 안전을 위해 자기 자신의 권리를 힘을 사용해 보호할 자유를 정치기구에 부여하게 되고, 정부가 그들을 대신해서 그들을 위해서 행위하리라는 믿음하에 생명과 재산의 보호업무를 정부에 믿고 맡기는 것이다.

민주경찰의 사상적 토대는 여기에 있는 것이며, 이를 통해 경찰이 시민을 위해 무엇을 할 것인가가 분명해진다(강용길 외, 2009: 104).

즉, 로크는 '시민과 정부에 관한 제2논문' 에서 시민사회 이전의 자연상태에서 사람들은 자유를 누렸으나 안전을 결여하고 있었고, 이러한 자연상태의 결함을 극복하기 위해 개인들은 자연상태를 떠나 시민사회를 결성하게 되며, 이러한 정치적 사회를 결성하는 개인들의 결정을 '계약'이라고 하였다. 사회계약을 통해 개인들은 자신들의 생명·재산의 더 큰 안전을 보장하기 위하여 자신의 권리를 힘을 사용하여 보호할 수 있는 자유·권리를 포기하는 대신 정치기구가 자신들을 위해서 권력을 행사할 것이라는 믿음하에 이를 정치기구(정부)에 신탁한 것으로 봄으로써 경찰활동의 민주성의 토대를 제시하였다. 즉 경찰조직은 정치기구 중의 하나이므로 경찰은 개인의 생명과 재산을 보호할 개인의 업무를 위탁받고 있다고 볼 수 있게 되어 경찰의 존재이유 및 목적과 역할이 분명하게 규정된다(조철옥, 2000: 88).

2) 사회계약설로부터 도출된 경찰활동의 기준

코엔(Cohen)과 필드버그(Feldberg)는 사회계약설로부터 도출된 경찰활동의 기준을 다음과 같이 5가지로 제시하였다.

(1) 공정한 접근(Fair access)의 보장

공정한 접근이란 치안서비스는 일종의 사회적 공공재로서 누구에게나 차별없이 제공되어야 한다는 것이다. 사회계약론적 관점에서 볼 때 시민들은 경찰에게 평화와 안전의 위험상황을 잘 통제하고 대처할 수 있도록 경찰에게 권력과 권한을 부여하고 있다. 따라서 경찰은 범죄현장, 소요현장, 사고현장 등 사회공공의 안전에 위험이 있는 모든 곳에 그 기능을 제공하여야 한다(최응렬, 2006: 301－302).

경찰은 사회전체의 필요에 의해서 생겨난 기구로서 경찰서비스에 대한 공정한 접근을 허용해야 한다는 것이다. 공정한 접근의 보장에는 경찰서비스에 대한 평등한 접근과 경찰서비스에 대한 동등한 복종이 요구된다. 즉, 사회계약을 통해 시민들은 경알의 서비스에 대한 권리를 가짐과 동시에 경찰의 서비스에 협조할 의무를 가지게 된다.

경찰서비스에 대한 공정한 접근은 경찰서비스에 대한 동등한 필요를 가진 사람들이 그것을 받을 동등한 기회를 가져야 함을 의미한다. 예를 들면 성, 나이, 전과의 유무 등에 의거해서 서비스의 제공을 거부하여서는 안된다(김창윤 외, 2009: 56).

(2) 공공의 신뢰(Public trust) 확보

공중의 신뢰란 시민들이 자신의 권리행사를 제한하고 치안을 경찰에게 믿고 맡겼다는 것을 인식하고 경찰이 거기에 부응하는 것을 의미한다. 시민들은 경찰이 강제력을 행사할 때 필요한 만큼의 최소한을 사용할 수 있는 것을 신뢰하며, 경찰이 사익을 위해 공권력을 사용하지 않을 것을 믿고 있다.

사회계약에 의해 시민들은 자력구제, 즉 자신들의 권리를 스스로의 힘으로 보호할 권리를 포기하는 대신 이를 국가에 위임하여 국가기관이 그러한 권한을 대신 행사하게 하였다. 따라서 경찰은 시민을 대신하여 그 권한을 행사할 임무를 부여받고 있으므로 시민들의 신뢰에 합당한 방식으로 권한을 행사하여야 한다. 또한 자의적

인 권한행사나 경찰관의 사적인 이익을 위한 권한행사는 허용되지 않으며 강제력의
행사는 필요최소한에 그쳐야 한다.

즉, 사회계약설에 따를 때, 경찰은 시민을 대신해서 시민을 위해 수사상의 권한을
사용하고 질서의 유지를 위하여 힘을 사용하거나 강제적인 수단을 사용할 권한을
가지고 있으므로, 경찰관은 시민들의 신뢰에 합당한 방식으로 권한을 사용하지 않
으면 안 된다.

예를 들면, 시민 A가 자기집 TV를 도둑맞고 옆집에 사는 사람이 의심스럽다고
생각하였으나, 자신이 직접 물건을 찾지 않고 경찰에 신고하여 범인을 체포한 경우
를 들 수 있다.

(3) 생명과 재산의 안전(Safety and security) 보호

국민의 생명과 재산의 안전 보호는 사회계약의 목적이고, 법은 하나의 수단이다.
경찰의 역할은 국민의 생명·재산의 안전을 위하여 법집행을 하는 것이다. 개인들이
사회계약에 의하여 시민사회를 만든 궁극적 목적은 자신들의 생명·재산의 안전을
보장받기 위해서이다. 국가의 법은 이러한 생명·자유·재산의 안전을 도모하기 위
한 하나의 수단이며 법 자체가 국가의 목적은 아니다. 따라서 법집행이라는 것도
생명과 재산의 안전이라는 궁극목적을 위해 사용되는 기법들 중의 하나라는 점을
인식하고, 법집행 자체가 궁극적인 목적이 되는 일이 없도록 주의하여야 한다.

(4) 냉정하고 객관적인 자세(Objectinity)

사회계약론적 입장에서 볼 때 경찰관은 사회의 일부분이 아닌 사회 전체의 이익
을 염두에 두어야 한다. 따라서 시민들에 의해 냉정하고 객관적인 방식으로 업무를
처리하도록 기대된다.

경찰관이 마주치는 여러 극한적인 상황에서는 누구든지 냉정하고 객관적인 자세
를 잃기 쉽다. 그런 상황에는 대개 대립하는 당사자들이 있고 그들은 모두 자신의
주장이 옳다고 주장한다. 이 경우 경찰관은 사설 관계가 어떤지를 알려고 노력할
뿐 만 아니라, 두 당사자의 격앙된 감정도 적절히 다루어야 한다.

경찰관들도 인간이기 때문에 때에 따라서는 냉정함이나 객관성을 유지하기가 쉽

지 않다. 경찰관들은 악인들을 상대할 때가 있고, 비위에 거슬리는 범죄피해자를 만날 때도 있다. 그리고 가끔식 경찰관은 맞기도 하고, 욕설을 당하기도 한다. 이런 상황에서 보통의 사람이라면 마음의 평정을 잃기 쉽고 돌발적인 행위가 행해지기도 한다.

그러나 경찰관이 그런 상황에서 평정을 잃을 경우에 시민들은 보통 사람들이 평정을 잃을 경우와는 달리 대우한다. 시민들은 사회의 냉정하고 객관적인 행위자로서 경찰관은 모든 체포와 구금에 관한 절차들을 준수하기를 기대한다. 그리고 범죄자들이 죄값을 치르게 하기 위해서도 경찰관이 평정을 유지하기를 기대한다.

냉정함을 잃어버리는 경우로는 크게 두 가지를 생각할 수 있다. 하나는 과도한 개입으로서, 사태에 너무 감정적으로 깊숙이 개입해서 평정을 잃어버리고 제대로 판단을 하지 못하거나 어느 한 쪽의 편을 드는 경우이다. 다른 하나는 무관심한 태도로서 전혀 당사자들의 말을 주의해서 듣지 않는 태도이다(강용길, 2009: 107－108).

(5) 협동(Teamwork)

사회계약에 의해 구성된 정부기구는 국가기관 상호간, 조직내부 구성원간 상호 협력하여야 한다.

첫째, 권력상호간의 협력이다. 권력분립의 원리는 국민의 자유와 권리를 확보하기 위한 제도적 장치로서 국가권력을 그 성질에 따라 분리하여 각각 별개의 기관에 분산시키는 것은 권력이 특정 개인이나 기관에 집중되면 권력의 남용 또는 권력의 자의적 행사로 국민의 자유와 권리가 침해될 위험성이 크기 때문이다. 그러나 권력의 분리는 그 자체가 목적이 아니고 국민의 자유와 권리를 보장하기 위한 수단에 불과하다. 따라서 국가존립의 궁극적 목적인 국민의 자유와 권리보호를 위해 필요한 때에는 각 국가기관은 서로 협력하여야 한다.

둘째, 경찰 내부에 있어서의 협력이다. 경찰도 국민의 재산과 생명을 보호하고 질서를 유지하기 위해서 다른 국가 기관과는 물론 경찰 내부적으로 협력할 의무를 진다. 경찰관들 간의 관계, 과·계간 그리고 경찰조직단위의 협력이 필수적이다(남재성 외, 2008: 82).

사회계약설로부터 도출된 경찰활동의 기준지향을 정리하면 다음 <표 35>과 같다.

표 35 〈표 31〉 사회계약설로 도출된 경찰활동 기준 지향

기준	내용	비고
공정한 접근의 보장	경찰은 사회전체의 필요에 의해 생겨난 기구로서, 경찰서비스에 대한 동등한 필요를 가진 사람들이 그것을 받을 동등한 기회를 가져야 한다.	성과 나이 등에 의한 차별 금지
공공의 신뢰 확보	경찰은 시민을 대신해서 시민을 위해 경찰권을 사용함으로 시민의 신뢰에 합당한 방식으로 경찰권을 행사해야 한다.	공적기관이 수사, 공소제기, 재판 등 업무수행
생명과 재산의 안전보호	생명과 재산의 안전이 사회계약의 목적으로, 법은 하나의 수단이다.	경찰의 역할은 법집행
협동	사회계약에 의해 구성된 정부기구는 상호협력하여야 한다.	행정기관 상호간, 내부구성원간 협력의무
냉정하고 객관적인 자세	경찰은 사회의 일부분이 아닌 사회전체의 이익을 염두에 두고 업무를 수행해야 한다.	과도한 개입, 무관심한 태도 금지

4. 실천과제

1) 자율

경찰의 활동에는 광범한 재량이 인정되고 현장에서의 신속한 판단과 대응이 요구되므로 경찰관 개인은 업무에 대한 법률지식 등 전문지식과 직업윤리를 바탕으로 합리적인 판단능력을 배양하도록 노력해야 하며 경찰목표달성을 위해서는 경찰관 개인에 대한 신뢰와 이를 바탕으로 한 자율적 임무수행이 요구된다. 자율은 책임과 고도의 윤리성이 전제되지 않으면 방종으로 흐를 위험이 있다.

2) 책임

경찰은 직업인으로서 자율에 바탕을 둔 임무수행이 요구되지만 경찰관이 이에 따르지 아니할 때 책임을 묻게 된다. 책임에는 위법이나 비위에 대한 민사·형사·행

3

정적 책임도 있으나 여기서 강조하는 것은 직업인으로서의 자발적인 책임감이다.

3) 창의

창의성은 여러 가지 사안에 대하여 기존의 틀에 구속되지 않고 새롭게 독창적으로 사고하는 것을 의미하며 경찰목표를 달성하기 위해서는 다양한 방법을 개발하고 그 중에서 가장 생산성이 높으면서도 국민들의 지지를 받을 수 있는 방법을 선택하는 등 창의적인 자세가 요구된다.

4) 양심

양심이란 직업인으로서의 경찰관에게 요구되는 기본적인 마음가짐으로써 정직, 책임의식, 사명감 등을 포함하는 것이다. 우리 경찰윤리헌장은 경찰이 '오직 양심에 따라 법을 집행'하는 공정한 경찰을 천명하고 있다.

형사사법전공 대학생들을 위한
경찰학 입문

제3장 한국경찰의 역사와 제도

우리나라의 경우도 고대부터 경찰 활동은 있어 왔다. 그러나 우리나라에 근대적 경찰제도가 도입된 갑오경장 이전까지는 경찰활동이 다른 국가작용과 구분되어 있지 않았다.

경찰사를 구분할 때 일반적으로 갑오경장(1894)을 기준으로 근대적 경찰과 그 이전의 경찰로 구분하고, 현대적 경찰은 해방(1945) 이후 1991년 경찰법의 제정으로 경찰청이 외청으로 새로 탄생된 시점을 큰 획으로 잡는 것이 일반적이다(배철효 외, 2009: 109).

제1절 갑오경장 이전의 경찰

우리나라의 경찰사에서 갑오경장 이전에도 조선시대의 포도청 등 어느 정도 경찰적인 기관의 존재를 확인할 수 있지만, 법적인 체제와 근거를 가진 제도화된 전문적인 경찰기관은 존재하지 않았다고 보아도 좋을 것이다.

그리고 경찰작용의 다른 구가작용으로부터도 분화되지 않은 채, 심지어 조선시대의 경우에도 지방의 관찰사 등의 경찰권을 포함한 행정권·사법권을 모두 행사하는 등 미분화의 수준이었음은 주지의 사실이다. 뿐만 아니라, 시대를 거슬러 올라갈수록 우리는 형벌법령 등의 존재를 통해서 경찰기능의 존재를 역으로 추정할 수밖에 없는 한계가 있다(강용길 외, 2009: 33).

1. 부족국가시대

1) 고조선

8조금법(八條禁法)이라는 형벌법령이 존재했었고 그 중 3조목이 현재까지 전해지고 있다. 8조금법 중 현재까지 내려오는 3조목의 내용은 다음과 같다.

첫째, 제1조 살인죄 : 사람을 죽인 자는 바로 죽인다.

둘째, 제2조 상해죄 : 남에게 상해를 가한 자는 곡물로 배상한다.

셋째, 절도죄 : 남의 물건을 훔친 자는 남자인 경우 그 집의 노(奴)로, 여자인 경우 비(婢)로 되나, 스스로 속(贖)하려 하는 자는 오십만전을 내야 한다.

여기에서 확인할 수 있는 또는 추정할 수 있는 것은 고조선 사회는 형벌법령을 집행할 만큼 어느 정도의 체제와 힘을 갖추고 있었고, 다만 오늘날과 같이 경찰과 재판 및 형집행 기능은 따로 분화되어 있지 아니하고 지배세력이 모든 권한을 행사했으리라는 추정을 할 수 있다. 또한 고조선시대에 이미 생명, 신체 및 사유재산의 보호사상이 있었음을 알 수 있다. 그러나 경찰과 재판 및 형집행 기능 등은 분화되어 있지 않았다(남재성, 2009: 99; 배철효 외, 2009: 111).

2) 한의 군현

고조선은 B.C 108년 한(漢)의 침략으로 멸망하고, 그 대신 낙랑, 진번, 임둔, 현도의 한사군(漢四郡)이 설치되어 A.D 313년 낙랑이 멸망하기까지 지속되었다.

한은 군현경정리(郡縣卿亭理)의 행정체제를 취하여 군에는 문관과 무관을 두고, 현에는 현장 밑에 위를, 경에는 유요를 두어 도적을 막는 일을 담당하게 하였으며, 정에는 정장(亭長), 리에는 리괴(里魁)를 두어 풍속을 담당하게 하였다. 이로써 경찰기능이 어느 정도 정비되어 한(漢)의 사군(四郡)지배의 수단으로 이용되었으며, 위와 유요 및 정장에게는 각각 5병(활·창·방패·검·갑옷)이 주어졌는데 이들이 오늘날의 경찰기능을 담당하였다.

3) 남북의 부족국가

한사군의 동북 지역 및 남쪽지역에는 중국의 삼국지위지동이전(三國志魏志東夷

傳)에 부여, 고구려, 옥저, 동예, 삼한 등의 부족국가에 대한 기록이 있다. 이 시대에는 군사와 경찰 및 재판기능은 통합되어 행사되었고 개인의 생명과 재산 보호에도 관심을 가졌으며, 지배세력이 가부장적 사회질서를 유지하기 위하여 간음과 부인의 투기에 대하여 강력히 처벌하였다.

(1) 부여

부여는 북만주의 송화강 유역에 자리잡은 부족국가로서 왕과 마가, 우가, 저가, 구가 등의 관직이 있어, 이들에 의해 지배세력이 형성되었고, 국방과 경찰기능도 이들에 의해 수행되었다.

부여에는 전국 도처에 죄인을 감금하기 위한 감옥이 상당수 존재했으며, 살인자는 사형에 처하고 그 가족은 노비로 삼았다.

남의 물건을 훔친 자는 12배로 배상케 하고(一責十二法), 남녀간의 간음과 부인의 투기에 대하여 사형에 처하도록 하는 등 가부장적 사회체제를 유지하기 위하여 강력히 처벌하였다.

제천행사인 '영고(迎鼓)'때에는 형옥을 중단하고 죄인들을 석방하였다.

(2) 고구려

초기 부족국가로서의 고구려에는 부여와 같은 감옥은 없었던 것으로 보인다. 범죄인들은 대가들에 의한 제가평의의 결정에 따라 사형에 처하고, 그 가족은 노비로 삼았다.

절도범의 경우 부여와 같이 12배를 배상토록 하는 일책십이법(一責十二法)이 존재했다.

(3) 동예·옥저

고구려와 예속관계에 있던 옥저와 동예는 왕이 없이 거수들이 읍락을 지배하였다. 동예에서는 각 읍락마다 경계가 설정되어 있어서 서로 경계를 침범하는 일이 있으면 노예나 우마로써 배상하는 책화제도(責禍制度)가 있었으며, 살인자는 사형에 처하고 도둑이 적었다고 전해진다.

(4) 삼한

한강이남에 위치하고 있던 마한·진한·변한의 삼한의 부족국가는 제정이 분리되어 있었다. 신지 또는 읍차 등으로 불리웠던 부족지배자들에 의해 세속의 질서가 유지되었을 것으로 추정되며, 제사장인 천군(天君)이 주관하는 소도(蘇塗)는 정치적 군장의 세력이 미치지 못하는 곳으로, 죄인이 도망을 하여 이곳에 숨더라도 잡아가지 못하였다(남재성 외, 2009: 98-100).

2. 삼국시대

한반도에도 고구려·백제·신라가 등장하면서 부족국가의 다원적인 조직을 청산하고 왕을 중심으로 하는 중아집권적인 국가가 성립되었다. 이에 따라 법령과 제도의 발전이 이루어져 이시기에 경찰기능도 어느 정도 모습을 들어내는 등 변화가 이루어진다.

1) 고구려

고구려는 B. C. 1세기경에 부족국가 수준의 초기 국가 형태를 이루다가, A. D. 1세기 후반 태조왕 시대의 부자왕위계승 체제의 확립, 4세기 중엽 소수림왕의 율령, 반포(372년) 등을 통하여 국가체제를 정비하고, 장수왕 때인 5세기에는 정치·군사·경제제도 등을 완비하게 되었다.

고구려는 신분관제로서 14관등체계를 갖추었고, 지방을 5부로 나누고 욕살(褥薩)이라는 지방장관을 두어 지방행정과 치안책임을 병행하게 하였다. 절두법에 대해서 1책12법에 따라 12배의 배상을 하게 하였으며 반역죄, 전쟁패배나 항복죄, 살인행겁죄, 가축살상죄 등이 있었다. 요수 서쪽에 '무려라'를 설치하여 국경경비대의 기능을 담당하도록 하였다.

2) 백제

백제는 한강 유역을 중심으로 부족국가에서 발전하여 고이왕(234~286년) 때에 6

좌평을 두고 16관등을 정하는 등 고대국가의 기틀을 마련하고, 근초고왕(346~375년) 때에 중앙집권적인 국가체계를 갖추었다.

백제 초기에는 6좌평제가 실시되어, 이 중 위사좌평은 궁중 및 수도경비, 조정좌평은 형옥을 관장하였으며, 병관좌평은 지방의 상비 군마를 관장하던 최고책임자였는데 국내치안을 담당했다. 지방관제는 수도에 5부를 두어 달솔(達率)이, 지방에는 5방제를 취하여 방령(方領)이 다스리게 하였는데 이들이 지방행정과 함께 치안책임도 수행했으리라고 추정된다.

반역죄, 절도죄, 간음죄 특히 관인수재죄(官人受財罪)를 처벌함으로써 공무원에 해당하는 관인들의 범죄가 새롭게 처벌의 대상이 되었다.

3) 신라

신라는 내물마립간(356-402년)때부터 김씨 왕권을 확립하고, 신라는 눌지마립간(417~458년) 때부터 왕위의 부자상속이 이루어지는 등 고대국가의 기틀을 마련한 후 법흥왕(514~540년) 때 율령을 반포하는 등 중앙집권적 국가체제가 형성되었다.

신라는 지방에 5주를 두고 군주(軍主)로 하여금 다스리게 하였는데, 이들이 군사업무는 물론 경찰기능도 수행했으리라고 추정된다.

4) 통일신라시대

신라가 660년 백제를 668년 고구려를 정복하여 삼국을 통일함으로써 대동강이남 지역이 신라를 중심으로 통일되었다. 그러나 신라는 통일 후에도 행정관제는 삼국시대의 것을 그대로 답습하였다.

신라의 중앙관제 중 경찰과 관련된 조직은 병부, 사정부(司正部), 이방부(理方府) 등이 있는데, 이 중 이방부는 범죄수사와 집행을 담당하였다.

신라의 지방통치의 기본이 된 것은 주·군·현 제도였다. 지방을 9주5소경으로 나누고 주에는 총관(總管)을 두고 소경에는 사신을 두었으며, 주 밑에는 군(태수), 현(현령), 촌(촌장), 향·소·부곡 등을 두었다.

주의 총관에서 현령에 이르기까지 중앙귀족이 임명되어 9서당10정의 군사조직과 함께 통일신라의 통치조직의 근간을 이루고 있었으므로, 경찰기능도 이들에 의해 수행되었으리라고 추정된다.

부모에 대한 살인 등 5역죄·절도죄 이외에 모반죄, 배공영사죄(背公營私罪) 등의 관리들의 직무와 관련된 범죄를 처벌하였으며, 왕권을 보호하기 위한 범죄로 지역 사불고언죄(知逆事不告言罪)가 있었다.

형의 종류도 세분화되고 집행방법도 잔인화 되어 족형(삼족을 멸하게 한다), 거열형(최인의 다리를 두 대의 수레에 묶어서 몸을 두 갈래로 찢어 죽인다), 사지해형, 기시형(죄 지은 자의 시체를 시장에 재다버린다), 참형(목을 벤다), 그리고 자결을 명령하는 자진형, 유형, 장형 등이 있었다.

3. 고려시대

사회의 발달에 따라 다양해진 범죄에 대응하기 위해 범죄의 죄목이 더욱 분화되었다. 모반죄, 대역죄, 살인죄, 절도죄 등 전통적 범죄 외에, 공무원 범죄, 문서훼손에 관한 범죄, 무고죄, 도주죄, 방화죄, 실화·연소죄, 간(姦)범죄 등 성범죄, 도박죄, 유기죄, 인신매매죄에 관한 범죄, 장물죄 등이 새롭게 처벌되었다.

표 36 고려시대의 경찰역할 수행 기관

병부, 형부	고려는 성종 때 3성6부의 중앙관제와 12목의 지방관제의 정비가 이루어졌는데, 경찰기능은 병부와 형부에서 담당했던 것으로 보인다. 군사기능을 담당했던 병부는 평상시에는 치안유지의 역할을 하고, 형부는 법률·소송 및 사법경찰 업무를 관장했다.
금오위 (金吾衛)	군 조직으로는 서울의 경군으로 2군(軍) 6위(衛)가 있있는네, 이 중 금오위가 수도의 경찰업무를 담당하여, 수도 개경의 순찰 및 포도금란, 즉 도적을 잡고 반란을 방지하는 업무와 비위예방을 담당하였다.
어사대 (御史臺)	어사대는 내외의 비위를 규탄하고 풍속교정을 담당하는 등 풍속경찰의 임무를 수행하였다.
순군부 (巡軍府)	고려 건국 초기 국가사회 질서유지를 위한 최고경찰기관으로 각 부대를 순찰하며 도적을 잡고 분란을 금지하는 임무를 담당하였다.

안찰사(按察使), 병마사(兵馬使)	12목의 지방관제는 그 후 5도 양계로 정착되었다. 도의 장인 안찰사는 경찰업무를 포함한 행정, 군사, 사법 등의 사무를 총괄처리 하였다.
군과 현의 장	5도 밑에 설치된 군과 현과 장들은 그 지역의 지방사무를 담당하면서 경찰기능을 수행하였다.
위아(尉衙)	현위(縣尉)를 장으로 하는 위아라는 지방기관이 설치되어 있었는데, 이 기관의 성격에 대하여 위아를 현재의 경찰서, 현위를 경찰서장이라고 주장하는 견해가 있어 주목되는 바, 현위는 현 내의 비행 및 범죄의 방지와 그 처리, 치안불안 지역에서의 질서회복·유지임무를 담당하였다고 한다.
삼별초	최씨 무신정권하에서 사병(私兵)역할을 했던 삼별초는 경찰, 전투 등의 공적인 업무도 수행하였다.
순군만호부 (순마소)	몽고 지배하의 충렬왕 때 설치된 순마소가 개편된 순군만호부는 순찰·포도·형옥 등의 방도금란(防盜禁亂)임무 외에 왕권보호 등의 정치경찰적 활동도 수행하였다.

4. 조선시대

경찰기능은 다른 행정기능과 분리되어 있지 아니하고 행정기능과 통합적으로 수행되었다. 특히 경찰은 군사기능과 분리되지 아니하여 군대가 경찰업무를 수행하는 것이 보통이었다. 경찰작용은 법적 근거 없이 지배세력의 필요에 따라 이루어졌고 재판의 통제도 받지 않았으며, 백성을 위한 치안질서유지가 아니라 전제왕권의 강화를 위해서 경찰기능이 행해졌다. 갑오경장 이전의 조선은 중국의 영향 아래 법령과 관제가 정비되었고 따라서 경찰도 중국의 영향을 많이 받았다.

표 37 고려시대의 경찰역할 수행 기관

의금부 (義禁府)	고려말의 순군만호부(巡軍萬戸府)는 순위부, 의용순금사를 거쳐 태종 14년에 의금부로 개칭되어 포도금란, 즉 순찰·도둑체포·질서유지의 임무를 담당하였으며, 후에 의금부는 중요한 특별범죄를 관장한 특별사법기관으로서 다음의 범죄를 처리하였다. •왕족의 범죄 및 현직관리 또는 퇴직관리로서 관규(官規)를 문란케 한 자 •국사범, 모역죄, 반역죄 등의 사건, 사교(邪敎)에 관한 금령을 범한 자 •상민으로서 왕실에 대한 범죄, 기타 사헌부에서 탄핵한 사건 등

사헌부 (司憲府)	감찰기관으로서 시정을 논하고 백관을 규찰하며 풍속의 교정을 담당하였다.
직수아문 (直囚衙門)	중앙의 각 관청은 소관사무와 관련하여 직권에 의하여 위법자를 체포·구금할 수 있었는데 이와 같은 권한을 가지는 중앙관청을 이라 하였다. 이는 조선시대의 경찰권이 일원화되지 못했음을 의미한다.
관찰사와 수령	지방에는 관찰사와 수령들이 지방행정과 함께 경찰기능도 수행하였다.
포도청 (捕盜廳)	•전국적으로 들끓는 도적의 횡포를 막기 위해 성종 2년 포도장제(捕盜將制)에 기원을 두고 처음으로 임시설치 되었으며, 중종 때 이르러 포도청이란 명칭이 등장하고 항구적 기관이 되었다. •포도청은 도적의 예방 및 체포를 위해 야간순찰, 기타 금조(禁條)에 저촉되는 행위를 적발하는 임무를 수행하였다. •양반집의 수색과 여자도적 체포를 위해 '다모'라는 여자 관비도 있었다. •포도청은 1894년 갑오경장과 함께 한성부에 '경무청'이 설치되면서 폐지되었다 (김상호 외, 2004: 32-38 참조).

표 38 갑오경장 이전의 시대별 경찰제도

구 분	경찰제도	특 징
부족국가 시대	•고조선 - 팔조금법(3조목 전래) •부여 - 일책십이법 •한사군 - 지방의 위, 유요 정장 •고구려 - 일책십이법 •동예 - 책화제도	•군사, 형집행 기능과 통합 수행 •가부장적 사회질서 유지
삼국시대	•고구려 - 지방장관 욕살 •백제 - 지방 : 방령, 수도 : 달솔 •신라 - 지방의 군주	•중앙집권적 국가체제 •행정, 군사와 일체 •반역죄 엄벌
통일신라 시대	•중앙의 형부, 병부	•형의 종류 세분
고려시대	•군의 금오위 •현의 위아 - 현재의 경찰서 •도의 장인 안찰사	•순군만호부 - 정치경찰 기능
조선시대	•중앙 - 의금부 •지방 - 관찰사 •포도청 창설	•중앙의 각 기관이 경찰기능 수행 (경찰공제회, 2005: 65)

제2절 갑오경장부터 한일합병 이전의 경찰

우리나라의 경찰사에서 경찰이라는 용어가 처음 등장하는 것은 1894년 갑오경장 이후의 일이다. 뿐만 아니라, 갑오경장을 통하여 경찰에 관한 조직법적·작용법적 근거가 마련되었다는 점에서, 비록 서구에서와 같은 법치주의적 사고의 발전에 따른 것은 아닐지라도, 적어도 외형상으로는 근대국가적 경찰체제가 갖추어졌다는 측면에서 우리나라의 경찰사에서 한 획을 긋는 분기점으로 삼기에 충분하다.

그러나 그것은 이미 프랑스 등 대륙법계의 경찰체제를 갖춘 일본이 우리에게 그러한 체제를 이식시키는 시기였을 뿐만 아니라 궁극적으로는 우리의 경찰, 나아가 우리나라 전체를 지배하기 위한 장기적인 전략의 일환이었다는 점에서 우리나라와 경찰의 역사에 있어서 가장 치욕적인 시기이기도 하였다(강용길 외, 2009: 42).

1. 갑오경장과 한국경찰의 창설

1876년 강화도 약을 계기로 조선은 개국의 길에 들어서고, 일본은 명치유신정부의 부국강병의 국책을 기초로 점차 동양에 있어서의 제국주의적 야심과 지위를 확고히 해 나가게 된다. 그러한 의도가 결정적으로 표출된 것은 1894년의 동학혁명을 계기로 하는 청일전쟁부터이다. 그런데 일본은 청일전쟁(7월25일)의 구실의 하나로서 조선의 내정개혁을 요구하였고, 동년 8월 20일에는 대원군 친일정부의 조선에 「잠정합동조간」을 체결시켜 내정 개혁을 일본의 권고에 따라 시행토록 하였다. 이것이 갑오경장의 시발인 것이다.

한국경찰의 창설도 이러한 일본의 내정 개혁 요구의 일환으로 이루어지는데, 유감스럽게도 조선은 자주적인 입장과 판단을 견지하지 못하고, 창설에서 제도정비에 이르기까지 일본에 완전히 주도권을 넘겨 주었던 것이며, 우리나라에 일본의 경찰체제가 뿌리내린 것은 바로 이시기부터라고 해야 할 것이다(강용길 외, 2009: 42).

2. 경부경찰체제의 출범과 좌절

1) 근대경찰의 탄생

우리나라에 근대적 의미의 경찰개념이 도입된 시기는 갑오경장 이후의 일이다. 동학농민항쟁을 구실로 청과 함께 공동 출병한 일본은 그 기회에 조선에서 청의 세력을 완전히 축출하려는 의도 하에 청에 공동으로 조선에서 내정개혁을 추진할 것을 제의하였다. 이러한 제의는 청에 의해 거절되고 일본의 공격으로 시작된 청·일전쟁에서 승리한 일본은 내정개혁의 실시를 조선정부에 요구하였다.

1894년 일본이 조선에 요구한 내정개혁 중에는 '경성(京城) 및 중요 도시에 완전한 경찰을 설치할 것'이 포함되어 2년 이내 실시토록 요구하였다. 일본의 요구에 따라 영의정 김홍집이 총재관이 되어 군국기무처를 두고 내정개혁에 착수(갑오개혁)하였고, 1894년 6월 28일(음력) '각아문관제'에서 '법무아문 관리사법행정경찰'이라고 정하면서 처음으로 경찰이라는 용어를 사용하였으며, 경찰을 법무아문하에 창설할 것을 정하였다(후에 내무아문 소속으로 변경).

2) 경무청의 창설과 '경무청관제직장(警務廳官制職掌)'의 제정

'경무청관제직장(警務廳官制職掌)'에 의하여 좌우포도청을 합설하고 한성 5부의 경찰업무를 통합하여 내무아문 소속하에 경무청을 창설하여 한성부 내의 일체의 경찰사무를 담당하게 하였다(1894년 7월).

경무청의 장으로 경무사(警務使)를 두고 경무사로 하여금 경찰사무와 감옥사무를 총괄토록 하였고, 범죄인을 체포·수사하여 법사(法司)에 이송토록 하는 임무를 부여하였다. 동(同)관제에 의하여 최초로 한성부의 오부자(五部字) 내에 '경찰지서'가 설치되었고, '경무관'을 서장으로 보히었디(임준태, 2002. 91). 경부청관세직상은 한국 최초의 경찰조직법이라 할 것이다(김충남, 2002: 68−69)..

경무청관제직장은 일본의 '경시청관제'를 모방한 것으로 일본의 경시청을 경무청으로, 일본의 경찰계급인 경시총감·경시·경부·순사를 경무사·경무관·총순·순검으로 각각 바꾸어 사용하는 등 일본 것을 거의 그대로 이식한 것이다(김상호 외, 2004: 415−417)

3) 경찰작용법인 행정경찰장정(行政警察章程) 제정

경무청의 설치와 함께 경찰작용의 근거법으로 행정경찰장정을 제정하였다. 이는 '제1절 총칙, 제2절 총순의 집무장정, 제3절 순검의 직무장정, 제4절 위경죄의 즉결장정, 제5절 순검의 선용장정' 등 5개 절로 이루어져 있다.

이 행정경찰장정은 경찰의 목적과 경찰관의 복무요령, 경찰범의 기결 및 순검의 채용방법을 일괄해서 표명한 헌장이라 할 수 있는데 이는 일본의 행정경찰규칙(1875)과 위경죄즉결례(1885)를 혼합하여 한문으로 옮겨 놓은 것이다.

여기에는 영업, 소방, 위생, 신문잡지 등의 광범위한 사무가 포함되어 있어 경찰업무 영역의 광범성 및 직무규정의 포괄성 등 근대국가에서 흔히 나타나는 경찰업무와 일반행정과의 미분화현상을 엿볼 수 있다(임준태, 2002: 91).

4) 광무개혁과 경부경찰체제

조선에 대한 지배권을 둘러싼 일본과 러시아의 대립 속에 일본에 의한 명성황후 시해(1985년 을미사변)와 국왕의 아관파천(1896년)으로 갑오경장은 좌절되었다. 조선은 1897년 국왕의 환궁 이후 연호를 광무로 개칭하고 국왕을 황제로 칭하며, 국호를 대한으로 바꾸는 등 개혁을 단행하는 외에 「대한국구제」(1899년 8월 17일)를 제정하는 등 일본의 간섭에 의한 법령과 제도의 개혁을 시도, 1900년 6월 9일 고종 황제의 조칙(詔勅) '경부(警部)를 설치하는 건'에 따라 3일 후인 6월 12일 경부관제(警部官制)가 반포되어 내부(內部)로부터 독립된 중앙관청으로서의 경부(警部)가 설치되었다.

경부경찰체제는 경찰이 내부직할에서 중앙관청인 경부로 독립한 점에는 역사적으로 의미를 부여할 수 있으나, 관장범위가 한성 및 각 개항시장의 경찰사무 및 감옥사무로 제한되고, 지방에는 총순(總巡)을 두어 관찰사를 보좌토록 하는 등 이원적인 체제로 운영되었으며, 경부신설 이래 약 1년여 만에 경부대신이 12번이나 바뀌는 등 문제가 많아 「경무청관제」를 통하여 전국을 관할하는 경무청(警務廳)을 신설하게 된다. 한편 경무청은 갑오경장기의 경무청이 한성부만을 대상으로 한 데 대하여, 전국을 관할하는 기관이었던 점에서 오늘날 경찰청의 원형으로 볼 수 있다.

3. 의사조약과 한국경찰권의 상실

러일전쟁(1904년)은 일본의 조선에 대한 지배권 확립을 둘러싼 전쟁으로, 이를 통해 일본은 제국주의국으로서의 구제적 공인을 얻게 되면서 한국에 「한일의정서」(1904년 2월), 「한일 외국인고문 용빙에 관한 협정서」(1904년 8월, 1차한일협정), 「을사보호조약」(1905년 11월)을 강요하고, 헤이그 밀사사건을 기화로 「한일협약」(1907년 7월, 제2차 한일협약)을 강제로 체결시켜 황제의 폐위와 한국군대의 해산, 사법권의 강탈과 동시에 별도의 「취극서」를 통하여 경찰권마저 강탈하였던 것이다.

이러한 과정을 거쳐 마침내 한국은 1910년 8월 22일 한일합병조약을 통하여 주권마저 빼앗기기에 이른다. 우리나라의 전체 역사에서 뿐만 아니라 경찰사에서도 가장 암울한 시기가 아니었나 생각된다. 한국경찰권의 상실은 갑오경장기부터 시작된 일본의 치밀한 준비의 결과이며, 어쩌면 일본이 우리나라에 자기 나라의 경찰제도를 이식한 것도 결국에는 주권마저 빼앗으려는 장기적인 계획의 일환으로 진행되어 왔다고 해도 과언이 아닐 것이다. 이러한 결과는 이 시기에 이루어진 한국과 일본의 경찰제도의 통합 과정에서 적나라하게 드러난다. 이 시기를 통해 현실을 직시하지 못하고 미래를 준비하지 아니한 국가와 그 경찰의 운명을 볼 수 있다(강용길 외, 2009: 46).

1) 고문경찰제도의 성립

1904년 8월의 제1차 한일협약을 통하여 한국에서 이른바 고문정치가 시작되는데, 경찰은 다케시다(丸山重俊) 경시가 경무고문으로 초빙되어 한국경찰제도에 대한 심의기안권을 차지하는 등 한국경찰권을 통제하기 시작했다.

경무고문은 그 보좌기관으로서 경무청, 한성부 내의 5개 경찰서, 전국 각 지방에 일본인으로 경시, 경부 등을 배치하여 한국의 경찰을 장악해 나가기 시작했다.

2) 통감정치의 시작과 경무경찰체제

1905년 을사조약에 의해 한국의 외교권이 완전히 박탈되고 통감정치가 시작되었다. 1905년 2월 내부관제와 경무청관제에 의거, 경무청이 다시 한성부 내의 경찰로 축소되고, 내부대신의 관할하에 있던 경찰이 '경무부'로 독립되어 경무총장이 경찰사무를 관장하게 되었다. 한편, 이와는 별도로 통감부에 경무고문부가, 각도에는 경무고문 지부가 설치되어 직접 통감의 지휘를 받아 한국의 경찰을 사실상 지배해 나갔다.

3) 경시청(警視廳)시대

1907년 7월 27일 경무청관제(칙령 1호)가 개정되어, 종래의 경무청이 경시청으로, 경무사는 경시총감으로, 경무관은 경시로 각각 개칭되었다. 이것은 한국의 경찰관청과 계급의 일본화를 위한 것이었다. 1907년 8월 한일협약 제5조에 따라 일본인 경무고문(警務顧問)이 경시총감이 되고, 각 도의 경무고문 보좌관을 각 도의 경시로 임명함으로써 한국 경찰의 수뇌부를 일본인으로 구성하였다. 1907년 10월 일본인 경시 21인, 경부 78인, 순사 1205인이 한국경찰로 임용되어 형식적으로 한국에 있는 일본경찰이 한국경찰에 흡수·통합되었다. 1907년 12월 18일 내부관제로 종전처럼 내부(內部)에 경무국을 두고 경찰사무를 총괄케 하였는데 이 때 종전의 감옥사무는 경찰사무에서 제외되었다.

4) 경찰권의 박탈

첫째, '경찰사무에 관한 취극서'(1908. 10. 29)이다. 내각총리대신 이완용과 이등박문간에 의해 체결되어 주한 일본인에 대한 경찰사무의 지휘·감독권이 위양(委讓)되었다.

둘째, '재한국 외국인민에 대한 경찰에 관한 한일협정'(1909. 3. 15)이다. 한국에 있는 외국인에 대한 경찰사무의 지휘·감독권을 일본계 한국경찰이 행사토록 하였다.

셋째, '한국 사법 및 감옥사무 위탁에 관한 각서'(1909. 7. 12)이다. 한국의 사법경찰권을 포함하는 사법권과 감옥사무가 일본으로 넘어가게 되었다.

넷째, '한국경찰사무 위탁에 관한 각서'(1910. 6. 24)이다. 일본의 육군대신 데라우치가 통감으로 부임하면서 체결한 것으로, 이에 의해 한국의 경찰권은 완전히 상실되었다.

4. 식민지 시기의 경찰

우리나라가 일본의 식민지 지배하에 있었던 시기(1910년 8월 20일~1945년 8월 15일)를 '일제강점기'라고 불리우고 있으며, 다른 이름으로는 '일제시대', '일제암흑기', '일본통치시대', '일정시대', '일본 식민지시대', '왜정시대', '대일본 전쟁기', '대일항쟁기', '국권피탈기' 등으로 불리울 정도로 다양하게 불리우고 있다.

이처럼 36년간의 일제 식민지 시대 하에서의 명칭이 다양한 이유는 이 기간동안 일제가 우리 국민들에 가한 핍박이 극에 달했음을 대변해 주고 있으며, 심지어는 "일본 순사가 온다"면 우는 아이가 울음을 그칠 정도였다.

일제때 순사나 경찰간부를 한 자녀들이 아직까지 국민들로부터 지탄의 대상이 되는 이유는 바로 이러한 일제의 잔혹한 만행이 있었기 때문이며, 특히 고위공직자로서의 진출에는 커다란 걸림돌로 작용하고 있다. 그 이유는 아직까지도 우리 국민들에게는 일제 식민지 시대는 '씻을 수 없는 상처', '용서할 수 없는 과거'라는 인식이 팽배하기 때문으로 해석된다.

일제 36년간의 식민지 기간 중 총독부 권력의 최대무기는 헌병을 포함한 경찰력이었으며, 경찰력 행사의 목표는 오로지 일제의 식민지배체제의 공고화에 있었다. 식민지 시기의 경찰제도의 전개는 1919년 3·1운동을 기준으로 두 시기로 분류할 수 있는데, 첫째는 1910년의 한일합병부터 1919년까지 부단통치 시기의 헌병경찰제도이며, 둘째는 1919년 이후 보통경찰제도이다. 이시기의 경찰의 이념은 한국민을 억압하고 제국주의 일본의 식민지를 공고화 하는 데에 있었다. 그래서 경찰은 일상생활의 영역에서 뿐만 아니라 경제영역 나아가 인간의 사상이나 이념까지 통제하는 사상경찰의 영역까지 확대하여 경찰에 대한 불신의 풍조와 두려움의 존재가 된 계기가 되었던 것이다.

즉, 경찰에 대한 국민의 뼈저린 불신의 풍토가 축적된 시기였다. 이러한 경찰활동의 법제적 근거 까지도 일본총독과 경무부장에게 각각 제령권과 명령권을 부여하여 전제주의적이고 제국주의적인 경찰권의 행사를 가능하게 하였던 것이다.(배철효외, 2007: 140).

한일합방부터 8.15해방까지 우리는 일제 강점기 소위 일제 36년간 일본에 의해 지배받아 왔다고 하나 아무런 준비없이 나라를 내주고만 1876년 제물포조약때부터 69년간 일본으로부터 철저하게 지배당한 수모의 역사를 가지고 있다(전용찬, 2005: 12; 이상열, 2007: 78-79).

1) 조선총독부의 설치와 재량권

일본은 1910년 8월 29일 칙령2)318호로 한국 의 국호를 대한제국에서 다시 조선으로 환원시키고 「조선총독부 설치에 관한 건」(칙령 319호)을 통해 총독부라고 하는새로운 통치기구를 설치했다. 그리고 「조선총독부 및 소속관서관제」(칙령 354호)를 통해 그 하부조직으로서 총무부, 내무부, 탁지부, 농상공부, 사법부를 두었다.

한편 조선총독에게는 「조선에 시행할 법령에 관한 법률」(30호)을 통하여 제령권이라고 불리우는 입법권이 주어졌는데, 조선 총독은 이 제령권을 통하여 조선의 행정·입법·사법의 삼권을 한손에 장악하고 식민지 체제를 유지해 가는 바, 총독부 권력의 핵심인 경찰권의 행사에 관해서도 그 법적 근거는 이러한 총독의 제령권을 통해서 충족된다. 헌병경찰제의 창설이나 그를 뒷받침 할 경찰작용에 관한 각종 법령도 물론 제령권의 행사를 통해서 가능했던 것이다(경찰대학, 2004: 75).

일제의 식민지 통치는 식민지 민중의 저항을 억압하기 위한 강권적 국가기구를 비정상적으로 팽창시켜 왔다. 특히 일제의 총독부는 전형적인 식민지 국가기구로써 이는 해방 후 한국의 경찰제도에 큰 영향을 미치게 되었다. 식민지배는 강권적 강압장치에 의하여 유지되는 체제이므로 강력한 국가기구의 출현과 과대성장된 경찰기구에 의한 통치메카니즘이 필요시 되었다(이선엽, 2005: 42; 이상열, 2007: 80).

3

2) 헌병경찰의 배치

1910년 8월 5일자로 도시 및 철도연변에 원칙적으로 배치하기로 하였고, 각 도의 경찰서 및 순사 파출소와 주재소 배치가 정해졌다. 그리고 작전 예상지역에 배치되는 헌병은 76개를 배치하였는데, 경찰의 주재소급 분견소는 만들지 않고 우선 수개의 군을 관할하는 경찰서급의 헌병분대만을 마련한 것이 그 특징이었다(허남오·이승주, 2005: 194－195).

이는 아직 각지의 항일의병활동이 그치지 않았으므로 그들이 분대단위로 병력을 집중하여 일반 유사시에 강력한 타격대를 출동시키던 시기였다. 한편 10910년 10월 12일 이후부터는 서울헌병대사령부가 전국의 헌병대를 관할하였다. 그리고 수원헌병대는 경기도, 해주헌병대는 황해도, 춘천헌병대는 강원도, 진주헌병대는 경상남도, 대구헌병대는 경상북도, 광주헌병대는 전라남도, 전주헌병대는 전라북도, 공주헌병대는 충청남도, 청주헌병대는 충청북도, 평양헌병대는 평안남도, 의주헌병대는 평안북도, 함흥헌병대는 함경남도, 경성헌병대는 함경북도의 각 헌병대 및 치안상황을 사찰하였다.

이처럼 일제가 헌병경찰의 배치를 분산배치제로 바꾸고 지방행정 체제의 개편에 맞게 조직을 정비한 것은 헌병경찰을 중심으로 일반행정과 경찰업무를 연결시켜 국가권력이 직접적으로 지방의 민을 관리하고 규제하기 위한 것이었다.

다시 말해서 향청의 폐쇄, 동리 단위까지의 행정구역 개편을 통해 전통적인 향촌 자율적 기반을 해체한 위에 조선면제, 헌병경찰제를 정비한 것은 조선민족에 대한 식민지 국가권력의 직접적인 지배를 확립하기 위한 것이었다(김민철, 1994: 28).

한편 1910년대 헌병경찰의 기관수와 인원수를 정리하면 다음 <표 1>과 같다. 1910년에 헌병기관 653개, 인원 2,019명, 경찰기관 481개, 인원 5,881명이던 것이 이듬해인 1911년에는 헌병기관 935개, 인원 7,749명, 경찰기관 678개, 인원 6,222명으로 증가하였다. 즉, 1911년에는 전년도에 비해 헌병 기관은 282개가 증가해 43.2%, 인원은 무려 5,730명이나 증가해 283%의 천문학적인 증가율을 보였다. 반면에 1911년도 경찰은 기관이 197개로 증가해 41%, 인원은 고작 340명 증원되어 5.8%에 그쳤다.

이러한 추이는 헌병경찰이 폐지되는 1919년까지 그대로 반영되는데, 이는 일제 식민통치가 군사력에 의존하고 있음을 보여주는 것이라고 설명할 수 있다. 이상에서 고찰했듯이 1910년대 전 기간에 걸쳐 헌병경찰은 지속적으로 증가하였음을 인식할 수 있다(이상열, 2007: 82−83).

3) 헌병경찰의 기능

1910년대 헌병경찰은 치안업무 뿐만 아니라 대단히 포괄적이고 다양한 기능을 수행하였다. 특히 주목할 만 한 점은 경찰이 치안업무와 관련된 행정경찰과 사법경찰의 업무뿐 만 아니라 사법권과 행정권 자체도 행사하였다는 점이다. 우선 사법권의 경우 헌병경찰은 지방법원 가운데 검사가 배치되어 있지 않은 곳에서 경시 또는 경부가 검사사무를 대신 취급하였다. 그리고 재판소가 없는 지역에의 경찰서장은 주택·건물 또는 물품의 인도, 부동산의 경계 및 2백원 이하의 금전채권에 대해 조정할 수 있었다.

조선전체에 재판소가 있는 곳은 55개 군에 불과했으며, 따라서 재판소가 없는 나머지 161개 군에서는 경찰이 검사는 물론 판사의 역할까지 수행하였다. 행정사무의 경우 헌병경찰에게는 '조장행정원조사무'라는 행정기능이 주어졌다. 이에 따라 헌병경찰은 도로 수축, 임야 단속, 국경지방의 관세사무, 세금징수의 원조, 농업지도, 해충구제, 산업장려, 부업 및 저금장려, 어업 단속 등 행정기관의 사무를 원조하는 형식으로 이를 겸행하였다. 또한 헌병경찰은 호구조사를 실시함으로써 조선민중에 대한 감시체제를 강화하였다. 이러한 점에서 볼 때 이 시기는 가히 '헌병경찰국가'라 불러도 손색이 없을 것이다(최선우, 2006: 427).

이 시기에 고등경찰은 오늘날의 정보경찰 기능이라고도 볼 수 있지만, 국내적인 사찰정보 외에 만주, 블라디보스토크, 북경, 상해, 남경, 하와이, 뉴욕, 샌프란시스코, 로스앤젤레스 등 해외 각지에 이르기 까지 망명 애국지사를 미행·잠복·추적하여 감시·탄압하고 심지어는 밀정을 시켜 암살까지 하는 비밀경찰이었다(조철옥, 2007: 117).

4) 보통경찰제도로의 전환

경찰관은 물론이고 일반문관이나 교원까지도 금태의 제복·제모와 사베르를 패용케 하여 식민지 지배체제를 의식적으로 확립하는 등 일제는 각종 사회적·정치적인 유형무형의 탄압을 계속하였다. 그러므로 한국인의 배일항일 감정은 극에 달하게 됨으로써 드디어 3.1운동이 발발하게 되었다. 한말에 무장의병을 진압하여 악명 높던 헌병경찰도 맨주먹의 민중운동에는 문화정치라는 이름으로 굴복하고 말았다.

그러나 문화정치기에는 반일운동을 더욱 억압하기 위하여 친일파와 배일파를 구분하여 전자에 대해서는 가능한 편의와 원조를 제공하고, 후자에 대해서는 탄압하는 대책을 수립했다(허남오·이승주, 2005: 198).
경찰에 의한 식민지 사회의 통제는 보통경찰시기에 들어 새로운 국면에 접어들며, 더욱 본격화된다. 헌병경찰제에 대한 일본과 총독부 내에서의 비판과 조선에서의 3.1운동이라는 대규모 저항에 직면하여 일제는 보통경찰체제로 전환하게 된 것이다.

사실 3.1운동 이전부터 일본 내에서 보통경찰제도로의 전환의 움직임은 존재하였다. 헌병경찰제도는 원래 의병투쟁에 대한 대응책으로 출현한 것이었으며, 의병진압이 종료된 이후에는 문제점을 노정하고 있었던 것이다.

결국 '무단통치'가 '문화통치'로 바뀌면서 형식상의 관제개정과 헌병경찰이 보통경찰로 바뀌었지만, 시정상의 강령 첫 번째가 '치안유지'였다는 점에서 그리고 식민통치자 스스로 인정하고 있듯이 식민지 지배의 본질에서는 조금도 달라진 점이 없었다. 다만 탄압의 제1선에 서있던 군이 제2선으로 물러나고 대신에 문관인 경찰이 그 역할을 담당하게 되는 보통경찰체제가 수립된 것에 지나지 않았다(김민철, 1994: 40－41).

또한 일제는 3.1운동으로 「정치범처벌법」을 제정하여 단속을 강화했으며, 1925년 일본에서 제정된 「치안유지법」도 우리나라에 적용되는 등 탄압의 지배체제는 더욱 강화하였다. 1941년의 「예비검속법」 등을 통하여 독립운동의 탄압과 전시동원체제의 강화에 경찰력을 동원하였다(조철옥, 2007: 118).

제3절 광복이후부터 현재

1945년 8월 15일 일본의 패망은 우리나라의 광복과 동시에 우라 경찰에게 잇어서는 일제에 의해 주도면밀하게 창설된 과거의 경찰체제를 완전히 벗어버리는 계기가 되어어야 했다.

그러나 유감스럽게도 우리는 미군정이 실시되는 비운을 맞으면서 그러한 구체제를 청산하는 데는 일정한 한계에 부딪치게 된다. 패전국 일본이 미군정의 통치를 받으면서 경찰체제를 비롯한 모든 전체주의적이고 비민주저인 제도와 그 정신들에 대한 철저한 청산절차를 밟게 되는 것과 비교된다.

1. 미군정 시기

미국은 미군정을 통해서 1945년에서 1948년까지 남한을 통치하였다. 본 연구는 미군정의 대한정책 중 특히 치안정책에 관한 연구이다. 미군정기의 치안정책은 크게 치안제도 도입기, 치안제도 성장기, 치안제도 확립기의 세가지 시기로 나뉜다.

첫 번째, 치안제도 도입기의 치안정책은 美전술군을 파견하여 치안을 유지하는 직접통치체제 구축 정책과 일제의 식민지치안체제의 부활을 통한 중앙집권적 치안체제 구축 정책이었다.

두 번째, 치안제도 성장기의 치안정책은 공산당제거라는 정책을 추진하게 된다. 마지막으로 치안제도 성장기의 치안정책은 치안기구확대 정책과 치안보조세력 확대라는 정책을 추진하게 된다.

미군정의 대한정책은 대한민국의 통치체제 형성에 많은 영향을 주었으며, 각 분야의 기본적인 토대 수립에 있어서 지대한 역할을 하게 된다. 특히 미군정의 치안정책에 대한 이해는 독립국가를 수립하는 과정을 이해하는데 필수적인 요소라고 할 수 있다. 또한 미군정이후 전개되는 경찰체제의 특징과 치안제도의 발전을 이해하기 위한 기본적인 출발점이 된다.

이러한 미군정의 치안정책은 각 시기별로 정치적 요인과 이데올로기적 요인에 따라서 영향을 받게 된다. 미군정 치안정책의 수립에 따라서 치안제도가 변화하게 되었으며, 이때의 치안제도는 중앙집권적인 경찰체제의 모습으로 나타나게 된다. 그리고 이때 창설된 경찰제도는 이후의 한국경찰제도에 있어서 뿌리와도 같은 커다란 영향을 미치게 된다(김창윤, 2008: 13).

2. 치안국 시대

1) 건국 초기

1948년 제헌헌법에 따라 대한민국정부가 수립되고 일주일 후인 1948년 9월 2일 정부조직의 출범과 더불어 진정한 국립경찰의 역사가 시작되었다. 하지만 미군정 당시의 경무부는 사라지고 대신 내무부의 치안국을 중앙조직으로 하는 새로운 모습의 국가경찰체제가 갖추어졌다. 경찰조직의 위상이 독립적 행정부처에서 내무부의 보조기관으로 변경된 것이다.

이유는 일제의 영향으로 경찰에 대한 국민들의 거부정서가 강력하고 좌우익 이념상의 대립이 극심하여 정부(통치자)가 경찰을 쉽게 움직일 수 있어야 한다는 것이었다(경찰청, 1995: 100–104). 그러나 여하튼 군정경찰과는 본질적으로 다른 현대 법치국가의 민주경찰이라는 새로운 기치 하에 국가경찰제도를 근간으로 하는 자주 경찰의 역사가 시작되었다.

하지만 정부가 수립된 이후에도 이념 및 사상의 대립에서 비롯되는 사회혼란이 극심하여 경찰은 국민의 생명·신체·재산의 보호라는 본래의 사명 이외에 국가의 기반을 공고히 하고 민주발전을 이룩하면서 사상적 통일을 전제로 한 통일조국을 건설하는 데 앞장서야 했다. 이에 따라 좌익 극렬분자들의 반란·파업·폭동과 공비 (共匪)의 진압을 위한 비상경비사령부를 설치하여 전투경찰과 구국경찰의 기능을 수행하였으며, 일반경찰까지도 경찰봉 대신 미국제 카빈(carbine) 소총을 소지하고 근무에 임하였다.

2) 6·25 동란기

1950년에 6·25전쟁이 발생하자 국립경찰은 국군과 더불어 공산주의자들을 상대로 한 전투에 투입되어 국토방위에 동참하였다. 건국 전에도 좌우익의 대립으로 인한 반란·폭동·파괴 등으로 시련을 겪었지만 6·25전쟁으로 전투임무까지 수행하게 되어 경찰은 최소한의 기본임무도 수행하기 어려웠다. 전투경찰대를 설치하여 전투임무를 전담시켰지만 전쟁의 장기화로 일반경찰마저 전투지원부대로 전환되었다.

전투임무에 소요되는 인적·물적 자원의 투입도 급증되어 1951년에는 국립경찰의 수가 63,000명에 이르렀다. 경찰예산이 국가일반회계의 약 30%를 차지하고 경찰장비도 중화기로 대체되었다. 6·25전쟁 중 1만여 명의 경찰관이 전사하고 6,500여 명의 부상자가 발생하여 국립경찰의 역사에 호국경찰의 흔적이 강하게 각인되었다.

3) 국가 부흥기

휴전이 되고서도 공비잔당의 소탕을 위한 경비기구의 확대개편이 있었다. 그러나 전투임무가 끝나자 인적·물적·법적 제도의 정비가 이루어져 비로소 경찰은 본연의 임무로 복귀하였다. 수사의 현대화를 위한 국립과학수사연구소 신설, 경찰활동의 법적 근거를 마련하기 위한 「경찰관직무집행법」·「행정대집행법」·「경범죄처벌법」 등 제정, 업무표준화를 위한 기획기구 설치 등으로 경찰행정의 본래적 성격이 회복되고 경찰업무의 정상화가 이루어졌다. 특히 「경찰관직무집행법」에 '국민의 생명, 신체, 재산의 보호'라는 영미법적 관념과 전통이 반영되어 민주경찰의 이념적 토대가 확고해졌다.

하지만 국립경찰은 정상적인 경찰활동을 시도해보기도 전에 집권당의 정권수호라는 또 다른 시련을 맞았다. 전시체제를 벗어난 이후로 경찰의 타 부처 협조업무가 확대되면서 경찰의 부패와 아울러 경찰이 집권세력의 정치도구로 전락하여 국민의 대다수는 경찰을 부정과 탄압의 앞잡이로 인식하였다. 자유당의 장기집권을 돕기 위해 3·15 부정선거에 개입하고 4·19 혁명을 과잉 진압한 사례는 경찰이 정치도구로 전락한 대표적 사례로 남았다.

4) 5·16 혁명 전후

경찰이 정권의 시녀로 전락하여 1960년의 4·19혁명이 촉발된 것을 계기로 경찰의 중립성을 보장할 필요성이 국민적 관심사로 부각되었다(최응렬, 1999: 256-283). 이러한 분위기에 힘입어 「헌법」에 경찰의 정치적 중립화 조항이 반영되고 이를 실질적으로 보장하기 위하여 「정부조직법」에 공안위원회에 관한 조항이 신설되었다. 또한 「경찰중립화법안」에 관한 공청회를 개최하여 경찰의 관리기관, 자치경찰제 도입방안, 경찰관의 자격, 범죄수사의 주체 등에 관한 의견수렴을 시도하였다. 그러나 야당일 때는 경찰의 중립화를 외치던 민주당이 막상 여당이 되고 나서는 태도를 바꾸는 바람에 경찰의 정치적 중립화는 구호에 그치고 말았다.

그럼에도 불구하고 국립경찰은 재출발을 위한 자체정화를 시도하였으나 1961년 5·16 군사혁명으로 경찰중립화에 관한 논의가 중단되었다. 120명에 달하는 군장교 출신자들이 경찰간부로 특채됨으로써 경찰조직의 정책결정이나 집행 면에서 난맥상이 초래되고 군대식 관리방식이 다양하게 적용되었다. 혁명정부의 집권으로 경찰의 고유기능 회복, 교육훈련 강화, 경찰행정의 현대화 등이 앞당겨지기도 하였지만 경찰의 정치적 예속화는 한층 더 분명해졌다.

5) 제3공화국 이후

1963년 제3공화국 수립 이후 조국근대화를 추진하는 과정에서 치안수요가 급증함에 따라 경찰관리의 개선, 경찰관의 자질향상, 범죄수사의 과학화 등을 통하여 봉사경찰 내지 보호경찰의 이념을 구현하려는 노력이 이어졌다. 오랫동안 시행되어온 야간통행금지가 부분적으로 해제되어 치안행정의 민주화가 진전되었다.

1966년 7일에는 「경찰윤리헌장」을 채택하고 1969년에는 「경찰공무원법」의 제정으로 경찰직무의 특성이 부각되어 직능별 전문화와 자질향상을 통한 직업공무원제의 기틀이 마련되었다. 그러나 1964년의 한·일회담 저지를 위한 학생데모와 각종 시국사건 그리고 북한의 계속적인 도발로 1968년에 전투경찰대가 신설되고 안보치안기능이 상대적으로 강화되어 경찰의 중립화 논의는 수면 아래로 가라앉았다(이황우 외, 2004: 73-75).

3. 치안본부 시대

1972년에 10월 유신이 단행된 이후로는 민주헌정이 중단된 상태에서 국립경찰이 안보치안 위주로 조직개편을 반복하다가 1974년 박정희 대통령 저격미수사건(8.15)을 계기로 치안국이 치안본부로 승격되었다. 그러나 학생데모진압 및 간첩색출을 위한 기능강화가 이루어졌을 뿐 경찰중립화를 위한 직무수행의 독자성 확보, 경찰 인사관리에 대한 외부영향 배제, 전문경찰인력의 체계적 양성, 인적·물적 자원의 효율적 관리 등은 여전히 희망사항으로 남아 있었다. 1976년에는 서정쇄신의 방침에 따른 경찰 내부의 정풍운동으로 1,400여명의 경찰관이 숙정되고 이에 따라 경찰 새마을 교육과 경찰의 민주화를 위한 정신교육이 강화되었지만 경찰조직의 정치적 예속은 도리어 심화되었다.

1979년 '10·26 사태'에 이은 5·18 광주민주화운동과 정권의 정당성 상실, 정책의 신뢰성 저하 등으로 갈등과 분열로 사회적 혼란이 계속되는 와중에도 1981년 4년제 경찰대학을 신설하고 1983년부터는 의무경찰을 선발하여 치안업무를 보조하게 하였다. 이러한 상황에서 각계각층의 욕구가 폭발하여 1987년 '6·10 민주화항쟁'이 촉발되고 그 결과로 '6·29 민주화선언'이 발표되는 과정에서 경찰은 국민들로부터 철저하게 불신을 당하였다. 1년 동안 50여명의 경찰관이 과로 등으로 순직하고 1만명이 넘는 경찰관이 부상을 당하였지만 국민들의 민주화 요구를 짓밟은 장본인으로 매도되어 정치경찰·폭력경찰의 오명을 감수하여야 했다.

1983년 2월에 출범한 제5공화국정부는 정의로운 민주복지국가 건설에 목표를 두었으므로 경찰도 경찰관의 자질향상과 대민봉사자세의 강화를 통해 새 시대 새 경찰의 참된 경찰상을 부각시키고자 노력하였다. 좌경세력을 척결하는 과정에서 대학생 고문치사 및 은폐·조작 사건 등이 발생하여 질타도 받았지만 86아시안게임과 88서울올림픽 기간동안 완벽한 치안질서를 유지하여 경찰의 역량을 전 세계에 과시하였다.

또한 「경찰공무원복무규정」에 '경찰공무원은 국민의 수임자로서 일상의 직무수행에 있어서 국민의 자유와 권리를 존중하는 호국, 봉사, 정의의 정신을 그 바탕으로 삼는다'는 내용도 추가하였다. 이후로 경찰사상 처음으로 국립경찰의 기본이념을

'호국, 봉사, 정의'의 3개항으로 재정비하고 호국안민의 의식개혁운동을 지속적으로 전개하였다(이황우 외, 2004: 77-79).

4. 경찰법제정 이후

1) 노태우 정부

1991년 경찰법은 경찰의 민주적인 관리운영과 효율적인 임무수행이라는 경찰이념을 규정하고 있고 이를 위하여 경찰은 내무부의 외청으로서 독립관청인 경찰청을 두고 내무부소속으로 경찰청의 심의·의결기관으로서 경찰위원회를 설치운영토록 하였다. 특히 경찰위원회는 경찰시책에 대한 심의 및 의결을 통하여 경찰행정의 민주성과 정치적 중립성을 확보하고 경찰행정의 대국민 신뢰성을 강화시키고자 한 것이 목적이라 할 수 있다.

또한 지방행정과 경찰행정의 업무협조를 하기 위하여 시·도지사소속하에 치안행정협의회를 두도록 하였다. 따라서 경찰청은 기획, 조정, 통제기능을 강화하고 업무의 전문성과 효율성을 높이기 위하여 대국 및 대과제로 개편하였고 지방은 국민들의 생활보호와 질서유지를 확보할 수 있도록 일선 치안역량을 강화한 것이 특징이다.

이 시기는 민주화시대의 요청에 다른 경찰의 정치적 중립화를 이루기 위한 경찰조직의 개편과 급증하는 범죄문제에 대응하고 사회적 안정을 도모하기 위하여 민생치안이 주요한 정책의제였다고 할 수 있다(최응렬, 2007: 9).

2) 김영삼 정부

1993년 문민정부의 출범과 더불어 새로운 경찰상을 정립하기 위해 경찰행정쇄신기획단을 신설하여 조직·인사, 행태·관행, 제도 등 3개분과를 운영하였다(경찰청, 2006: 497-498).

먼저 조직·인사면에서는 경찰의 조직과 기능을 민생치안체제로 전환하고 인사제도를 개선하여 치안역량을 극대화하고 조직안정을 제고하기 위하여 시위진압부대 민생치안전환 투입, 경찰서간·기능간 정원조정, 지파출소 정원조정, 경찰관서 명칭 및 관할구역 변경, 순찰방법의 개선, 계급별 인력구조조정, 전산통신기능의 통합관리 등을 개선하였다.

행태·관행의 면에서는 권위주의적, 행정편의주의적인 관행과 행태를 쇄신하여 민주적이고 합리적인 경찰행정문화를 정착하기 위하여 친절한 관청 만들기를 위한 경찰관서 문턱 낮추기, 각종행사에 과도한 주민동원 지양, 과도한 파출소 감독순찰체계 개선, 일선관서장 복무지침 폐지, 경찰지휘관 근무행태 등을 개선토록 하였다. 제도의 면에서 국민에게 불편과 부담을 주는 제도나 절차를 근원적으로 개선하여 국민에게 봉사하는 참된 민본행정을 구축하기 위하여 운전면허 적성검사제도, 지정자동차학원제도, 기소중지자 업무처리제도, 촉범소년 처리제도 등을 개선하였다.

1996년에는 경찰은 국민의 생활안전을 위협하는 요인해소에 최우선순위를 부여하고 국민의 시각에서 치안서비스선진화방안을 마련하여 추진하였다. 그 내용을 보면 범죄와 폭력으로부터 국민생활 안전보호, 민간자위방범역량의 확충, 지역사회요구에 부응하는 봉사활동의 내실화, 자동차시대에 걸 맞는 교통문화의 정착, 법질서의 선진화로 건강한 시민사회 구현, 국제성 범죄 대응 역량강화 경찰행정의 공개성과 책임성의 함양, 경찰의 전문성 제고와 현대화 등 8개 분야에 걸쳐 있다.

이와 같이 김영삼 정부는 경찰의 권위주의적 행태와 제도를 개선하여 경찰조직의 업무효율성 제고와 대국민 신뢰성 증진에 기여하였다고 평가된다.

3) 김대중 정부

경찰청은 1998년 5월 경찰청 소관 규제의 효율적인 정비와 추진을 위하여 경찰청 규제개혁 추진단을 구성하고 총 381건의 규제 중에서 147건을 폐지하고 90건을 개선하였으며 144건을 존치하거나 1998년 이후에 정비하였다. 당시의 여당인 국민회의는 지방자치경찰제 정책기획단에서는 국무총리산하에 7명의 위원으로 구성되는 국가경찰위원회를 설치하고 시·도산하에 시·도경찰위원회를 두는 자치경찰제 도입안을 제시하였다.

경찰청도 경찰개혁위원회의 연구결과를 토대로 1999년 1월 18일 경찰법개정안을 마련하였고 1998년 11월부터 1999년 2월까지 경찰에 대한 진단을 실시하여 절충형의 자치경찰제 도입방안, 대대적인 경찰조직의 개편, 운용관리개선, 수사권의 합리적배분 등 주요쟁점사항에 대한 최종보고서를 기획예산위원회에 제출하였다(경찰청, 2006: 507-508).

이와 더불어 경찰은 1999년 12월 1일 경찰대개혁 100일작전을 선포하여 생각을 바꾸면 미래가 보인다는 기치아래 경찰을 원점에서 다시 설계하는 제2창경에 돌입하였다. 그동안 수차례의 개혁시도가 있었으나 체계적으로 추진되지 못하였다는 반성아래 개혁전략을 개혁의지조성단계(경찰대개혁 100일작전), 개혁풍토정착단계(경찰개혁 생활화·제도화), 개혁목표구현단계(체감개혁 극대화), 개혁성과 보완·발전단계(경찰개혁 지속화)로 단계적으로 수립하여 시행하였다.

경찰개혁의 주요성과로서는 ① 신바람나는 조직으로 탈바꿈 ② 국민이 다가서고 싶은 경찰상 정립 ③ 지식정보화시대를 선도하는 전자경찰 위상 정립 ④ 국민과 함께 하는 경찰상 정립 ⑤ 국제경찰로서의 한국경찰위상 제고 ⑥ 보수 및 수당의현실화 등의 성과를 들 수 있다.

따라서 이 시기는 집권초반기에 자치경찰제의 도입을 적극적으로 추진하였고 경찰과 검찰의 수사권 배분문제도 논의되었으나 집권후반기에 와서는 이러한 문제가 논의되지 못하고 흐지부지되었다. 특히 경찰대개혁 100일작전은 경찰에 대한 과거의 부정적인 이미지를 탈피하여 새로운 환경의 자치경찰제의 도입과 수사권 조정에 대비하기 위한 총체적인 경찰개혁의 준비단계라고 평가할 수 있다.

4) 노무현 정부

노무현정부의 경찰관련 공약추진사항은 자치경찰제도의 도입과 경찰과 검찰과의 수사권 조정 등 두 가지로 요약된다. 먼저 자치경찰제도는 참여정부가 분권과 사율이라는 국가운영의 기본원리로서 제시하였고 치안분야의 핵심적인 지방분권전략으로서 자치경찰제 도입을 추진하였다. 이를 위하여 지방분권특별법 제10조 제3항에 자치경찰제의 도입을 국가의 의무사항으로 규정하였다.

자치경찰제 주요내용을 보면 주민생활 중심의 치안서비스를 제공하기 위하여 시·군·구청장 직속기관으로 자치경찰대를 설치하고 자치경찰의 사무는 주민생활과 밀접한 생활안전, 교통, 지역경비에 관한 사무와 환경, 위생, 보건 등 17종의 지방자치단체 소관 특별사법경찰관리의 직무를 수행하며 지역주민의 의견을 반영할 기구로서 시·도지사 소속하에 치안행정위원회를 두고 시·군·구청장소속으로 지역치안협의회를 두어 국가경찰과 자치경찰의 업무협조, 역할분담 등을 협의한다는 것이다.

자치경찰공무원도 경찰관직무집행법상의 권한을 행사하고 행정자치부장관과 시·도지사는 자치경찰에 대한 지원과 감독을 할 수 있으며 자치경찰공무원은 자치순경에서 자치총경까지 7단계 계급구조로 되어 있으며 국가경찰 또는 소속을 달리하는 자치경찰과 인사교류를 할 수 있도록 하였다. 그리고 이 시기에 제주특별자치도설치및국제자유도시조성을위한특별법을 제정하여 제주도에만 국한하여 자치경찰제도를 시행하였다. 기존에 논의된 시군구단위의 자치경찰은 자치경찰법을 근거로 한다는 점에서 제주도 자치경찰과 차이가 있다.

수사권 조정과 관련하여 2004년 9월 수사권을 합리적으로 조정하기 위하여 이해당사자인 경찰과 검찰로 구성된 검경수사권조정협의체가 구성되고 3개월 동안 10여 차례에 실무회의를 가졌지만 핵심의제인 형소법 제195조, 제196조의 개정에 대한 합의를 도출하는데 실패하였다. 2004년 12월 협의체는 합의안을 도출하는 것이 사실상 불가능해지자 국민적 의견을 수렴한다는 취지하에 법조계, 언론계, 시민단체 등의 민간인으로 구성된 검경수사권조정자문위원회를 발족시켰다. 자문위원회는 위원장 선출문제를 둘러싸고 서로 대립·갈등하는가 하면 2005년 5월까지 15차례 회의를 개최하였다. 따라서 자문위원회는 수사권조정의 본질적 대상조항인 형소법 제195조 및 제196조를 어떻게 개정할 것인가에 대한 권고안을 마련하지 못했다는 점에서 한계가 있었던 것으로 보인다.

또한 국회에서는 2005년 6월 한나라당 이인기 의원과 열린우리당 홍미영의원이 형소법개정안을 의원입법으로 국회에 제출하였는데 이 2건의 법안은 모두 경찰수사의 일반적 근거조항을 신설함과 동시에 경찰과 검찰을 상호협력관계로 설정하고 있다는 점에서 의미가 있다. 그리고 여당인 열린우리당은 사회적 이슈로 부상한 수사권조정문제를 조속히 결론짓기 위해서 2005년 12월 검경수사권 조정기획단을 설치하고 최종안을 마련하였는데 경찰수사의 일반적 근거조항을 신설하고 경찰과 검찰을 원칙적으로 상호협력관계로 설정하고 있다는 점에서 경찰의 의견을 적극적으로 반영한 것으로 평가된다.

　이러한 최종안에 대하여 검찰이 거세게 반발하여 검경간의 수사권조정은 수포로 돌아가고 말았다. 따라서 이 시기는 수사권조정을 둘러싸고 검경간의 갈등이 첨예하게 대립하였으며 이러한 과정을 통하여 국민을 위한 형사사법제도의 개선이라는 측면보다는 검찰과 경찰의 권한분쟁으로 비추어져 결론을 내지 못했다는 점에서 아쉬움이 있다(장석헌, 2011: 254-258).

5) 이명박 정부

　2008년 1월, 대통령직 인수위는 기존 정부안을 근간으로 시·도지사의 자치경찰대 통합운용권, 시·도치안행정위원회의 기능 강화 등 광역단체 기능을 일부 보강한 수정안을 잠정 확정하였다.

　이명박 정부 차원에서 자치경찰제를 위한 노력의 주요법적 근거를 마련한 것은 2008년 2월 29일 「지방분권촉진에 관한 특별법」 제11조 제3항에 자치경찰제의 도입의무를 명시하게 한 것이다.2008년 5월 27일에는 MB정부의 관계기관간 조정회의를 통해 자치경찰제 도입방안을 확정하기도 했다.

　2008년 7월에는 경찰청·행정안전부 공동으로 자치경찰법 제정안을 마련하여 경찰위원회 심의·의결(2008.7.21),관계기관 의견조회(2008.7.18-29)를 거쳐 당정협의를 추진하였으며, 2008년 12월 출범한 지방분권촉진위원회에 자치경찰제 도입정부안 실행계획 심의·의결(2009.2.6)이 있었다.

　이명박 정부에서 당초 계획된 자치경찰제 추진시한을 보면 2008년 하반기까지 자치경찰법을 제정하고, 2009년 하반기에 1년간 시범실시 후, 2010년 하반기부터 전국 확대 실시를 목표하였다. 그러나 '08년 10월 자치경찰제 도입과 지방행정체제 개편을 연계 논의키로 결정하면서 지방행정체제 개편 추진 완료시점인 2014년 6월에 자치경찰제 관련 입법을 추진하기로 결정하였으나 현재는 제주특별자치도에만 시범적으로 자치경찰단을 국가경찰과 함께 운영하고 있다(강선주, 2012: 83-84).

　한편, 이명박정부의 수사체계 조정에 대해서는 2011년 6월 30일 형사소송법 개정

이후 동법 시행령 문제로 동년 9월 중순부터 수 차례 협의를 가졌고 같은 해 11월 16일부터 3박 4일간 끝장토론도 실시했지만 끝내 합의를 보지 못하여 총리실의 강제조정으로 시행령을 만들게 되었다. 이에 따라 총리실이 같은 해 11월 24일 검찰과 경찰의 수사권한을 규정한 대통령령 '검사의 사법경찰관리에 대한 수사지휘 및 사법경찰관리의 수사준칙에 관한 규정'을 입법 예고함으로써 사실상 일단락되었다.

동 대통령령은 동년 12월 22일 차관회의와 12월 27일 국무회의를 거쳐 2012년 1월 1일부터 시행되고 있다. 동법 시행령의 주요 내용은 검사의 지휘권 확립을 위하여 모든 수사에 대한 지휘권을 확보하는 방향으로 사법경찰관이 범죄혐의를 인식하는 경우 지체없이 수사를 개시하고 범죄를 인지하도록 규정하되 기존 사법경찰관리의 직무규칙 제20조 '내사' 규정을 삭제한다(제17조).

다만 사법경찰관의 수사활동에 따라 지휘방식을 구분하여 범죄인지 후 입건한 사건은 기존의 예에 따라 지휘방식을 구분하여 범죄인지 후 입건한 사건은 기존의 예에 따라 모두 송치하고, 입건하지 아니한 사건에 대해서는 사법경찰관의 수사활동에 따라 기록과 증거물을 검사에게 제출하거나 해당사건의 목록과 요지를 검사에게 제출한다(제18조).

또한 지검장, 지청장이 일반적인 수사준칙 또는 지침 시행을 통해 일반적지휘를 할 수 있도록 규정하고(제3조) 실무상 시행되어 온 수사지휘 형식을 구체화 한다. 특히 중요 공안사건에 대해서는 그 간의 수사지휘 관행의 확립차원에서 '상황정보 공유 – 수사개시보고 – 입건시 지휘 – 송치전 지휘' 등에 걸쳐 상황 발생에서부터 송치시까지 단계별 지휘체계를 확립한다.

한편 기존의 사법경찰관리집무규칙의 내용 대부분을 본 대통령령에 포함시켰다. 사법경찰관의 수사개시·진행권 확보와 자율성 함양을 위하여 동시행령 제2조에 "검사는 사법경찰관을 존중하고 법률에 따라 사법경찰관리의 모든 수사를 적정하게 지휘한다."는 내용을 규정하고 검사의 수사지휘는 원칙적으로 서면이나 시스템으로 하게하고(제5조), 경찰의 재 지휘건의 및 의견제시 조항을 규정하는(제8조) 한편 대검찰청과 경찰청 간의 수사에 관한 제도 개선방안을 논의하고 상호 의견을 교환하기 위한 수사협의회를 두기로 하였다(제107조).

이에 대해 경찰청에서는 검·경 간 '상호존중과 충분한 협의'를 기본 전제로 하라는 국회의 입법적 결단에도 불구하고 기존의 사법경찰관리집무규칙에다 새로운 의무조항을 덧붙여 검찰권 견제차원에서 출발한 2011년 6월 30일 형사소송법·검찰청법의 개정취지를 제대로 반영하기에는 한계가 있다고 반발하였다.

그 구체적인 예로 지금까지 대표적 지휘권의 오남용 사례로 지적된 수사중단 송치명령, 송치의견 변경지휘, 길들이기식 대면지휘 등이 명문화되었고, 특히 2011년 6월 20일 정부합의 때부터 경찰에서 일관되게 주장하여 온 '경찰의 독자적 내사영역'의 존중에 대해서 내사 단계에서도 검사의 판단에 따라 관계서류와 증거물 제출을 지시할 수 있도록 하여 사실상 경찰의 내사를 부정하고, 국회에서 정치적 중립의 우려까지 제기되었던 선거 등 공안관련 사건에 대해 '입건여부 지휘'를 받도록 함으로써 경찰의 수사개시·진행권을 형해화하고, 오히려 검사의 지휘권이 강화되는 결과를 초래, 2011년 6월 30일 압도적 찬성으로 형사소송법을 개정한 국회의 입법취지를 훼손한 것이라고 주장하였다.

또한 검찰견제 차원에서 경찰에서 제안하였던 '검사에 대한 수사시 지휘권 제한'이 명문화 되지 못하고, 선진 수사구조 구현을 위해 도입하고자 했던 '검·경 협의회'는 구체적 내용을 삭제한 채 선언적 규정을 둠으로써 유명무실화 되었다는 입장을 보였다. 경찰측에서는 경찰청장이 총리실의 조정안에 대해 반대 입장을 분명히 하고 전국의 다수 수사경찰이 수사경과를 포기하고 수사의 상징인 수갑을 반납하는 집단적 항의표시를 상당기간 계속하기도 하였다.

한편 국회 행정안전위원회에서도 2011년 12월 23일 검·경 수사권 조정안처리를 보류해야 한다는 내용의 결안을 채택하였다. 결의안은 "수사가 아닌 내사 단계의 기록을 검찰에 송부하도록 해 검사의 수사권을 강화했다"며 "경찰의 수사개시권과 진행권을 침해해 형사소송법의 개정 취지에 반한다."는 내용을 담고 있다. 그러나 개정된 형사소송법상 검·경 간 수사체계는 개정전과 근본적으로 달라진 것이 없으므로 동법 개정으로 제한적인 경찰의 수사주체성이 명문화되었다 하여 하위 법령인 대통령령으로 검사의 수사지휘권을 일부 배제하거나 제한하는 것은 처음부터 근본적인 한계가 있을 수밖에 없었다(정봉채, 2012: 280－284).

제4장 경찰의 법원과 경찰의 기본적 임무

제1절 경찰의 법원

1. 서설

경찰의 법원이란 경찰행정에 관한 법의 존재형식으로서 성문법원과 불문법원으로 나눌 수 있다. 경찰행정은 성문법주의를 원칙으로 한다. 성문법주의를 채택하는 이유는 경찰권은 기본적으로 국민의 자유와 권리를 제한하는 국가작용이므로 미래의 예측성과 법적 안정성의 보장을 필요로 하며, 나아가 개인의 권리를 침해당한 경우 그 구제를 돕기 위한 것이라 할 수 있다.

이는 헌법 제37조 제2항의 "국민의 모든 자유와 권리는 국가안전보장·질서유지 또는 공공복리를 위하여 필요한 경우에 한하여 법률로써 제한할 수 있으며, 제한하는 경우에도 자유와 권리의 본질적인 내용을 침해할 수 없다."의 규정 및 제96조의 "행정각부의 설치·조직과 직무범위는 법률로 정한다."고 규정하고 있는 것에서 알 수 있다. 그러나 경찰행정은 그 영역이 다양하고 복잡하여 모든 것을 성문화할 수 없으므로 예외적으로 불문법원의 영역에도 점차 인정되는 경우가 있다(허경미, 2009: 121-122).

2. 경찰권발동의 한계

1) 경찰권의 의의

경찰권이란 사회공공의 안녕·질서를 유지하기 위하여 일반통치권에 의거하여 국민의 재산·신체에 대하여 일방적으로 명령하고 강제할 수 있는 경찰작용상의 권한을 말하며, 경찰권은 경찰작용의 기초가 된다.

2) 경찰권의 법적근거

원칙적으로 헌법은 국민의 자유와 권리를 제한하는 경우에는 반드시 법률에 근거하도록 하고 있으므로(헌법 제37조 2항), 전형적인 권력작용으로서 개인의 권익에 중대한 영향을 미치는 경찰권은 원칙적으로 법률에 근거가 있는 경우에만 발동될 수 있다. 여기서의 법률은 조직법적 근거 외에 작용법적 근거까지 요한다.

예외적으로는 법률에서 구체적으로 범위를 정하여 행정기관에 위임한 경우에 한하여 법규명령으로 경찰권의 행사근거를 정할 수 있고, 자치법규 중 조례로는 소방권의 근거만을 정할 수 있고, 규칙으로는 경찰권의 근거를 정할 수 없다.

3) 일반적 수권조항(일반조항)의 인정여부

독일에서는 모든 주의 경찰법이 일반조항적 경찰개념을 채택하고 있고, '본(Bohn)' 기본법 아래서도 일반조항에 의한 경찰권발동이 인정되고 있다. 따라서 경찰권발동에 관한 개별적인 작용법적 근거규정이 없을 때에는 일반조항에 의하여 경찰권이 발동될 수 있다고 보고 있다.

개별적 수권조항이 있는 한도 내에서 일반적 수권조항은 적용되지 않으며, 일반적 수권조항은 개별적 수권조항이 없는 경우에 보충적으로만 적용된다(김남진, 2002: 146).

표 30 우리나라에서의 일반적 수권조항의 인정 여부

긍정설	㉠ 경찰관직무집행법 제2조 5호의 '공공의 안녕과 질서유지'의 규정을 일반적 수권조항으로 보고 개별적인 근거규정이 없을 때에는 이 조항에 의하여 경찰권을 발동할 수 있다고 보는 견해이다. ㉡ 그 논거로는 경찰작용의 성질상 경찰권 발동의 모든 요건을 법률에 규정하는 것은 입법기술상 불가능하며, 일반조항은 개별적 규정이 없는 때에 한하여 보충적으로만 적용되는 것이고, 일반조항으로 인한 경찰권 발동의 남용가능성은 조리상의 한계 등으로 충분히 통제될 수 있으므로 경찰권 발동의 근거로서 일반조항이 가능하다고 한다.

부정설	㉠ 경찰권을 포함한 모든 권력적 작용에는 법률의 근거가 있어야 하는데 이 경우의 법률은 당연히 개별적·구체적인 경찰작용법이어야 하고, 포괄적·일반적 수권법은 허용되지 아니하므로 일반조항을 인정할 수 없다고 한다. ㉡ 경찰관직무집행법상의'공공의 안녕과 질서유지'는 경찰권의 발동 근거에 관한 일반조항이 아니고 그것은 다만 경찰의 직무범위를 정한 것으로서 본질적으로 조직법적 성질의 규정이라고 본다.
절충설 (입법필요설)	현행 헌법하에서 일반조항은 일정될 수 있고, 또한 인정되어야 하지만 아직 우리의 현행법은 수용하지 않고 있어 경찰법의 개정을 통해서 일반조항이 규정되어야 한다고 주장한다(최영규, 2004: 166-168).
판례의 태도	판례는 청원경찰의 경찰권발동의 적법성을 판단하면서 경찰관직무집행법 제2조 제5호를 경찰권발동의 일반적 근거조항으로 인정하고 있다. <인정판례> 청원경찰법 제3조, 경찰관직무집행법 제2조 규정에 비추어 보면 군 도시과 단속계 요원으로 근무하고 있는 청원경찰관이 허가없이 창고를 주택으로 개축하는 것을 단속하는 것은 그의 정당한 공무집행에 속한다고 할 것이므로 이를 폭력으로 방해하는 소위는 공무집행방해죄에 해당된다(대판 1986. 1. 28, 85도2448).
결론	㉠ 일반조항을 부정하는 견해에 따르게 되면 개별적 수권조항이 없는 경우에는 경찰권발동이 불가능하게 된다. 따라서 긍정설의 입장에서 개별적 수권조항이 없을 때 경찰관직무집행법 제2조 제5호를 권한규범으로서 일반조항으로 인정하여 경찰권발동이 가능하다고 할 것이다. ㉡ 다만 이를 인정한다고 하여도 개괄적 수권조항은 개별적인 규정이 없는 경우에 보충적으로만 적용되어야 하며, 일반적인 경찰권행사의 조리상의 한계를 준수하여야 할 것이다.

4) 경찰권의 한계

(1) 법규상의 한계

경찰작용은 국민의 권리와 자유를 침해하는 가장 전형적인 권력작용이므로 법치행정의 원칙이 특히 엄격하게 요청된다. 따라서 경찰권은 반드시 법규(법률과 법규명령)의 근거가 있을 때에만 발동할 수 있는 동시에 법규에 의해 허용된 한도 안에서만 발동되어야 한다. 즉 경찰법규는 경찰권의 근거인 동시에 경찰권의 제 1단계적 한계이기도 하다.

(2) 소극적 한계 : 조리상의 한계

경찰권 행사의 법규상의 한계는 경찰법규가 경찰권 발동의 요건을 불확정 개념으로 규정하고 있기 때문에 그 요건이 충족된 경우에도 경찰권의 행사와 관련해서는 행정편의주의가 적용되어 법규적 제약이 형식적인 것에 불과한 경우가 많게 된다. 따라서 경찰권 발동에 대한 제2단계적 제약으로 조리상의 한계는 매우 중요하다. 경찰권의 조리상의 한계론은 주로 일반조항과 관련하여 전개된 것이다.

첫째, 경찰소극목적의 원칙(경찰권 발동의 목적) : 경찰의 본질과 목적은 사회공공의 안녕과 질서유지에 있으므로 적극적으로 사회공공의 복리를 증진하기 위하여 경찰권을 발동할 수 없고 사회공공의 안녕과 질서유지에 위해가 되는 것을 예방하고 제거하기 위한 소극목적을 위해서만 발동될 수 있다(허경미, 2003: 122).

둘째, 경찰공공의 원칙(경찰권 발동의 영역) : 경찰권은 사회공공의 질서를 유지하기 위해서만 발동될 수 있고 사회공공의 질서에 직접 관계되지 않는 사항(사생활·사주소·민사관계)은 경찰권 발동의 대상이 되지 않는다는 원칙이다.

표 40 경찰공공의 원칙과 그 내용

원 칙	내 용
사생활불가침의 원칙	사회공공의 질서와 관계가 없는 개인의 사적 생활영역에 경찰권이 개입해서는 안 된다는 원칙을 말한다. 사생활의 개념은 사회의 통념에 따라 정해질 수밖에 없다. 다만 개인의 사생활이라도 그것이 사회질서에 직접적인 영향을 줄 때는 경찰권의 대상이 된다. 전염병 환자에 대한 강제격리, 청소년의 음주·흡연 금지 등이 그 예이다(허경미, 2003: 123)
사주소 불가침의 원칙	경찰은 직접 공중과 접촉되지 않는 개인의 사주소 내에서 일어나는 행위에 대해서는 관여할 수 없다는 원칙을 말한다. 사주소의 개념은 사회통념에 따라 정해질 수밖에 없다. 그러나 사주소 내의 행위가 사회공공의 안녕과 질서에 직접 중대한 장해를 가져오는 경우(지나친 소음·악취·음향의 발생 ,외부에서 보이는 사주소 내의 나체 등)에는 경찰의 개입이 가능하게 된다.
민사관계불간섭의 원칙	사회공공의 질서에 영향을 미치지 않는 채권·채무관계와 같은 민사상의 법률관계 내지 권리관계에 경찰이 개입할 수 없다는 원칙을 말한다. 따라서 경찰관은 사인간의 임대차관계나 채무이행관계 등에 개입할 수 없다. 또한 사경제적 거래는 원칙적으로 사유재산제도 및 계약자유의 원칙에 의해 개인의 자유에 속하고 경찰권은 원칙적으로 관여할 수 없다(예외 : 암표상, 총포·도검의 거래, 청소년에의 술·담배판매 등).

셋째, 경찰비례의 원칙(경찰권발동의 조건과 정도)

비례의 원칙은 경찰권 행사에 있어서 사회공공의 안녕과 질서에 대한 위해를 방지할 필요성과 그에 따르는 당사자의 자유·권리의 제한 사이에는 사회통념상 적당하다고 인정되는 비례가 유지되어야 한다는 원칙을 말한다. 과잉금지의 원칙이라고도 한다. 경찰비례의 원칙은 일반조항에 근거하여 경찰권은 발동하는 경우는 물론 개별적 수권조항에 근거하여 경찰권을 발동하는 경우에도 적용된다.

법적근거는 헌법 제37조 2항과 경찰관직무집행법 제1조 2항의 "경찰관의 직권은 그 직무수행에 필요한 최소한도 내에서 행사되어야 하며 이를 남용하여서는 아니된다"는 규정이 실정법적 근거이다.

그 내용은 <표 41>과 같다.

표 41 경찰비례의 원칙과 그 내용

경찰권 발동의 조건	경찰권은 사회질서유지상 묵과할 수 없는 장해를 제거하기 위해서만 발동할 수 있다. 여기서 묵과할 수 없는 장해란 그 장해를 방치함으로써 생기는 사회적 불이익의 정도가 그 장해를 제거함으로써 생기는 사회적 불이익의 정도보다 크다고 평가되는 장해를 말한다.
경찰권 발동수단	경찰권 발동의 수단은 위해 방지를 위한 적합한 수단이어야 하고(적합성의 원칙), 그 적합한 수단 중에서도 최소한의 침해를 주는 수단을 선택해야한다(필요성의 원칙).
경찰권 발동의 정도 (상당성의 원칙)	당해 경찰수단의 행사의 필요성과 이로 인한 당사자의 자유제한 사이에는 적당한 비례가 있어야 한다는 원칙이다. 이를 협의의 비례의 원칙이라고 한다. 이것은 경미한 위해의 제거를 위해 과도하게 개인의 자유를 제한해서는 안 된다는 것을 의미한다. 이 원칙은 "참새를 잡기 위해서 대포를 쏘아서는 안 된다"라는 말로 비유된다(최영규, 2004: 184-187).

넷째, 경찰책임의 원칙(경찰권발동의 대상)

경찰책임의 원칙은 경찰권 발동은 원칙적으로 경찰위반의 행위 또는 상태에 대하여 직접적인 책임이 있는 자(경찰책임자)에 대해서만 행해져야 한다는 원칙을 말한다.

경찰책임의 요건은 경찰책임을 인정하려는 이유는 사회공공의 질서유지에 위해가 되는 행위 또는 상태를 제거하려는 데 있으므로 어떤 자의 생활범위로부터 사회적

3

장해가 발생했다는 외면적·객관적 표상만 있으면 그 자에게 경찰책임이 인정된다. 따라서 경찰책임은 형사책임과 달리 책임자가 자연인·법인인지의 여부, 고의·과실과 같은 주관적 요건 등을 불문한다.

경찰 책임의 요건은 <표 42>과 같다.

| 표 42 | 경찰책임의 유형 |

행위책임	• 자기 또는 자기의 지배에 속하는 사람의 행위로 인해 사회공공의 질서에 대한 위해를 발생케 한 경우에 지는 책임이다. • 타인을 보호감독할 지위에 있는 자는 그 범위 안에서 지배자로서 그 피지배자의 행위로 인해 발생하는 경찰위반에 대하여 경찰책임을 진다. 자녀의 행위에 대해서는 친권자가, 사용인의 행위에 대해서는 사용주가 책임을 진다. 이 경우 책임은 대위책임이 아니라 자기의 지배권 내에서 경찰위반상태가 발생한 데 대한 책임인 자기책임이다. • 행위책임은 경찰위해에 대한 직접적인 원인을 야기시킨 자에게 귀속한다. 　예 : 상점의 TV에서 하는 스포츠 중계를 보려고 군중이 모여 도로통행에 방해를 준 경우 ⇒ 책임을 져야하는 자는 TV를 설치한 상점 주인이 아니라 군중이다.
상태책임	• 물건의 소유자, 점유자 또는 사실상의 지배권을 행사하는 사람이 자기가 점유 또는 소유하는 당해 물건의 상태나 동물의 행위로부터 야기된 경찰상의 장해에 대해서 지는 책임이다. • 물건에 대한 권원(權原)의 정당성을 묻지 않으므로 경찰기관은 당해 물건의 소유관계와는 관계없이 당해 물건을 현실적으로 지배하고 있는 당사자에게 경찰권을 발동할 수 있다. 　예 : 도심지에 광견을 방치한 자
경합책임	• 행위책임과 상태책임이 경합하는 경우에는 일반적으로 행위책임이 우선한다.
혼합책임	• 다수인의 행위 또는 다수인이 지배하는 물건의 상태로 인해 하나의 질서위반 상태가 발생했거나 행위책임과 상태책임이 중복하여 질서위반상태가 발생한 경우이다. • 이 경우 누가 경찰책임을 질 것인지가 문제되는데 나누실은 경찰책임자와 책임 정도의 결정은 경찰기관의 성실한 재량에 맡길 수밖에 없다고 한다.

경찰책임의 예외는 경찰권은 원칙적으로 질서위반상태를 발생케 한 직접책임자에 대해서만 발동해야 하지만 예외적으로 긴급한 경찰상의 위해방지나 장애제거를 위하여 질서위반과 관계가 없는 제3자에게 경찰권을 발동하는 경우가 인정된다. 이는 형법상의 긴급피난과 동일한 법리에 의한 것이다.

비책임자에 대한 경찰권 발동은 경찰위반의 상태가 현존·급박하고, 제1차적 경찰책임자에 대한 경찰권의 발동으로는 위해의 제거를 기대할 수 없고, 원칙적으로 법령에 근거가 있고, 피해에 대한 손실보상을 할 것 등의 요건을 충족하여야 한다.

예로는 수난구호를 위한 징용(수난구호법 제8조) 및 화재현장에 있는 자에 대한 소화작업 동원(소방법 제57조) 등이 있다(허경미, 2004: 124－128).

다섯째, 경찰평등의 원칙이란 경찰권의 행사에 있어서 불합리한 근거 즉 성별·종교·사회적 신분 등을 이유로 차별을 해서는 안 된다는 원칙을 말한다.

(3) 적극적 한계 : 경찰개입청구권

경찰개입청구권이란 자기의 이익을 위하여 타인에 대한 경찰권의 발동을 청구할 수 있는 권리이다.

반사적 이익의 보호이익화에 대해서는 종래의 자유주의적 법치국가에서는 행정권의 발동은 공익실현을 위한 것이며, 특정개인을 위한 것이 아니기 때문에 행정권의 발동으로 특정개인이 이익을 받더라도 그것은 반사적 이익에 불과하고 따라서 개인은 자기의 이익을 위하여 타인에 대한 일정한 행정권의 발동을 청구하는 것은 인정되지 않는다고 보았다.

그러나 오늘날의 사회적 법치국가에서는 대폭적으로 반사적 이익의 법적 이익화가 실현되어 종래에는 반사적 이익으로 보았던 것도 관계법규가 공익과 동시에 개인적 이익도 보호하는 것으로 해석함으로써 행정개입청구권 또는 경찰개입청구권을 인정할 수 있는 근거가 마련되었다.

재량권의 0으로의 수축은 종래에는 행정편의주의에 의해 행정청에게 재량이 인정되어 있는 경우에 행정권을 발동할 것인지의 여부는 행정청이 편의적으로 결정할 수 있기 때문에 행정개입청구권이 인정되지 않았다. 경찰위반의 상태가 있는 경우에도 반드시 경찰권을 발동해야 하는 것은 아니며 발동의 여부(결정재량) 또는 경찰권 발동이 전제된 상황에서 어떠한 종류의 조치를 취할 것인가의 여부(선택재량)는 경찰기관의 재량에 맡겨져 있었다.

하지만 행정청 또는 경찰기관에 재량이 인정되어 있는 경우라도 개인의 생명·신체·재산에 대한 목전의 급박한 위해를 예방 또는 제거하기 위하여 긴급한 필요가 있는 경우에는 그 재량의 폭이 감소되어 마침내는 0에 도달함으로써 행정청은 오직 일정한 조치를 취해야만 의무에 합당한 재량권 행사로 인정되는데 이를 '재량권의 0으로의 수축'이라고 한다.

재량권이 영으로 수축되면 경찰행정청은 일정한 행위를 하여야 할 개입의무를 지게 되며(재량행위의 기속행위화) 따라서 개인은 경찰개입청구권을 가지게 되는 것이다.

경찰권 발동의무가 발생했음에도 불구하고 경찰기관이 부작위, 즉 경찰권을 발동하지 않으면 의무이행심판 및 부작위위법확인소송이 가능하며 그로 인하여 손해가 발생한 경우에는 손해배상소송을 제기하여 구제 받을 수 있다(최영규, 2004: 197 – 200; 남재성 외, 2008: 314 – 320).

3. 경찰의 법원

1) 의의

경찰법의 법원이란 경찰행정에 관한 법이 어떻게 성립되고 어떠한 형식으로 존재하는가의 문제, 즉 경찰법의 존재형식 또는 인식근거를 말한다.

경찰법의 법원에는 성문법원(헌법, 법률, 명령, 국제조약, 자치법규)과 불문법(관습법, 판례법, 조리)이 있다. 다만 행정처분은 구체적 사실에 대한 행정청의 권력적 법집행 작용으로서 법원이 될 수 없다.

2) 경찰법의 특색

(1) 경찰법의 개념

실질적 의미의 경찰법은 행정법의 일부분으로서 경찰의 조직·작용 및 구제에 관한 공법(公法)을 말한다. 형식적 의미의 경찰법은 실정법상으로 경찰에 관하여 규정한 일체의 법을 말한다.

(2) 경찰법의 특색

경찰법은 통일된 법전이 없이 무수한 법령으로 구성되어 있으나, 그 자체의 특색을 나타내는 공통적인 법체계를 형성하고 있다.

표 43   경찰법의 특징

성문성	경찰법은 국민의 권리·의무에 관한 사항을 일방적으로 규율하기 때문에 그 일방적 규율의 예측가능성의 보장과 법적 생활의 안정성을 도모하기 위하여 다른 법분야의 경우보다는 성문법주의가 강하게 나타난다.
다양성	경찰법은 단일법전 및 통칙규정이 없으므로 그 존재하는 법형식이 타법에 비해 다양하다(예 : 법률·명령·조례·규칙·공고·고시·행정규칙 등).
획일성·강행성	경찰법은 보통 다수의 국민을 대상으로 하여 일정한 경찰목적의 실현을 위하여 개개인의 의사 여하를 불문하고 획일적·강행적으로 규율한다. 이러한 점에서 사적 자치의 원칙에 따라 당사자의 자유의사를 존중하게 되는 사법(私法)에 비하여 특색을 나타낸다.
기술성·수단성	경찰법은 합목적적으로 경찰목적을 실현하기 위한 절차를 정하는 것이므로 기술적·수단적 성질을 가진다.
경찰행정주체의 우위성	경찰법은 국가·공공단체 등의 경찰행정주체에게 일방적으로 명령·강제하며 법률관계를 형성·변경하는 힘, 즉 지배권을 인정한다. 법이 경찰행정주체에게 지배권을 인정하는 것은 경찰행정주체가 국민에 대하여 우위성을 지닌 것을 뜻한다.
공익우선성	경찰행정주체가 우위적 지위에서 경찰행정객체와 맺는 관계는 물론이고, 비권력관계에서도 공익의 우선을 위해 사법에서와는 다른 규율을 할 때가 많다. 다만, 이때에도 사익을 무시하는 의미는 아니며, 공익과 사익의 조화를 전제로 하는 것이다.
집단성·평등성	경찰법은 일반적으로 많은 사람을 그 규율대상으로 하며, 이들에게 법적 평등을 보장해 주어야 한다. 따라서 경찰법의 규율내용은 정형화되는 경향이 있다.

(3) 성문법주의 원칙과 예외

경찰작용은 국민의 권리·의무에 관한 사항을 일방적으로 규율하기 때문에 그 일방적 규율의 예측가능성의 보장과 법적 생활의 안정성을 도모하기 위하여 경찰법은 성문법주의를 원칙으로 하고 있다.

다만, 경찰법의 규율대상은 극히 다양·가변하므로 그 모든 영역을 빠짐없이 성문법으로 규율하기란 매우 어려운 일이므로 성문법이 미비한 부분 내에서는 불문법도 경찰법의 법원이 될 수 있다고 하겠다(허경미, 2003: 20).

3) 성문법원

성문법으로는 헌법, 법률, 조약 및 국제법규 그리고 법규 명령과 행정규칙이 있는데, 다음 <표 44>과 같다.

표 44 성문법원

헌법	① 헌법은 국가의 근본조직과 작용에 관한 최고의 법이자 기본법이므로 행정의 조직이나 작용의 기본원칙을 정한 부분은 그 한도 내에서 경찰법의 최고법원이 된다. ② 예컨대 행정조직법정주의를 정한 헌법 제96조나, 국가안전보장·질서유지 또는 공공복리를 위한 국민의 자유와 권리의 제한에 대한 법정주의를 정한 헌법 제37조 2항은 경찰법의 법원이 된다.
법률	① 법률에 의한 행정의 원칙이 당연한 결과로서 국회가 제정하는 법률은 경찰법의 가장 중요하고 대표적인 법원이 된다. ② 예 : 경찰법, 경찰공무원법, 행정절차법, 행정대집행법, 도로교통법, 국가배상법, 행정심판법, 행정소송법 등과 범죄수사에 관한 형사소송법 등
조약·국제법규	① 헌법에 의하여 체결·공포된 조약과 일반적으로 승인된 국제법규는 국내법과 같은 효력을 가지므로(헌법 제6조) 경찰업무에 관한 국가간의 조약이나 국제사회에서 일반적 구속력이 있는 국제법규는 경찰법의 법원이 된다. ② 예 : 한미행정협정, 범죄인인도조약, 외교관 특권과 관련한 비엔나조약 등
명령	① 행정권에 의해 정립되는 법규를 총칭하는 것으로 법률에 대응된다. ② 명령은 그 내용에 따라 법률에서 위임받은 사항을 정하는 위임명령과 법률을 집행하기 위한 집행명령으로 나눌 수 있다. ③ 또한 발동형식에 따라 대통령령(시행령), 총리령, 부령(시행규칙)으로 나뉜다.
조례·규칙 (자치법규)	① 지방자치단체의 의회가 제정하는 조례나 자치단체장이 제정하는 규칙등도 경찰에 관한 사항에서는 경찰법의 법원이 될 수 있다. ② 그러나 우리나라의 경우는 조례위반 행위에 대해서 형벌을 과할 수 없고 과태료만을 과할 수 있으므로 경찰활동과 관련되는 자치법규는 없다고 보아도 될 것이다

4) 불문법원

불문법원으로는 관습법, 판례법, 조리가 있는다 다음 <표 45>과 같다.

표 45	불문법원
관습법	① 일정한 사실이 국민 사이에서 오랜 기간 계속하여 관행으로 반복되어 국민 일반의 법적 확신을 얻음으로써 성립하는 불문법원이 관습법이다. ② 종류로는 행정선례법, 민중관습법(예 : 입어권, 관습상의 유수사용권등) 등이 있다. ③ 통설·판례는 성문법 결여시에 성문법을 보충하는 범위 내에서 관습법의 법원성을 인정한다.
판례법	① 어떤 사건에 대한 판결은 직접적으로 당해 사건의 분쟁해결을 목적으로 하는 것이지만 나타난 법의 해석·적용의 기준이 장래 같은 종류의 사건에 대해서도 재판의 준거로서 적용되면 판례는 사실상 법원성을 갖는다. ② 판례법이 형성될 수 있는 영역은 성문법이 결여되어 있거나 실정법이 일반조항이나 불확정개념을 사용하고 있는 경우 등이다.
조 리	① 일반사회의 정의감에 비추어 반드시 그러하여야 할 것이라고 인정되는 것 또는 사물의 본질적 법칙을 조리라고 한다. ② 조리는 성문법·관습법·판례법이 모두 없는 경우에 최후의 보충적 법원이 되고, 법의 해석기준이 된다. ③ 예 : 신의성실의 원칙, 평등의 원칙, 비례의 원칙, 신뢰보호의 원칙 등 ④ 오늘날 조리는 성문화되어 가는 추세에 있다. 경찰관직무집행법상의 비례의 원칙(제1조 2항), 행정절차밥상의 신의성실의 원칙 및 신뢰보호의 원칙(제4조) 등(허경미, 2003: 22-26).

5) 훈령의 법원성 여부

훈령이란 상급관청이 하급관청에 대하여 상당히 장기간에 걸쳐 그 권한행사를 일반적으로 지휘·감독하기 위하여 발하는 행정규칙이다.

훈령의 법원성에 대해서는 훈령은 행정규칙으로 상급관청이 하급관청에 대하여 업무처리지침이나 법령의 해석적용에 관한 기준을 정하여 발하는 것이므로 일반적으로 행정조직의 내부에서만 효력을 가질 뿐 일반국민을 기속하는 대외적인 구속력을 갖는 것은 아니다. 따라서 행정규칙은 원칙적으로 법원성을 갖지 않는다. 훈령을 위반한 경찰공무원은 징계책임을 진다.

3

행정규칙은 외부적 효력을 발생하지 않는 것이 원칙이다. 그러나 행정규칙이 하급행정기관을 구속함으로 인하여 공무원이 재량준칙이나 법령해석규칙에 따라 직무를 처리하게 되며, 그 결과 행정조직 밖에 있는 국민에게도 간접적인 효력을 갖게 된다(최영규, 2004: 75-79).

4. 경찰법 법원의 효력

1) 시간적 효력

(1) 효력발생시기

경찰법령은 헌법과 법률이 정하는 바에 따라 공포일 또는 그 후의 일정한 날(시행일)로부터 발생한다. 여기서 공포란 국가의 법령과 조약은 관보 또는 신문에 게재하는 행위(법령 등 공포에 관한 법률 제11조 제1항), 조례·규칙은 당해 지방자치단체의 공보나 신문에 게재하거나 게시하는 행위(지방자치법 제19조 제7항)를 의미한다. 공포한 날이란 '그 법령 등을 게재한 관보 또는 신문이 발행한 날'(법령 등 공포에 관한 법률 제12조)을 말하며, 발행된 날은 최초 구독가능 시설이 통설과 판례이다. 공포일과 시행일이 다른 경우에 판례는 공포일을 관보가 실제로 인쇄된 날로 본다.

(2) 시행유예기간(주지기간)

시행유예기간이란 법령이 제정 또는 개정된 경우, 새 법령의 시행을 알리는 기간을 말하여, 특별한 규정이 없는 한 법령의 시행유예기간은 20일(법령 등 공포에 관한 법률 제13조)이다. 그러나 국민의 권리제한이나 의무부과와 직접 관련되는 법령의 시행유예기간은 적어도 30일 이상(법령 등 공포에 관한 법률 제13조의 2)이어야 한다.

(3) 소급적용금지의 원칙

소급적용금지의 원칙이란 특정법규가 그 법규의 효력발생일 이전의 사항에 대하

여 적용되는 것을 말하며, 법규의 적용에 소급을 인정하면 법적 안정성 또는 관계
자의 신뢰보호에 장애를 가져오므로 소급효를 인정하지 않는 것이 원칙(헌법 제13
조 제1항·제2항)이다. 이 원칙의 의미는 진정소급(발생일 이전에 이미 완성된 사항
에 소급)과 부진정소급(효력발생일에까지 진행 중인 사항에 대한 소급)에 있어서
진정소급금지의 의미를 가진다. 그러나 당사자에게 이익을 주는 진정소급적용은 가
능(예: 공무원보수인상)하다고 본다.

(4) 효력의 소멸

경찰법의 효력의 소멸은 유효기간을 정하고 있는 경우에는 그 기간의 경과에 의
해, 상급 또는 동위의 법령의 의한 명시적인 폐지, 그리고 내용적으로 모순·저촉되
는 법령의 제정에 의해 소멸한다.

2) 지역적 효력

지역적 효력이란 경찰법규는 그 법규의 제정권자의 권한이 미치는 지역적 범위내
에서만 효력을 가진다는 것을 의미한다. 즉 법률이나 국가의 중앙행정관청이 재정
한 명령(대통령령, 총리령, 부령)은 전 영토에 걸쳐 효력이 미치고, 지방자치단체의
조례·규칙은 당해 자치단체의 구역 내에서만 효력이 있다. 다만, 예외적으로 국제
법상 치외법권이 미치는 구역(효력이 미치지 않음), 제주특별자치도 설치 및 국제자
유도시 조성을 위한 특별법(제주에 한정), 운전면허(재정기관 본래의 관할 구역을
넘어 적용) 등의 경우가 있다.

3) 대인적 효력

대인적 효력이란 행정법규는 당해 지역 안에 있는 모든 사람에게 적용(자연인·
법인, 내국인·외국인을 불문)된다는 속지주의가 원칙이다. 물론 외국거주 한국인에
게도 우리 법의 효력은 당연히 미치며, 예외적으로 국제법상 치외법권을 가지는 외
국의 원수 및 외교관, 미합중국 군대구성원 등의 경우에는 그 효력이 미치지 않는
다. 또한 상호주의에 입각한 외국인에 의한 토지 취득 등의 제한·국가 등 배상책임
의 제한·출입국에 대한 특례 등이 있다(강용길 외, 2009: 128 – 129).

경찰의 기본적 임무

1. 현대경찰의 역할

1) 경찰의 임무

경찰의 임무는 형식적 경찰의 개념 속에 그대로 반영되어 나타나며, 국가의 권력 구조나 정치상황에 따라 경찰의 기능도 달라지므로 현대경찰의 임무를 한마디로 이야기하기는 매우 어렵다.

그럼에도 불구하고 「경찰법」 제3조(경찰의 임무)는 '국민의 생명·신체 및 재산의 보호와 범죄의 예방·진압 및 수사, 치안정보의 수집, 교통의 단속, 기타 공공의 안녕과 질서유지'를 경찰의 임무로 규정하고 있다.

2) 경찰의 직무

경찰의 직무와 관련해서는 「경찰관직무집행법」, 「경찰법」, 「사법경찰관리집무규칙」, 「소년경찰직무규칙」에 규정하고 있다. 그러나 이 책에서는 「경찰관직무집행법」 제2조(직무의 범위)의 규정을 기준으로 경찰의 직무를 범죄의 예방·진압 및 수사, 경비·요인경호 및 대간첩작전의 수행, 치안정보의 수집·작성 및 배포, 교통의 단속과 위해의 방지, 기타 공공의 안녕과 질서유지로 나누어 살펴보고자 한다.

(1) 범죄의 예방·진압 및 수사

범죄의 예방이란 형벌법령에 저촉되는 행위의 발생을 사전에 방지하기 위하여 필요한 정책을 수립·실천하는 것을 말하며, 구체적으로는 범죄피해자의 발생 및 범죄자로의 성장을 사전에 방지하기 위한 조치를 의미한다. 범죄예방은 주로 파출소의 외근근무를 통해 이루어지고 있으며, 근래에는 지역사회 경찰활동의 개념이 경찰행정에 도입되어 범죄예방의 개념이 갈수록 확대되는 추세이다.

범죄의 진압이란 주로 집단적 범죄가 막 일어나려고 하는 것을 미연에 방지하거나 집단적 범죄가 이미 발생한 후에도 그 확대를 방지하거나 이를 종식시키는 활동을 의미한다. 범죄진압활동은 범죄의 예방에도 해당될 수 있고 범죄의 사후적 진압에도 관련되는 것으로서 양자 모두에 중복된다.

범죄의 수사는 형사사건에 관하여 공소제기 여부의 결정 또는 공소를 제기하고 이를 유지·수행하기 위한 준비로서 범죄사실을 조사하고 범인 및 증거를 발견·수집·보전하는 수사기관의 일련의 활동을 의미한다.

(2) 경비·요인경호 및 대간첩작전의 수행

경비란 인명과 재산을 인위적·자연적 위해로부터 보호하기 위하여 특정한 지역 및 시설을 경계·순찰·방비하는 것을 말한다. 정치운동이나 노동운동과 같은 대중운동으로 국가비상사태 또는 긴급중요사태 등 경비사태가 발생하거나 발생할 우려가 있을 때 사회공공의 안녕과 질서를 해하는 개인적·단체적인 불법행위에 대하여 경찰의 조직적인 부대활동으로서 대처하는 활동을 의미한다.

요인경호는 국내·외 중요요인의 신변에 대하여 직접 또는 간접적으로 가해지는 위해를 사전에 방지하고 제거하여 그 안전을 도모하는 활동이다. 요인이 통과하는 연도·숙소·열차·선박·항공기 등에 있어서 중요요인의 안전을 확보하는데 그 목적이 있다.

대간첩작전의 수행이란 분단국가의 위기상황에 있는 우리나라 경찰의 임무가 안보업무인 국토방위에도 있음을 나타낸다. 이러한 대간첩작전은 「대비정규전지침」에 의거하여 적의 간첩 및 무장공비 등이 육상·해상·공중 기타 방법으로 침투하는 것을 봉쇄하고 침투한 적을 조기에 색출하여 섬멸하는 작전을 일컫는다.

3) 치안정보의 수집·작성 및 배포

치안정보란 정치·경제·사회·문화 전반에 걸쳐 국가의 안전을 침해하는 개인이나 단체의 모든 위해행위를 예방·수사하기 위하여 수집된 첩보를 평가·분석·종합·해석하여 얻은 것을 말한다. 이러한 치안정보는 경비정보, 범죄정보, 보안정보, 외사정보, 기타정보 등으로 구분할 수 있는데, 치안정보의 수집·작성 및 배포는 각종 경찰활동의 기초에 해당하는 활동으로서 국민의 자유와 권리를 침해하는 것이 아니라면 정보경찰활동의 범위와 대상에 제한이 없다.

(1) 교통의 단속과 위해의 방지

교통의 단속과 위해의 방지란 도로에서 발생하는 위해, 즉 교통사고를 방지하고 교통법규의 위반에 대한 지도 및 단속을 실시하여 교통의 안전과 원활한 소통을 도모하는 활동이다. 교통경찰은 교통법규 위반행위에 대하여 통고처분, 운전면허 정지·취소와 같은 행정처분, 형사입건 등의 수단을 이용해 교통단속을 행한다.

(2) 기타 공공의 안녕과 질서유지

공공의 안녕과 질서유지란 사회생활에 있어서 평온이나 건전한 상태가 인적·물적 또는 자연적 현상에 의하여 파괴되는 것을 예방하고 또 위해가 발생한 경우에는 이를 제거하는 것을 말한다.

경찰상의 위해는 범죄행위에 의하여 발생되기도 하지만 적법한 행위를 통하여도 발생할 수 있으며 자연현상이나 사고를 통하여도 발생할 수 있다. 이와 같이 경찰상의 위해는 다양하게 발생하기 때문에 이를 예방하고 제거하는 것은 경찰의 본래적인 기능이므로 구체적으로 나열하지 않고 포괄적으로 표현한 것이다.

4) 경찰의 사명

「경찰공무원복무규정」 제3조(기본강령) 제1호(경찰사명)는 '국가와 민족을 위하여 충성과 봉사를 다하여 국민의 생명·신체 및 재산을 보호하고 공공의 안녕과 질서를 유지하는 것'을 경찰의 사명으로 규정하고 있다. 「경찰법」이나 「경찰관직무집행법」에는 들어 있지 아니한 '국가와 민족을 위한 충성과 봉사'가 경찰의 역할로 규정되어 있는 것이다.

국가와 민족에 대한 충성이 경찰의 사명으로 규정된 이유는 국토가 남북으로 분단되어 경찰이 국방의무까지 분담해야 하는 상황에서 찾아야 할 것이다. 그리고 '봉사'를 경찰의 사명으로 명시한 이유는 민주경찰의 요체가 '국민을 위한 봉사'에 있음을 반영한 결과로 여겨진다(최응렬, 2006: 20-23).

2. 경찰의 수단

1) 경찰수단의 의의

인간의 존엄성과 기본적 인권은 누구에게나 똑같이 중요하다. 그러므로 누군가의 고의나 부주의로 공공의 안녕 혹은 질서에 위해(危害)가 생기면 당연히 국가(경찰)가 개입하여 그것을 제거하여야 할 것이다. 이처럼 공공의 안녕·질서에 위험이 발생하였거나 발생하려는 상황을 '경찰상태'라 하고 그러한 상태를 야기한 당사자를 '경찰책임자'라 부른다. 이런 상황에서 경찰이 지향하는 '공공의 안녕·질서의 회복' 또는 '공공의 안녕·질서에 대한 위해의 방지'를 '경찰목적'이라 하고, 경찰목적을 위하여 법률 또는 명령이나 처분(행정행위)을 통하여 개인에게 부과하는 의무를 '경찰의무'라 부른다.

그런데 경찰목적을 위해 경찰의무를 부과하려면 이를 위한 행정적 조치가 필요하게 되는 바, 이 때 요구되는 행정절차를 '경찰수단'이라고 총칭한다. 즉 경찰의 수단은 경찰의무의 부과를 전제로 인정되는 것이고, 그것의 중요성은 다음과 같이 설명될 수 있다.

2) 경찰수단의 중요성

공공의 안녕·질서가 무너진 상태를 다시 정상상태로 되돌리거나 혹은 공공의 안녕·질서의 붕괴를 막기 위하여 국가가 경찰책임자에게 부과하는 경찰의무에는 작위(作爲), 부작위(不作爲), 급부(給付), 수인(受忍)의 의무 등이 있다.

작위의무란 일정한 행위를 행하여야 할 의무를 말한다. 교통사고를 야기한 사람에게 적용되는 '신고의무' 등이 그것이다.

부작위의무란 일정한 행위를 하지 않아야 할 의무를 말한다. 무허가영업을 하지 않아야 할 의무, 음주운전을 하지 않아야 할 의무 등이 그것이다.

급부의무란 금전·물품·노동력 등을 제공할 의무를 말한다.

수인의무란 경찰기관이 부과하는 위의 의무들을 감수하고 받아 들여야 할 의무를 말한다. 경찰의무를 반드시 이행해야 한다는 것으로 의무를 이행하지 않으면 경찰벌이 뒤따른다. 이러한 경찰의무는 구술, 문서, 행동 기타 여러 가지 표시를 통하여 상대방에게 고지됨으로써 효력을 발생한다. 그런데 공공의 안녕·질서에 위해가 발생하였거나 발생하려는 상황에서 그 상대방에게 작위·부작위 또는 급부의무를 부과하려면 반드시 행정적인 절차를 통해야 하므로 경찰의 수단에 관한 논의가 중요한 의미를 갖게 된다.

3) 경찰수단의 분류

법률로 보장되는 경찰의 수단은 크게 경찰의무를 부과하기 위한 수단(경찰의무 부과수단)과 경찰의무의 이행을 확보하기 위한 수단(의무이행 확보수단)으로 구분할 수 있다. 경찰의무를 부과하기 위한 수단은 경찰하명·경찰허가·경찰면제·경찰상의 사실행위로 나뉘고, 의무이행 확보수단은 경찰강제·경찰상조사·경찰벌 등으로 나뉜다.

<표 42>는 경찰상태를 야기한 경찰책임자(법인 포함)에게 경찰의무를 부과하여 경찰목적을 달성하는 데 이용되는 수단들을 정리한 것이다. 관점에 따라 경찰의 수단을 다르게 구분하는 사례도 있다. 표의 오른쪽에 열거된 내용들은 경찰의 수단별 처분형식을 예시한 것이다. 즉 경찰상태에서 경찰목적을 달성하기 위해 행해지는 경찰처분의 구체적 예들이다.

경찰수단과 경찰처분과의 관계는 다용도 도구세트(속칭 '맥가이버칼')를 연상함으로써 쉽게 설명될 수 있다. 칼을 구성하는 여러 도구(칼날, 가위, 송곳, 톱, 병따개 등)들이 경찰의 수단이라면 각 도구들이 담당하는 기능(자르고, 깎고, 찌르고, 쪼개고, 오리고, 조이고, 늦추는 등)은 경찰처분에 속한다. 이러한 경찰의 처분형식은 「경찰관직무집행법」을 비롯한 여러 개별 법률에 다양한 형태로 마련되어 있다. 경찰의 처분은 크게 「경찰관직무집행법」(경찰작용에 관한 일반법)에 의한 경찰처분(표준처분)과 개별 경찰법(특별경찰법)에 의한 경찰처분으로 나눌 수 있다.[17]

---

17) 「경찰관직무집행법」에 의한 경찰처분은 불심검문(제3조), 보호조치 등(제4조), 위험발생의 방지(제5조), 범죄의 예방과 제지(제6조), 위험방지를 위한 출입(제7조), 사실의 확인 등(제8조), 경찰장비의 사용 등(제10조), 경찰장구의 사용(제10조의2), 분사기 등의 사용(제10조의3), 무기의 사용(제10조의4) 등이 있다. 그리고 개별 경찰법에 의한 경찰처분으로는 「집회 및 시위에 관한 법률」, 「총포·도검·화약류 등 단속법」, 「도로교통법」, 「풍속영업의 규제에 관한 법률」 등에 규정된 여러 가지 처분이 있다.

표 46 경찰수단의 분류와 사례

경찰 의무 부과 수단	경찰하명	경찰처분	위험시설제거명령, 위법집회금지명령
		경찰명령	교통표지판설치(주차금지, 도로폐쇄, 일방통행)
	경찰허가	대인허가	운전면허증발급, 외국인체류허가
		대물허가	차량검사합격처분, 도로사용허가, 건축허가
		혼합허가	총포류제조허가, 민간경비업허가 등
	경찰면제	시험면제, 수수료면제, 납기의 연기 등	
	경찰상 사실행위	권력적 사실행위	총기사용, 최루탄발사, 유치장 입감
		비권력적 사실행위	금전출납, 쓰레기수거, 고지·통지, 행정지도 등
의무 이행 확보 수단	경찰 강제	경찰상 강제집행 → 대집행	행정대집행법 제2조의 대집행
		강제징수	국세징수법 제3장의 체납처분
		집행벌	건축법 제83조의 이행강제금
		직접강제	식품위생법 제62조의 폐쇄조치
		경찰상 즉시강제 → 대인강제	불심검문, 보호조치, 경고·억류·피난 등
		대물강제	무기·흉기·위험물 임시영치, 음란물 폐기
		대가택 강제	가택출입·임검·검사 및 수색 등
	경찰상 조사	강제조사	불심검문, 질문, 신체검사, 시설검사, 물품검사·수거 등
		임의조사	장부·서류의 열람, 사실확인 등
	경찰벌	경찰형벌	사형, 징역, 금고, 자격상실, 자격정지, 벌금, 구류, 과료, 몰수
		경찰질서벌	범칙금, 과태료, 과징금

경찰의무를 부과하기 위한 수단으로서 경찰하명(Polizeibefehl)이란 경찰목적을 달성하기 위하여 국가의 일반통치권에 기하여 개인에게 특정한 작위, 부작위, 급부 또는 수인의무를 명하는 행정행위를 일컫는다. 경찰허가(Polizeierlaubnis)란 경찰상 의 부작위 의무를 특정한 경우에 해제하여 주는 것을 말하며, 일반적으로 금지된

자연적 자유를 회복시켜 주는 것이다. 보통은 면허, 특허, 승인 등의 형식으로 이루어진다. 경찰면제란 법령에 의하여 일반적으로 부과되는 경찰상의 작위·급부·수인의 의무를 특정한 경우에 해제하여 주는 것을 말한다. 경찰상 사실행위란 경찰기관의 행위 중에서 직접적으로 사실상의 효과를 발생시키기 위해 행해지는 행정행위를 일컫는다.

경찰의무의 이행을 확보하기 위한 경찰강제(Polizeizwang)란 경찰목적을 위해 개인의 신체·재산 또는 가택 등에 실력을 가하여 필요한 상태를 실현하는 것을 말한다. 경찰하명 및 경찰허가가 의무를 명하거나 해제하는 법률행위인 데 비하여 경찰강제는 실력으로 일정한 상태를 실현시키는 사실행위에 속한다. 경찰강제는 경찰상 강제집행 및 경찰상 즉시강제로 구분되며, 경찰명령으로 부과한 의무를 불이행하거나 의무를 부과해서는 경찰목적을 달성할 수 없는 경우 등에 경찰강제권이 발동된다. 경찰상 조사란 경찰목적을 위해 필요한 자료를 확인하는 것으로 강제조사와 임의조사로 구분된다. 경찰벌이란 경찰법규에 규정된 경찰의무를 위반한 데 대하여 제재를 가하는 것으로 경찰형벌과 경찰질서벌로 나뉘어진다.

이러한 경찰의 수단들은 그것이 발동될 때 개인의 기본권 침해를 동반하는 경우가 많으므로 다른 국가작용에 비하여 법률유보의 원칙[18]이 한층 더 강하게 요구된다.

3. 경찰의 관할

경찰의 관할이란 경찰기관이 법령상 유효하게 국가의사 또는 판단을 결정·표시, 집행할 수 있는 직무의 범위를 말한다.

1) 사물관할

사물관할은 경찰이 처리할 수 있고 또 처리해야 하는 사무내용의 범위(발동범위

---

18) 법률유보(法律留保)의 원칙이란 국민의 권리를 제한하거나 의무를 과하는 사항은 반드시 국회의 의결을 거친 법률로써 규정하여야 한다는 원칙을 말한다. 이 원칙은 원래 법률의 근거 없이 행정권을 발동할 수 없음을 뜻하였으나 반대로 법률에 근거가 있으면 개인의 자유와 권리를 제한·침해할 수 있다는 의미로 해석되기도 한다.

의 설정 기능)를 말하며 사물관할의 근거규정은 경찰법과 경찰관직무집행법이 있다. 특히, 경찰관직무집행법 등의 범죄수사 관련 임무는 영미법계의 영향을 받아 인정되었다.

한편, 우리나라는 일반적 경찰작용법이라 할 수 있는 경찰관직무집행법에 조직법적인 임부규정이 포함된 것이 특징이다(경찰공제회, 2006: 33).

2) 인적관할

인적관할은 광의의 경찰권이 발동될 수 있는 인적 범위(경찰권이 어떤 사람에게 적용될 수 있는가?)를 말하는데 인적관할은 원칙적으로는 대한민국 내에 있는 모든 사람에게 발동할 수 있으며, 예외적으로 국내법적으로는 대통령과 국회의원에 대해서, 국제법적으로 외교사절과 주한 미군에 대해서 일정한 제한된다.

3) 지역관할

지역관할은 광의의 경찰권이 발동될 수 있는 지역적 범위를 말하는데 원칙적으로 대한민국의 영역내의 모든 지역에 적용되며, 예외적으로 타 행정관청이나 기관과의 관계상 또는 국제법적 근거에 의해 일정한 한계가 작용한다.

예외적인 지역관할 사무로는 첫째, 해양에서의 경찰사무는 해양수산부 소속의 해양경찰청에서 관할권이며 둘째, 열차내 및 역구내에서 발생한 사건(아래 <표 47> 참고.)

표 47 경찰청과 건설교통부간의 수사업무한계협정

1. 철도시설 및 열차안에서 발생하는 철도안전법에 규정된 범죄와 역구내 및 열차안에서 발생한 현행범 처리 일체를 건설교통부에서 책임 처리하고 그 외의 범죄는 경찰청에서 처리한다.
2. 역구내 및 열차안에서 발생한 현행범 중 살인·화재·변사 등 중요사건에 대하여 건설교통부로부터 협조의뢰가 있을 때에는 경찰청에서 처리한다.
3. 열차사고는 경찰청에서 처리함을 원칙으로 한다.
4. 경찰청에서 처리하여야 할 사건에 대하여 건설교통부는 신속하게 이를 통보하고, 사건현장보존조치를 하는 등 사건처리에 협조하여야 한다.

5. 건설교통부에서 처리하여야 할 사건에 대한 사건수배는 건설교통부의 수사 협조의뢰가 있을 때에만 수배한다.
6. 역구내 및 열차안, 철도부지 및 시설물에 대한 방범활동과 행정단속은 건설교통부에서 전담한다.
7. 즉결심판 청구사건은 건설교통부에서 관련서류 등을 구비하여 관할 경찰서장에게 인계한다.
8. 건설교통부로부터 피의자의 입감의뢰가 있을 때에는 협조한다.
9. 특별한 경우에는 역구내에 경찰관을 배치할 수 있으며, 건설교통부와 경찰청은 위에서 정하는 사항 외에도 범죄예방과 수사에 관하여 적극 협력한다.

셋째, 국회의장에게는 국회경호권한이 있어 국회 안에서 경호권을 행사(국회법 제143조 및 제144조)한다. 국회의장은 필요시 정부에 대하여 경찰관의 파견을 요청할 수 있으나 이 경우에도 경찰관은 회의장 건물 밖에서만 경호하도록 제한된다. 국회 안에 현행범인이 있을 때에는 경찰관은 이를 체포한 후 의장의 지시를 받아야 하며, 다만 회의장 안에 의원이 있는 경우에는 의장의 명령 없이 이를 체포할 수 없다.

넷째, 법원의 법정경찰권은 재판장이 행사(법원조직법 제58조)한다. 재판장의 경찰관 파견요청이 있는 경우, 법정 내외의 질서유지에 관하여는 재판장의 지휘를 받아야 한다.

다섯째, 치외법권 지역은 원칙적으로 외교공관이나 외교관의 개인주택(외교사절의 승용차·보트·비행기 등 교통수단을 포함한다)은 국제법상 치외법권지역으로 외교사절의 요구나 동의가 없는 한 경찰은 직무수행을 위해 들어 갈 수 없다. 예외적으로 화재나 전염병의 발생처럼 공안을 유지하기 위해 긴급을 요하는 경찰상태의 경우에는 외교사절의 동의 없이도 공관에 들어 갈 수 있음이 국제적 관습으로 인정된다.

여섯째, 미군 영내에서는 한미행정협정에 의해 미군 당국이 부대 영내·외에서 경찰권을 행사케 함으로써 자체적으로 질서와 안전을 위하여 필요한 조치를 취할 수 있도록 하고 있다. 미군 당국은 그 시설 및 구역 내에서 범죄를 행한 모든 자를 체포할 수 있다.

미군 당국이 동의한 경우와 중대한 죄를 범하고 도주하는 현행범인을 추적하는 때에는 대한민국 경찰도 미군시설 및 구역 내에서 범인을 체포할 수 있다. 대한민국 경찰이 체포하려는 자로서 한미행정협정의 대상이 아닌 자가 이러한 시설 및 구역 내에 있을 때에는 대한민국 경찰이 요청하는 경우에 미군 당국은 그 자를 체포하여 즉시 인도하여야 한다.

체포절차는 미군, 군속, 그 가족을 체포하였을 경우는 가까운 경찰관서로 동행한 후 미군 당국에 통보한다. 신병을 미군 당국에 인도하기 전에 사건에 대해 예비수사를 할 수 있으며, 범죄를 인지하는 즉시(24시간 내) 관할 검사에게 보고해야 한다. 대한민국 당국은 미군 당국이 동의하는 경우가 아니면 시설 또는 구역 내에서 사람이나 재산에 관하여 또는 시설 및 구역 내외를 불문하고 미군재산에 관하여 압수·수색 또는 검증을 할 수 없다. 그러나 이에 관한 대한민국 당국의 요청이 있을 때에는 미군 당국은 필요한 조치를 취하여야 한다.

제5장 외국의 경찰활동

제1절 영국

1. 국가개요

영국의 정식명칭은 '대 브리튼 및 북아일랜드 연합왕국(The United Kingdom of Great Britain and Northern Ireland)'이며, 여기에는 잉글랜드, 웨일즈, 스코틀랜드의 세 지역의 명칭인 '그레이트 브리튼(The Great Britain)'과 북아일랜드가 포함되어, 약칭 UK로 불리운다. 보통 한 국가의 서로 다른 지역으로 파악되는 이 네 지역은 영어를 공용어로 쓰고 있을 뿐, 역사적·문화적·민족적으로 다른 배경을 가지고 있으며, 현실적으로도 상당히 다른 사회제도를 운용하고 있다. 따라서, 영국은 수도인 런던을 중심으로 단일주권을 가지고 전국이 통치된다는 점에서는 단일국가이지만, 영어 외에 웨일즈어와 아일랜드어라는 고유어를 가지고 있고, 각종 국제행사에 서로 다른 국가로 참여하는 등 배경이나 제도 뿐 아니라 정체성에 있어서도 4개의 지역이 서로 다른 국가로 존재하는 모습도 보여진다.

영국의 면적은 244,820.000Km2 로 남북한을 합친 영토보다 조금 넓다. 국토여건은 평지와 완만한 구릉지가 많아 이용가능한 토지가 상대적으로 풍부하고 산림지역은 10% 정도 밖에 되지 않는다. 전체 국토의 75%가 농업용지로 사용되며, 상공업은 물론 농업노 발달하였다. 기후는 북위 50도로 우리나라보다 높지만 멕시코 난류와 편서풍의 영향으로 온화하고 다습한 서안해양성 기후를 이루어 흐린 날이 많고 안개가 자주 낀다. 영국의 날씨는 '하루동안에 4계절이 있다'는 말처럼 변덕스러운 것이 특징이다.

2013년 현재 영국의 인구는 61,113,205명으로 세계 22위의 인구규모 이며, 비교적 인구밀도가 높은 편에 속한다. 지난 10년간 총인구수는 거의 변동이 없었으나

평균 연령은 지속적으로 높아지고 있다. 지역별로는 잉글랜드가 81.5%, 스코틀랜드가 9.6%, 아일랜드가 2.4%를 차지하고 있다(이윤근, 2001: 55-56).

영국은 화폐단위로 파운드를 사용하며 2013년 GDP는 22,585억불, 1인당 GDP는 36,298로 국가 GNP로는 독일의 절반 수준이지만 1인당 GNP는 서유럽의 국가들 중 높은 편이다.

2. 역사적 발전과정

1) 초기의 영국 경찰제도

(1) 영국 경찰제도의 기원

영국 경찰의 기원은 종족의 역사와 선출된 대표자들이 질서를 보호하던 관습에서 비롯된 것이다. 당시에는 실질적으로 시민들이 곧 경찰이었다. 색슨족은 이러한 제도를 영국으로 가져와서 그것을 조직(organization)으로 발전시켰다.[19] 즉, 지역마다 10가구씩 하나의 집단을 이루어 범인을 추적하고 체포하는 자치 조직체로서 12세 이상 남자 10일 한 조로 개개인의 행위에 연대책임을 지는 10인 조합(Tything) 제도가 그것이다. 이는 국왕의 평화(King's Peace)를 달성하기 위한 10상호보증제도(Frank-Pledge System)에서 유래한 것이다. 이러한 10인조합은 다시 10개의 10조합의 대표인 "100인대표(a hundred-man)의 지휘·통제를 대해 받았는데, 이들은 또다시 주의 치안관(Shire-reeve: 후에 Sheriff로 발전)에 책임을 지고 있었다.

(2) 윈체스터법 제정

이러한 10인조합 시스템은 노르만 연방과의 접촉을 겪으면서 많은 부분 변화를 겪었지만, 전체적인 내용이 전부 폐지된 것은 아니었다. 1285년 에드워드 1세는 지방도시 치안유지를 위한 경찰활동을 보장할 목적으로 윈체스터법을 제정하였는데 이를 통해, 10인대표(tything-man)은 교구경관(parish constable)과 이들을 통제하는 치안판사(the Shire-reeve, the Justice of the Peace)으로 변화되었다. 이러한 체

---

19) 수도경찰청 홈페이지 "Origin of Policing" 참조

제는 17,8 세기에 전국적으로 확대되었는데 교구경관은 비무장 경관이었으며, 교구(parishe) 내의 신체건강한 성인남성이 1년마다 임명이나 선출을 통하여 한해 동안 무급으로 봉사하였다. 이들은 지역치안감과 함께 공조체제를 이룩하였으며, 법의 준수와 질서의유지를 감독하도록 하였다. 또한 마을(town)에서는질서의 유지라는 임무가 지역의 길드에 의해 부여되었고, 후에 다른 시민집단과 합쳐지면서 이들은 "감시원(The Watch)라는 무장·유급직원으로 발전하였다.이들은 밤에 성문을 지키고 거리를 순찰하는 임무를맡았다.

감시인(the Watch)

(3) 경찰운영의 한계

그러나 이들의 적극적인 범죄대응에는 한계가 있었고, 주로 당시의 형사사법처리절차는 권리를 침해당한 사람이 단독 또는 협력하여 범인을 잡아 치안판사에게 넘겨 재판을 받게 하는 "자력구제"를 원칙으로 했다.

치안판사와 콘스타블 등은 자신들의 법원을 운영하는 교회 및 귀족들에게는 사법권을 행사할 수 없었으며, 범죄 억제능력이 미약했으므로 당시에도 왕실소유의 산림을 관리하는 산림경비원과 상공업 길드의 특권유지와 규정위반의 처벌을 위해 특수경찰 조직이 함께 존재하였다(이윤근, 2001: 72).

18세기에 막대한 사회적·경제적 변화의 시작으로 지역(town)의 인구는 계속 증가하였고, 교구경관이나 감시(the Watch)인 체제는 늘어나는 범죄와 무질서에 속수무책이었다. 따라서 보다 강력한 범죄대응 장비를 갖춘 신경찰(New Police)에 대한필요성이 지속적으로 증가하게 되었다.

(4) 경찰창설 이전의 치안상황

당시 관계 당국은 폭동이나 범죄, 무질서에 대항할 수단이 거의 없었고, 교구와작은 시장도시는 경관(constable)과 지역 감시제도(the local watch and ward)를 따로 운용하고 있었다. 런던에서는 보우 가(街) 경비대(the Bow Street Runner)[20]가 1742년에 세워졌지만, 부대는 질서유지용으로 사용되었다. 지역 민병대(local militia)는 지역의 문제를 해결하는데 사용되었으며, 스파이들은 불만분자로 의심되는 사람들을 감시하였다. 산업혁명으로 인하여 사회에 새로운 압력이 가해지자, 폭력사건이 증가하게 되었고, 사회가 조직화됨에 따라 사회적 무질서도 더 큰 규모로 발생하게 되었다.

당시의 형법전(the Penal Code)는 약 200개의 주요 범죄나 밀수와 같은 범죄의 처벌에 있어서 매우 엄격했다. 이것은 "새끼 양 때문에 사형당하느니 다 큰 양 때문에 죽겠다(I might as well be hanged for a sheep as a lamb)"라는 말이 의미하는 것처럼 실제적으로 더 심각한 범죄들을 일으켰다. 특히, 교도소는 악의 소굴이었으며, 이는 로버트 필 경이 1820년 개혁을 단행한 이후에도 그러하였다.

2) 근대적 경찰제도의 시작

(1) 필 경(Sir Robert Peel)의 개혁

필 경(Sir Robert Peel)

내무부장관에 취임한 로버트 필 경은 교도소에 대한 정밀조사에 착수하고 형법에 대한 대규모의 개혁을 가하였다. 많은 선구적인 작업은 새뮤얼 라밀리(Sir Samuel Romily)나 엘리자베스 프라이(Elizabeth Fry)에 의해 이루어졌고, 결과적으로 교도소는 실제로 개선되었다.

잉글랜드에서의 경찰창설은 19세기 초에 큰 논란을 불러일으켰으나, 필 경은 권력남용에 대한 우려와 정치적인 반대에도 불구하고 관료적인 경찰의 창설에 관한 첫 번째 법안을 성공적으로 통과시켰다.

1829년 웰링턴 정부(Wellington's government)는 정치적인 타협을 통해서 필 경의 수도경찰법안(Metropolitan Police Act)를 통과시켰으나 이것은 런던에 한정되어

---

20) 정식 명칭은 런던 Bow Street 치안판사 법원의 경관(the officer of Bow Street Magistrate's court, London)으로 1749년부터 1829년까지 존재했다. 이들의 임무는 범죄자의 추적과 체포였으며, 후에 영국경찰의 창설에 효시가 되었다. MSN Encarta 검색

있었다. 관할구역은 수도런던 지역내로 규정이 되어있었고, 런던특별시(City of London) 및 다른 지역은 포함되지 않았다.

수도경찰법은 현대 영국 경찰활동을 규정한 주요원칙들을 세웠는데 내용은 다음과 같다.

1. 경찰활동의 주요한 방법은 정복 경관들에 의한 대외적인 순찰이다.

2. 명령과 통제는 중앙집권화되고 준−군사적인(pseudo−military) 조직구조를 통해 이루어진다; 초대 경찰청장은 군대 대령 출신의 찰스 로완(Charles Rowan)과 법정변호사인 리처드 메인(Richard Mayne)이 맡았고, 이들은 범죄예방이 경찰청 최고의 목표임을 천명하였다.

3. 경찰은 끈기있고, 개인적이지 않으며 전문적이어야 한다.

4. 잉글랜드 경찰의 권위는 세 개의 공식적인 출처에서 비롯되는데, 그것은 왕실, 법 그리고 시민들의 동의와 참여이다.

(2) 19세기 수도경찰의 운용실태

모든 런던 경찰들은 하나의 명령체계에 소속되어 있었고, 내무부에 속해 있는 스코틀랜드 야드(Scotland Yard) 본부에 의해 지휘를 받았다. 기존 400에 1000명의 인원이 추가적으로 채용되었고, 경찰직은 정규직으로 주당 16/− 와 정복이 지급되었다. 채용은 신중하게 이루어졌고, 경찰청장(Commissioner)에 의해서 훈련이 실시되었다. 자금은 민생감독관에 의해 징수된 특별교구세에 의해 충당되었다.

경찰은 범죄의 발견과 예방에 대해서만 책임을 지고 있었다. 범죄와 무질서는 예방적인 순찰을 통해서 통제되었고, 범죄의 성공적인 해결이나 도난물품의 회수 등에 대한 수당금은 없었다. 신경찰(the new police)은 범죄예방뿐

전통적인 필러(peeler)의 복장

아니라 감시인(the watchman)으로서의 역할도 수행해야 했는데, 여기에는 가로등을 켜고, 시간을 외치고, 화재를 예방하는 일을 비롯한 공공 서비스를 담당하였다.21)

331

(3) 초기 경찰에 대한 반응

이러한 "보비(Bobbies)"나 "필러(Peeler)"[22]가 처음부터 호응을 받았던 것은 아니다. 대부분의 시민들은 경찰(constables)을 영국의 사회적·정치적 생활에 있어서 침해로 생각했고, 종종 경찰에게 야유하기도 하였다. 하지만 초기 수도경찰의 범죄예방 전략은 성공을 거두었고, 범죄와 무질서는 감소하기 시작했다. 그들의 가장 치열한 전투였던, 버밍햄(Birmingham)과 런던 차티스트와의 대치에서 승리함으로써 경찰은 대규모의 무질서와 거리폭동을 처리할 능력이 있음을 입증하였다.

그러나 초기 수도경찰청의 성공에도 불구하고 지방지역으로의 경찰력의 확장은 점진적으로 이루어졌다. 각 시군(provinces)이 경찰력을 가지게 된 것은 1856년 의회가 법률로서 경찰력 설치를 의무화하면서부터였다.

3) 지방경찰청의 창설

(1) 왕립위원회의 보고서

이로 인해 런던의 범죄율은 감소하였으나 주변지역의 범죄율은 증가하기 시작했다. 그리고 런던에서도 경찰의 통행이 허용되지 않은 곳에서는 범죄 건수가 증가하였는데, 특히 원스워스(Wandsworth)는 그곳에 사는 범죄자들의 수로 말미암아 검은 원즈워스라고 불리우기도 하였다.

1839년에 왕립위원회(Royal Commission)이 지적한 바에 따르면 "범죄자들은 마을에서 마을로 이동한다. 그들의 은신처로 사용하는 지역에서 나와서 주변의 시골지역으로 약탈을 저지르러 다닌다. 때문에 수도(metropolis)는 그들이 이동을 시작하는 집결점이다." 라고 하여 지방 경찰의 필요성에 대하여 역설하였다.

---

21) 19세기의 콘스타블(Constable)은 과중한 업무를 부담하고 있었다. 그들의 임무에는 감독관으로서 불법행위, 측량, 가축의 질병, 낙농업과 상업, 전염병과 석유 및 폭발물에 대한 책임을 지고 있었다. 또한 대부분의 콘스타블은 주취자, 밀렵꾼, 부랑자, 당시 성행했던 양도둑을 상대했다. 식사시간은 제공되지 않았고, 다만 일부의 콘스타블은 깡통에 커피나 차 등을 넣어서 가로등 위에 놓고 데워서 마셨다. 1908년까지 경찰관들은 흔히 요리를 해 먹기 위한 작은 램프를 들고 다녔다. 그런 음식들을 그들은 자신들이 순찰하는 집의 현관 앞에서 먹었다.

22) 당시 경찰은 경찰창설자인 필 경의 이름을 따서 '필러(peeler)'라고 불리웠으며, 로버트의 애칭인 '보비(bobby)'로 불리기도 했다. 또한 다른 해석으로는 당시의 경찰이 무장용으로 긴 곤봉을 들고 다녔는데, 이러한 사람들을 당시에는 "Bobby the Beadle"이라고 불렸고 이때의 보비는 영국 고어로 '때리다'라는 뜻에서 유래되었다는 설이 있다. "World Wide Wards" 홈페이지

(2) 지방 자치체 법안의 시행

1835년에 지방자치체 법안(Municipal Corporations Act)로 인해서 이전 버로우 (borough) 들은 그들의 행정구조에 따라 분류되었으며, 새로운 도시들(towns)이 통합되었다. 도시들(towns)은 통합되면서 의무적으로 경찰청을 설치하도록 법제화되었지만 이러한 법을 충실히 따르려는 곳은 매우 드물었다. 1837년에는 171개의 버로우 중에서 93개가, 1940년에는 171개 중 108개가 조직화된 경찰력을 가지고 있었고, 1848년에 이르러서도 22개는 아직 경찰을 갖추지 못하고 있었다. 지방자치 경찰은 인구비례에 따라 설치되었는데 대개 런던 경찰의 1/2 규모였다.

(3) 지방경찰법안의 시행과 한계

대부분의 버로우들은 1835년 법안을 이용하는데 소극적이었고, 1856년 이후까지도 대체적으로 부적절하게 운용되었다. 1839년에 '경찰력에 관한 왕립위원회(Royal Commission on Constabulary Forces)'의 건의로 같은 해에 제정된 '지방경찰법안 (Rural Constabulary Act)'을 제정하였다. 법안은 치안판사로 하여금 그 지역의 경찰을 지휘할 경찰청장을 임명하게 하였고, 경관수를 인구 1000명당 1명으로 규정하였는데, 이로 인해 몇몇 버로우들은 혼란에 빠졌고, 카운티 경찰을 유지시키는데 필요한 높은 지출을 피하기 위해 그들 자체적인 경찰력을 재조직하였다. 결국 이 법안은 왕립위원회의 보고서가 제시한, 수도경찰청 지휘 하의 국가 경찰을 위한 요구를 충족시키지 못하였다.

1953년까지 52개의 카운티 중에서 22개만이 경찰서를 가지고 있었고, 요크셔 (Yorkshire)의 경우에는 최악으로 이스트리딩(East Riding) 지부의 경관수는 9명에 불과했다. 1855년까지 잉글랜드와 웨일즈의 경관수는 12,000명에 불과했다. 또한 1856년까지 정부 감사나 규제가 이루어진 지역은 없었다.

1839년 법안을 따르는데 많은 시간이 걸린 또 다른 이유 중의 하나는 위원회의 한 사람이었던 에드윈 체드윅이 신경찰을 당시 지지율이 높지 않던 신빈민법(the new Poor Law)을 실행하는 수단으로 사용했고, 이로 인해 경찰은 잉글랜드 자유에 대한 위협으로 여겨져 경찰안에 대한 반대 여론이 있었기 때문이다. 게다가, 비용면에서도 지방정부가 부담하기에는 너무 컸고, 지방정부의 무력함, 먼저 경찰제도를 시행 중인 런던에서의 조언을 얻는데 드는 어려움, 카운티와 버로우 사이의 협력부족이 경찰제도 시행에 있어 걸림돌이 되었다. 하지만 지방의 행정이 정비되면서 경찰력에 대한 수요에 따라 각 지방은 자체적으로 경찰력을 조직해 나가기 시작하였다.

4) 근대적 경찰제도의 보완

(1) 왕립위원회의 발족과 경찰법 제정

1957년부터 경찰의 부패, 폭행 등이 잇달아 일어나고 경찰에 대한 시민의 불평을 처리하는 방법이 만족스럽지 못하게 되자 시민의 비판은 증대되고 경찰의 사기는 떨어져 서비스의 질은 낮아지게 되었으며 또한 범죄는 증가하였다.

이에 따라 정부는 1960년 1월 15명으로 구성된 왕립 경찰 위원회(Royal Commission of the Police)를 설치하고 경찰개혁안을 건의토록 하였다. 1962년 왕립위원회에 의하여 만들어진 권고안의 내용은 경찰업무를 관리하는데 있어서 중앙정부와 지방정부 간의 협력이라는 중요한 이념을 지속시키는 것이었으나 중앙정부에 의한 확고한 통제를 강조하는 것으로 변화되었다. 또한 경찰관의 헌법적 독립의 중요성을 인정하였고, 비록 경찰청장이 더욱 효과적인 감독을 하도록 권고했지만 모든 경찰관의 법적 지위를 변경시키지는 않도록 했다.

왕립위원회의 보고서는 전부 111개의 권고안으로 만들어져 1962년 5월 의회에 제출되었으며, 정부는 경찰개혁을 위한 입법조치를 서둘러 1964년 경찰법(Police Act 1964)에 반영시켰다. 이를 통해 내무부장관, 경찰위원회, 경찰청장의 3자공동관리체계(tripartite system)로 불리우는 경찰통제에 관한 공식적인 모델이 출현하였다. 또한, 대대적인 지방행정의 통·폐합과 지방 경찰조직의 정비과정을 거치며, 수도경찰청(Metropolitan Police Force)을 제외한 잉글랜드와 웨일스 126개 지방 경찰청이 광역단위(county borough) 43개 경찰청(Police Forces)으로 통·폐합되었다. 1964년부터 1994년 경찰 및 치안판사법원법(Police and Magistrates' Courts Act 1994)이 공포될 때까지 영국경찰의 통제는 3자공동구조(tripartite structure)의 책임이었다.

(2) 국립기소청(the Crown Prosecution Service)의 설치

영국에서 기소는 원칙적으로 범죄 피해자 등 시민들이 직접 변호사를 사서 기소업무를 담당케 하였으며, 1829년 경찰창설 이후에는 경찰이 기소업무를 전담하였다. 1879년 기소법 시행이후에는, 기소업무가 내무부 업무로 되어 1880년 내무장관이 최초의 기소국장을 임명, 극소수의 매우 중요하거나 어려운 사건의 기소를 담당케하고 대다수의 범죄사건은 계속 경찰이 기소를 해오던 중 왕립 경찰문제 조사단에서 "같은 경찰관이 동일한 사건의 수사와 기소를 모두 담당하는 것은 적절치 않으므로 각 경찰청은 변호사로 구성된 별도의 기소과(prosecuting solicitor's department)를 두도록" 권고하였고, 이에 일부 지방경찰청은 기소과를 신설하였으나 일부는 지역 변호사에게 기소관련 조언을 구하는 것으로 대체하였다. 그러나 변호사의 조언에 법적 구속력이 없었기 때문에 기소권은 계속 경찰관이 행사하였다.

1978년에 "왕립 사법철차 조사단"이 다시 사법절차의 3대 문제점을 지적했는데이는, ① 수사를 담당한 경찰관은 동일 사건의 기소여부에 대해 공정한 판단을 내린다고 신뢰할 수 없음에도 불구하고 동일경찰관이 수사와 기소업무를 병행 ②전국의 경찰청들이 사건의 기소여부에 대해 서로 다른 기준을 적용, ③경찰이 너무 많은 부적당한 사건들(weak cases)을 기소하여 판사의 기각률이 높음이었다. 1981년위 조사단은 이러한 문제점들에 대한 해결책으로 정부에 독립된 기소전담기구를 설치하는 입법을 권고하였고, 이를 토대로 1985년 범죄의 기소에 관한 법률이 제정되어 기존의 내무부 기소국과 지방경찰청 기소과를 통합·확대한 국립기소청(the Crown Prosecution Sevice : 검찰)이 창설되었다(표창원, 2002: 4).

(3) 수도경찰청의 자치경찰화

수도경찰청은 1829년 로비트 필이 린닌에 경찰을 창실[23]아면서부터 시작되어 영국경찰과 동일시되다시피 운영되어 왔다. 수도경찰청은 국제정치·외교·문화·금융의 중심지인 런던에서 발생한 사안이 워낙 국가적인 것이 많은 까닭에 다른 경찰청이 자치경찰제도를 채택하여 운영되어 온 반면, 최근까지도 국가경찰의 형태로 운영되어 왔다. 그러다 지역주민의 통제가 배제된 국가경찰에

---

23) 1829년 수도경찰청법(the Metropolitan Police Act 1829)

형사사법전공 대학생들을 위한
경찰학 입문

대한 끊임없는 문제제기와 민주적 통제 요구에 따라 1997년 집권당이던 노동당에 의해 추진되고 실시된 2000년 '런던 자치정부' 수립과 함께 광역런던 의회법(The Greater London Authority Act)에 의거 2000년 7월 3일 수도경찰의 업무감독을 책임지는 독립법인체로서 수도경찰위원회(The Metropolitan Police Authority)가 발족하게 된다.

수도경찰위원회의 설립은 런던 시민들에게 과거에는 갖지 못했던 치안활동에 대한 민주적 책임체제를 가져다주었다는 점에서 런던의 치안활동을 근본적으로 변화시킨 것이다. 즉, 과거에는 치안활동에 대한 의무와 책임이 모두 내무부장관에게 직접적으로 귀속되었으나, 이제는 수도경찰위원회의 의원이 수도경찰청의 업무를 감시하고 지원하게 되었다(수도경찰청 홈페이지).

3. 경찰조직

1) 지방경찰의 조직체계

(1) 3자공동관리체계

영국 경찰의 특징은 매우 적절한 견제와 균형의 시스템이 잘 이루어져 있다는 것이다. 빈번하게 발생하는 테러와 분쟁이라는 특수성으로 영국에서 유일하게 국가경찰 제도를 운영하고 있는 북 아일랜드의 경찰체제를 제외하면, 최근 자치경찰화 된 수도경찰청을 포함 모든 영국 경찰[24]은 내무성 장관(Home Secretary), 경찰위원회(Local Police Authority)[25], 그리고 경찰청장(Local Chief Constable)의 3자 공동관리체계(tripartite system)에 의해 운영되는 체제를 택하고 있다. 이 장에서는 이러한 3자 공동관리체계는 1964년 제정된 경찰법을 바탕으로 하고 있는데, 이에 근거하여 각 주체의 관계를 그림으로 나타내면 다음 <그림 63>과 같다.

---

24) 영국의 경찰은 런던 포함 잉글랜드와 웨일즈에 43개, 스코틀랜드에 8개, 북아일랜드에 1개 등 52개의 경찰청(Constabulary)들이 각각 독립적으로 활동하고 있으며, 그 밖에 군대, 하천, 대학 등 특수목적 수행을 위한 경찰이 있다.

25) 경찰위원회의 정식명칭은 the Local Police Authority로 지방경찰위원회이나 이글에서는 경찰위원회로 표기하였다. 이윤근(전게서) 등의 연구에서 지칭하는 경찰관리기관도 같은 조직이다.

336

(2) 경찰위원회

잉글랜드와 웨일즈의 지방자치경찰은 선거직 의회의원 2/3와 임명직 치안판사 1/3로 구성된 경찰위원회를 가지고 있으며, 스코틀랜드의 모든 경찰위원회는 선거 직 의회(Council) 의원이다(경찰정보 홈페이지). 북아일랜드의 경찰위원회는 19명 으로 구성되며 10명은 북아일랜드 의회의원이고 9명은 공개경쟁을 통해 독립적으 로 선발된다. 모든 임원진 뿐만 아니라 경찰위원회의 의장과 부의장 역시 임명은 국무대신(Secretary of State)을 통한다(북아일랜드 경찰위원회 홈페이지).

1964년 경찰법은 경찰위원회의 일반적 임무를 "지역의 합당하고 효율적인 경찰 력의 유지를 확보하는 것"으로 정의하고 있으며, 그 밖에 경찰위원회의 기능은 ① 내무부장관의 동의 하에 경찰청장(chief constable)의 임면과 경찰직원의 인력결정, ② 건물, 토지, 차량, 장비, 의복, 기자재 등의 공급 및 유지, ③ 규칙에 따른 급료지 급, ④ 국민의 대 경찰 고충사항을 경찰청장이 취급하도록 지도 등이 있다. 또한 권 한으로서 ① 경찰청장으로부터 연례보고서(annual report)를 받을 권한, ② 경찰청 장에 대한 징계권 등이 있다.

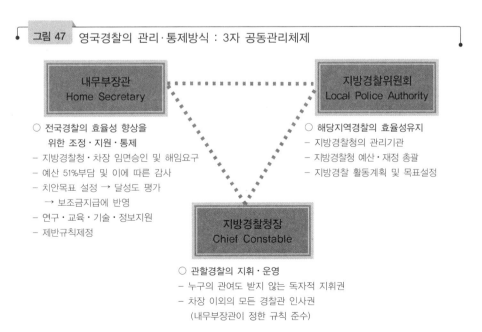

그림 47 영국경찰의 관리·통제방식 : 3자 공동관리체제

(3) 경찰청장

"지방경찰청장은 그 지역 경찰의 왕"(Chief Constable is the king of his kingdom) 이라고 일컬어질 정도로 광범위한 권한과 거의 절대적인 독자적 지휘권(absolute operational autonomy)을 가지고 있다.[26] 이러한 막강한 권한을 가진 경찰청장에 대한 견제는 법과 그 임면 및 예산권을 가진 지방 경찰위원회와 내무부장관에 의해 행해진다.

"1964년 경찰법(Police Act 1964)" 및 1994년 "경찰 및 치안판사법원법"에 명시 된 경찰청장의 권한은 관할경찰의 '지휘와 통제'(direction and control) 및 차장 이 외의 모든 경찰관에 대한 인사권이며, 특히 1994년법 이후 경찰력의 관리에 있어서 가장 적합한 방법으로 자금을 사용할 수 있도록 경찰청장에게 예산의 통제권을 더 욱 부여하였다.

경찰청장협회(Association of Chief Police Officers: ACPO)는 경찰청장의 책무를 세 가지로 범주화 했는데 ① 질서를 유지하기 위하여 생명과 재산의 보호, 범죄의 예방과 제지, 법의 일반적 집행을 하고, ② 일상적인 경찰운영을 수행하고 관할수역 내의 정책에 관해 위원회에 조언하며, ③ 그의 관할 하에 있는 시민들을 포함하여 모든 경찰관들의 만족감, 복지, 능률과 훈련에 대한 책임을 지는 것이다.

(4) 내무부장관(Home Secretary)

영국의 내무부(Home Office)는 한국의 내무부와 법무부 양자를 합한 것과 같은 광범위한 권한을 가지고 있다. 비록 스코틀랜드 및 북아일랜드 각각의 내무부가 존 재하지만 영국의 치안을 최종적으로 지휘·감독하는 것은 내무부이다. 앞의 <그림 64>에서도 설명되었듯이 내무부장관의 역할은 지방경찰청에 대한 지원금 지급승 인과 활동 감시, 고위경찰공무원의 임명동의와 해임요구, 제반규칙 지정 및 지원활 동을 통한 지역간 경찰서비스의 질 관리 등이다.

내무부장관은 이러한 목표를 달성하기 위해 실적목표를 수립하도록 경찰위원회 에 지침을 내릴 수 있다. 내무부장관의 요청이 있을 때마다 경찰위원회는 그의 기

---

26) 영국의 저명한 경찰학자 라이너(Reiner)교수의 영국경찰청장평전에는 이러한 경찰청장의 지대한 권한에 대 해 "경찰청장은 오직 신과 여왕과 자신의 양심을 따르며, 다른 어느 누구의 지시도 받지 않는다"(A Chief Constable is answerble to God, his Queen, his conscience, and to no one else)라고 표현되어 있다(표창 원 외, 2004: 411).

능수행과 관련된 그 구역의 경찰활동에 관한 사항을 보고하여야 한다. 또한, 내무부장관은 언제든지 경찰감찰관(Inspector of Constabulary)으로 하여금 경찰력을 감찰하도록 요청할 수 있다. 감찰관이 제출한 보고서에 경찰력이 능률적 혹은 효과적이지 않거나 시정조치가 취해지지 않으면 내무부장관은 시정조치를 취하도록 경찰위원회에 지시할 수 있다.

2) 중앙경찰조직

(1) 중앙경찰조직의 구성

영국의 중앙경찰조직에 대해서 설명하려면 우선 영국 내무부의 역할을 알아야 할 필요가 있다. 영국의 내무부는 우리나라의 내무부와 법무부를 합친 듯한데, 영국내무부의 구성은 다음과 같이 이루어져 있다(영국 내무부 홈페이지).

중앙본부(Central headquarters) – 조직의 목표를 설정하고, 정책을 개발하며, 각 부처에 서비스를 지원한다.

형사사법관리국(CJS & Offender Management) – 교도국과 보호관찰국을 통합한 새로운 조직이다.

이민국(Immigration, Citizenship & Nationality) – 영국 내에서 살거나 일하는 문제와 관련된 민원을 처리한다.

치안국(Crime, Security & Community) – 범죄에 대한 예방과 대응전략 수립을 목표로 하는 부서이다. 실제적으로 중앙경찰활동은 여기서 관리되며 좀 더 자세한 조직도가 <그림 64>에 명시되어 있다.

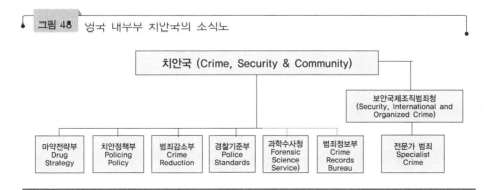

그림 48 영국 내무부 치안국의 조직도

① **마약전략부** : 마약전략국은 내무부 내의 다른 부서나 보건부, 교육기술부 등과 긴밀한 상호협력을 통해 마약정책의 수립과 집행, 홍보를 담당한다. 특히나 이들은 국제적 마약범죄의 수사와 검거도 수행하는데 이를 위해서 유럽연합과 영 연방의 관세국과 긴밀한 협조체제를 이룩하고 있다.

② **치안정책부** : 광범위한 치안정책수립을 목적으로 한다. 최근의 내무부 개편으로 신설되었다.

③ **과학수사청** : 과학수사청은 내무부 소속이지만 내무부의 지휘는 받지 않는, 비부서적 공공기관이며, 전국 11개의 시설을 가지고 있다. 이들은 2004/2005년 동안에 130,000건에 달하는 사건을 처리하였고, 약 1,800곳의 범죄현장에 출동하였으며, 2,500건의 재판에 있어 전문로서의 증언의 위해 출두하였다. 이들은 침입절도나 방화같은 재산범죄에서 살인, 강도, 강간, 마약, 조직, 국제범죄와 컴퓨터를 이용한 하이테크 범죄에 이르기까지 다양한 영역에서 물증을 확보하고, 과학수사를 수행하는데 결정적 역할을 맡고 있다(과학수사부 홈페이지).

④ **범죄정보부** : 내무부 내의 또 다른 비부서적 공공기관으로서 정보공개 원칙에 따라 범죄정보에 대한 광범위한 접근을 지원하고 있다. 이를 통해서 공공기관이나 민간자원봉사분야에서는 어떤 직업(예를 들어 어린아이나 노약자를 상대하는)에 적절하지 못한 범죄자를 식별해내어 좀 더 안전한 채용을 할 수 있다. 이러한 범죄정보부는 1997년 경찰법 5장에 따라 2002년 3월에 발족되었다(범죄정보국 홈페이지).

⑤ **범죄감소부** : 범죄억제와 관련된 다양한 정보와 조직운영기술 등을 제공한다. 범죄감소와 관련하여 정기적으로 연구나 통계자료들을 발간하고 이를 통해서 지역사회 범죄예방을 돕는 것을 목적으로 한다.

⑥ **경찰기준부** : 경찰 조직내의 부패나 비리를 감시하고 처벌에 대한 기준을 제시한다. 영국경찰은 비교적 광범위한 권한과 재량권을 가지고 있으므로 이의 올바른 활용을 감시하는 많은 법적 제재를 마련하고 있는데 내무부 내에서는 이를 실행하는 기구로 경찰기준부를 신설하였다.

3

이밖에도 내무부 장관은 잉글랜드와 웨일즈의 경찰활동과 내무부 내의 독립적인 소규모 공공기관의 활동에 대해서도 책임을 지며, 권한을 위임받은(devolved) 스코틀랜드나 북아일랜드 내무부에서 다루지 않는 사안들 및 초국가적 범죄예방과 수사활동을 총괄한다.

4. 수사구조

1) 범죄수사 절차

영국경찰은 각 지방 경찰위원회(Local Police Authority)의 관리 하에 설치되어 형태적으로 독립적 지위를 가지고 형사사법제도의 일부를 차지하고 있다. 또한 수사의 주체로 광범위한 재량권을 부여받고 있어 명실공히 영국 형사사법체제의 대명사로 인식되어 그 위상이 매우 높으며, 1985년 국가가 고용하는 변호사들이 공소유지를 전담하는 국립기소청(CPS)이 설립되기 전까지는 기소와 공소유지까지도 경찰이 모두 담당하였다. 이는 경찰이 고대 앵글로-색슨 정착기부토의 전통인 "주민치안"의 대표자로 주민에 의해 그 권한을 부여받고 주민에 의해 통제를 받는다는 정통성에 기인한다.

영국에서 형사재판을 보는 관점은 죄를 범한 범인을 데려다 처벌하는 국가형벌권의 행사과정으로 보는 것이 아니라 기본적으로 민사소송에 있어서와 마찬가지로 당사자 사이의 분쟁으로 보고 있다. 즉, 시민과 시민 또는 시민과 국왕 사이의 분쟁을 해결하는 과정으로 파악하고 있는 것이다. 따라서 국가형벌권이라는 개념은 인정되지 아니하며 국가 수추주의, 기소독점주의, 기소편의주의와 같은 것들이 받아들여질 여지가 없고, 검찰이라는 국가기관도 불필요하였던 것이다. 이러한 이유로 최근까지도 대부분의 소추행위는 경찰에 의하여 이루어지고 있다.

영국경찰이 수사의 주체이며 형사사법제도의 중추라는 것은 앞 장의 <그림>에서 보여주고 있듯이 범죄사건 처리절차를 통해서도 분명히 나타난다. 범죄가 발생할 경우 주민의 신고나 경찰의 인지에 의해 경찰은 수사를 시작하게 된다. 이때, 경찰은 정지 및, 수색, 영장에 의한 수색, 영장 없이 행하는 수색, 압수 등의 강제수사 방법과 참고인 진술청취 등 임의수사 및 감시, 정보원 감청, 기획수사, 기타 과학수사 기법 등을 활용[27]하여 증거를 수집하게 되며, 혐의가 있다고 판단될 때, 경찰관은 기소를 제기하기 이전에 영장 없이 24시간, 경정(Superintendent)급 간부의 허가가 있을 시에는 36시간, 치안판사의 허가가 있을 시에는 96시간까지 피의자를 구금, 조사할 수 있다. 이와 같은 경찰의 수사는 각 경찰청의 최고책자인 경찰청장의 권한과 책임 아래 독자적으로 행해지고, 다만 경찰 위원회와 내무부장관의 간접적인 지휘감독을 받을 뿐이다.

수사가 종결된 후에는 그 사안의 경중에 따라서 경찰서에서, 기소, 경고처분, 무혐의 처리 또는 범칙금 부과 결정을 하며, 기소결정이 내려진 피의자에 대해서도 경찰에서 구속할 것인지 혹은 불구속 할 것인지를 결정한 후 사건일체를 국립기소청(CPS)으로 이첩한다.

경찰 수사의 적법성과 민주성 및 피의자 인권보호 등에 대한 감시와 통제는 건전한 상식을 가진 시민의 대표인 치안판사와 절대적 접견권을 인정받는 변호인, 그리고 주민대표로 피의자의 구금상태를 감시하는 유치장 감시단(lay visiting scheme), 경찰지정 의사(police doctor) 및 경찰 내의 절차적 안전장치(구금담당관, 조사과정 녹음·녹화 등)에 의해 이루어지고 있어 경찰수사를 둘러싼 인권시비는 찾아보기 힘들다.

---

27) 영국의 국가 기관 중에서 경찰관만이 불심검문권, 압수수색권, 체포·구금권, 피의자 심문권, 참고인 조사권, 증거 조사권 등을 가지고 있다.

그림 49 영국 범죄사건 처리 절차도

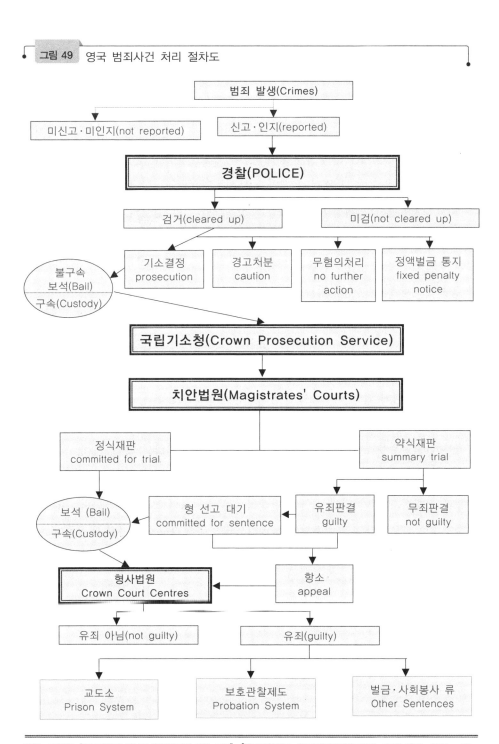

출처 : 표창원, "영국경찰의 위상과 운영체계에 대한 고찰", 「한국경찰연구」 한국경찰발전연구학회, 제1권 제1호, 2002, p.79

2) 영국 경찰과 검찰의 관계

영국은 18세기에 이르기 까지 소추를 하려는 개인이 직접 또는 변호사를 선임하여 소추행위를 하는 것(사인소추)이 원칙이었다. 그러다가, 18~19세기에 이르러 산업이 발달하고 도시의 인구집중이 활발히 일어나면서 사인소추는 그 한계를 맞이하게 되었다. 이러한 이유로 경찰의 군대화 방향으로 개혁이 일어나면서 사인소추는 점차로 그 모습을 감추고 경찰이 개인을 대신하여 소추를 담당하게 되었다.

1985년 치안판사법 개정 이후 국립기소청은 광범위한 경찰의 업무로부터 일부의 기소기능만을 분리해 내어 경찰을 대신 하여 기소를 처리한다. 따라서 우리나라의 검찰과 비슷한 일을 담당하는 기소청은 전반적인 형사사법제도 운영의 원활을 꾀함과 동시에 수사와 소추 등 막강한 권한을 가진 경찰에 대한 견제와 균형을 기하자는데 그 설립목적이 있고, 경찰에 종속되지 않고 독립된 정부부처로 경찰이 입건한 형사사건에 대한 기소만을 행한다(국립기소청 홈페이지). 철저하게 승소율로 평가받는 영국의 국립기소청은 우리나라의 검찰과 같은 권력기관이 아니라 국민과 경찰, 피해자를 위해 법률 서비스를 제공하는 국가 소유 법률회사(law firm)의 성격이 짙고 승소의 가능성을 최우선 고려대상으로 삼아 기소여부를 결정하기 때문에 경찰과 피해자들로부터 너무 소극적이라는 비판을 듣기도 한다(표창원, 2002: 5).

국립기소청의 창설 이래 경찰과 검찰의 관계는 사랑 없는 결혼으로 표현할 만큼 갈등과 적대적 관계인 것이 최근의 판례와 내무위원회의 보고서 등에 나타나 있다. 경찰과 검찰 간의 갈등은 기소청(검찰)이 경찰의 주요기능을 상당히 박탈했다는 데서 생긴 필연적인 귀결이었다. 그러나 아직까지 독자적 수사권을 가지고 있는 경찰과 기소를 주로 하는 검찰의 관계는 내부적 갈등 속에서도 검찰이 경찰에 법률조언을 해주고 서로 협조하는 상호협조체제를 이루고 있다.

제2절 미국

1. 국가개요

미국은 1492년에 스페인의 콜럼버스에 의해 아메리카 대륙이 발견된 이후 유럽의 문화가 정착되었다. 여러 유럽 국가들에 의해 아메리카 대륙이 개발되었고, 1607년 영국인들이 이주함으로써 영국의 문화가 이식되기에 이르렀다(이윤근, 2002: 153). 이후 1775년의 독립전쟁으로 1776년 7월 4일 동부 13개 주 대표가 필라델피아 대륙회의를 통해 독립선언문을 채택하였고, 1787년 헌법을 제정하고 워싱턴이 초대 대통령으로 선임되었다(경찰대학, 2004: 109).

미국의 정부형태는 연방공화제로 대통령중심제이며, 정부는 헌법 아래 대통령과 행정각부, 상원과 하원, 사법체계로 구성된다. 미국의 대표적인 정치형태는 지방분권이 인정된다는 것이다. 그러나 현실적으로 경찰조직에 있어서 완전히 순수한 자치경찰은 거의 존재하지 않고 주경찰과 연방경찰이 함께 유기적으로 운용되고 있다.

그림 50 미국의 영토

2. 역사적 발전과정

1) 미국 초기의 경찰

신대륙에 처음 상륙한 영국, 프랑스, 스페인, 네덜란드 등의 개척자들은 대서양에 인접한 동부해안에 정착지를 정하고 각기 자국의 전통에 따라 사회질서를 유지하였다. 그러나 17세기 이전에 식민지를 찾은 이들의 9할 이상은 영국계였으므로 거의가 영국식 함성제도(Hue & Cry) 혹은 주야간파수제(Watch and Ward)를 도입해 지역특성에 맞게 시행하였다(이황우, 2001: 100−101).

초기 미국의 경찰은 지역의 특성에 따라 다소 상이한 경찰제도가 뿌리내렸다. 상공업 중심지였던 뉴욕은 법집행의 주요수단으로서 야간순찰자나 경관들을 고용하였다. 반면 농업지대인 남부에서는 보안관을 임명하여 치안을 담당하게 하였다. 그러나 아직 개척단계에 있던 대륙의 중서부 지역은 식민지정부의 공권력이 미치지 못하여 주민 스스로 법을 제정하고 자경단(Vigilance Committee) 혹은 민병대(Militia)를 조직하여 질서를 유지하는 상황이 오래되었다.

2) 현대 경찰의 등장

현대적 의미의 미국경찰은 1830−1840년대에 등장하기 시작하였다. 이는 당시의 도시화·산업화와 함께 이민자의 증가로 도시에서의 폭동 및 전반적인 법경시 풍조와 관련이 있다. 즉 인종갈등·종교분쟁·의료차별·실업문제 등에 기인하는 폭력과 약탈이 난무하였던 1838년 필라델피아市는 경찰국장 휘하에 야간경찰 이외에 주간경찰 23명을 임명함으로써 미국최초의 주간경찰을 설립하였다. 이후 1838년 보스턴시가 보스턴경찰국을 창설하고, 뉴욕시도 1845년에 주야간 교대순찰을 행하는 경찰조직을 창설함으로써 근대경찰의 기틀을 마련하였다.

3) 경찰의 발전과정과 운영철학

19세기 중반 경찰 창설의 핵심은 계층제적 '조직화(Hierarchial Structure)'라고 하겠다. 그러나 이 당시의 경찰은 정치적으로 독립되지 못하고 경찰조직의 인사는 엽관제도(spoils system)에 기반하였으며, 그렇기 때문에 전문화된 경찰의 채용이 불

가능했다. 그러나 1883년 펜들튼법의 통과를 통해 실적제 인사정책으로 한 단계 발
전하는 계기를 마련하였다.

1930년대부터는 경찰의 전문화가 이루어졌는데 1929년 Hoover 대통령의 Wickersham
위원회는 최초로 미국형사사법제도의 실태와 문제점에 대해 조사를 실시하여 1960
년대까지 전문 직업경찰제도를 추진하고 신임경찰관의 선발 및 교육훈련체계에 있어
서 엄격한 기준 등을 마련하였다. 또 무전기·순찰차 등 경찰장비의 개선을 통하여
신속한 범죄대응체제를 구축하는 등 경찰활동에 있어서 전환의 기틀을 마련하였다.

한편 1960년대 미국경찰은 인종차별·범죄문제 등과 관련한 국가적 위기상황을
맞이한다. 이 당시 미국에서는 대통령 암살, 흑인 민권운동 전개, 베트남전쟁 반대
시위 등으로 경찰과 학생이 대치하였으며, 1968년에는 시카고 민주당 전당대회에서
경찰의 과잉대응은 시민들의 반감을 샀다(한국형사정책연구원, 2004: 122). 특히 연방
대법원은 적법절차(due process of law)와 관련하여 Mapp v. Ohio(1961), Miranda
v. Arizona(1966) 등과 같은 중요한 판례들이 많이 나왔다. 이러한 시대적 혼란상황
을 해결하기 위해 1970년대부터 개혁의 시대를 맞이한다.

이러한 시대적 배경을 바탕으로 미국경찰은 다시 한번 변혁의 길을 걷게 된다.
우선 경찰관 채용에 있어서 인종차별을 막기 위하여 유색인종과 소수민족의 비율을
증가시켰고, 여성경찰관의 채용도 늘렸다. 또 신임경찰의 교육도 1960년대 300시간
에서 1990년대 1,000시간으로 증가하였고 프로그램도 가정폭력문제, 인종문제, 민
족문제 등으로 다양화시켰다. 그러나 무엇보다도 1970년대 이후 가장 두드러진 현
상은 지역사회경찰활동(Community Policing)이라는 경찰철학의 탄생과 발달이라고
할 수 있다. 기존의 시민과 격리되고 고압적인 자세로 일관하던 경찰이 스스로의
한계를 인정하고 시민과 더욱 가까운 위치에 있고자 노력하게 되었다.

지역사회경찰활동 시기의 특징은 ① 지역사회의 지지, 법과 전문화에서 권위 획
득, ② 범죄예방을 포함한 다양한 서비스제공, ③ 조직의 분산과 순찰경찰의 재량
권 확보, ④ 지역사회와 친밀한 관계유지, ⑤ 도보순찰과 문제지향적 접근 등으로
파악할 수 있다. 이러한 지역사회경찰활동의 철학은 현재까지도 이어지고 있으며
이와 더불어 다각적인 치안활동이 통합적으로 이루어지고 있다.

3. 경찰조직

1) 미국 경찰체제

미국은 50개의 독립 주를 가진 연방국으로서 법집행기능이 여러 기관에 다양한 형태로 분산되어 있다. 일반적으로 범죄예방순찰과 신고출동 및 사건수사 등 시민과 직접 접촉하는 경찰활동을 기준으로 볼 때 미국에서 가장 중심적인 경찰주력은 자치경찰인 도시경찰이다. 도시를 이루지 못한 군단위 지역은 보안관을 중심으로 경찰활동이 이루어지며, 주 경찰과 연방경찰은 광역단위의 범집행 활동을 한다. 자치경찰은 경찰관 10명 이하인 경찰부터 3만명이 넘는 경찰까지 다양하여 1만7천개가 넘는 경찰기관이 공존한다.

2) 미국 경찰조직의 특징

미국 경찰조직의 가장 큰 특징은 고도의 지방분권화에 의하여 각 경찰기관끼리 상호 독립적으로 운영되고 있다는 것이다. 또 종적으로 분석했을 때 연방수사기관, 주경찰, 그리고 지방경찰 사이에 일사불란한 명령체계가 존재하지 않고, 각기 독자적으로 업무를 수행한다. 따라서 인사권은 각 지방경찰서에서 자체적으로 가지고 있으며 수사 역시 지방경찰이 독자적으로 수행한다.

3) 연방경찰

연방경찰은 각 부처에 소속된 법집행기관을 말하며, 법무부에 연방범죄수사국(FBI)과 마약단속국(DEA), 형사국(CD), 재무부에 국세청과 알콜·담배·무기국(ATF) 등 여러 기관이 있으며, 2001년 발생한 테러사건을 계기로 연방 경찰기관에 산재해 있던 대테러기능을 통합하여 효과적으로 대응하기 위해 2003년 3월에 발족된 국토안보부(DHS: Department of Homeland Security)가 있다. 국토안보부의 발족은 미국 연방경찰의 중복적이며 개별적인 법집행기관의 난립에서 오는 문제점을 해결하여 국가언전에 관련되는 각 분야의 정보수집과 범죄예방 및 수사를 조직적·체계적으로 개혁하는 대표적인 사례에 해당한다. 국가적 범죄란 연방정부의 기능이나 수단에 대하여 직접적으로 유해하거나 파괴적인 범죄 예컨대 밀수, 유가증권 위조, 우편물약탈, 대통령암살 등의 범죄를 말한다.

이 가운데서도 최근 미국 연방경찰의 가장 큰 변화는 국토안보부의 창설이라고 할 수 있는데, 2001년 9·11테러사건을 계기로 국가위기 상황발생 및 대테러 등 전방위 국난 대처를 위해 국토안보법을 2002년 11월 25일에 제정하였고, 이 법에 의거하여 국토안보부가 창설된 것이다. 국토안보부는 22개 부서를 흡수하여 통합 운영되며, 17만명의 직원이 근무한다. 국토안보부는 구체적으로 정보수집과 경고, 국경 및 수송안전, 국내의 테러방지활동, 주요시설 및 자원보호, 테러로 인한 대참사 억제, 위급상황에 대한 대비 및 대응의 업무를 수행한다.

9·11테러 이후 미국의 대테러정책은 점점 강화되고 있으며, 이에 따라 국토안보부의 위상은 더 높아지고 있다. 더 나아가 미국 상·하원은 2004년 12월 미국의 15개 정보기관을 지휘·감독하는 국가정보국장(Director of National Intelligence : DNI) 신설을 골자로 하는 정보개혁법안을 통과시켰다. 이 법안은 9·11테러진상조사위원회의 권고에 따라 9·11테러 당시 취약점이 노출된 미국의 정보수집분석호라동을 보완하기 위한 개혁방안을 담고 있다.[28]

(1) 종류

※ 법무부(Department of Justice)

① 연방범죄수사국(Federal Bureau of Investigation: FBI)

② 연방검찰청(United States Attorney's Office)

③ 연방보안관실(United States Marshals Service)

④ 형사국(Criminal Division)

⑤ 마약단속국(Drug Enforcement Administration: DEA)

⑥ 법무교육국(Office of Justice Programs': OJP's)

⑦ 국제형사경찰기구 중앙사무국(United States National Central Bureau of INTERPOL)

⑧ 지역치안사무국(Office of Community Oriented Policing Services: COPS)

---

28) 최응렬, 「경찰행정학」(서울: 경찰공제회), 2005, p. 450.

※ 재무부(Department of Treasury)

   ① 알콜·담배·무기국(Bureau of Alcohol, Tobacco, Firearms: ATF)

   ② 국세청(Internal Revenue Service: IRS)

※ 내무부(Department of Interior)

   ① 개간국(Bureau of Reclamation)

   ② 동물보호국(U.S.Fish and Wildlife Services)

   ③ 국립공원국(공원경찰; U.S. National Park Police)

   ④ 토지관리국(Bureau of Land Management)

   ⑤ 인디언보호국(Bureau of Indian Affairs)

※ 교통부(Department of Transportation)

   ① 연방항공국(Federal Aviation Administration: FAA)

   ② 연방도로국(Federal Highway Administration: FHA)

   ③ 교통안전국(National Highway Traffic Safety Administration: NHTSA)

※ 국토안보부(Department of Homeland Security: DHS)

국토안보부는 2001년 9.11 테러사건을 계기로 그동안 연방경찰기관에 중복적으로 산재해있던 대테러기능을 통합하여 효과적으로 대응하기 위해 2003년 3월 정식으로 발족된 연방행정부의 제1부로서 그 1차적 임무는 미국을 대상으로 하는 국내외의 테러공격을 예방하고 국민을 보호하는 것이다. 이 같은 임무수행을 위해 국토안보부는 기존의 22개 연방기관을 흡수통합하여 유사시 효율적으로 대처하도록 운영하고 있다.

국토안보부는 국경교통안전국, 긴급구호국, 과학기술국, 정보분석 및 기간시설보호국, 총무국 등 총 5개의 국(Division)으로 구성되어있다.

   ① 국경교통안전국(Border and Transportation Security directorate: BTS)

     주요한 국경의 검문과 교통업무 담당

② 긴급구호국(Emergency Preparedness and Response directorate: EPR)

국내의 재해에 대한 구호훈련을 감독하고 정부의 재해대응을 협력하는 업무 담당

③ 과학기술국(Science and Technology directorate: S & T)

국가 안전을 위한 모든 과학적·기술적 발전의 이용을 모색

④ 정보분석 및 기간시설보호국

(Information Analysis and Infrastructure Proction directorate: IAIP)

타기관으로부터 온 국토안전 위협관련 정보 분석 및 국가의 기간시설의 위험평가

⑤ 총무국(Management directorate)

예산 및 총무업무, 인사문제 담당

4) 주경찰

주경찰은 크게 세 가지 형태로 구분하여, 주민의 생명·신체·재산 보호와 치안유지, 범죄수사, 교통경찰과 같은 폭넓은 일반적 경찰권을 행사하며 주 전역에 일선기관을 가지고 있는 주경찰국 형태(21개주), 고속도로 순찰을 주임무로 하는 순찰대 형태(19개주), 일반 경찰권과 여러 법집행기관의 임무를 종합·조정하는 형태의 주경찰청(9개주)으로 분류할 수 있다. 주경찰의 관리형태도 다양하여 지사에 속하는 곳, 지사 밑에 공안위원회 또는 경찰위원회를 두는 곳, 지사 밑에 법집행청을 두고 이 안에 경찰청을 두는 곳도 있다. 주경찰은 하부조직을 가지고 있어 광역순찰대 (경찰서) → 순찰대(경찰서) → 파출소 형태의 지휘명령체계를 가지며 경찰지휘관을 중심으로 업무를 집행하고 있다.[29]

(1) 주경찰국(State Police)

주경찰국은 일반적으로 주민의 생명, 신체, 재산의 보호와 치안유시, 범죄수사, 교통경찰과 같이 폭넓은 일반적 경찰권을 갖고 주 전역에 걸쳐 법집행을 한다.

(2) 고속도로순찰대(Highway Patrol)

고속도로순찰대는 주 전역에 있는 고속도로에서 주로 과속 등 교통단속을 펼치지

---

29) 상게서, p. 142.

만, 때로는 단순한 교통법규위반 이외의 범죄행위에 대해서도 수사 및 체포를 한다.

(3) 주공안국(Department of Public Safety)

주공안국은 제복경찰관, 사복수사관, 및 일반직으로 구성되어 있는데 일반적으로 제한된 경찰권을 갖는 고속도로순찰대를 설치한 주에 공안국을 설치한 경우가 많다. 대표적인 경우가 텍사스주 공안국이라 하겠다.

(4) 기타

기타 자동차국, 마약단속국, 주류국, 수렵감시관, 노동감독관, 소방국, 경마국 등의 주경찰기관이 있다.

5) 도시경찰 - 뉴욕경찰을 중심으로

도시경찰은 지방자치도시인 시(city), 법인격을 인정한 타운(incorporated town), 빌리지(village), 또는 버로우(borough)의 경찰을 총칭한다. 도시경찰은 대개 시경찰청(Police Department)으로 명명되며, 다른 경찰기관보다 훨씬 더 복합적이며, 사건이 많고 광범위한 법집행, 질서유지 및 봉사기능을 수행하고 있다. 긴급사건신고에 대응하는 체제를 24시간 유지하고, 각종 질서위반 및 교통관리 등 통상적인 경찰은 도시경찰의 활동을 의미한다.

지방자치단체가 도시경찰을 관리하는 형태는 경찰위원회를 두어 합의제 경찰관리기관형, 경찰위원의 경찰관리제도형, 단일 관리자형, 주정부를 통한 경찰관리형 등 다양하며, 이중 단일관리자형이 가장 많아서 경찰관리관－경찰청장, 1인 경찰위원－경찰청장, 경찰청장 등으로 구분할 수 있다. 도시의 경찰관리 특징은 경찰의 감독자로서 민간인을 두어 경찰이 독선에 빠지지 않도록 견제장치를 두고 있다는 점이다. 도시 이외의 지역에는 郡경찰(county police)로 보안관(sheriff), 타운(town)경찰로 치안관(constable)이 있으며 많은 특별구경찰(special district police)이 있다.

6) 지방경찰

지방경찰은 미국의 지방행정조직 중 자치단체인 도시경찰을 제외한 郡(county), 面(town or township) 및 特別區警察(special district)을 말한다. 오늘날 도시경찰의 발달로 그 중요성이 많이 줄어들기는 했지만 아직도 미국 전 국토 대부분의 치안유지는 식민지 시대부터 현대까지 보안관과 치안관으로 유지되고 있다.

4. 수사구조

미국의 형사소송절차는 일반적으로 범죄발생시 피해자 또는 목격자가 범죄를 신고하거나 경찰관이 순찰활동 중에 범죄를 인지하여 범인을 체포 또는 범죄수사를 개시하면서 시작된다.

일단 범죄발생에 대한 신고가 접수되면 경찰은 수사활동을 펼치고 범인의 체포단계로 나아간다. 여기서 체포는 영장에 의한 체포와 영장 없는 체포로 분류할 수 있다. 체포영장은 경찰관 또는 범죄피해자 등이 소추청구장을 치안판사에게 제출하면 치안판사가 이를 읽고 체포영장발부를 정당화하는 상당한 이유의 존재를 인정했을 때 발부한다. 반면에 영장 없는 체포는 경찰관의 면전에서 범죄가 발생하거나 특정한 범죄자에 대한 시민의 체포가 있을 때 일어나는 것이 보통이다.

체포직후 경찰관은 체포현장이나 인근에서 피체포자를 수색하여 피체포자로부터 무기·증거품 등을 압수한다. 그리고 나서 피체포자는 유치장이나 보호실이 있는 경찰서로 이송되어 '체포자등재'(booking) 절차를 밟게 된다. Booking은 피체포자의 이름, 체포경찰과 이름, 노작시사, 혐의범죄 등을 경찰기록부에 등재하는 것으로 이것이 피체포자에 대한 소추여부 및 범죄혐의를 결정하는 것은 아니다.

이 단계 이후 경찰은 사건에 대한 검토를 하여 범죄혐의 및 소추적격여부를 1차적으로 결정하여 불기소·석방 또는 기소를 판단하게 된다. 이후의 단계에서 경찰의 공식적인 역할은 끝나게 된다.

제3절 독일

1. 국가개요

독일은 주를 국가로 하는 국가경찰제도이며 독일 기본법상 경찰사무는 각주의 관할 사항이다. 연방경찰은 특별한 경우에 한해 주경찰을 지원, 통제할 뿐이다. 독일은 연방제하의 분권화된 경찰체제를 유지하고 있는데, 특히 2차 대전 후 50여년 만에 분리되었던 동·서독이 통합되면서 경찰제도 역시 통합과정을 경험하였다. 독일통합 후 국경개방과 더불어 유럽연합이 단일통화인 Euro를 중심으로 하나의 시장을 형성해감으로써, 독일경찰은 더욱 많은 치안수요에 직면하고 있다. 동서독 통합후 신연방주 경찰조직의 개건 및 구동독경찰의 민주화과정 그리고 자매결연방식의 상호협력·지원모델은 향후 우리나라에도 좋은 선례가 될 것으로 보인다.

2. 역사적 발전과정

독일에서는 14세기 이후부터 봉건영주에게 영주로서의 권한 행사를 최대한 보장하기 위하여 포괄적 기능을 행하는 경찰이 창설되었고, 농촌에는 기마경찰, 도시에서는 자치경찰 형태로 출발하였다. 프로이센에서는 경찰은 처음부터 국가의 사무이고, 국가의 관리 또는 정부로부터 위임받아 그 업무를 특정한 자치경찰의 경찰관이 담당하게 하였다. 프로이센 경찰의 초기형태는 촌락에서는 기마경찰이며 도시에서는 주정부의 승인을 얻어 임명한 자치경찰이었다. 이러한 전통에서 1808년 자치행정을 채택한 후에도 경찰업무는 국가사무라는 점에는 변함이 없었다. 1812년에 종래의 기마경찰을 개편하여 경찰대를 창설하였고, 도시에서의 자치경찰도 1848년 베를린에서 처음으로 국가경찰인 정복경찰이 창설되어 다른 도시지역으로 확산되었다.

1919년 내무부장관은 제1차 세계대전 중의 치안을 확보하기 위하여 중앙집권적인 경찰을 창설하였으나, 다음 해 연합국은 중앙집권적 경찰의 해체를 요구하고 이전과 같은 지방경찰을 재편성하도록 하였는데, 1920년 새로운 경찰대가 발족하였고 종전의 군인경찰제도는 군인신분을 박탈하고 무장경찰로 개편하였다. 1934년까지의 독일은 대체로 전국적으로 통일된 경찰제도가 없었다(경찰대학, 2004: 212).

그 후 1933년 히틀러가 집권하자 각 주의 주권을 박탈하고 경찰권도 독일 중앙정부로 귀속하게 하였다. 히틀러는 전국을 5개 대경찰지역과 2개의 소경찰지역으로 나눠 대경찰지역의 사무는 고급경찰지휘관, 소지역은 그 주의 경비경찰의 사령관이 담당하게 하였다. 또한 프로이센 내무부장관 직속 하에 비밀국가 경찰을 설치하고 전국의 정치경찰사무를 담당하게 하였는데, 이것이 게쉬타포 라는 비밀경찰(Geheime Staatspolizei)이다. 비밀경찰은 외부로부터 일체의 간섭을 받지 않는 완전한 독립기관이었으며, 그 활동의 주목적은 국가안전을 위한 정치범 예방이었다. 경찰은 각 주의 권한으로부터 중앙정부의 권한으로 바뀌었으며 독재국가 형성의 도구로 변하였다(이윤근, 2004: 316).

2차 대전이 끝나고 연합국은 경찰의 지방분권화, 자치단체화, 행정경찰과 집행경찰의 분리 등의 3대 목표를 설정하고 경찰개혁을 실시하였다. 1949년에 제정한 독일기본법에 따라 일반 경찰행정권을 주정부의 권한에 속하도록 하였다. 이로써 독일 경찰조직의 중점이 1933년 이전과 같이 주에게 다시 이전되어, 각 주는 고유의 경찰법을 제정하게 된다. 이들 경찰법은 경찰의 임무와 권한, 경찰의 구조 및 재정에 관한 법규가 중심이 되었다. 하지만 이것이 자치체 경찰제도로의 전환은 아니며 대부분의 주정부는 자체입법으로 현행의 국가경찰제도를 채택하고 있다. 이러한 과정에서 1950년대 전국적인 특수상황, 즉 독일연방지역의 국경수비를 위한 국경수비대와 무기·마약 등의 밀매, 통화위조 등의 일정한 범죄에 대한 수사 및 정보수집과 연방 및 각 주간의 협력을 위한 연방범죄수사국을 설립하였다.

이후 1970년대 범죄양상의 변화와 테러범죄 등의 증가로 대테러부대(GSG-9)가 설치되었고, 신변경호업무의 증가, 경찰전산업무 등의 기능 강화 및 신설을 주요 내용으로 하는 법 개정이 있었다. 1972년 연방 및 각 주 내무부장관들로 구성된 내무부장관회의에서 경찰조직을 제외한 주 경찰의 임무 및 권한 등의 통일을 기하기 위한 서독의 대내 안전계획을 채택하고 1976년의 "연방 및 각 주 통일 경찰법 모범초

형사사법전공 대학생들을 위한
경찰학 입문

안" 및 최종안을 제정하여 대부분의 주에서는 이에 따라 전체 또는 부분적으로 경찰법의 개정을 하였다.[30]

3. 경찰조직

1) 연방경찰기관

독일 기본법상 경찰권은 주정부에 속하고 연방정부도 전국적 특수 상황을 대비하여 연방경찰을 보유하고 있다. 연방경찰은 연방정부 내무부에 주경찰은 주정부 내무부에 소속되어있다. 연방경찰은 국경경비와 특수한 업무를 담당하며 주경찰이 지역치안을 담당한다. 연방경찰은 전국적 사항, 긴급사태 등을 위한 조직으로 주경찰에 대한 감찰권은 있으나 재정적 부담을 지지 않고, 원칙적으로 지휘·통솔의 권한을 가지고 있지 않다. 또한 각 주경찰간의 조정, 통제는 지방정부의 내무부에 의해 이루어지고 있다. 즉 상호독자적인 지위가 인정되는 것이 원칙이며 연방경찰 관할에 속하는 업무에 관해 주경찰에 대한 통제를 인정할 뿐이다.

(1) 연방헌법보호국(Das Bundesamt Für Verfassungsschutz : BFVS)

연방헌법보호국은 극좌·극우의 합법·비합법단체, 스파이 등 기본법에 위반하는 혐의가 있는 모든 행위에 대한 감시업무와 정보수집·분석을 임무로 한다. 특히 정보수집에서 군정보기관인 연방정보지원처의 협조를 받는다. 연방헌법보호국은 넓은 의미에서 경찰기관의 하나이나 법률상 집행업무를 할 수 없고, 경찰권한도 없다. 따라서 구속, 압수, 수색, 소환, 강제수단을 사용할 수 없다. 다만 정보 수집을 위한 의회의 감독 아래 우편개봉이나 전화도청을 할 수 있을 뿐이다. 각 주에는 내무부 산하에 주헌법보호국이 설치되어 있어 연방과 주정부간의 협력 체제를 유지하고 있다(정진환, 2002: 243). 독일의 일반집행경찰은 정보수집업무를 담당하지 않고 있다(경찰대학, 2010: 213).

---

30) 경찰대학, 전게서, p. 213.

356

(2) 연방범죄수사국(Bundes Kriminalant : BKA)

연방범죄수사국은 내무부장관산하의 외청으로 국제범죄, 조직범죄, 마약·폭발물 관련 범죄, 화폐위조, 무기밀매, 요인암살기도 등에 대한 수사를 담당한다. 또한 범죄정보수집, 정보분석 업무가 부여되어 있고, 외국의 수사공조, 경찰전산업무, 주경찰의 수사활동에 대한 인력·장비지원 등의 임무를 맡고 있다. '연방범죄수사국설치법'에 의해 각주의 내무부산하에 주범죄수사국(Landes kriminal amt : LKA)이 설치되어 있다. 연방범죄수사국에는 특히 경찰 고위간부들은 상당수가 사법시험을 합격한 Juristen으로 구성되어 있는바, 전체경찰관의 18%에 해당하는 숫자라고 한다.

연방범죄수사국은 9개의 중요한 부로 나뉘어 있고, 이들 각 부의 직무를 간단히 고찰하여 보면 다음과 같다.

① **행정부(Verwaltung-amt)** : 인사, 장비, 회계 및 일반업무(전화, 우편, 자동차 등)의 관리

② **내근부(Imland amt)** : 연방과 주간 또는 각주 경찰기관간의 연락조정, 통계집의 편집, 국가적 범죄의 취급, 신문, 라디오와의 관계 등의 관리

③ **섭외부(Ausland-amt)** : 국제형사경찰기구 및 외국경찰과의 연락, 국제범죄의 조사, 번역 등의 관리

④ **범죄연구소(Kriminalistische Institut)** : 경찰기술의 연구와 경찰관의 훈련 담당

⑤ **감식부(Identifizierung-amt)** : 10지 지문 및 1지 지문의 분류, 범죄기록, 사진 등의 관리

⑥ **수사부(Zentral Fahndungen-amt)** : 수사기록, 범죄인의 기록 및 사람, 도품, 유실물 수배서의 관리 등

⑦ **정보부(Nachrichten-amt)** : 살인범, 도범, 사기범, 위조지폐범 및 밀무역자 등에 관한 특수한 정보의 수집과 보관 등

⑧ **공안부(Sicherungs Cruppe)** : 중요인물 및 공무여행자의 신변경호 등

⑨ **경찰과학부(Identifizierung technik-amt)** : 증거물의 조사, 처리, 화학, 생물학, 물리학적 검사, 문서(필적,활자)의 감정 등

형사사법전공 대학생들을 위한
경찰학 입문

(3) 연방국경수비대(Bundes grenz schutzpolizei : BGS)

연방국경수비대의 임무로는 첫째, 국경보호업무, 둘째, 국가비상사태의 방지업무 및 경찰력 지원, 셋째, 연방의 헌법기관 및 외국대사관 등의 안전 업무, 넷째, 해안 국경보호 및 해안오염방지를 들 수 있다.

연방국경수비대는 연방내무성 산하기구로 대태러 부대인 GSG－9[31]을 운영하는 국경수비대 사령부, 국경수비지역 사령부의 행정관리 기획업무를 담당하는 국경수비대 관리국, 우리나라의 출입국 관리국과 비슷한 업무를 수행하는 국경수비국 및 국경수비학교로 구성되어 있다.

2) 주경찰 기관

각 주의 최상급경찰관청은 주내무부장관이다. 주내무부에는 경찰담당국이 설치되어 있으며, 도단위에도 경찰담당부서가 설치되어있다. 그러나 이들 경찰담당부서는 집행기관의 역할을 수행하지는 않으며 하급경찰관서에 대한 인사·예산·지원·감독·통제업무를 수행한다. 주범죄수사국·주기동경찰·주경찰학교·주경찰대학 등이 대부분의 주에서 내무부산하에 공통적으로 편성되어 있다. 도단위 지방경찰청과 경찰서단위의 직제는 행정지원·경비·교통·수사·방범순찰업무를 수행하는 부서들이 공통적으로 설치되어 있다.

독일의 일반예방 경찰은 우리나라의 수사·정보·보안업무를 제외한 경무·방범·교통·경비경찰에 해당하는 업무를 수행하고 있다. 독일 대다수의 주에서는 주를 국가로 하는 국가경찰을 원칙으로 하고 있고, 일부의 주는 국가경찰에 시·읍·면 자치체경찰을 가미하고 있고, 기타의 주는 국가경찰과 자치체경찰의 이원제를 채택하고 있다. 주경찰의 기본임무는 사회공공의 안녕과 질서유지에 있으며, 각 주는 고유의 경찰법을 제정하여, 각주의 고유한 경찰법에 의해 독자적인 경찰을 운영하고 있다. 각 주의 경찰은 크게 4가지 형태의 집행경찰구조로 이루어져 있다.

---

31) 독일은 1972년 9월 뮌헨 올림픽 기간 발생한 검은구월단에 11명의 인질이 무참히 죽은 테러사건 후 연방정부 내무성 산하에 대테러부대를 창설하게 되었다.

3

(1) 보안경찰(Schutzpolizei)

치안경찰이라고도 하며 전통적, 전형적 경찰업무를 수행하는 경찰로서 각 주의 각급경찰관서에서 정복을 착용하고 순찰, 교통, 지역업무, 경제사범단속 등의 제반경찰업무를 수행하는 일반경찰관을 말한다.

(2) 수사경찰(Kriminalpolizei)

수사경찰은 정복을 착용하지 않고 사복을 입고 근무한다. 이들 수사경찰은 범죄수사 및 예방업무를 담당하며 사건을 직접 인지하기도 하고 치안경찰을 통하여 사건을 인지해 처리하기도 한다. 대부분의 주에서는 치안경찰과 통합된 조직을 가지나 일부 주인 서독지역의 바이에른, 바덴－뷔르템베르크, 자를란트, 슐레스비히－홀수타인 주와 동독지역의 메클렌부르크－페어폼메른 주에서는 처음부터 치안경찰과 분리된 이원조직을 가지고 있다.

인사관리에 있어서도 정복경찰관 중에서 형사경찰요원을 선발하는 기회를 제외하고는 원칙적으로 상호교류가 허용되지 않는다. 각 주에서는 연방범죄수사국설치법에 따라 주의 수사업무를 관할하며, 수사경찰은 전 연방이 통일적인 신분증명서로서 경찰이라는 글자와 각 주의 표시가 인쇄되어 있는 메달을 소지하고 있다.

(3) 기동경찰(Bereitschaftpolizei)

기동경찰은 폭동이나 시위 등 전국적인 긴급치안상황에 대처하기 위해 1950년 연방과 각 주정부간의 행정협정에 의해 설립되었다. 이 협정에 따라 각 주에서는 기동대를 설치, 교육 및 배치업무를 담당하고, 연방에서는 이들에 대한 통일적인 근무규정이 제정, 무기·통신 및 차량장비를 지원하고 있다. 이러한 기동경찰의 주요임무로서는 국가 비상사태나 자연재해 등의 대형 사고에서의 전국적인 경찰력의 지원, 대형사고, 대규모시위, 스포츠 및 각종행사에서의 경찰력지원, 비간부 경찰관의 교육훈련 등이 있다.

(4) 수상경찰(Wasserschutzpolizei)

수상경찰은 독일의 수상로 및 내수면과 항구 등에서 경찰의 업무를 수행하게 되는

데 일반경찰관서와는 처음부터 분리되어 주의 내무부장관의 직속에 설치되어 있다. 이들은 수상경찰관의 특성상 해로와 선박이 통행할 수 있는 물에서 포괄적인 위험방지와 범죄수사를 행하고 있는데, 우리나라의 해양경찰과 유사하다고 할 수 있다.

이러한 수상경찰의 주요 임무로는 각급 경찰관서로부터 위임된 업무, 해난사고의 조사 및 예방, 항만에서의 각종 경찰통제업무, 환경오염 범죄단속 등을 들 수 있으며, 국경이 수상으로 연결되어 있는 주에서는 국경통제업무도 수행한다(이윤근, 2004: 337).

각 주에서는 이러한 경찰기능을 수행하기 위해 ① 도(Regierungsbezirk) 단위에는 지방경찰청(LandPolizei, 각 주마다 명칭에 있어 다소 차이가 있다)과 ② 우리나라의 시·군·구지역에 해당하는 행정구역마다 설치된 경찰서(Polizeidirektion, 주마다 약간씩 다른 명칭을 사용함)가 있고 ③ 읍·면·동에 해당하는 행정구역(Gemeinde)에 지구대(Polizeiposten)가 설치되어 있다. 독일의 대부분의 경찰관서는 경찰서보다 하위개념이면서 지구대 보다는 상위개념인 "지구경찰서" 체제가 있는데 경찰서마다 2-3개에서 10개 미만 정도로 설치되어있다.[32] 독일의 이 지구경찰서는 24시간 순찰근무를 수행하는 조직이며, 지구대는 주간에만 근무를 하기 때문에 이 지구경찰서 소속 일반예방경찰관들만 야간에 관할구역을 순찰한다.

3) 독일 경찰조직의 특징

중세이후 독일의 경찰은 국가업무라는 관념이 강하였고, 2차 대전 패전 이후 전승국의 지방분권적 자치경찰제의 도입 노력에도 불구하고 국가경찰제도로 복귀, 유지하게 된 것은, 독일이 대륙법계 법질서의 종주국이라는 국민의 깊은 사고방식이 독일이 강력한 국가경찰제도를 선호하게 되는 역사적 여건 때문이라고 볼 수 있다.

독일 경찰조직은 다수의 민간인(주로 법률가)이 경찰조직의 상하전반에 걸쳐 경찰공무원과 함께 근무하는 이원적인 구조를 가지고 있다. 경찰조직의 최고 책임자는 내무장관으로서 경찰에 대한 모든 정치적 책임을 지며, Bonn같은 중요 경찰청장 또는 서장이 민간인이며, 모든 경찰조직 내의 비경찰업무를 담당하는 자도 민간

---

32) 근무경찰관 수가 적게는 80명, 많게는 200여명에 달한다. 보통 책임자는 경감 혹은 경정급 경찰관이다.

인 이다.[33] 따라서 경찰은 그 기능별로 경찰 업무만을 담당하고 그 외에는 민간인이 담당하여 정치적 영향력으로부터 배제되고 있다(이윤근, 2004: 339).

독일 경찰의 임무와 조직구조가 보수적 관료체제라는 특색을 보이는 것은 민주성보다는 능률성이, 분권성보다는 집권성이, 봉사성보다는 전문성이 강조된 결과라 할 것이며, 이같은 특색이 전후 혼란한 사회질서 회복과 정치, 경제 발전에 크게 기여하였다고 볼 수 있다. 다만, 과도한 능률성, 집권성, 전문성에서 비롯되는 역기능을 해소하기 위한 제도가 자치제의 부분적인 도입과 민간인 참여제도이다.

4. 수사구조

1) 수사절차에 있어서 독일경찰의 구체적 권한

독일에서의 경찰임무중 하나는 위험방지를 위한 예방활동이며, 또 다른 경찰 임무는 범죄수사이다. 이에 대해 독일 형사소송법은 "경찰임무를 담당하는 관청 및 공무원은 범죄행위를 규명하여야 하며, 사건의 증거인멸을 방지하기 위해 할 수 있는 모든 일을 지체 없이 하여야 한다"고 규정하고 있다. 즉, 경찰은 수사할 권리가 있을 뿐만 아니라 수사할 의무도 있으며, 이 조항은 초동 수사를 가능하게 한다. 또한 동법에 의해 지체 없이 관련 서류를 검찰에 송부할 의무가 있다. 이러한 초동수사 상황에서는 검사의 지시가 필요하지 않으며, 검사이 지시를 기다릴 필요도 없다.

이러한 독일에서의 경찰이 다툼 없이 확정적으로 가지는 초동수사권 외에 "독자적"으로 행할 수 있는 구체적 원리를 살펴보면 ① 가체포권, ② 감식처분권, ④ 신원화인권이 있다. 또한 임의수사로서 경찰이 공통적으로 할 수 있는 내표적인 것은 피의자 또는 참고인에 대한 신문이다. 그리고 검찰의 협력공무원인 경찰관만이 가지는 특별한 강제처분권이 5가지가 있다. ① 압수명령, ② 수색명령, ③ 피의자에 대한 혈액검사 혹은 신체조사의 명령, ⑤ 증인에 대한 신체조사의 명령, ③ 검문소 설치의 명령이다. 이 강제처분권은 긴급한 경우에 허용된다(이윤근, 2002: 350).

---

33) 대부분의 주에서는 경찰정장을 경찰관이 아닌 민간인으로 임명하여 경찰권의 비대화를 방지하고 있다.

이와 같이 독일에서 경찰은 단순히 법원의 강제처분을 집행하는 기관에 그치는 것이 아니라 긴급한 경우에는 법원 또는 검사와 나란히 독자적인 강제처분의 명령권을 가지고 있다.

2) 수사절차에 있어서 독일검찰의 구체적 권한

검찰은 사법기관으로서 법원에 대해서는 독립적 기관이며 검찰의 중요한 직무는 형사소송절차에 있다. 검찰은 모든 범죄관련 사건을 수사할 수 있는 권한을 가지는데, 형사소송법적 개념에 따르면 검찰은 수사절차의 주재자이며 수사절차를 이끌어나갈 의무가 있다. 수사절차의 종결에 따라 공소제기 여부에 대한 결정은 검사에게 있다. 검사는 절차에 있어 당사자가 아닌 피고인을 위해 상소할 수 있고 피고인의 무죄판결을 위한 재심을 청구할 수 있는 객관적 관청 또는 방어적 공소권자 라고 할 수 있다.[34]

검사는 중요 사건이나 법적·사실적으로 복잡한 사건에 있어서는 초동수사 단계에서 직접수사를 한다. 따라서 검찰은 수사절차에 있어서 자신이 직접 수사 할 수도 있고, 경우에 따라서는 경찰관청이나 경찰관에게 요청 또는 위임을 하여 수사를 하게 할 수 있다. 수사절차는 검사의 수사종결권으로 끝나게 되는데, 혐의가 있을 경우 관할권 있는 법원에 공소장을 제출함으로써 공소를 제기하며 혐의가 불충분하거나 없을 경우 수사절차를 중지해야 한다(임준태 외, 2004: 289-291).

검찰은 다양한 방법으로 경찰에 대해서 지시권한이 있는 형사소추기관이다. 검사는 수사를 지휘하고, 가이드라인을 제시하고, 조사절차에 관해 통지를 받고 기본권에 관한 침해와 관련된 행위들을 허가할 수 있는 권한을 포함하여 경찰을 통제한다.

검찰은 그들의 지시를 발함에 있어서 제한을 받는데, 관할권이 있는 경찰관청에는 '요청(촉탁)'해야 하며 검찰의 협력공무원에게는 경찰상급자를 통하지 않고 직접 '위임'의 형식으로 지시 할 수 있다. 검사는 특정된 몇몇 협력공무원들[35]에게는 직

---

34) 독일의 형사소송법은 명문으로 검찰은 피고인에게 불리한 사실뿐만 아니라 이익 되는 사실도 수사하여야 한다는 객관의무를 명시하고 있다.

35) 경정급 이상의 경찰간부들은 협력공무원범주에 속하지 않는다.

접 지시 할 수 있으나, 협력공무원이 아닌 일반경찰공무원에 대해서는 직접적인 지시권한이 있지 않다.

3) 경찰과 검사의 양자관계

독일에서는 오랫동안 수사의 개시와 집행이 경찰의 손에서 이루어졌다. 수사의 개시가 주로 경찰의 손에서 이루어지는 이유는 고소나 고발이 주로 국민에 가까이 위치한 경찰에 접수되고 경찰은 범죄예방의 임무를 담당하고 있으므로 쉽게 범죄혐의를 인지할 수 있기 때문이다. 또한 범죄수사에 있어서 검찰에 비해 경찰은 인적·물적 장비도 충분하며 수사의 기술, 정책 및 조직 등의 면에서 우월한 것도 그 이유가 된다. 따라서 독일 검찰은 "팔 없는 머리"로 특징 지워진다. 더 나아가 경범죄 또는 중범죄에 있어서 경찰이 수사의 진행을 거의 독자적으로 행하고 경찰 자체적으로 수사를 종결한 상태에서 검찰에 처리결과를 송치하기도 한다.

경찰의 수사권에 관한 형사소송법 규정은 "경찰관청과 경찰공무원은 범죄를 수사하여야 하며, 증거인멸을 방지하기 위한 모든 긴급한 조치를 하여야 한다"고 규정하여 경찰의 범죄수사권과 긴급 수사권을 보장하고 있다. 따라서 수사개시와 수사진행에 대한 일반적인 권리를 경찰에 보장하고 있는 것이다(이윤근, 2002: 532).

제4절 프랑스

1. 국가개요

유럽에서 가장 일찍 민족을 형성한 프랑스는 예로부터 지리적 여건상 중동, 아프리카, 중앙아시아, 북유럽으로부터 이주해온 다양한 인종이 정착하여 살기 시작하였다. 프랑스는 코르시카섬을 포함하여 55만5천여㎢의 국토[36)]에 약 6,4,420만명(2002

---

36) EU회원국 전체면적의 약 1/5에 해당하며, 남한 면적의 약 2.5배에 달한다; 駐韓 프랑스대사관 : http://www.amb-coreesud.fr/h-index.htm

년 2월 현재)의 인구를 가지고 있다. 양원제 의회와 대통령을 가진 공화국이다. 직접선거로 선출되는 임기 7년의 대통령은 강력한 권한을 가지며 수상을 임명한다.

의회는 국민의회와 상원으로 이루어지며 국민의회(하원)는 소선거구제로 직접 선출하며 임기 5년에 정원은 577명이다. 상원은 국민의회와 시·읍·면 의회 등의 대표에 의한 선거인단이 선출하며, 322명의 정원으로 임기는 9년이며 3년마다 한번씩 그 3분의 1을 개선한다.

그림 51 프랑스 지도

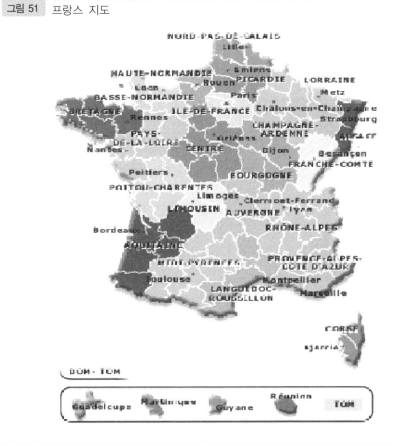

출 처 : 주한 프랑스 대사관 홈페이지

3

2. 역사적 발전과정

1) 구체제(Ancien Régime)하의 경찰제도

1789년 프랑스 혁명 전에는 앙리 1세가 1032년 파리 내의 치안을 유지하기 이하여 설치한 국왕친위 순찰대격인 프레보(Prévot)가 재판과 경찰을 담당하였다. 11세기에는 영주로부터 자치권을 획득하면서 꼬뮌(Commune)의 시장(maire)이 질서유지를 위한 행정경찰권을 행사하기 시작하면서 자치체경찰이 생기는데, 이들이 오늘날 지방자치경찰의 시초이다.

국립군 경찰(Gendarmerie Nateonale)은 12세기의 기마순찰대에서 기원하여, 100년 전쟁과 종교전쟁을 거치면서 지방의 치안이 무질서해지자 1373년 샤를르 5세가 각 지에 주둔하는 군부대 내의 치안을 담당하던 마레쇼세에게 성내(영주권한)을 제외한 지역의 모든 범죄를 처리하도록 하면서 정착되었다(이황우, 2001: 96). 그리고 루이 14세때인 1667년에는 경찰과 재판을 담당하던 프레보로부터 경찰업무를 분화하여 경찰국을 창설하였는데, 그 장인 총 류뜨낭이 경찰을 관장하였다.

2) 프랑스 대혁명과 경찰제도

대혁명을 거치면서 파리경찰국장 제도를 폐지하고, 파리시는 시휘대의 무질서를 바로잡기 위해 민간방법대(Grade civique)라고 부르는 약 1,800명의 자원병이 시내 유지를 담당하였는데, 이것이 혁명 후 국립민간방위대의 근간이 되었고, 지방은 국립군인경찰이라는 새로운 명칭을 가지게 된 군인경찰이 치안을 담당하였다. 그밖에도 파리나 지방의 대도시에는 기존의 경찰을 개편하거나 새로 창설하여 그때마다의 치안을 유지하였다.

나폴레옹이 정권을 잡고 행정기구와 지방제도를 중앙집권화하면서 그에 따라 경찰제도도 새롭게 개편되었다. 그 결과 경찰장관밑에 인구수에 따라 지방마다 각각 경찰국장, 경찰서장, 특별경찰서장, 특수경찰서장이 존재하는 구조를 형성하였다. 파리는 또한 다른 도와 달리 직접 중앙권력에 종속하는 경찰기관을 설치할 필요성으로 파리경찰청이 창설되었다(경찰대학, 2004: 273)

3) 근대 프랑스 경찰의 개혁

19세기 프랑스 경찰은 중앙집권화가 강화되어 1881년에는 경찰을 감독하기 위해여 내무부 안에 새로 경찰정이 창설되었고, 그 업무도 점차 확대되었다. 이 시기의 군 경찰은 정치경찰화 하여 많은 비난을 받았지만, 군경찰기동대 등을 창설하였고, 중앙으로부터의 예산지원을 받는 등의 개혁이 이루어졌다(김충남, 2002: 58).

4) 20세기의 경찰제도

20세기에 들어오면서 경찰의 가치적인 성격을 제거하려는 노력이 나타나, 1934년 4월 28일 법률은 기존의 내무부 경찰청을 국립경찰청으로 변경하면서 중앙집권화를 강화하였다. 1941년 4월 23일 법률과 1941년 6월 6일 및 7월 7일의 명령도 단순화와 통일화라는 의미에서 경찰제도에 큰 개혁을 가하여, 행정경찰의 기능을 크게 경비국, 정보국, 형사국으로 3분하고, 행정조직을 기본적으로 인구 2만 명 이상의 도시는 모두 국가경찰로 하였다(경찰대학, 2004: 274). 제2차 세계대전 이후에도 이러한 경찰의 중앙집권화는 그대로 유지되었을 뿐만 아니라, 1966년 7월 9일 법률로 내무부의 국립경찰청과 파리경찰청을 통일하여 국립경찰로 일원화함으로써 더욱 강화되었다.

3. 경찰조직

익히 알려진 바와 같이 독일 과 함께 프랑스는 대륙법계 국가의 대표적인 나라다. 프랑스의 경찰작용은 모두 국가가 담당하는 독특함을 보여주고 있다. 국가가 전국행정의 전반에 대해 폭넓게 영향을 미치고 있다는 이야기다. 이러한 특성으로 인해 프랑스에서는 통일서이 있는 관료중심의 국가경찰조직을 운영하고 있으며 경찰은 국가 행정작용의 일부분을 담당하는 행정관청으로서 무권한도 지니고 있다(신현기 외, 2004: 179-180).

3

1) 프랑스 경찰조직의 특성

프랑스는 이웃나라 독일과 함께 대륙법계 국가의 종주국이다. 우리나라의 법체계나 경찰제도는 독일의 법체계를 계승한 것이라고 하나, 실제 경찰기능(업무)면에 있어서는 프랑스의 그것에 더 유사하거나 대조적인 것이 많다. 따라서 프랑스 경찰체제의 특색을 이해하기 위하여 먼저 우리나라 경찰사무를 프랑스의 그것과 비교해 보기로 한다.

프랑스에서는 중앙정부에서 임명하여 각 현(우리 나라의 도) 등에 배치한 공화국위원(우리 나라의 지사)이나 부위원(우리 나라의 부지사), 그리고 민선시장의 주요업무가 바로 관할 구역 내의 치안질서 유지라는 점에 있다. 그러나 파리는 수도 및 국제적인 대도시로서의 특수한 지위를 고려하여 오래전부터 경시총감을 두고 있었으며, 프랑스의 3대 도시인 리용, 마르세이유, 릴에도 경시총감을 임명하고 있다.

사회는 사회 그 자체의 보존과 보호를 위하여 언제나 규칙을 만들어 왔으며, 그 중 하나가 법률의 형식을 취하는 것이고 법률은 무엇이 반사회적 행위인가를 정의하고 이를 금지할 뿐만 아니라 이를 어긴 범법자에 대하여 처벌케 하는 바 경찰 기능의 제일 중요한 요소가 그러한 법의 집행이라는 것이 프랑스의 역사적인 인식이다. 규칙의 또 다른 하나는 법률보다 더 다양하고 빈번하게 제정되는 행정규칙(Regulation)으로서 법률은 의회만이 제정할 수 있다는 절차적 문제가 가로 놓여 있으나 행정규칙은 법률의 위임에 의하여 행정기관에서 시행할 수 있는데, 이 행정규칙에 의거한 단속권한도 경찰의 기능이라고 보고 있다.

이러한 맥락에서 프랑스에서는 '규칙제정권(Regulation-making Power)'이 종종 '경찰권(The Police Power)'이라고 불려 왔으며, 19세기까지만 하여도 '경찰(Police)'은 지역 사회의 '내정(The Internal Governance)'을 의미하였다. 따라서 전체로서의 프랑스의 경찰은 물론 개개 경찰관도 일반행정의 상당한 부분을 담당하고 있으며, 영국인이나 미국인은 일상생활을 영위함에 있어서 일생을 통하여 경찰관서를 방문할 필요가 거의 없으나, 프랑스인은 신분증이나 여권의 발급, 비자의 신청, 운전면허 등 여러 가지 이유와 목적으로 빈번하게 출입하여야 한다.

프랑스의 경찰체제는 국립경찰과 국가헌병경찰인 '장다르므리(국가헌병대 : Gandarmerie

Nationale)'라는 양대 기구로 구성되어 있으며 이 양자는 그 성격이 현저히 다르다. 그것은 프랑스의 통치자들이 전통적으로 법과 질서의 유지에 관한 한 다른 유럽국가, 특히 이탈리아처럼 단 하나의 경찰기관이나 단 하나의 부처에 맡기지 않는데서 비롯된 현상이다. 즉 공공의 안녕과 직·간접적으로 연계되는 행정에 대하여는 둘 이상의 행정 기관으로 하여금 관장케 함으로써 견제와 균형을 통한 정확하고도 상세한 정보수집체계를 유지하고자 노력하였다. 따라서 국가 형성과정에서 원초적이고 필수 불가결한 방위조직으로 하여금 경찰기능의 일부를 맡기게 되어 연혁상 위에서 말한 2대 경찰기관 중 역사가 더 오래된 것은 현재 내무부 소속의 약 8만명으로 구성된 군대조직의 일부인 장다르므리이며, 다른 하나는 약 10만 8,000명으로 구성된 국가경찰이다.

2) 국가경찰

역사적으로 볼 때 1966년 프랑스에 국립경찰이 창설되었다. 하지만 2년 후인 1968년 국립경찰이 정식으로 발족됨으로써 현재의 국가경찰은 내무부 장관의 소속하에 있는 치안본부장을 정점으로 전국경찰을 통솔해 나가게 되었다. 특히 치안본부장 아래에는 파리 담당 본부장(擔當副本部長)과 지방 담당 본부장을 두고 프랑스 전역의 행정경찰과 사법경찰의 임무를 수행해 나가고 있다.

즉 법률상으로는 1966년 국립경찰이 창립되었으나 실제로는 1968년 국립경찰이 발족되었으며, 이로써 프랑스 인권혁명 이후 내려오던 경찰조직의 이중성이 종결되고, 단일 국립경찰조직으로서 경찰청장이 내무부장관의 소속 하에서 실질적으로 전국 경찰을 관리감독하고 있다.

이와 같은 국가경찰은 경찰청과 그의 산하에 지방조직으로서 파리경찰청과 96개 시·도에 시·도 경찰국이 설치되어 있으며, 이들은 국방부 소속 국가헌병대와 긴밀한 협조아래 경찰업무를 수행하였다. 그러나 2002년 치안대책법안을 통해 그 동안 국방부 소속이었던 국가헌병대를 내무부로 이관해 대도시 교외 치안을 담당케 하고 있다.

3

그림 52 프랑스 국가경찰 조직도

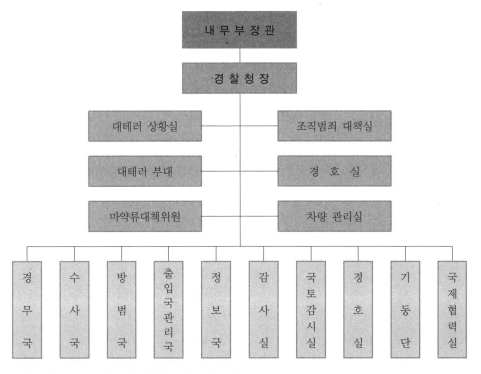

출 처 : 주한프랑스 대사관 경찰교류협력과 내부자료 재구성.

3) 군인경찰(국가헌병대)

국가헌병은 국방부장관의 관리 하에 있는 군헌병으로서 군헌병업무를 수행하고
있다. 2002년 국내치안대책법안의 통과로 군헌병의 지휘·통제권을 내무부장관에게
이양되어 현재 군헌병은 내무부장관의 지휘를 받고 있다.

이들은 약 8만여명의 헌병인 군인으로 구성되어 있고, 도헌병대와 기동헌병대로 나
뉘어 있다. 물론 이는 내무부장관의 소속하에 중앙헌병본부가 설치되어 있고, 중앙
헌병본부는 기획·인사 및 관리의 책임을 지고 있다.

또한 전국에 9개의 관구사령부가 조직되어 있는 바, 각 관구는 수개의 도헌병대
와 기동헌병대를 관리하며 장군을 지휘관으로 하고 있다. 각 도헌병대는 헌병대대

와 수개의 헌병중대·소대로 구성되어 있고 각 헌병소대는 수개의 분대로 구성되어 있으며, 이 분대는 5−15명으로 구성되어 있는 바, 각 도는 평균 25개 정도의 분대를 가지고 있다.

이들 헌병대는 장교와 하사관 및 사병으로 구성되어 있고, 군의 에스코트, 탈영병 및 군법 위반자에 대한 수사 등 군사경찰업무를 수행하면서 국가경찰이 없는 2만명 이하 지방 소도시 지역에서 사법경찰업무·공안질서유지와 도로 및 기타 교통에 있어서의 교통정리 및 단속업무를 수행하고 있으며, 특히 장교와 하사관인 분대장은 사법경찰관으로서의 권한을 수행하고 있다.

한편 기동헌병대는 고도의 훈련을 받은 대부대를 질서유지에 당하게 할 필요가 있는 특수한 경우에 대비하여 설치된 것으로, 관구사령부에 1개 또는 수개의 연대를 두고, 각 연대는 3−4개의 중대를 가지고 있는 2개의 대대로 편성되어 있다.

또한 파리경찰청 관리하에 유명한 '공화국경비대'가 설치되어 있는 바, 이들은 약 3천명의 병력으로 1개의 보병연대와 1개의 기병연대로 편성되어 있으며, 이들은 국가 중요행사시에 호위임무를 수행하면서 시가행진에 참여하기도 한다.

헌병과 국가경찰과의 주요 차이점은 ① 헌병은 전원이 사법경찰관리의 직권을 갖고 있어 장교, 하사관 및 근속 5년 이상의 헌병대원은 사법경찰관의 직권을 갖는다는 점이며 ② 일반관리부분을 제외한 전원 정복이며 국가경찰과 같은 정복과 사복의 구별은 없다. ③ 2002년 이전 즉, 국방부 소속하에서는 군인 신분이기 때문에 노동조합[37]을 결성할 수 없었으며, ④ 국가헌병대의 기동대는 전시, 내란 때는 군대로서 출동하기 때문에 전차, 장갑차 등의 중화기를 갖고 있다는 등이 있다(치안문제연구소, 1997: 133).

4) 파리지방경찰청(La Préfecture de police de Paris)

파리경찰청은 지방조직 중 매우 중요한 경찰기관으로서 18세기말경부터 존재한 프랑스 최고의 경찰조직이며, 1968년 1월 1일 전국경찰통합을 위한 국립경찰의 창

---

37) 프랑스 공무원은 조합결성이 자유롭고 신분을 유지한 채로 선거에 출마할 수 있는 등 이익단체 활동 및 정치활동이 자유로운데 경찰에 정식으로 노동조합결성권이 인정된 것은 1948년 9월 28일 법이며 이 법은 경찰관의 동맹파업권을 금지하였다(경찰대학, 2004: 319−320).

설로 인하여 자치체경찰로부터 국가경찰로 통합되었는 바, 파리경찰청장이 경찰청장 관리하에 '세느'도의 경찰업무를 담당하며, 어느 정도의 독립성을 유지하고 있다. 파리경찰청장은 내무부 장관의 직접적 지휘아래 국가기관 및 지방기관의 양면성을 갖고, 파리 및 주변 8개 도의 치안 책임을 맡고 있다. 이를 위해 파리경찰청은 예산 편성에서도 특별한 지위를 인정하고 있다.

조직은 인사예산과, 총무과, 교통관리과, 경비과 외 4개 행정부서와 교통과, 방범과, 형사과, 정보과, 감찰과, 장비과의 6개 집행부서를 두고 있다. 그 외에 파리 소방국도 관할한다. 통상 35,000명 이상이 파리 지방청에서 일하고 있으며, 이중 18,000여명의 경찰관, 600여명의 행정직, 5,500여명의 지방경찰, 7,400여명의 소방관이 소속되어 있다.

파리경찰청의 조직은 크게 나누어 관구경찰국, 행정부서, 집행부서로 편성되어 있다. 먼저 6개의 관구 경찰국과 시내지역에 20개, 시외지역에 26개 등 총 46개의 경찰서, 그리고 66개의 경찰분서가 설치되어 있고 1971년경에는 경찰의 권한이 관구경찰에 상당히 많이 위임됨으로써 이제는 인사·회계·장비 및 고소사건업무, 일반경찰업무, 교통·수송 및 상업업무, 보건·위생·공안업무 등을 담당한다(신현기 외, 2004: 179).

5) 지방경찰

지방자치단체의 시·읍·면장은 도지사의 감독을 받고 있으며, 관내의 질서유지 및 위생에 관한 책임을 지고 있다. 그들은 선거에 의하여 선출되며, 질서유지를 위한 경찰력 사용에 관한 규칙제정권을 가지고 있다.

이와 같은 시·읍·면장의 소속 하에 있는 경찰이 지방경찰인 바, 이들은 국가경찰이 설치되어 있지 않은 지역에서 치안을 담당하고 있으며, 전국적으로 약 1천여 지역에 3만여명의 경찰관이 활동하고 있다. 이에 경찰력의 부족은 헌병의 지원으로 보충하고 있다.

1998년 6월에 '자치경찰법'을 제정하였으며 이 법에는 지방자치법에 근거한 자치체 경찰에 관해 잘 규정하고 있다. 이 법의 특징으로는 자치경찰서는 최소한 5명의 인원으로 구성되며, 검찰총장의 의견을 참조하여 임명도지사와 당해 기초자치단체 시장간의 협정에 의해 설치가 가능하게 했다는 점이다. 동법 3조에 따라 자치경찰 업무에 관해 내무부장관을 보조하도록 자치경찰자문위원회를 두도록 하였으며, 자치경찰은 관련 시장의 요청에 의해 임명도지사의 허가를 받아 국가경찰 등의 협력 활동에 참여할 수 있도록 상호 협력 관계를 밀접하게 유지하고 있다(정진환, 2004: 268-269).

6) 자치경찰제도

프랑스의 자치경찰제도는 1884년 4월 5일 지방자치법에 의거 인구 1만명이거나 도시의 교외인구가 많지 않은 경우 읍면장이 경찰권에 따라 자치단체내의 공공의 안전과 질서유지를 위해 설치되었다. 이는 읍면장이 경찰임무를 수행할 사람을 자치적으로 모집하고 배치하는 형식으로 구성되며 1996년부터는 기초자치단체인 코뮌 중 인구 1만명 이상의 시나 코뮌에서도 치안상 필요에 따라 행정경찰분야의 자치경찰을 허용하고 있어 자치경찰을 설치하는 자치단체가 늘고 있다.

(1) 자치경찰의 운영모형

현재 프랑스에는 36,736개의 자치단체가 있다. 그 중에서 약 3,150개의 자치단체에서 자치경찰을 운영하고 있다. 이는 전체 10%정도에 해당하는 수치다. 프랑스에서 자치경찰은 전체 50% 이상이 인구 20,000명 이상 지역이고 90%가 인구 3,500명 이상의 자치단체에 존재한다(신현기 외, 2004: 186). 이와 같이 오늘날 프랑스의 대부분 도시지역에서 자치경찰이 존재한다고 볼 수 있으며, 시골지역의 경우는 재정적 부담으로 인해 국가경찰이나 군인경찰이 치안을 담당한다고 할 수 있다.

(2) 자치경찰의 사무

프랑스의 자치경찰은 국가경찰과 군인경찰의 권한을 침해하지 않는 범위 내에서 자치단체장의 장이 부과한 단순 업무에 대해서만 취급하는데 그친다. 그 사무를 보면 다음과 같다.

첫째, 거리, 광장을 비롯해 공공장소의 안녕과 편리함에 관련되는 청소, 청결, 장

애물제거, 붕괴위험이 있는 건물의 보수 등,

둘째, 거리에서 집단 다툼이나 폭력행위, 공공집회 장소에서 소란행위와 거주자의 평온을 해치는 야간의 모임 등의 억제,

셋째, 시장이나 공공의례, 공연, 카페, 교회 등의 공공장소에서 질서유지,

넷째, 식료품의 판매목적과 관련된 식품규격(무게나 길이)을 준수에 대한 감시행위,

다섯째, 공해, 화재, 홍수, 산사태와 같은 자연재해, 유행성 전염병 등에 대한 예방원조나 응급조치,

여섯째, 맹수와 같은 동물로부터 사건야기에 대한 예방 등이 프랑스 자치경찰의 핵심업무가 된다(신현기 외, 2004: 187).

(3) 국가경찰, 군인경찰, 자치경찰간의 관계

국가경찰과 군인경찰은 국가경찰이 배치되지 않은 곳에서 군인경찰이 활동하면서 상호 협조·보완 관계를 유지하여 전국 치안의 공백이 없도록 하고 있다. 파리지역에는 국가경찰과 군인경찰이 상호중복 배치되고 있는데, 이는 역사적인 기원뿐만 아니라 상호견제를 통해 정확하고 상세한 정보수집 체계를 유지하기 위한 목적도 있다. 반면, 사법경찰업무에서는 이러한 구별은 존재하지 않아 각각의 관할이 명확하지 않으므로 경찰력의 배분은 이들을 지휘하는 지사와 사법관(검사)의 재량에 따른다.

국가경찰과 자치경찰은 각자 담당하는 관할과 경찰업무가 명확히 구분되어 분업 및 협동체계를 이루게 되어 상호 충돌이 없다. 기본적으로 국가경찰은 방범, 수사, 교통, 질서유지 등 일반적 경찰업무를 담당하고, 자치경찰은 지방자치단체장의 규칙 등 극히 지역적인 경찰업무를 담당한다(조병인 외, 2004: 282).

이와 같이 프랑스의 자치경찰은 사법경찰관이 아닌 관계로 국가경찰에 비해 권한이 매우 적으며 강력하지도 않다. 따라서 자치경찰은 시민에 대해 신분검사를 할 수 없고, 고소, 고발 그리고 범죄 관련 조사를 수행할 수도 없다. 그리고 프랑스에서 자치경찰의 사법경찰권 행사는 검사의 지휘 하에 범죄수사와 감시, 안전보호, 그리고 규제가 사법경찰권에 관련되어 유지되고 있으며, 무엇보다도 행정경찰권은 시장에게 주어져 행해지고 있다.

4. 수사구조

1) 경찰의 독자수사권

경찰이 독자로 수사를 행하는 것은 검사에게 사건을 송치하기까지이며 그 후로는 검사에 의한 지휘 또는 예심판사(중요사건 및 복잡한 경죄사건의 예심을 담당)로부터의 공조촉탁을 받아 그 집행이라는 형태로서 보조적으로 수사할 수밖에 없다. 요컨대 수사의 주체는 검사 및 예심판사이며 경찰은 어디까지나 초동적 또는 보조적 수사를 할 뿐으로 현재 우리의 수사체계와 비슷하다고 해석할 수 있다.

또 경찰독자의 수사라고는 하더라도 현행범의 경우는 압수, 수색 등 현행범 수사절차에 수반되는 강제처분이 가능하지만 현행범 이외의 경우에는 '가유치(仮留置: Garde á vue)'를 제외하고는 강제수사를 행할 수 없다. 경찰은 이들 수사를 마친 경우는 신속하게 사건을 검사에게 송치하지 않으면 안 되는데 송치 후는 경찰독자의 수사는 불가능하다.

2) 사법경찰관리의 자격

전 경찰관이 사법경찰관리의 자격을 갖고 있는 것은 아니다. 국가헌병대는 전원이 사법경찰관리의 자격을 갖고 있지만 국가경찰에 대해서는 정복경찰관의 경우 과거에는 사법경찰관리의 자격을 갖지 못하였으나 1986년 1월부터는 법 제85-1196에 의거 비로소 자격을 갖게 되었으며 이에 따라 순경에서 경감까지 직급에 관계없이 일선에서 활동하는 국가경찰의 정복경찰관 전원이 사법경찰사의 자격을 갖게 되었다. 자치체경찰의 장인 '코뮨'장(marie)은 사법경찰관의 자격을 갖는다고 형사소송법 제26조 제1항에 규정하고 있다. 그러나 실제로는 그 지역내에 경찰서와 헌병소대가 없는 경우에만 그 권한을 대행할 뿐 무용한 규정이라 하겠다.

제5절 일본

1. 국가개요

일본은 아시아 대륙 동쪽에 위치하고 있으며 홋카이도, 혼슈, 시코쿠, 큐슈 등 4개의 주된 섬과 약 7000여개의 섬들로 이루어진 섬나라이다. 총면적은 약 377,837 km^2 이는 핀란드나 이탈리아보다 조금 큰 면적이며 인구는 2005년 4월 기준으로 1억 2,768만 명이다. 국토는 8개의 지방으로 크게 나눠지며 이를 다시 도도부현으로 세분화 하는 행정구역체제를 가지고 있다. (都는 동경이며 道는 홋카이도, 부는 오사카와 교토가 있다.) 일본의 기후는 아열대에서 아한대까지 그 분포가 다양하지만 홋카이도와 오키나와를 제외한 대부분의 지역은 해양성의 온난한 기후이며 사계절이 뚜렷한 특징을 가지고 있다.

중세, 전국시대 말기 오다 노부나가를 계승한 도요토미 히데요시가 전국을 통일하였고, 1603년에는 도쿠가와 이에야스가 에도 막부를 열었다. 그 후 1868년 명치유신으로 근대화의 기틀을 잡아 봉건제도를 폐지하였다. 그로부터 20세기 초에 걸쳐 청일·러일 전쟁과 제1차 세계대전의 승리로 일본은 세계열강에 올랐다. 1931년의 만주사변과 중일전쟁을 불러일으키고 다시 파시즘의 이탈리아와 나치즘의 독일과 3국 동맹을 맺어 영·미와 대립하여 제2차 세계대전에 돌입하였으나 미국의 원폭 투하로 1945년 연합국에 무조건 항복하였다. 연합국에 의하여 무장해제와 민주화가 추진되었고 한국의 6·25 전쟁으로 경제부흥의 계기를 얻어 급속하게 발전하였으며 ,현재 세계 대부분의 국가들과 국교를 맺고 있다(정진환, 2002: 176).

2. 역사적 발전과정

1) 명치이전의 경찰

일본은 1868년의 명치유신으로 왕정복고를 통한 중앙집권적인 왕정체제가 들어서기까지는 경찰의 임무를 수행하는 여러 기관이 있었지만 대체로 각 지방의 번 (藩)을 중심으로 하는 지방분권적인 체제가 지배하고 있었고, 각 번의 맹주인 번주 (藩主)와 그의 지배를 받는 사무라이들이 각자 나름대로의 조직과 방식으로 자기 지방의 치안을 담당하였다(경찰대학, 2004: 394).

중세 이전에는 수도에는 경직(京職)이, 지방에는 국사(國司), 군사(郡司) 및 이장 (里長)이 순찰과 감찰업무를 담당하였다. 그 후 수도와 지방에는 당의 제도를 수용 하여 오가(五家)가 서로 감찰하는 오병제(五保制)가 경찰의 역할을 하였다. 중세시 대에는 검비위사(檢非違使)가 수도에서 경찰의 사무를 장악하고 가마쿠라시대에는 군사기관인 수호(守護)가 경찰의 역할을 담당하였다.

2) 명치이후의 경찰

일본의 근대적 경찰제도 설립의 계기가 된 것은 시민의 요청이나 경찰 내부의 체 제정비에 의한 것이 아니라 제국주의, 군국주의 국가로서 필요한 통치의 수단과 해 외 침략의 목표를 달성하기 위한 수단으로서 근대적 경찰이 설립되었다.

근대경찰 탄생은 유럽 대륙의 경찰을 시찰하고 온 일본 경찰의 아버지인 천로이 량(川路利良)의 건의에 따라 1872년 국가경찰조직인 경보료(警保寮)를 설치한 것이 계기가 되었다. 후에 사법성에 속한 경보료를 내무성으로 이관시켜 재판기능과 분 리시키고 내무성 소속의 행정경찰은 범죄의 예방과 국사범의 단속에서부터 일상생 활에까지 광범위한 임무를 행했다. 또한 범죄수사는 사법관인 검찰의 지휘 하에 두 었고 동경에는 경시청을 설치하였다. 1875년 경찰활동의 근거법규인 행정경찰규칙 을 제정하고 이를 토대로 중앙집권적인 경찰조직을 갖추어 나갔다. 특히 과격한 사 회 운동을 단속하기 위하여 설치한 특고 경찰은 실제적으로 모든 사회운동과 종교 활동, 유언비어에 대한 일반시민의 단속까지 광범위한 활동을 행하며 정치경찰로서 의 역할을 하였다.

3) 구 경찰법시대

1947년 12월 제정된 구 경찰법은 전전(戰前)의 일본경찰제도의 근본적인 개혁의 필요성에 의하여 제정되었다. 내무성 밑의 경보국을 개혁하여 독립적인 공안위원회 제도를 도입하고 시와 인구 5000명 이상의 정촌(町村)에 자치제 경찰을 두고 그 이외의 지역에서는 국가지방 경찰을 두는 이원적 구조의 경찰제도를 마련하여 1948년 3월부터 시행을 하였다. 구 경찰법은 전제적 군국주의 국가에서 민주국가로의 경찰제도 확립이라는 의의를 가지고 있다. 또한 경찰의 임무를 경찰본래의 임무인 치안유지에 한정하고 이원적 구조의 경찰제도를 창설하여 지방자치를 존중하고 경찰관리 기관으로서 공안위원회제도를 채택한 것이 그 특징이다.

4) 신 경찰법시대

1954년 경찰법의 전면개정으로 설립된 신 경찰법의 가장 큰 특징은 민주적이며 정치적 중립성을 보장하는 방향으로 제도를 수정 보완하고 능률성과 자치성을 강조한 경찰 조직체계를 확립한 것이라고 할 수 있다. 이를 위하여 구 경찰법에서 신설된 공안위원회제도를 유지하여 경찰의 민주적 관리와 운영을 보장하고 공안위원회의 위원장을 국무대신으로 하여 정부치안책임의 명확성을 달성하고자 하였다. 또한 지역적으로 세분화되어 경찰의 효율적 운영을 저해하였던 시정촌(市町村)의 자치제 경찰을 모두 폐지하여 도도부현 경찰로 일원화하였다.

3. 경찰조직

현재 일본경찰조직은 국가경찰인 경찰청과 지방자치경찰인 도도부현 경찰의 이원적 체계를 바탕으로 하고 있다. 경찰 관리기관으로서 중앙과 지방에 공안위원회를 설치하여 경찰의 민주성과 정치적 중립성을 보장하고 있다.

1) 국가경찰

일본의 국가경찰은 국가공안위원회의 관리 하에 있는 경찰청과 경찰청의 지방기관인 관구 경찰국으로 구성되어 있다. 국가 경찰은 긴급사태발생의 경우를 제외하고는 경찰권을 직접적으로 행사하지 않는 것이 원칙이나 지방경찰에서 처리하는 것보

다 전국적으로 수행하는 것이 더 효과적인 특정사항은 국가경찰이 지휘감독권을 행사할 수 있도록 제도적 보장이 되어 있다.

(1) 국가공안위원회
① 의의 및 성격

국가 공안위원회는 경찰의 독선을 방지하고 정치적 중립성을 유지하려는 목적에서 설치 된 제도이다. 따라서 국가 공안위원회의 기능은 경찰의 독선 방지와 정치적 중립의 유지라는 측면에 제한되어 있다. 이러한 국가 공안위원회의 목적을 달성하기 위하여 위원회의 임기를 5년으로 제한하고 동일 정당 소속 위원 3인 이상의 임면 금지, 임명 전 5년간 경찰과 검찰 출신자 배제 등의 제한을 두고 있다.

② 조직

국가 공안위원회는 보통 국무대신을 위원장으로 하고 5인의 위원으로 구성되고 위원은 내각총리대신이 양원의 동의를 얻어 임명하며 그 임기는 5년이다. 위원이 파면되는 일은 경찰법에 규정된 예외적인 경우에 한하며 이 이외의 사유로 그 의사에 반하여 파면되는 일이 없도록 위원의 신분을 보장하고 있다.

③ 임무와 권한

국가 공안위원회는 국가의 치안확보 책임을 보다 명확하게 하고 특히 중앙기관에서 해야 하는 "국가의 공안에 관계되는 경찰운영"을 관장한다. 한편, 중앙에서 통일적으로 하는 것이 경제적, 능률적이고 양적·질적 수준의 향상을 위해 합리적인 경찰의 교양, 통신, 장비, 범죄감식, 범죄통계에 관한 사항을 총괄한다. 또, 경찰사무의 특성으로 보아 지방기관에 위임하는 것보다는 중앙에서 통제하는 것이 필요한 "경찰행정에 관한 조정"을 하며 이 경우 조정은 지방기관의 재량에 의한 행위에 대하여 필요한 규제를 가함으로써 소기의 목적을 달성하려는 것이다(정진환, 2002: 195).

그 외에도 국가 공안위원회는 그 임무 수행을 위하여 특정한 사무에 관하여 경찰법에 의하여 경찰청 운영에 대한 관리를 할 수 있다.

(2) 경찰청

① 의의 및 성격

국가 공안위원회와 경찰청은 동일한 사무를 관장하고 있으나 국가 공안위원회는 관리기관의 역할을, 경찰청은 실질적인 시행기관의 역할을 하고 있다. 경찰청은 내부조직 외에 부속기관 및 지방기관을 설치하고 있다는 점에서 국가공안위원회의 단순한 사무부국이 아니라 독립한 권한을 가진 행정기관이다.

② 조직

경찰청은 경찰청의 장인 장관과 차장 그리고 장관관방, 생활안전·형사·교통·경비·정보통신의 5국이 있으며 부속기관으로는 경찰대학교, 과학기술 연구소. 황궁경찰본부가 있다. 또한 지방기관으로는 7개 관구경찰국과 2개의 통신부가 있다.

③ 임무와 권한

경찰청은 국가 공안위원회의 관리 하에 경찰법이 규정하는 사무를 담당하고 동시에 특별법 등 각종 법률이 규정하는 사무에 있어서 국가 공안위원회를 보좌한다. 경찰청이 국가 공안위원회를 보좌하는 이유는 법률로 국가 공안위원회의 권한에 속해진 사무에 대해서 실제상 그 사무를 처리하는 능력과 지식을 갖는 경찰청에서 행하게 할 필요가 있고 또 그 효과를 국가공안위원회에 귀속시키기 위해서 국가 공안위원회의 이름으로 대외적으로 표시할 필요가 있기 때문이다(이윤근, 2002: 392).

(3) 관구 경찰국

경찰청의 지방기관으로서 경찰청 소관사무의 일부를 분장하며 비상사태 발생 시 도도부현 경찰을 지휘할 수 있는 체제를 가지고 있다.

관구경찰국은 ① 지역적인 대규모 소요사태 등에 대처하기 위하여 당해 지방의 특수한 정세와 실태를 파악하여 신속하고 적절한 경찰운영을 할 필요가 있고 특히 동시다발적인 사태에 대처하는데 기동적이고 종합적인 지휘와 조정의 필요, ② 대규모 재해의 발생에 대하여 현지에서의 신속·적절한 경찰활동의 지휘와 지방자치체 상호간의 연락 조정을 필요로 하며 특히 통신연락이 두절된 상황 하에서도 독자

적인 경비계획을 실시하기 위하여 수 개의 지방자치체에 관할을 가진 지방기관이 필요, ③ 범죄의 광역화와 이동화 추세의 경향에 따라 지방자치체의 구역을 초월한 광역범죄의 증가와 지방자치체 상호간의 이동성 범죄에 대처하기 위하여 광역수사 태세를 확립하고, 수개 또는 인접 도도부현 경찰이 일체가 되어 유기적으로 조정할 필요에 의해서 설치되었다(경찰대학, 2004: 409-410).

2) 도도부현 경찰

도도부현에는 도도부현 공안위원회 관리 아래 도도부현 경찰이 조직되어 있다. 도도부현 경찰에는 도쿄도에는 경시청이, 도부현에는 경찰본부가 있다. 경시청에는 경시총감이, 도부현 경찰에는 도부현 경찰본부장이 사무를 통괄하고 있다. 도부현 경찰업무의 분장을 위하여 지정 시에는 경찰본부아래 시경찰부(市警察部)를 두며 홋카이도에는 도를 5개로 구분하여 방면본부도 설치하고 있다.

(1) 도도부현 공안위원회

① 의의 및 성격

도도부현 공안위원회는 지방자치법상 도도부현 행정위위회이며 도도부현 지사의 소할 하에 설치되어 있다. 도도부현 지사는 도도부현 공안위원회 위원 임면권, 도도부현 경찰관련 조례안 제출권, 도도부현 경찰의 예산 편성, 제출 명령권 등을 가지고 있으나 경찰운영에 관하여 위원회를 지휘, 감독하는 권한은 가지고 있지 않다.

② 조직

위원장은 위원의 호선으로 선출하며 그 임기는 1년이다. 위원장은 회무를 총괄하고 위원회를 대표한다. 위원은 당해 도도부현 의회의 위원으로서 피선거권을 가지는 자로서, 임명 전 5년간 경찰 또는 검찰의 직무를 행한 전력이 없는 자 중에서 도도부현 지사가 도도부현 의회의 동의를 얻어 임명하며 그 임기는 3년이다.

③ 임무와 권한

도도부현 경찰을 관리하여 관할구역에서 경찰의 책무를 관장하므로 도도부현 공안위원회는 관할구역의 모든 경찰사무에 대하여 도도부현 경찰을 관리한다.

(2) 경찰본부

① 의의 및 성격

지방자치체 경찰로서 도부현에는 도부현 경찰본부가 설치되어 도부현의 경찰업무를 수행한다.

② 조직

도부현 경찰본부에는 경찰본부장이 있으며 하부조직으로는 경찰서, 파출소(交番), 주재소가 있으며 각 경찰서에는 업무 운영에 지역주민의 의견을 반영하기 위하여 경찰서협의회를 두고 있다. 각 경찰본부장은 국가공안위원회가 도부현 공안위원회의 동의를 얻어 임명하며 경찰본부장은 도부현 공안위원회의 관리에 따라 도부현 경찰본부의 사무를 총괄하고 도부현 소속의 경찰직원을 지휘, 감독한다.

③ 임무와 권한

도도부현 경찰은 해당 도도부현의 구역 내에서 개인의 생명·신체 및 재산을 보호하고 범죄의 예방·진압 및 수사, 피의자 체포, 교통단속, 기타 공공의 안전과 질서 유지를 담당하고 있다. 또한 국고가 지불하도록 되어 있는 경비를 제외하고 도도부현 경찰이 필요로 하는 경비는 해당 도도부현이 지불하는 광역 자치체 경찰이다(신현기 외, 2003: 1993).

(3) 경시청

① 의의 및 성격

경시청은 도도부현 경찰의 하나로써 수도인 도쿄도의 경찰업무 수행을 위하여 특별히 설치되었다

② 조직

경시청의 장인 경시총감은 도쿄도 공안위원회의 동의와 내각총리대신의 승인을 얻어 국가공안위원회가 임명한다. 도쿄도 공안위원회의 관리에 따라 경시총감은 경시청의 사무를 총괄하고 동경도 소속의 경찰직원을 지휘, 감독한다. 경시총감의 아래 부총감이 있으며 내부조직으로는 조직범죄 대책부, 생활안전부, 형사부, 공안부,

지역부, 경비부, 교통부, 경무부, 총무부가 있으며 부설기관으로 경시청 경찰학교가 있다. 또한 경시청 관할구역을 9개로 나누어 각 지역에 방면본부를 설치하여 경찰서간의 문제를 조정하고 직원감찰을 담당한다.

③ 임무와 권한

경시청에서는 도쿄도 내에서의 경찰업무를 수행하며 각 경찰서에는 조직범죄대책과, 생활안전과, 형사과, 지역과, 경비과, 교통과, 경무과가 설치되어 있다.

(4) 경찰기관 상호간의 관계
① 국가경찰과 도도부현 경찰과의 관계

도도부현 경찰은 본질적으로는 자치체 경찰의 성격을 지니나 사회공공의 질서유지를 목적으로 하는 경찰 사무의 특성상 국가 경찰기관과 완전하게 대립 평등관계에 있다고는 볼 수 없다.

도도부현 경찰에의 국가적 성격을 부여한 것은

- ㉠ 국가적 성격이 강한 사무를 국가공안위원회 소관 사무로 국가에 유보 (경찰법 제5조 2항)한다.
- ㉡ 국가적 성격이 강한 사무에 대하여는 경찰청 장관이 도도부현 경찰을 지휘·감독한다.
- ㉢ 경시 총감, 도부현 경찰본부장, 경시정 이상의 경찰관의 신분을 국가공무원으로 하여 국가공안위원회가 도도부현 공안위원회의 동의를 얻어서 임면한다.
- ㉣ 일정한 국가적 경찰활동에 소요되는 경비는 국고에서 지원한다.

등의 내용에서 찾아볼 수가 있다.

② 도도부현 경찰 간의 상호 관계

도도부현 경찰은 원칙적으로 상호 독립적이고 대등한 체제이며 상하·지휘 관계는 존재하지 않는다. 그러나 경찰사무의 주요 대상인 범죄 자체가 광역적 성격을 가지고 있어서 도도부현 경찰에 상호 관련된 사항이 발생 시에는 공공의 안전과 질서 유지를 위하여 예외 규정을 정하고 있다.

경찰법에서 이와 같은 상호관계를 규정한 것은

- ⊙ **협력의 의무** : 도도부현 경찰은 상호협력의 의무를 가진다.
- ⓛ **원조의 요구** : 도도부현 공안위원회는 경찰청 또는 다른 도도부현 경찰에 대하여 원조의 요구를 할 수 있다. 단, 원조를 요구할 때에는 사전(부득이한 경우는 사후) 에 경찰청에 연락을 해야 한다.
- ⓒ **관할구역외 에서의 권한** : 관할구역 내에서 발생한 범죄의 진압 및 수사, 피의자의 체포, 기타 공안유지와 관련되어 필요한 한도 내에서는 그 관할 구역 외 에서도 권한이 미칠 수 있도록 한다. 이에는 관할 구역 경계 주변, 광역조직 범죄의 처리, 공안유지를 위한 권한 행사, 이동경찰의 추적, 사안의 공동처리 등의 지휘 및 연락 등이 있다.

4. 수사구조

일본에서 직무로써 수사권한이 부여된 수사기관으로는 검사, 검찰사무관과 사법경찰직원이 있다. 이 중 사법경찰직원은 일반경찰직원과 특별경찰직원으로 나눌 수 있다. 그 외에 사법경찰직원은 아니지만 국세청감찰관, 후생노동성의 마약 단속관, 행상 보안청의 해상보안관, 농림수산성과 철도공안직원 등도 수사권한이 있다.

1) 원칙상의 관계

일본의 현행 형사소송법은 사법경찰직원과 검사를 각자 독립된 수사기관으로 규정하는 동시에 사법경찰직원을 일차적·본래적 수사기관으로, 검사를 이차적·보완적 수사기관으로 하고 있다. 또한 형사소송법 제 192조에서 "사법경찰직원과 검사의 관계를 수사에 관하여 상호협력하지 않으면 안 된다"고 규정함으로써 양자의 관계는 원칙적으로 대등·협력의 관계라고 보는 것이 옳다. 이처럼 사법경찰직원과 검사의 관계를 상호협력의 관계로 이해하는 것은 수사가 인권에 미치는 권력적 작용을 고려하여 각 수사기관에 분산시킴으로써 인권침해의 가능성을 줄이고 견제와 균형이라는 민주적 이념을 실천하기 위함 때문이다(이윤근, 2004: 467).

2) 예외상의 관계

일본의 경찰과 검사는 원칙적으로 상호협력관계에 있지만 수사의 적정화·효율화 및 적절한 공소제기를 위하여 일정한 범위 내에서 검사의 지시·지휘권한을 인정하는 예외를 두고 있다. 이에 대하여 사법경찰직원은 검사의 일반적 지시, 일반적 지휘, 구체적 지휘에 복종해야 하며 따르지 않을 경우는 사법경찰직원의 관리자에게 징계와 파면의 소추를 할 수 있다.

(1) 일반적 지시권

일본 형사소송법 제193조 1항은 "검찰관은 그 관할구역에 의해 사법경찰직원에게 수사에 관하여 필요한 일반적인 지시를 할 수 있다. 이 경우의 지시는 수사를 적절히 하고 그 밖에 공소의 수행을 완전하게 하기 위하여 필요한 사항에 관한 일반적인 준칙을 정하는 바에 따라 행한다"라고 하여 검사의 일반적 지시권을 규정하고 있다. 이러한 일반적 지시권은 「사법경찰직원수사서류간이서식례」 등의 공소의 수행을 완전하게 하기 위한 것에 한하며 개개의 구체적 사건에 대한 지시는 해당하지 않는다.

(2) 일반적 지휘권

일본 형사소송법 제 193조 2항은 "검찰관은 그 관할구역의 사법경찰직원에게 수사의 협조를 구하기 위하여 필요한 일반적인 지휘를 할 수 있다"라고 하여 검사의 일반적인 지휘권을 규정하고 있다. 이 지휘권은 구체적 사건의 수사에 대해서 하는 점에서 일반적 지시와 구별된다. 그리고 사건발생 이전, 즉 앞으로 있을 구체적 사건의 경찰수사에 대해 일반적 지휘를 하는 점에서 이미 행하고 있는 검찰수사를 위해 사법경찰직원을 지휘하는 아래의 구체적 지휘권과는 다르다. 다만 개개의 사법경찰직원에 대해서 하는 것이 아니고 수사의 협력을 구하는 사법경찰직원 일반에 대해서 하기 때문에 일반적 지휘권이라고 한다.

(3) 구체적 지휘권

일본 형사소송법 제193조 3항은 "검찰관은 스스로 범죄를 수사하는 경우에 필요가 있을 때는 사법경찰직원을 지휘하여 수사의 보조를 시킬 수 있다"라고 하여 검사의 구체적인 지휘권을 규정하고 있다. 구체적 지휘는 검사 자신이 범죄수사를 하고 있는 경우에 한하며 개개의 사건과 개개의 사법경찰직원에 대해서 행해진다.

제6절 중국

1. 국가개요

한국과 중국은 지리, 문화 등 여러 측면에서 밀접한 관련을 맺고 있다. 사회주의 정제를 가진 중국과 일시적인 국교 단절은 1992년 한·중 수교 이후 불소늘 너 나 시금 중국과 정치, 사회, 경제, 문화적으로 영향을 주고받게 되었다. 수교 이후 한국 기업이 중국으로 활발하게 진출하고, 우리 국민들이 중국에 많이 거주함에 따라 이들의 안전 확보 문제, 탈북 주민들의 문제 등 중국 경찰과의 협력이 절실히 요청되고 있는데 중국경찰의 특징을 보면 다음과 같다.

청조 말기 경찰이념과 경찰행정사상의 전파, 경찰기구의 건설 및 경찰교육제도의 발전 등 문제에 관한 고찰을 통하여 우리는 중국 경찰근대화의 초기단계에 다음과 같은 특점이 있음을 알 수 있다.

첫째, 신구(新舊)제도가 융합되고 혼란한 상황이 명확하였다. 비록 서구 특히 일본을 모방한 신식 경찰제노가 청소밀기에 횡성되있시만 2천여 년동안 시속된 농선 보갑제도의 잔여(殘餘)와 세습세력이 경찰제도의 직능발휘와 관리체계 및 사상이념 중에 확고하게 자리 잡고 있었기 때문에 낡은 체제의 구성부분이 많이 남아있었다. 이와 동시에 새로운 경찰제도는 확립된지 얼마 되지 않았으므로 온건하게 자리 잡기 힘들었다. 때문에 신구제도가 혼잡한 국면을 초래하게 되었다.

둘째, 다변성(多變性)과 온정성(穩定性)이 병존하였다. 매우 오랜 기간 동안 청정부는 근대경찰제도의 건설에 관한 명확한 방안과 장구한 계획 및 구체적인 안배를 가지고 있지 않았기 때문에 제도와 체제가 수시로 바뀌는 폐단이 존재했다. 그 예로 경찰기구의 설치는 수년 사이에 여러 번 바뀌었다. 중앙에서는 1905년에 순경부(巡警部)를 설치하고 다음 해에 즉각 민정부(民政部)로 변경시켰으며, 지방에서는 경찰기구의 명칭을 순경군(巡警軍)에서 순경국(巡警局)으로, 또 다시 순경도(巡警道)로 변경시켰다. 이런 상황은 담당자로 하여금 두서를 잡기 힘들게 하였고, 백성들도 유관 경찰기구의 직능에 대해 제대로 된 이해를 할 수 없었다.

셋째, 창설 초기에 낡은 체제를 떨쳐버릴 수 없었고 수준이 낮았다. 이 시기의 근대경찰제도의 건설은 기구설치나 직능구분 등 면에서 모두 낮은 수준에 있었으며, 경찰직능의 구분도 모호하였으므로 치안, 사법, 자선(慈善), 위생, 심지어 건축 사무까지도 경찰에서 담당했다. 또한 경찰 인원의 직업 소양이 낮고, 기본적인 법률지식과 시대의식이 부족하였으며 새로운 경찰직능에 대한 인식도 부족하였다. 때문에 청왕조가 멸망할 때까지도 중국경찰은 국가정권과 사회 안정을 수호하는 역량으로 성장하지 못하였으며, 군대의 보조품에 불과하였다.

넷째, 경찰제도 설립의 수동성. 청조 말기에 설립된 경찰제도는 청정부에서 주동적으로 행사한 것이 아니라 국내외 많은 요인의 영향, 압력 및 추동 하에 수동적으로 행사된 것이다. 우선, 중국근대경찰제도는 제국주의 압력 하에 청정부가 수동적으로 설립한 것이며, 다음으로 중국 인민의 지속적으로 승화되는 반항투쟁에 직면하여 위태로운 통치를 유지하기 위해 서구의 경찰행정제도를 모방한 것이며, 마지막으로 청조의 통치계급내부에서 경찰행정 설립에 관한 주장이 강력하게 반영됨으로써 일정한 정도에서 청정부의 근대경찰제도의 설립을 추동하였다.

이 외에도 제국주의가 중국의 경찰행정 및 경찰교육에 간섭하여 일정한 인사권을 획득함으로써 중국 경찰로 하여금 제국주의가 중국에서의 권익을 수호하는 도구로 전락하게 한 것, 경찰제도의 건설은 "수입"을 위주로 한 것, 경차직능에서 진압성질을 강화한 것 등 특점이 있다(한정위, 2009: 31).

3

2. 역사적 발전과정

1) 경찰제도의 생성

중국의 고대부족생활에서는 족장이 입법, 사법, 행정의 3권을 행사하였고, 또한 족장은 흔히 그의 명령을 집행하거나 자신을 경호하는 특별임무를 어떤 부족원에게 부과하였으나, 이들은 경찰로 선출된 자라기보다는 먼저 그 동공의 사회의 구성원이었다. 이때의 부족구성원에 대한 범죄도 그 피해자가 능력이 있을 때는 그 자신이, 그렇지 않을 때는 그의 가족이 처리했으며, 한편 부족에 대한 범죄는 부족전체가 이를 처리하였다. 이리하여 "혈족경찰"이 발달하였으며 여기서는 가족이나 부족이 사법권의 일부 책임을 맡았다.

그 후 고대국가, 봉건국가를 거치면서 중국의 여러 왕조가 흥망성쇠를 거듭했으나 단지 경찰제도사의 전체적 견지에서 보면 이 시대의 경찰은 아직도 독자적인 위치를 자치하지 못하고 국가의 타행정면에 혼입되어 있었으며, 아울러 치안유지 임무도 독립된 하나의 경찰을 둠이 없이 병사들로 하여금 치안을 담당하게 하였다.

이 같은 군대의 병사가 국내 치안을 담당케 하는 것은 중국에서 뿐만 아니라 대부분의 국가에서 볼 수 있는 근대 초기까지의 공통된 현상이라 할 수 있을 것이다.

중국에서 오늘날의 경찰과 유사한 성격을 띤 최초의 중국 경찰행정기구는 진시황이 치안유지를 위해 설치한 정이다. 그 후 송대에 와서 순검제도라는 최초의 독립적인 경찰기능을 하는 조직이 탄생하였지만, 이때까지 경찰기관들은 군대와의 관계가 불분명하였다(정진환, 2006: 446-447)

2) 건국이전

현대 중국경찰은 1920년대 국민당 정부의 '특무기관'에 기원을 두고 있다. 당시 중국의 정국은 제1차 국공합적 이후 국민당 정권 내의 공산당 활동이 확장되던 시기로서 이 특무는 치안유지를 위한 경찰의 성격보다는 정보활동과 정치공작의 업무를 담당하고 있었다. 공산당 정권의 경우는 1926년 정치보위국을 창설하여 치안유지를 담당하게 하였고, 이 정치보위국이 1928년에는 공격부대 형태를 가미시켜 명실상부한 경찰의 기능을 유지하기 시작했다. 1937년 중·일 전쟁이 일어나자 당 중앙위원회 직속인 '중앙사회부'로 확대 개편되어 특무공작과 공안공작을 구분하여 행정체제상의 보안제도를 성립시켰으며, 특무공장 내에 종래의 보위국을 기초로 '사회부'를 신설하였는데 이것이 공안조직의 시초이다. 1938년 5월 '연안시경찰대'를 설치하였는데 이것이 첫 번째의 인민경찰부대이며, 1941년에는 정식으로 '공안부'를 출범시켰다(이동희 외, 2006: 608).

3) 건국이후

1949년 10월 1일 중화인민공화국 건국 이후의 중국경찰은 크게 4단계를 거쳐 발전해 왔는바, 첫째, 건국사회주의 개조기(1949－1956년), 둘째, 전면사회주의 시행기(1956－1966), 셋째, 문화혁명기(1966－1972), 넷째, 사회주의 현대화건설기(1972－현재)로 나누어 볼 수 있다.

(1) 건국초 사회주의 개조기

중국의 건국초기 경찰은 아직 반봉건, 반자본주의의 해결과 더불어 건달깡패와 마약사범 등을 소탕하고 기녀·거지 등을 개조, 교화시키며 나아가 사회 환경을 정화하고 사회질서를 확립하는 데에 주력하였다. 이시기에 경찰의 주요 임무는 잔여 반혁명 세력의 척결과 혁명이후 공산당 주도의 인민정권의 유지, 경제건설, 사회기강의 확립의 역할을 유지하는 것이었다(루도현, 2005: 23).

특히 1949년 10월 15일 정부의 배려 하에 북경에서 제1차 전국공안회의를 소집하여 공안기관과의 상하 통일적 명령체계를 확립하고, 각 부서의 업무를 안내하였다. 또한, 동년 10월 19일에는 중앙인민정부가 나서경을 초대 중앙인민정부 공안부장으로 임명하고 동년 11월 5일 공안부는 북경에서 창립대회를 갖고 정식 출범하게 되었다. 이후 수차례의 전국공안회의를 소집하여 공안조직건설·사상건설·업무건설·기술건설 및 법제건설을 지속적으로 추진해 나갔다(이동희 외, 2006: 609).

(2) 전면 사회주의 시행기

사회주의의 확립이후 중국은 대규모의 경제건설과 더불어 인민공사제의 실시를 통한 사회주의 계획경제체제를 공고히 하기 시작하였는데 이러한 현대화건설의 시작은 중국경찰에게 사회주의 생산력발전과 사회주의 국가건설을 공고하게 하는 새로운 임무를 부여하였다. 이 시기의 공안기관의 주요임무는 국내외 적의 파괴활동을 타도하고, 범죄자에 대한 사상개조와 인민들의 생활안정운동을 전개함으로써 사회주의 건설토대구축에 중점을 주었다. 그리고 1957년 6월 25일 제 1차 전국인민대표자대회 상임위원회는 「중화인민공화국경찰조례」를 통과시킴으로써 공안기관의 성질·임무·직책·권한 및 인민경찰의 조건과 상벌제도 등 다양한 법률적 기반을 확정하였다. 이것이 건국 후 중국인민경찰의 제 1차의 입법조치였으며, 중국경찰제도 건설의 초석이 되었다(류도현, 2005: 24).

또한 공안기관 건설강화를 위해 1958년 6월9일 제9차 전국공안회의를 소집하여, 소방, 경제, 문화, 교통보위 등 일련의 업무가 새로이 공안업무로 결정되었다. 동시에 공안인원의 조직관념·기율관념·법제관념 및 실사구시관념을 고취시키기 위하여 공안위원들의 사상행동 준칙을 규정한 '공안인원 8대 기율, 10항주의'가 제정되었다.[38]

(3) 문화대혁명

1966년부터 1976년까지 중국에서는 문화대혁명으로 인해 행정체제, 입법체제, 사법체제 등 국가의 기본체제들이 모두 파괴된다. 이데올로기를 중시하는 모택동의 지지 세력과 등소평을 중심으로 한 기술 관료를 중시하는 세력 간의 권력투쟁으로 발단된 문화대혁명은 중국 공산화 이후 가장 큰 사건이었다. 모택동의 지시를 받은 어린학생들로 구성된 홍위병들은 '조반유리[39]'라는 구호를 외치며 모택동의 반대파를 숙청하고 사회의 모든 규범과 가치들은 파괴시키는 혁명을 10년 동안 계속하였다. 문화대혁명으로 모택동은 정권쟁취라는 자기의 목적을 달성

---

39) 1966년부터 1976년까지 10년간 중국의 최고지도자 모택동에 의해 주도된 극좌 사회주의운동으로서 사회주의에서 계급투쟁을 강조하는 대중운동을 일으키고, 그 힘을 빌려 중국공산당 내부의 반대파들을 제거한 일종의 권력투쟁이다. 마오쩌둥이 권력 투쟁 과정에서 정적들을 숙청하기 위해 '중앙 기관이 옳지 않은 일을 하고 있다면, 우리들은 지방이 조반(造反:반항, 반란)해서 중앙으로 진공하도록 호소해야 한다'라고 말함으로서 젊은이의 반항을 합리화시켜 주는 이 구호를 내세움으로써 본격적인 문화대혁명이 시작되었다. 그 결과 류사오치는 지하 감방에서 죽었고 덩샤오핑은 실각했으며 약 300만 명의 당원이 숙청되었을 뿐 아니라 경제는 피폐해지고 혼란과 부정부패가 만연하였다.(http://dic.naver.com. 2008. 11. 02).

하였으나 그 피해는 실로 엄청났다. 이 처럼 이 기간은 경찰이 사회주의 체제유지라는 정치적 논리에 묶여 치안유지와 민생안전이라는 경찰 본래의 기능을 하지 못한 시기이다(이동희 외, 2006: 609−610).

(4) 사회주의 현대화 건설기

모택동 사후에 집권한 등소평은 모든 것을 문화대혁명 이전 상태로 돌려놓기 위해 노력하였고, 경찰을 비롯한 공안기관도 그 동안의 혼란을 수습하는 일에 모든 노력을 투자하였는데, 먼저 국내·외의 적대세력에 대해 엄격히 대처하고 치안유지와 각종 재해 사고를 관리하고 동시에 공안기관도 변화하는 세대에 부응하기 위해 개혁·개방을 강조하였다.

공안체제개혁에 있어서는 먼저 1983년 초 중국인민해방군 중 내부치안과 관련된 부대를 경찰조직으로 전환하여, 결찰조직에 있는 병역제 경찰과 통합시켰으며, 1983년 6월 전국인대상위회의의 결정으로 국가안전부가 설치되면서. 경찰이 주관했던 간첩업무와 대외정보업무를 국가안전부로 이관하였으며, 파출소의 업무확대와 야간 순찰제도를 시행하였다.

인민경찰의 혁명화·현대화·정규화를 추진하고, 1992년 7월 7일 계급제를 실시하였다. 또 사회주의 민주와 법제발전을 촉진하기 위하여 1995년 2월 28일 제 8차 전국인민대표자대회는 「중화인민공화국인민경찰법」을 통과시켜 공안기관의 임무·직권·의무·기율·조직관리·경무보장·입법감독, 법률책임 등을 명확하게 규정하였다. 1995년 「중화인민공화국인민경찰법」의 제정으로 새로운 시기 국가안전과 사회치안을 유지하기 위한 중국인민경찰제도의 기본적 법률을 완비하게 되었다.
이와 같은 조치의 실시를 통해 공안부의 업무회복 이후, 공안부는 사회치안 질서 회복에 역점을 두기 시작하였으며, 인민검찰원, 법원 등과 협조하여 사회치안질서에 대한 선전강화와 교육을 실시하였다.

현대에 이르러 중국경찰은 활발한 대외교류를 통해서 각 나라의 장점들을 받아들여서 적용하는 한편, 공산당의 지도하에 조직내부의 혁신과 발전을 위한 토대를 튼튼히 구축해 나아가고 있다.

3. 경찰조직

공안기관은 중국의 주요한 인민경찰기관이다. 1955년 2월 28일 「인민경찰법」이 반포되기 전에는 「인민경찰조례」에 근거하여 공안기관과 인민경찰 기관이 개념상 완전히 일치했었다. 그러나 「인민경찰법」이 반포된 후에는 인민경찰의 범위는 확대되고 인민경찰기관은 공안기관에 한정되었다.

중국 인민경찰의 조직을 파악하기 위해서는 먼저 중국의 행정체계에 대한 기본적 이해가 필요한데, 기본적으로 중국의 행정제도는 "이원주체제"라고 할 수 있다. 즉 당과 정부 모두가 행정을 관리한다. 이러한 입장에서 중국 행정제도의 특징은 집중식 관리와 정치행정일원론이라고 할 수 있다(박동균, 2004: 225).

중국은 단일제 국가로써 중안집권체제여야 하나 중국의 역사적 상황과 현실적 상황은 단일제 국가임에도 불구하고, 많은 직능부문에서 지방에 권한을 위임하고 있다. 최근에는 과도한 지방분권에 대한 역효과를 우려하여 중앙이 집중 관리하는 집권방식의 필요성과 더불어, 중앙과 지방권한의 재조정에 대한 논의가 많이 이루어지고 있다.

중국인민경찰의 조직체계는 조직의 성격, 기능과 특징으로 인해서 다른 국가조직체계와는 상이한 특징이 있는데, 중국의 인민경찰에는 국가안전부와 감옥, 노동교양 관리기관, 인민법원, 인민검찰원을 포함한다. 따라서 중국의 경찰조직은 직업제 조직, 병역제 조직, 전문직업제로 나눌 수 있다(단향안, 1994: 45). 이에 따르면, 직업제 조직으로 중앙기구인 공안부와 지방각급 공안기관, 지방파출기관으로 구성되며, 병역제 조직으로 인민무장경찰부대를, 전문직업제 조직으로 철도, 교통, 민항, 산림경찰이 있다. 본 연구에서는 중앙조직과 지방조직, 기타 조직으로 구분하여 좀 더 자세히 살펴보도록 하겠다.

1) 중앙공안기관

공안부는 국가의 최고 공안기관으로서 국무원에 소속된 업무부서이며, 전국 공안 업무의 지도와 조직을 책임지고, 국무원을 거쳐 전국인민대표회의 및 그 상무위원회에 대해 책임을 지고 있으며 27개의 업무국과 11개의 부서로 총 38개의 부서로

구성되어 있다. 「인민경찰법」의 규정에 의하면 공안부의 주요임무는 인민경찰과 인민무장경찰 부대의 지도와 관리, 사회치안과 국내 안전보호업무의 지도와 관리, 시민의 합법적인 권익의 보호, 사회질서 유지, 국가안전보장, 사회주의 현대화 건설, 형사범죄 활동의 예방과 퇴치, 인민 민주정권의 보장, 사회주의 제도의 유지이다. 공안부가 맡은 임무와 직책은 서로 상응하는데, 공안부 내에 설치된 수사, 치안, 교통, 소장, 출입국, 예심, 경호, 병방경비, 법제, 계획 장비 등의 업무 부분, 그 외에 판공청, 정치부가 있는 종합관리기구이다. 또한 철도공안국·교통공안국·민항공안국·삼림공안국과 밀수범죄수사국이 공안부분속에 속하며 주무부분과 공안부가 상호 중복적인 지도를 하고 있다

2) 지방공안기관

지방공안기관은 행정기관의 종류에 따라 구체적인 조직에 차이가 있으나, 기본적으로 성, 지, 현, 파출소 등의 4계층으로 설치되어 있다.

표 48 중국의 지방경찰조직

성·구 공안청	직할시 공안구	지방경찰청
공안국 또는 공안처	공안분국	경찰서
주민위원회	공안파출소	파출소
치안보위원회	주민소조	자치조직

(1) 성·자치구·직할시공안청·국

성·자치구·직할시공안청·국은 성·자치구·직할시 인민정부의 공안업무를 주관하는 직능 부문으로서 성·자치구·직할시의 전 범위내의 공안업무를 지휘·관리한다. 1994년 공안부가 제정한 「관우성·자치구공안청기구개혁적의견」에 의하면, 공안청은 조직·협조직능을 갖춘 지휘기관이며, 직접적으로 수사에 참여, 중대 형사사건 수사처리, 치안사건 등을 처리한다. 이는 정부 기타행정부문과 가장 큰 차이라

할 수 있다. 공안청 역할은 각성의 경찰업무의 거시적 관리와 지휘직능에 초점을 두며, 치안관리와 공안, 무장경찰 관리에 대한 직능을 강화하는데 있다

공안청 기구는 "정간, 통일, 효능"의 원칙에 따라 각 성·자치구의 인구수, 지역면적, 치안상황, 경제수준 등의 요소를 고려하여 설치한다. 기구설치에 있어 반드시 설치해야 되는 부서는 판공청, 정치보위처, 경제보위처, 치안관리처, 형사정찰처, 출입국관리처, 컴퓨터감찰대, 통신처, 특수경찰중대, 예심처, 교통경찰중대, 법제처, 행정재무와 정치부이며, 무경중대, 법경부대, 소방중대, 경호처 조직 역시 반드시 설치해야 한다. 기율검사, 감찰, 심계, 퇴직 간부부서, 기관당위기구 등은 통일적 규정에 따라 설치한다.

(2) 지구공안처(국)

지구공안국(처)은 성·자치구공안청의 파견기구이다. 지구의 공산당위원회, 행정관서와 성·자치구공안청의 지휘 하에 공안업무와 직원을 행사하며, 관할 현·시공안기관·인민무장경찰부대의 업무를 지도한다.

(3) 현·시 공안국

현공안국은 현·시인민정부의 조직으로 현·시의 공산당위원회, 정부와 상급공안기구 지휘 하에, 공안업무와 직무을 행사하며, 관할 내의 공안업무를 조직하고 관리한다.

(4) 공안분국

각 직할시·성 관할시 각구는 공안분국을 설치하는데 이는 시공안국의 파견기구이며, 구공산당위원회, 구인민정부와 시공안국의 지휘 하에, 공안업무와 지원을 행사하며, 관할 내의 공안업무를 조직하고 관리한다.

(5) 공안파출소

1988년 4월 국무원이 비준한 「관우부분고등학교설립공안파출소실시판법」에 따라 설치되었다. 공안파출소는 현시공안국과 공안분국의 파견단위이며, 중궁경찰의 최일선 조직단위이다. 성시에서 공안파출기구는 길거리와 공공 변화장소에 설치한다.

(상업지역, 유원지, 공원, 체육관, 정류장, 비행장, 항만 등) 이것은 통상 소장 1명, 부소장 1-2명, 파출소원 약간 명으로 구성되어 있다. 체계상 공안기관과 같은 급의 향, 진의 지시를 받지만 주된 지휘는 공안기관이다.

3) 기타조직

(1) 병역제 조직

병역제조직이란 중국인민무장경찰부대를 의미하며, 국내와 국경방위, 화재 진화의 임무를 갖고 지난 1983년 4월 창설되었으며, 중국인민해방군 및 국가안전부와 더불어 3대 무장부대로서 우리나라의 전투경찰과 유사하다. 무경에 대해서는 경찰법 규칙 제51조에서 "중앙인민 무장결찰부대는 국가가 부여한 안전과 보위임무를 집행한다"고 규정함으로써 그 존재와 직무내용을 밝히는데 그치고 세부적인 사항은 하위 법률에 위임하고 있다. 이런 인민무장경찰부대는 국가의 무장 역량의 하나로서 공안부문의 한 조직이다(정진환, 2006: 459).

이 조직은 요인경호 등의 군의 내부경호담당부대를 경찰로 이관하고, 경찰에서 병역제를 실시하고 있는 종래의 무장경찰, 국경경비 경찰, 소방경찰 부대를 통합하여 이루어진 것으로 국가의 안전을 방위하는 경찰의 하나로, 각급 정보와 경찰이 지도로 업무를 수행하면서 상급인민경찰부대의 지휘를 받고, 의무병 및 지원병을 결합한 제도를 실시한다. 따라서 지금까지 군이 담당했던 경비 등의 경호업무가 각급 정부와 공안부의 지도로 이루어지는 것으로 이 부대의 존재는 1983년에야 비로소 알려졌다. 인민무장경찰부대의 주된 임무는 ① 국가주권유지, ② 사회치안유지, ③ 중요 목표와 인민생명·재산보호 등이 있다. 인민무장부대는 지원병제를 실시하고 있다. 이에 따라 인민무장경찰부대는 「중화인민공화국 병역법」과 「중화 인민해방군 조례」의 명령에 따라 행동하고, 인민해방군의 건군원칙과 종지를 집행하도록 되어 있다(박동균 외, 2004: 229).

4) 그 외 사법기관

(1) 국무원사법부(감옥, 노동교양 관리부문의 인민경찰)

국무원사법부는 사법행정계통의 최고단계(헌법 제89조)로 우리의 법무부에 해당한다. 이는 광의 법집행기관으로서 법무행정을 담당하는 직원을 포괄하고 있으며 주요 임무는 법률안의 기초, 형벌 및 행정구치의 집행, 법정간부의 양성, 변호사의 감독, 여러 외국과의 사법협력, 중국공산당 중앙정치위원회가 지도하는 신문인 중국법제보의 발행 등이다.

사법부의 내부조직에는 ① 노동교화를 관리하는 노동개조공작관리국 ② 바른직업에 종사하지 않는자, 경범죄의 반혁명죄·반국가 행위자, 기관내의 장기 데모자 등을 행정절차에 따라 1−3년간 강제 교도하는 노동교양공작 관리국 ③ 거민위원회 등에서 하는 인민조정의 감독을 담당하는 인민조해사 ④ 전국 변호사협회를 통한 변호사를 감독하는 율사사 ⑤ 전국 5개소의 정법대학을 직계에 두고, 장래 사법간부를 양성하는 교육사 등이 있다. 이 밖에 선전사, 공증율사, 외사사, 변공청, 법률정책 연구실, 인사사, 계획재무사 등이 있으며 직속기관으로 중국법정보사, 법률출판사, 노동개조연구소, 사법감정과학기술연구소, 중국정법대학, 서남정법학원 등이 있다.

(2) 중국공산당중앙정법위원회

이 기관은 중국 공안기관 전체를 통할하는 합의제의 최고 경찰기관이다. 그 임무는 사회주의의 민주화와 현대화 그리고 법제의 건전화 등을 위하여 공안부문, 국가안전부문, 사법부문, 민생부문의 제기관 그리고 인민법원 인민검찰원 등 사법관계기관을 통일적으로 지도하고 조정하여 통괄하는 것이다. 1980년대 설치되었고 지방에도 지역별 당위원회에 정법위원회가 있는 등 정법관계조직이 있다.

현재 위원장은 중앙정치국 상무위원을 맡고 있으며, 위원에는 공안부장, 국가안전부장, 법무부장, 최고인민법원 원장, 최고인민검찰원 검찰 등이 있다.

4. 수사구조

사법기관은 공안기관, 국가안전기관, 인민법원 및 사법행정기관으로 되어 있다. 형사사건에 대한 수사, 구류 예심은 공안기관이, 간첩사건에 대한 수사, 구류, 예심은 국가안전기관이, 수사권 및 체포승인, 공소제기 및 유지의 공소권은 인민검찰원이 각각 담당한다. 중국의 재판은 인민법원이 담당하고, 법정에서 변호를 맡는 변호사제도를 두고 있다.

1) 법원기관

다른 나라에서와 마찬가지로 중국에서의 법원은 기본적으로 재판기관이다.[40)]

중국에서의 법원은 심급 및 관할하는 사건에 따라 최고인민법원, 각급 지방인민법원 및 군사법원 등의 전문인민법원으로 구성되어 있고[41)] 지방 각급 인민법원은 기층인민법원(현·시·자치구·시관할의 구), 중급인민법원(성·자치구·직할시 내의 지구·성·자치구 관할의 시·자치주의 대도시), 고급인민법원(성·자치구·직할시)으로 나뉘어져 있으며, 또 전문인민법원은 군사법원 외에 해사법원, 철도운수법원 등이 설치되어 있다.

우리의 대법원장에 해당하는 최고인민법원장은 전국인민대표대회에서 5년의 임기로 선거되며 연임은 2기까지로 제한된다.[42)] 부원장 및 재판원은 전국인민대표대회 상무위원회에서 임면한다. 마찬가지로 지방 각급 인민법원장은 상응하는 각급 인민대표대회에서 선거하고, 부원장 및 재판원은 각각의 인민대표대회 상무위원회에서 임면한다.

중국의 인민법원에는 다른 나라에서 찾아볼 수 없는 특징적인 제도로서 재판위원회 제도가 있다. 최고인민법원을 포함한 각급 인민법원에서는 재판위원회가 설치되어, 재판경험의 총괄, 중대 사건이나 의문 있는 어려운 사건 기타 재판활동에 관

---

40) 중화인민공화국 헌법 제123조는 "인민 법원은 국가의 심판 기관이다"라고 규정하여 법원의 역할을 분명히 하고 있다
41) 중화인민공화국 헌법 제124조.
42) 최고인민법원과 최고인민검찰원은 모두 형식상 국무원과 대등한 위치에 있으나, 각 그 최고책임자인 원장의 직급이 국무원 부총리 급으로 된다는 점에서 등급 면에서 국무원보다 낮다고 할 수 있다.

한 문제를 토의한다. 제1심의 재판에서는 인민배심원이 참가하는 것도 있으나 흔한 경우는 아닌 것 같다.

중국의 심급제도는 다른 나라의 소송제도와는 달리 독특한 구조를 취하고 있다. 즉 우리나라를 비롯한 대부분의 국가는 3심제를 취하고 있는 반면 중국에서는 민사, 형사 재판을 불문하고 2심 종심제(兩審終審制)를 채택하고 있다. 법원조직법 제12조는 『인민법원이 사건을 재판하는 때에는 2심 종심제를 실시한다(1항).

지방 각급 인민법원의 제1심 사건에 대한 판결 및 재정에 대하여 당사자는 법률이 정하는 절차에 따라 직상급 인민법원에 상소할 수 있고, 인민검찰원은 법률이 정하는 절차에 따라 직상급 인민법원에 항소할 수 있다(2항)』라고 하고, 같은 조 제4항에서는 『중급인민법원, 고급인민법원 및 최고인민법원이 재판한 제2심 사건의 판결 및 재정과 최고인민법원이 재판한 제1심 사건의 판결 및 재정은 모두 종심적 판결 및 재정으로서 법률적 효력이 발생하는 판결 및 재정이다』라고 하여 2심 종심 제도를 채택하고 있다.

2) 검찰기관

인민검찰원(검찰청)은 소송기관(형사소송법 제 3조, 제 95조)이고 국가의 법률감독기관으로 독립한 검찰권을 행사한다. 그 조직은 중화인민공화국 검찰원조직법과 검찰관법에서 규정한다.

이는 최고인민검찰원과 각급 지방인민검찰원, 전문인민검찰원(군사 검찰원등)으로 구성된다. 최고 인민검찰원은 형사검찰원, 부정부패담당검찰원, 항소·상고검찰원이 있다.

인민검찰원은 최고인민검찰원, 각급 지방인민검찰원 및 군사검찰원 등의 특별인민검찰원으로 구성된다. 인민검찰원의 관할은 인민법원의 각각 대응한다. 지방 각급 인민검찰원은 성·자지구·직할시의 인민검찰원, 성·자치구·직할시의 인민검찰원 분원, 자치주 및 성 관할의 시의 인민검찰원, 현·시·자치현 및 시 관리의 인민검찰원이 있다.

3) 경찰(공안)·검찰·법원의 상호관계

인민법원, 인민검찰원과 공안기관(국가안전기관 포함)은 형사사건을 처리함에 있어서 서로 책임을 분담하면서 상호협조와 상호제약을 한다. 이를 통해서 유효적절하게 법률 집행을 보장한다. 1954년 헌법은 인민법원조직법과 인민검찰원 조직법의 규정에 따라서 형사소송 중에 공안기관은 (사건을) 수사하며, 인민검찰원은 심사기소를 인민법원은 심판을 책임진다. 이와 같은 원칙은 이후, 상호협조를 강조하고, 상호제약을 소홀히 하여 사법공정성에 중대한 영향을 미쳤다. 특히 "문화대혁명"을 거치면서 중국의 사법제도를 비롯하여 모든 제도가 파괴되었고, 이 때 여론재판인 "인민재판"이 이루어지게 된다.

1978년 개혁개방이 시작되면서 국가행정기구와 각종 제도들이 회복되었다. 사법제도도 다시 옛것을 부활시켰다. 이러한 역사적 교훈에 따라 1979년 제정된 형사소송법은 명확하게 3기관의 "분공부책(分工負責), 상호배합(相互配合), 상호제약(相互制約)"의 원칙을 규정하였다. 업무분담(分工負責)은 형사소송 재판중에 공안, 검찰, 법원 각 기관이 법에 따라 책임을 분담하고, 상호 그 업무를 대신 위탁할 수 없는 것을 가의미한다. 구체적으로는 형사사건의 수사, 구류, 체포 등은 공안기관이 책임지며 인민검찰원은 경찰고소장, 수사서류를 검토, 검찰기관이 직접 수리한 안건의 수사, 공소제기, 법정에 출두하여 공소지지를 담당하며, 심판은 인민법원이 책임진다.

상호협조는 공안·검찰·법원의 3기관이 업무분담의 기초 하에서 협력하여 형사사건을 처리한다는 것이다.

상호제약은 공안, 검찰, 법원 3기관이 서로 감독하여, 사건처리 과정 중에 발생한 편차를 시정·방지하는 것을 가리킨다. 구체적으로 살펴보면 다음과 같다.

(1) 공안기관과 검찰기관

공안기관이 고소 사건 중에 범죄혐의자의 체포가 필요하다고 여겨질 때, 검찰원에 심사를 제청하고 검찰원 체포여부를 결정하고 공안기관이 안건을 조사하여, 기소가 필요하다고 여겨지면 검찰에 이송하여 심사를 진행하며, 검찰원은 심사 이후에 공소여부를 결정하다. 검찰원은 안건 심사시, 공안기관에 법정심판에 필요한 증거를 제공할 것을 요구할 수 있다. 보충조사가 필요한 것에 대하여 공안기관에 보충조사를 요구할 수 있으며 스스로 조사할 수 있다. 공안기관은 검찰 것에 대하여 공안기관에 보충조사를 요구할 수 있으며, 스스로 조사할 수 있다 공안기관은 검찰 것에 대하여 공안기관에 보충조사를 요구할 수 있으며, 스스로 조사할 수 있다. 공안기관은 검찰이 결정한 불기소 결정에 착오가 있을 때, 검찰에 이의신청을 제기할 수 있다. 만약 이의 신청이 받아들여지지 않을 때는 상급 검찰원에 이의를 제기할 수 있다. 상급 검찰원은 즉시 결정하여 하급 검찰원과 공안기관에 통지하여 집행한다.

검찰원은 공안기관이 마땅히 조사서를 작성해야 하는 안건을 작성하지 않았다고 여겨지거나, 피해자가 공안기관이 작성할 안건을 조사하지 않았다고 여겨지는 것에 대하여 공안기관이 불심안의 이유를 설명할 것을 요구할 수 있다. 검찰원은 그 이유가 불충분하다고 여겨질 때, 공안기관에 입안을 통지하고, 공안기관은 통지를 받은 후 입안해야 한다. 검찰원은 공안기관 조사활동이 위법상황이 있음을 발견하며, 공안기관에 통지하여 시정을 한다.

(2) 검찰기관과 법원

검찰원은 피고인의 범죄사실을 조사하고 증거를 확보하여, 형사책임을 추구한다. 검찰원은 기소결정이 내려진 후, 심판관할의 규정에 따라서 법원에 공소를 제기한다. 법원이 제기한 공소사건에 대하여 심사를 진행 후, 기소안의 진실을 가려 심판을 내린다. 법원이 공소안건을 심판시, 약식재판을 제외하고 검찰 법정에 출석하여, 공소제기의 이유와 증거를 제시하여야 한다. 검찰이 재판과정 중에 공소가 제기한 안건에 보충조사가 필요하다고 판단시, 심리연기를 제출할 수 있다.
단, 검찰은 1개월 내 보충조사를 완결해야 한다. 검찰원 법원심리에 이의를 제기할 수 있다.

(3) 공안기관과 인민법원

공안기관은 인민법원의 판결에 동의하지 않으면, 인민검찰원의 제청을 거쳐 항소를 제기할 수 있다(한정위, 2009: 50－55).

제7절 기타

1. 스페인

1) 경찰역사

(1) 국립경찰의 역사

스페인에서 근대적 의미의 경찰의 시작은 1908년 2월 27일 법에 따라 탄생한 치안대(Cuerpo de Seguridad), 순찰대(Cuerpo de Vigilancia), 특수업무대(Cuerpo de Servicious especiales)이다(경찰대학, 2004: 338)

치안대는 경비 및 방범기능을 주 업무로 한 제복경찰이며 군법을 적용하는 군대 단위로 이루어졌다. 순찰대는 수사 및 정보기능을 하는 사복경찰을 말한다. 특수업무대는 외국인 및 국경통제업무를 담당하였다.

경찰청(Opicina de Policía)은 1912년 2월 창설되었으나 1930년 에밀리오 몰라(Emilio Mola)가 경찰청장이 되면서 경찰관의 권리·의무 및 책임을 정한 임시규칙을 만들어 국가경찰의 기초를 이루게 되었다(경찰대학, 2004: 338). 1931년부터 다시 발생한 사회혼란으로 경찰청에 기동타격대(Sección de Vanguardia de Asalto)를 창설하게 되었다.

1939년에서 1975년의 스페인 내란이 끝난 뒤 경찰조직에 변화가 생기게 되었다. 순찰대는 일반경찰대(Cuerpo General de Policía)로, 치안대는 무장순찰대(Cuerpo Armado y de Trafíco)로 변경되었으며, 전국적 관할을 가진 4개의 경찰국(Departamento de Policía)과 6개 지방경찰청(Jefatura Superior)이 생겼다. 이 경찰국은 오늘날의 정보국, 방범국, 경비국, 사법국, 국경국, 외사경찰국의 모태이며, 지방경찰청은 오늘날의 13개 지방경찰청의 모태가 되었다.

1978년 프랑코 총통의 죽음 속에 사회가 급변하고 1978년 12월 4일 경찰법(Ley de Policía)을 제정하게 된다. 여기서 일반경찰대는 정복근무의 전문경찰대(Cuerpo Superior de Policía)로, 무장순찰대는 사복근무의 국립경찰(Policía Nacional)로 개편되었다. 국립경찰은 민병대와 함께 국가경찰의 2대 조직을 이룬다. 권한은 관할구역에 따라 조정하여 국립경찰은 중·소도시 이상을, 민병대는 기타 지역 관할권을 가지게 된다. 1978년의 경찰법은 경찰청의 조직을 내무부장관, 경찰차관, 경찰청장, 차장의 순서로 하여 경찰의 독자성을 박탈하고 이후 발전에 걸림돌이 되기도 하는 문제점이 있었다.

1986년 3월 13일 제정한 경찰조직법(Ley Organcia de Fuerzas y Cuerpos de Seguridad)에 따라 1978년 경찰법상의 국립경찰과 민병대 두 조직을 다시 개편하여 하나의 합리적이고 일괄적인 기구인 국립경찰(Cuerpo Nacional de Policía:CNP)로 만든다(경찰대학, 2004: 339). 이에 따라 전문경찰대(정복경찰)와 국립경찰대(사복경찰) 개편하였는데 정복경찰과 사복경찰을 1인의 청장 밑에 두는 형태로 경찰청 밑에 중앙조직은 7개 국(Subdirección), 4개의 경찰국(Comisaría General), 지방조직으로는 13개의 지방경찰청과 52개의 도 지방경찰청과 143개에 달하는 시 경찰서를 두고 있다.

1987년 12월 4일 왕령으로 경찰의 계급과 직위에 따라 그 복제 및 장비를 정하는 내부규정이 생김에 따라 국가 경찰은 내무부 장관의 지휘를 받는 완전한 경찰조직을 형성하게 되었다.

(2) 군인경찰의 역사

군인경찰은 평소에는 내무부장관의 지휘를 받고, 전시나 비상계엄 때는 국방부장관의 지휘를 받는 이원적 지휘체계를 갖는 경찰조직이다.

현대적 의미의 모태는 1844년 왕령으로 창설되었다. 실제 유사한 기능을 수행한 역사적 선례로는 13세기에 활동한 '성스러운 형제'라는 뜻의 Santa Hermandad라고 부르는 시민경찰까지 거슬러 올라간다고 할 수 있다. 이 시민경찰은 14세기 카스틸리아 왕국 전제로 확대되어 15세기에 늘어서 전국적인 조직이 되었다. 시민경찰은 카스틸리아 왕국에서는 비상경비대(Somaten)[43]로, 아르곤 왕국에서는 왕실경비대 또는 일반경비대(Guardis Del Reino o Del Generales)로, 발렌시아에서는 경보병(Minones)로 각각 다르게 불렸으나 기본 임무는 공공질서유지

---

43) 오늘날 '카탈루냐 지방에서의 국민의 비상경비대, 비상소집, 경보'라는 뜻을 갖는다.

및 범죄행위로부터 시민의 생명과 재산 보호에 있었다는 점에서 동일하다고 할 수 있다.

위의 조직들은 비록 조직상 변화는 있었지만 본질적 임무는 변하지 않고 제1차 Carlos 왕위계승 전쟁으로 야기된 치안혼란을 해결하기 위해 1844년 왕령으로 현대적 의미의 군인경찰대를 창설하게 되었다. 이때부터 조직과 행정면에서는 국방부(Ministerio de la Guerra)에 종속, 임무수행에서는 내무부(Ministerio de la Gobernación)에 종속되었다. 장교들(Jefes y Oficiales)은 모두 군인 출신이며 엄격히 경력에 따라 승진하였다. 최초의 군인경찰대장은 육군 원수 급의 아우마다 공작(Duque de Ahumada)으로 군인경찰의 권위와 명성을 확립하였다. 군인경찰은 초기에는 5천 769명의 보병과 기병으로 조직되었고, 1856년에는 1만 2천명에 이르렀다.

당시에도 관할에 따라 도지사의 근무지시나 명령을 받거나(단 인사, 징계, 장비, 보급 등은 군인경찰대장의 지휘감독), 시장 등의 협조요청에 따라 필요한 업무도 행하였다(경찰대학, 2004: 339-340).

(3) 사법경찰의 역사

1985년 사법권조직법이 제정되기 전까지는 경찰이 기타 관청 치안담당기관과 함께 사법경찰의 일원이 되었으나, 사법권조직법은 정치적·행정적 관할에 따른 그 소속이 다른 3개의 경찰조직(국립경찰, 광역자치경찰, 기초자치경찰)에 각각 사법경찰의 임무를 부여하였다.

사법경찰에 관한 입법의 역사를 살펴보자면 다음과 같다. 사법권조직법, 경찰조직법은 사법경찰의 조직적 측면을, 형사소송법은 범인의 추적 및 처벌 등 특정 직무와 관련하여 구체적으로 정하고 있다. 1872년에 제정된 형사소송법(Ley de Enjuiciamiento Criminal)[44]에 따르자면 형사소송법에 따르면 사법경찰(Jueces de Instrucción)은 예심판사와 검사의 보조자(auxiliares)로 규정하고 있지만, 헌법은 법관, 법원 및 검찰에 종속한다고 정하여 그 관계를 더욱 명시하고 있다.

---

44) 1821년의 최초 초안이 채택되지 않고, 1879년, 1882년의 개정을 거쳐 오늘에 이르고 있다.

3

2) 경찰조직

(1) 스페인 경찰조직

스페인 경찰은 크게 국가경찰과 자치경찰로 나눌 수 있다. 이 중 국가경찰에는 국립경찰과 군인경찰45)이 있고 자치경찰로는 광역자치경찰과 기초자치경찰이 있다.

표 49   스페인 경찰조직의 체계도

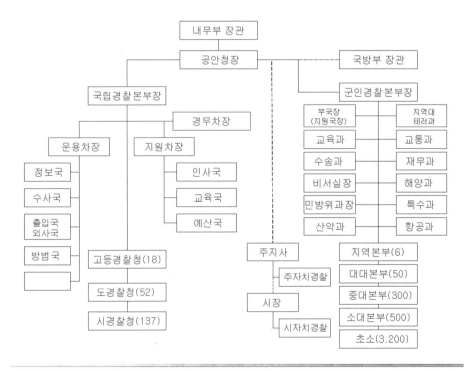

자료: 인권실천시민연대, 2004: 3

---

45) 군사적 성격의 경찰로 이원적 지휘체계를 가지고 있어 순수경찰조직으로 보기 어렵고, 인구 5만 이하의 소도시나 농촌에 조직되어 그 중요성이 크지 않다.

(2) 자치경찰조직

① 광역자치경찰

광역자치단체인 지방을 중심으로 조직하는 자치경찰은 헌법 제148조 제1항 22호와 제149조 제1항 29호의 규정에서 자치경찰의 창설을 규정하고 있으나 실제로는 빠이스 바스코(Pais Vasco), 카탈루냐(Cataluña)와 나바라(Navarra)만 자치경찰을 가지고 있다. 자치경찰이 있는 지역에서는 이들이 헌법상의 경찰임무를 수행하나, 자치경찰을 조직하지 않은 지역에서는 헌법 제37조 제2항, 제39조 및 제47조에 따라 기초자치단체와 광역자치단체에 지정되어 있는 국가경찰을 통하여 경찰임무 행한다. 이러한 지역에서는 기능적으로는 광역자치단체 소속이지만 조직상으로는 내무부장관에 속하게 된다.

자치경찰의 본래업무로는 광역단체 제정법령의 이행 여부 감사, 광역단체 소속 요인의 보호 및 시설보로, 광역단체 규칙위반 행위의 감시, 광역단체 법령에 따른 강제집행이 있다. 공조업무는 중앙정부 제정법령의 이행여부 감시 및 중요 공공서비스의 제공 담보, 사법경찰에 대한 협조자로서의 업무, 공공장소 감시 시위보호, 다중집회장소의 질서유지를 담당한다. 단 국가경찰은 자치경찰의 사전 요청이 없어도 자체결정으로 개입할 수 있다. 국가경찰과 유사업무는 다음과 같다. 민사문제의 우호적 해결을 위한 협조, 천재지변 등 시민보호법에 따른 보호, 자연환경 보호 관련 법령의 준수여부가 그것이다.

② 기초자치경찰

계층적 구조를 가진 민간 성격의 무장을 한 조직으로 자치단체장이 임명하여 그 지휘 감독한다. 기초자치경찰은 조직하지 않은 자체단체에서는 경찰업무를 경비원(Guardias), 순찰대원(Vigilante), 기타 이에 준하는 자(Agentes Algiaciles o Analogos)를 두고 수행한다. 기초자치경찰의 종류로는 교통단속과 사고조사 기능을 하는 교통경찰, 시설 보호·경비기능을 가진 경비경찰, 기타 문서처리를 담당하는 경무경찰, 범죄수사 등 강력사건을 다루는 특별사법경찰이 있다. 업무로는 기초단체 소속 기관 및 시설물의 보호감시, 도로교통법령이 정하는 바에 따라 도시 내의 교통단속, 소통, 지도, 도시 내의 교통사고의 조사, 자치단체조례의 집행과 관련한 행정경찰의 기능, 사법경찰과의 협약, 이때 수집한 증거자료나 피의자 등은 사법경찰에 인계, 시민보호법에 따른 사고, 천재지변 등에 대한 구조 활동 원조, 지역방범위원회에서 정한 범위 내에서의 범죄예방, 국가경찰, 광역경찰과의 협조, 공공장소의 감시, 시위보호, 다중집회장소의 공공질서 유지, 민사문제의 원만한 해결을 위한 협조, 교통이나 천재지변의 경우에 관한 기능 수행 시 국가경찰조직에의 통보의무가 있다.

이것을 국가경찰과 자치경찰의 업무별로 나누어 표시하면 다음과 같다.

표 50   스페인 경찰 조직도

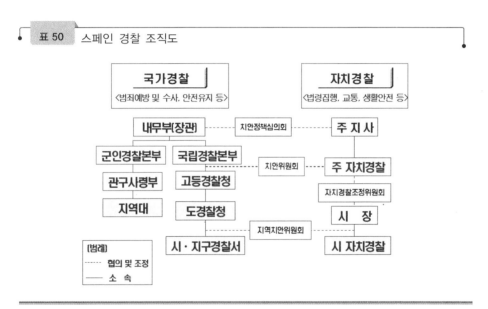

자료: 인권실천시민연대, 2004: 3

2. 태국

1) 태국경찰의 역사

(1) 아유타시대의 초기경찰

태국의 있어서 경찰의 역사를 살펴보면 아유타왕조 시대인 16세기에 근위경찰이라는 왕조경호의 경찰과 왕성 경찰이라는 궁정경비 경찰이 있었다는 문헌에서 경찰의 발자취를 찾을 수 있다. 이들의 임무는 왕실보호 및 지방으로 파견되어 지방의 치안유지와 전시에 군사업무를 수행하였다. 또한 일반행정, 재판, 징병 등의 직무도 함께 맡아 수행하였다.

특히 프라바롬 트리로고나(PRA BAROM TRIOGANA)왕이 1357년도 왕실경찰, 수도경찰, 지방경찰의 3개의 조직을 갖추어 어느 정도의 경찰 모습을 갖추고 있었으나 아직도 군대 조직의 일부로서 신분은 군인으로 18세의 남자는 군대에 가야하고 2년 복무를 하였으며 그중 도둑을 잡는 등 범죄와 관련된 단순 경찰업무를 수행하였다(치안본부, 1990: 422−426).

(2) 근대경찰

태국에 있어서의 근대 경찰조직은 1861년에 기원을 두고 있으며 창설자는 몽쿠우트왕이다. 당시 경찰은 수도성에 소속하고 영국계인 바아드·암즈에 의하여 지휘되고 있었다.

그의 자손은 지금 태국 시민이 되어 이 나라에 정착하고 있다. 그 존립의 초기에 있어서는 경찰은 수도 방콕 중심지역의 질서유지의 책임을 짐에 불과하였다.

근대경찰이 확립되기 까지는 방콕의 법률과 법령을 유지하는 의무는 수도성 밑에 소위 보안관이라고 불리우는 자에게 위임되어 있었다. 기타 지방에서는 국방부와 외부부에서 분담하였는데 전자는 마라야 국경부근의 방콕 남부지역을, 후자는 이 나라의 북부지역을 담당하고 있었다.

농촌지역에 있어서는 법률 집행체의 작용이 약하였기 때문에 이것을 보충하기 위하여 대규모인 산적단 혹은 특정지역에 관한 범죄의 조짐이 보고되면 그 지방에 방콕으로부터 왕의 지령에 의하여 토벌군이 파견되었다.

새로운 경찰은 1855년 영국과 우호통상조약을 체결하여 영사재판권을 인정하고 그후 미국·프랑스 등과 같은 조약을 체결하는 등의 사법개혁과 더불어 발전하였다.

1877년 방콕으로부터 나콘, 라차지마에 이르는 국경철도가 완성됨에 수반하여 최초의 철도경찰이 태국에 탄생하였다. 이 경찰대는 특히 새로 부설된 철도의 궤도를 보호할 책임을 지고 있었다. 1897년에는 최초의 농촌지방경찰대가 탄생하였다. 지방경찰대로서 알려져 있는 바와 같이 그것은 국경에 있어서의 반란, 폭동, 진압할 임무를 부가하고 있었다. 현재의 태국과 동방 및 북동 제국을 지배하고 있던 당시에 있어서는 그와 같은 것이 누차 발생하였던 것이다. 국경에 전쟁이 일어난 경우 등에 있어 군대가 그 현장에 즉시 갈 수 없는 때에 지방경찰대가 국가방위의 책임을 지고 있었다.

태국에 있어서 경찰제도의 근대화는 1915년 10월 13일에 크게 전진하였다. 즉 지방경찰과 수도의 경찰청이 왕의 명령에 의하여 단일조직으로 병행되어 헌병 및 경찰청 이라고 명명되었다. 이에 의하여 10월 13일이 태국경찰기념일로 되어 의식이 개최되고 있다.

이후 이 새 경찰조직의 명칭은 다소 변천은 있었으나 1932년에 태국이 무혈혁명에 의하여 정치형태가 절대 군주제로부터 입헌군주제로 변함에 따라 최종적으로 태국 경찰청이라고 명명되었다(치안본부, 1990: 427−428).

(3) 현대경찰

현재의 태국경찰은 1932년, 중앙수사국, 수도경찰, 지방경찰, 특별경찰(우리나라 정보경찰) 로 개편 분리되었으며, 1957년 혁명 발발로 경찰이 정치적 이익집단에 의해 영향을 받는다. 아직도 태국경찰은 국민의 이익보다는 정치그룹 및 이익집단에 의해 영향을 많이 받아 국민들로부터 신뢰를 받지 못하고 있다.

2) 태국의 경찰조직

(1) 경찰청

현재 태국 경찰의 기능은 내무성의 13개 업무 중의 하나로서 예산은 모두 국가예산으로 충당하고 있다. 즉 범죄예방과 진압·대민봉사·국가안전의 보호·공공 서비스를 임무로 하여 태국경찰청이 관장한다.

태국경찰은 국가경찰조직이며, 이밖에 자치체 경찰이나 보안관제도 같은 일반적인 경찰기능은 찾아볼 수 없다.

경찰청의 권한은 우리나라의 일반경찰 및 특별경찰과 출입국관리, 소방, 산림경찰 및 국경경찰까지도 포함하는 광범위한 것이다. 그리고 경찰청에 소속된 국경경찰대는 그 성격상 군과 동일적으로 운용되지만 어디까지나 경찰조직이며, 이 부분에서도 군과 경찰은 분리되어 있다(치안본부, 1990: 434−435). 태국경찰청의 조직은 26국, 139부, 1,446개 경찰서가 있다.

(2) 지방경찰청

태국경찰청 산하에는 총 10개의 지방경찰청이 있다. 이중에서 수도인 방콕시경은 청장직속(Metropolitan Police Bureau)하에 있으며 방콕을 제외한 전국 75도(道)를 9개의 지방경찰청(Office Provincial Police Region)으로 나누어져있다.

(3) 경찰서

경찰서의 장은 경찰서장이며 계급은 경찰중령 또는 소령이다. 서장 밑에 수사, 행정 및 범죄진압과 교통업무를 각각 수행하는 경찰중령 또는 경찰소령계급의 참모가 있다. 그 아래 경찰대위부터 경찰소위까지 계급의 참모가 있다

태국경찰은 방콕 88개, 기타지방 1,358개등 총 1,446개의 경찰서가 있다. 경찰서에는 경무과, 방범과, 교통과, 형사과, 조사과로 편제되어 있으며 소규모 경찰서는 경무과, 형사과, 방범과만 설치되어 있다. 또한 파출소는 없으나 시내 교차로 등에 교통초소가 설치되어 있으며 범죄 신고도 접수하여 본서에 인계하고 있다(태국경찰청 홈페이지 참고).

3) 수사구조

첫째, 검찰관은 내무성의 검찰국에 소속되어 오로지 공소제기와 공판정에서의 입증활동을 행한다.

경범죄처분에 의하여 사건이 종결되는 경우를 제외하고는 모든 사건은 수사관인 경찰관을 거쳐 검찰관에게 송치되는 것이 원칙이다. 경찰과 검찰의 관계는 서로 독립되어 있으며, 사건이 송치되기 전에 검찰관이 경찰의 수사에 지시, 개입하거나 경찰과 협의하는 일은 없다.

둘째, 수사관은 수사를 마쳤다고 생각되는 경우, 원칙적으로 다음과 같은 구분에 따라 검찰관에 사건을 송치해야 한다고 형사소송법에 규정되어 있다. 즉 수사에 의하여 범인을 확정하지 못했고 또한 그 형이 장기 3년의 금고를 넘는 경우에는 수사중지의 당부에 관한 의견을 붙여서 검찰관에게 1건 기록을 송부한다. 수사의 중지·계속에 관하여는 수사관은 검찰관의 명령에 따라야 한다. 그러나 실무상으로는 시

효가 완성되기 전에 피의자 불명인 채로 검찰관이 사건을 처리하는 일은 있을 수 없으며, 앞에서 말한 기록송부는 검찰관에 대한 단순한 통보로 되고 사건기록은 전송되는 것으로 되어 있다.

둘째로 범인은 확정되었으나 체포할 가망이 없는 경우에는 불기소의견을 내고 검찰관이 동의하면 그것으로 사건은 종결된다. 검찰관이 더 수사를 할 필요가 있다고 인정하며 이에 따라야 한다. 검찰관이 더 수사를 할 필요가 있다고 인정하면 이에 따라야 한다. 검찰관이 고소의견인 경우에는 검찰관은 피의자의 체포를 위해 필요한 모든 수단을 강구해야 한다고 규정되어 있다.

셋째로, 피의자가 유치 또는 구속되어 있는 경우인데, 수사관이 불기소의견인 때는 1건기록만을, 기소의견인 때는 피의자와 1건기록을 권한을 지니면, 후자의 경우 수사관은 직접 또는 검찰관에 대하여 법원에 피의자의 석방을 청구하도록 요청할 수 있다. 또, 검찰관은 송치된 사건에 대하여 타당하다고 인정하는 때에는 수사관에게 경범죄처분을 명할 수 있다.

불기소처분에 대하여는 검찰관이 수도권의 경우는 경찰관장관 또는 부장관에게 그밖의 경우에는 현의 국장에게 연락을 하며, 이 처분에 동의하지 않는 때 경찰은 검찰총장에게 반대의견을 송부하여 그 판단에 맡길 수 있다. 시교기간이 촉박하거나 시급하면 기소 의견을 존중하여 기소를 하도록 규정되어 있다.

3. 이탈리아

1) 경찰역사

이탈리아 경찰은 1814년 Vittorio Emanuelle I에 의해 Carabinieri Corps가 경찰은 군대와 사회기능을 같이 한다는 목적 아래 창설된 것이 모태가 되었다. 그 후 이탈리아 군대와 통합되는 등의 과정을 거치면서 성장하게 되었다

1861년 이탈리아가 단일국가로써 통일되었을 때 공공의 안전과 그 조직에 대한 세부적인 일반지침들이 만들어졌으며, 1865년 National Guard가 Public Security

Guard의 Corps로 변화되면서 더욱 세분하여 조직의 규정이 정비되었다.

제1차 세계대전과 제2차 세계대전을 치루면서 일반인들로 구성된 주 경찰이 'Corps of Public Security Guards'라는 전통적인 명칭을 가지고 상황적 필요에 따라 군대화되었다. 이러한 상황은 1981년에 모든 경찰관들을 군인이 아닌 민간인 신분으로 바꾸는 등 Corps를 재조직화한 법이 제정될 때까지 지속되었다.

1981년 1월 1일에 제정된 법 No. 121에서는 경찰력의 효율성을 강화하기 위한 차원에서 공공안전에 대한 조직과 관리체계에 대한 전면적인 개혁이 이루어졌다.

Corps of Public Security Guards의 구성원은 1944년까지 32,000명이던 것이 1946년에는 55,000명으로 증가하였고 1982년에 새로운 법으로 설립된 주 경찰은 85,000명으로 구성되었다.

2) 경찰조직

이탈리아는 국립경찰을 주축으로 군인경찰과 재무경찰, 산림경찰, 교정경찰 등 국가경찰기관이 각 지방에 일선기관을 두고 공공질서유지와 범죄예방 및 수사를 담당하며 자치경찰은 주로 교통관리와 영업허가 등 행정경찰업무를 담당한다. 자치경찰은 도 단위 자치경찰(Polizia Provinciale)과 시 군 단위 자치경찰(Polizia Municipale, Vigili Urbani)로 구분할 수 있으며, 국립경찰의 일선기관이 없는 도시에서는 시장이 치안책임을 부담한다.

국가적 차원의 질서와 사회 안전 유지의 책임은 내무부장관에게 있다. 내무부장관은 치안에 관한 정부 책임자이며, 내무부장관을 위원장으로 하고, 차관보, 경찰청장, 군인경찰대장, 재무경찰대장, 교정국장을 위원으로 하는 국가공안자문회의(Il Comitato Nazionale dell' Ordine e della Sicurezza Pubbblica)[46]를 통해 각 경찰기관들의 업무를 조정·통제함으로써 다양한 경찰기관을 효율적으로 운용하고 있다. 국립경찰청장은 내무장관이 추천하고 국무회의에서 결정하여 대통령이 임명하고, 내무부의 공안국장을 겸임하며 사회 안정 책무를 담당한다(일탈리아 경찰청 홈페이지).

---

46) 상임위원 외에도 내무부 내 다른 국장들, 항만경찰청장, 법무부 간부, 군 간부와 다른 행정부처 간부들이 회의에 참석할 수 있다.

(1) 국립경찰

국립경찰은 각 지방에 도를 관할하는 일선기관을 두고 있다[47]. 103개도에는 각각 도지사와 도 경찰청장이 치안책임자로서 경찰업무를 관장한다. 도지사(Prefetto)는 정부를 대표하는 민간인으로서 국립경찰에 속해 있지 않지만, 도내 치안의 총 책임자로서 내무부장관이 제시하는 치안정책의 시행과 범죄의 예방 및 사회 안전을 위해 도내 경찰을 지휘 조정 통제한다. 도지사의 경찰업무 관여는 주로 정치적이거나 행정적인 것이 많으며, 업무조정과 관련해서는 국가공안자문회와 같게 지방공안자문회의를 소집하여 지원을 받는다. 지방공안자문회의에는 도 경찰청장, 군인경찰지역대장, 재무경찰지역대장으로 구성되며, 시장이나 법원 등 관련기관 대표들이 참석할 수 있다. 각 도에서 도지사는 일반적인 정책결정에 관여할 뿐이며, 도 경찰청장(Questore)이 도내의 경찰관에 대한 근무 지시, 경찰운용, 경찰서간 업무 조정 등 경찰업무를 실질적으로 책임지고 관리한다. 업무지시를 비롯해 각종 인허가, 자격증, 인준동의서 등 모든 발행문서는 도 경찰청장을 두고 관할구역 내의 경찰서에 대한 지원·조정·통제자 역할을 담당한다. 시·군 단위에는 관할 면적과 인구, 치안수요에 따라 광역경찰서, 경찰서, 지구대 등 다양한 일선기관이 있어 범죄예방과 수사 및 사회질서유지 업무를 담당하고 있다. 일선관서가 없는 곳은 시장이 치안책임자가 된다.

(2) 군인경찰

국가경찰의 또 하나 중요한 기관으로 군인경찰(Carabinieri)을 들 수 있다. 군인은 보병과 기병을 출발하여 처음부터 전투와 치안업무라는 두 가지 임무를 위해 창설되어, 현재에도 국방과 치안의 두 가지 역할을 수행하고 있다. 원래 이론적으로는 국방부장관의 소속하에 있으나, 자율적 운영을 보장받으면서 군인과 헌병으로서의 역할을 수행하고 있는 셈이다. 그리고 업무상 보건부, 환경부, 노동부 등 여러 부처와 연계되어 있으며 사법경찰 및 행정경찰의 지위를 부여받아 기능해나가고 있다.

---

47) 이탈리아 행정조직은 전국을 20개의 주(Regione)로 나누어 103개 도(Province)를 관할하고 있으며, 기초자치단체를 가진 시·군은 8,102개이다. 주정부에서는 자체 입법권과 재정권을 가지고 있으며, 중앙정부에서 파견된 조정관(Commissioner)이 행정권을 행사한다(조병인, 2005: 157).

중앙조직은 대장(Comandante General)과 부대장(Vice Comandante Generale), 그리고 참모장(Capodi Stato Maggiore)으로 구성되어 있다. 지방조직의 경우 5개의 지구사령부(Comandi Interregionali), 19개의 주사령부(Comandi Regione), 102개의 도사령부(Comandi Provinciali), 17개의 특수지역대(Reparti Territoriali), 535개의 지역대(Comandi Gruppi, Compagnie), 그리고 4645개의 군인경찰서(Comadi Tenenze, Stazioni)로 구성되어 있다. 전체 군인경찰의 80%인 87,134명가량이 지방 조직에 소속되어 경찰업무를 담당하고 있다. 특히 특수 지역대의 경우 밀라노, 로마, 나폴리, 팔레르모 등의 주 일부를 담당하고 있다.

2000년 법 개정으로 여자를 남자와 같은 보수수준으로 군인경찰로 채용할 수 있도록 했으나, 지금까지 여자 군인경찰은 한명도 채용되지 않았다. 군인경찰은 경범죄를 비롯한 중요범죄, 마약거래, 테러 등 모든 형태의 범죄와 싸우며, 법집행과 질서유지를 도와주며 법정경비를 담당한다. 군인경찰은 치안활동을 할 때에는 내무부장관의 지시를 받지만, 군사작전에 참여하거나 채용·조직·징계·행정·교통수단 등은 국방부장관의 지시에 따른다.

(3) 재무경찰

재무장관 소속의 경찰기관으로 군인경찰대의 일부에서 발전되어 나왔다는 역사를 가지고 있으며, 재색으로 된 경찰복장을 입고 권총을 소지하며 순찰차를 타고 항상 세금 포탈자를 추적하는 활동을 하고 있다. 이것은 지하경제가 70%라고 불릴 정도로 심각한 이탈리아에서는 재무경찰의 역할이 그만큼 중요시되고 있는 것이다. 적발되는 경우 매우 강력하고 강도 높게 대상자를 집중 조사하는 것으로 알려져 있으며, 공정경제위반사범, 세금포탈사범, 위조화폐 및 마약사범 등의 업무를 담당한다.

6개의 지구사령부(Comandi Interregionali), 20개의 주사령부(Comandi Regionali), 특수대(Reparti Speciali), 특별업무수사대(Comando Unitá Speciali) 등으로 구성되어 기능하고 있다. 특수대의 경우 해상 및 항공수사대, 기업 및 조직범죄 수사대로 구성되어 기능하고 있다.

(4) 자치경찰

이탈리아는 지방자치경찰이 있지만 그 역할은 단순하면서도 미미한 수준이다. 즉 지방자치 단체에 경찰단위가 있지만 지방자치체 경찰은 자치구역에 한하고 그 업무도 상업, 공중위생, 건축, 관광, 도시교통, 대중오락 등에 대한 업무만을 수행한다. 또한 지방자치 경찰은 주로 경범죄와 행정적 위반에 대한 업무를 담당하며 범죄 수사에 대한 업무를 수행하지 않고 있다. 다만 공공질서나 안전을 위해 주 경찰과 협력하는 정도의 업무를 수행할 뿐이다. 지방자치경찰은 시장의 지시를 받는다.

이탈리아에서 자치경찰은 도시경찰이 주를 이루고 있다. 도시경찰은 운영에 있어서 독립성을 유지하며 지차원칙에 따라 조직되며, 행정법에 근거해 지방행정부서가 가지고 있는 행정과 관련된 법이나 시행령에 의해 도시경찰이 운영되고 있다. 도시경찰은 일부 사법경찰로서의 역할을 수행하는 경우도 있기에 무장도 허용하고 있다. 그러나 이탈리아의 모든 도시가 도시경찰을 유지하고 있는 것은 아니다. 재정자립도에 따라 자치경찰제 시행여부가 관건이 된다(신현기, 2004: 219-221).

자치경찰은 기본적으로 소속 자치단체의 관할 범위 내에서 활동하나 예외적인 경우로서 관할구역에 대한 보다 효과적인 경찰업무 수행을 위해 관련 국가경찰기관의 사전요청을 받아 시장의 사전 동의하에 국가경찰과 합동근무가 가능하다. 하지만 국가경찰과 자치경찰 및 군인경찰 상호간의 협력조정 및 관할권분쟁 문제는 계속 잔존하고 있다. 1998년부터 경찰개혁을 통해 해결하려고 노력하고 있으나 해결하지 못하고 있는 실정이다.

표 51 　이탈리아 자치경찰 조직체계도

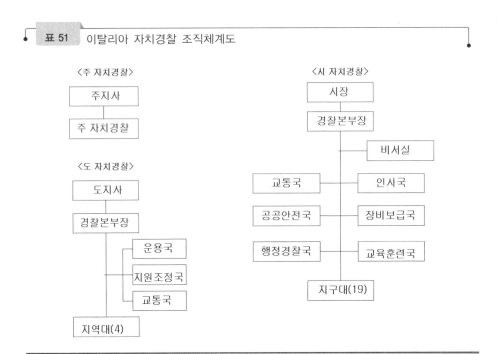

〈주 자치경찰〉

주지사

주 자치경찰

〈도 자치경찰〉

도지사

경찰본부장

운용국

지원조정국

교통국

지역대(4)

〈시 자치경찰〉

시장

경찰본부장

비서실

교통국　인사국

공공안전국　장비보급국

행정경찰국　교육훈련국

지구대(19)

자료: 신현기, 2004: 220

(5) 기타 국가 경찰

그 외에 국가 경찰로는 기마병, 세관, 항공경찰, 철도경찰, 우편경찰 등이 있다.

4. 그리스

내무부장관(치안장관)을 정점으로 중앙집권형 경찰 제도를 취하고 있다. 중앙경찰청이 있고 수도인 아테네와 테살리아지방에는 독립지방경찰청이 있고 기타의 지역을 관할하는 13개의 경찰국이 있다. 그리고 지방경찰청과 경찰국 산하에 경찰서와 파출소들이 설치되어 있다.

1) 중앙경찰조직

중앙경찰조직은 크게 2가지로 나누어진다. 첫째, 치안경찰국(Rama de Policía de

seguridad y orden)이다. 여기에는 혼잡경비·위생·보건관련 법령집행을 담당하는 일반부, 교통사고조사·법규위반단속·면허시험담당을 맡는 교통부, 헌법수호업무와 대테러활동을 담당하는 국가안전부, 범죄예방을 주 임무로 하며 마약사법·도박사범 검거를 하는 공공안전부, 인터폴 업무·국제회의 참석 등을 하는 국제협력부 등으로 구성되어 있다. 둘째 행정지원국(Rama de apoyo administrativo)이다. 이곳에서는 작전, 기획, 경찰전략, 법적 지원책, 정보, 재정, 국제공조를 비롯해 경찰력의 집행에 필요한 제반 사항들을 연구하는 부서로 알려져 있다. 즉 경찰인사부, 민간관리부, 교육부, 정보부, 재무부, 기술부, 공공관계부, 관광경찰부 등으로 구성되어 기능하고 있다(신현기, 2004: 240).

2) 지방경찰조직

(1) 독립지방청(Direcciones Generales)

이곳은 수도인 아테네와 테살리아 지방에 설치되어 있다고 했는데 경찰청과는 어느 정도 독립된 경찰권을 행사하고 있는 곳이다. 그러나 기타의 13개 지역경찰국은 본청의 감찰관을 통해 직접 관할하고 있다.

(2) 감찰관(Inspeccíon)

감찰관에는 두 가지가 있는데 하나는 감찰총관이고 다른 하나는 감찰관이다. 감찰총관이 담당하고 있는 지역은 3군데인데 아테네, 테살리아, 그리고 파트라 지방을 말한다. 기타의 지방경찰국에는 감찰관이 임명되어 본청과 협조 및 업무를 감독하고 있다.

(3) 경찰국(Jefaturas)

감찰관과 감찰총관의 지휘 하에서 치안업무를 담당하는데 공식적인 지방경찰청이 설치되지 않은 곳에서 찾아볼 수 있다.

참 고
문 헌

1. 국내문헌

가. 단행본

강재태·배종훈·강대구. (2003), 「진로지도의 이론과 실제」, 교육과학사.

경찰대학. (2003), 「지역사회경찰론」, 경찰대학.

_____. (2004), 「비교경찰론」, 경찰공제회.

경찰청. (1995), 「경찰50년사」, 경찰청

_____. (2012-2018), 「경찰백서」, 경찰청

곽대경 외. (2009), 「청소년비행론」, 청목출판사.

김두현 외. (2002), 「민간경비론」, 벽산출판사.

김상균. (2004), 「최신범죄학원론」, 양서원.

김창윤 외. (2009), 「경찰학」, 다해.

김충남. (2002), 「경찰학개론」, 박영사.

_____. (2005), 「경찰학개론」, 박영사.

남재성 외. (2007), 「경찰학개론」, 글소리.

단향안. (1996), 「신편공안학개론」, 무한공업대학출판사..

박병식. (1996), 「민간경비론」, 법률출판사.

박창호. (2005), 「비교수사제도론」, 박영사.

배철효 외. (2009), 「경찰학개론」, 대영문화사.

박현호 외. (2009), 「범죄예방론」, 경찰대학.

법무부, (2018), 「범죄백서」, 법무부

신현기 외. (1993), 「비교경찰제도론」, 법문사.

신현기 외. (2012), 「새 경찰학개론」, 우공 출판사.

신현기. (2004), 「자치경찰론」, 웅보출판사.

양문승. (2001), 「지역사회경찰론」, 대영문화사.

이상안. (2005), 「일기쉬운 경찰행정학」, 대명출판사.

이성호. (1985), 「교육과정과 평가」, 양서원.

이윤근. (2001), 「비교경찰제도론」, 법문사.

이윤호. (2009), 「경찰학」, 박영사.

_____. (2007), 「범죄학」, 박영사.

_____ (2008), 「현대사회와 범죄」, 다해.

이정근. (1988), 「진로지도의 실제」, 성원사.

이춘재 외. (1998), 「청소년 심리학」, 중앙적성 출판사.

이현림. (2003), 「진로상담의 이해」, 영남대학교 출판부.

이황우. (2007), 「경찰행정학」, 제5판, 법문사.

_____. (2005), 「비교경찰제도」, 법문사.

이황우 외. (2004), 「경찰학개론」, 한국형사정책연구원.

이황우 외. (2006), 「경찰학개론(개정판)」, 한국형사정책연구원.

임준태. (2009a), 「임준태교수의 법과학과 범죄수사」, 21세기사.

_____. (2009b), 「범죄예방론」, 대영문화사.

정진환. (2004), 「비교경찰제도」, 책사랑.

채서일. (2005), 「사회과학조사방법론」, 비앤엠북스.

조병인. (1997), 「범죄학개론」, 법문사.

최선우. (2008), 「민간경비론」, 진영사.

최응렬. (2006), 「경찰행정학」, 경찰공제회.

치안본부. (1990), 「경찰행정학」, 경찰공제회.

하상군 외. (2013), 「외국경찰제도 연구총서」, 신우.

한국형사정책연구원. (2004), 「21세기경찰발전방안」, 형사정책연구원.

나. 연구논문

강동희. (1997), "회세학신공사의 학과반폭과 선공십숭노에 관한 연구", 「농세상담」 8(1): 1-7.

강선주. (2012), "지방분권 강화를 위한 자치경찰제에 관한 연구", 「박사학위논문」, 경상대학교 대학원.

강신욱. (1990), "운동선수의 학업성취 격차요인에 관한 연구", 「서울대학교 사범대학 체육연구소 논문집」 11(2): 1-12.

강순화. (2000), "학사경고생의 실태와 학업지원 프로그램 개발을 위한 연구", 「학생생활
　　연구」 34: 51-97.

고은미. (2005), "체육계열 전공자들의 직업기대가 전공 및 학과만족에 미치는 영향",
　　「박사학위논문」, 성균관대학교 대학원.

공배환. (2008), "민간경비 역할제고를 위한 청원경찰법과 경비업법의 단일화 방안에
　　관한 논의", 「법학연구」 30: 445-467

곽기삼. (1988), "고등학교 학생들의 학교학습에 대한 태도와 그 관련변인", 「박사학위
　　논문」, 서울대학교 대학원.

권형자. (1996), "대학생의 의사결정 유형과 진로결정수준 간의 관계 연구", 「관동대학교
　　학생 생활연구」 11: 15-36.

김무형. (2009), "일본 및 독일의 신임순경 교육훈련 제도의 특징 및 시사점", 「한국경
　　찰연구」 8(2): 3-30.

김봉환. (1997), "대학생의 진로결정수준과 진로준비행동의 발달 및 2차원적·유형화",
　　「박사학위논문」, 서울대학교 대학원.

김수영. (2007), "사회복지학 전공대학생의 전공 선택 동기와 진로에 관한 연구", 「석사
　　학위논문」, 원광대학교 대학원.

김석기. (2007), "방범용 CCTV의 범죄예방효과 제고방안에 관한 연구", 「석사학위논문」,
　　동국대학교 대학원.

김성원. (2004), "민간경비의 성장과 함의: 치안활동의 신자유주의적 재편과 제약적 통
　　치의 등장", 「박사학위논문」, 서울대학교 대학원.

김수천. (1973), "자아개념·학습태도와 학업성취와의 관계", 「춘천대학교 논문집」 14:
　　45-86.

김영미. (2000), "무용참가와 자아실현의 관계", 「박사학위논문」, 단국대학교 대학원.

김영희. (2007), "무용전공 대학생의 무용성취수준이 무용학업적응과 진로결정태도에
　　미치는 영향", 「박사학위논문」, 단국대학교 대학원.

김상호. (2005), "한국경찰 충원제도의 실태와 개선방안", 「한독사회과학논총」 15(1):
　　257-277.

김양현. (2010), "청원경찰제도와 특수경비제도의 통합방안에 관한 연구", 「한국민간
　　경비학회보」 35: 53-71

김정수·김영미·이민아. (2004), "무용전공 대학생의 고원과 슬럼프 현상이 무용성적과

학과적응에 미치는 영향", 「한국체육학회지」 43(3): 571-580.

김종수. (2006), "자치경찰의 신규임용 방안에 관한 연구", 「박사학위논문」, 계명대학교
   대학원.

김창윤. (2008), "미군정기 치안정책 연구", 「한국공안행정학회보」 33: 13-56.

김충기. (1996), "한국 진로교육의 발달 과정에 관한 연구" 「진로교육연구」 5: 135-155.

김태곤. (2009), "경찰문화가 여성경찰관의 역할인식에 미치는 영향에 관한 연구", 「박사
   학위논문」, 동국대학교 대학원.

김현숙·김선정. (2001), "무용 참가와 대학생활 적응도와관계", 「대한무용학회논문집」
   31: 5-16.

김현옥. (1989), "청소년의 진로성숙과 관련변인과의 상관관계", 「박사학위논문」, 건국
   대학교 대학원.

김희진. (2001), "대학생의 자아정체감이 진로태도성숙과 진로준비행동에 미치는 영향",
   「사회과학연구」 5: 369-393.

나동진·송재홍. (1985), "전공-적성 불일치 학생: 현황과 성격적 특성", 「학생생활연구」
   16(2): 424-431.

류지영. (1992), "학과조직의 구성변인과 학과 풍토의 관계", 「석사학위논문」, 부산대학교
   대학원.

박보경. (2006), "미용관련과 재학생의 교육과정 만족도", 「박사학위논문」, 고신대학교
   대학원.

박상진. (2007), "한국 민간경비산업의 실태분석 및 발전방안에 관한 연구", 「석사학위
   논문」, 동국대학교 대학원.

_____. (2010), "경찰학전공 대학생의 진로선택과 진로만족이 전공적응에 미치는 영향",
   「박사학위논문」, 동국대학교 대학원.

_____. (2015), "교수설계를 모델을 통한 교육과정의 효과성 제고방안", 「중앙경찰학교
   2015 경학학술세미나 자료집」, 중앙경찰학교.

박수길. (2001), "한국대학생의 진로결정 수준에 영향을 미치는 가족변인과 개인변인에
   관한 연구", 「박사학위논문」, 숙명여자대학교 대학원.

박옥철. (2004), "민간경비의 실태 및 발전방안", 「석사학위논문」, 용인대학교 대학원.

백형조. (1985), "경찰조직 결정과정에 관한 연구", 「석사학위논문」, 동국대학교 대학원.

석청호. (2005), "순찰지구대의 순찰활동 효과성 제고방안", 「한국공안행정학회보」 21:

191-224.

석청호. (2005), "순찰지구대 운용에 관한 연구: 순찰활동의 효과성을 중심으로", 「박사학위논문」, 동국대학교 대학원.

소병철. (2010), "법치주의 현실 개선과 행정입법의 사법적 통제에 관한 연구", 「박사학위논문」, 서울시립대학교 대학원.

신현기 외. (2004), "프랑스 자치경찰제도의 특징에 관한 연구"", 「경찰학연구」3(2): 155-196.

안창훈. (1997), "경비지도사 제도의 문제점 및 개선방안에 관한 연구", 「논문집」17: 2-32.

양은주. (1999), "여대생의 진로결정에 영향을 미치는 심리적 변인 연구: 태도와 자기효능감을 중심으로", 「한국심리학회지」11(1): 79-94.

오영희. (1993), "대학생들의 적응에 관한 연구", 「한국심리학회 93학술논문집」: 513-530.

윤상근. (2012), "사인에 의한 행정에 관한 연구: 경찰작용을 중심으로", 「박사학위논문」, 계명대학교 대학원.

이기학. (1997), "고등학생의 진로태도성숙과 심리적 변인들과의 관계: 자아 존중감·직업가치·내외 통제성을 중심으로", 「박사학위논문」, 연세대학교 대학원.

이기학·이학주. (2000), "대학생의 진로태도성숙 정도에 대한 예언 변인으로서의 자기효능감 효과 검증에 대한 연구", 「한국심리학회지」, 12(1): 127-136.

이도조. (1993), "경찰관의 직무 스트레스요인과 사기의 관계에 대한 실증적 연구", 「석사학위논문」, 단국대학교 대학원.

이미정. (2006), "경찰윤리 교육의 실효성 확보를 위한 제언", 「한국경찰학회보」, 12: 167-193.

이상기. (2010), "방범용 CCTV의 범죄예방효과 및 효율적인 활용방안에 관한 연구", 「석사학위논문」, 동국대학교 대학원.

이상열. (2004), "바람직한 자치경찰 도입에 관한 연구", 「한국경찰학회보」, 3(2): 167-193.

이상열. (2007), "일제 식민지 시대 하에서의 한국경찰사에 관한 역사적 고찰", 「한국행정사」, 20: 77-96.

이상환. (1996), "새정치국민회의 경찰정책: 지방자치시대의 경찰의 위상과 역할 중심",

「지방자치시대의 경찰의 위상」 8: 33-46.

이상원 외. (2005), "CCTV운용상 문제점과 개선방안", 「경호경비연구」 10: 215-242.

이윤근. (1989). "한국 사경비 발전방안에 관한 연구", 「박사학위논문」, 동국대학교 대학원.

이진현. (2009). "공무원의 정치적 중립에 관한 연구", 「석사학위논문」, 광주대학교 산업
대학원.

이태규. (2005), "한국 민간경비업의 문제점과 발전", 「석사학위논문」, 영남대학교 대학원.

이황우. (1996), "미국의 지역사회 경찰활동에 관한 연구", 「한국공안행정학회보」 5:
98-136.

이현희. (2004), "민간경비 성장에 대한 인과적 분석: 경제, 법죄율, 경찰력", 「한국공안
행정학회보」 17: 327-350.

인권실천시민연대. (2004), "올바른 자치경찰제 도입과 시행을 위한 토론회", 「토론회
자료집」.

임재강. (2003). "경찰의 정치적 중립의 저해요인", 「한국경찰연구」 2(1): 6-33.

임준태. (2007), "경찰순찰활동의 범죄 억제적 효과 연구", 「한국공안행정학회보」 14:
179-201.

장경애. (2001). "과학자들의 진로선택과정에서 드러난 부각요인", 「박사학위논문」, 서울
대학교 대학원.

장문정. (2005), "무용과 학생들의 전공수업에 대한 만족도 조사연구", 「박사학위논문」,
명지대학교 대학원.

장석헌. (2002). "무관용경찰활동에 대한 바판적 검토", 「한국경찰학회보」 4: 21-35.

_____. (2003). "깨어진 창이론을 통한 경찰의 대응방안", 「한국공안행정학회보」 16:
243-270

_____. (2005). "지역사회경찰활동이 성공적인 집행을 위한 경찰의 역할", 「한국공안
행정학회보」 20: 21-35

_____. (2011). "경찰정신의 회고와 전망", 「한국공안행정학회보」 44: 243-270

장선량. (2003), "대학생의 성격유형과 학년 수준이 진로결정수준 및 진로준비행동에
미치는 영향에 관한 연구", 「박사학위논문」, 홍익대학교 대학원.

정봉채. (2012), "수사체계의 합리적인 조정방안에 관한 연구", 「박사학위논문」, 한양대
학교 대학원.

정윤길. (1998), "지방공공서비스의 위탁계약 관리과정에 관한 연구", 「박사학위논문」,

동국대학교 대학원.

정선철. (2003), "대학생의 진로결정유형화와 개인·인지 변인 간의 관계분석", 「박사학위논문」, 건국대학교 대학원.

정승호. (1994). "민간경비의 필요성", 「청람」 10: 219-243.

정희영. (2010), "미용전공 대학생의 가치관과 자기효능감에 따른 전공만족도 및 진로성숙에 관한 연구", 「박사학위논문」, 경성대학교 대학원.

조성택. (2005), "한국의 자치경찰제 모형에 관한 이론적 탐색", 「한국경찰학회보」 9:

지은호. (2003), "경찰관의 직무스트레스에 관한 연구", 「박사학위논문」, 건국대학교 대학원.

최경천. (2010), "경찰수사상 구금 및 유치인 인권보장에 관한 연구", 「석사학위논문」, 한세대학교 대학원.

최인섭. (1998), "가구 및 인구 통계조사에 영향을 미치는 요인 연구: 일상활동이론을 중심으로", 「형사정책연구」 36: 38-62.

최응렬. (2000), "경찰관련 학과 및 경찰대학의 발전방안", 「한국공안행정학회보」 10: 286-311.

_____. (2003), "경찰행정 전공자의 활용방안", 「한국경찰학회보」 5: 191-212.

_____. (2010), "경찰학의 학문적 확립을 위한 논의", 「제6회 경찰·범죄연구소 정기학술세미나 자료집」 : 47-62.

_____ 외. (2007), "CCTV의 범죄예방 효과에 관한 연구", 「한국경찰학회보」 26: 145-186.

최형원. (2009), "신임경찰관 채용의 실태와 개선방안에 관한 연구", 「한국치안행정논총」 6(1): 106-133.

표창원 외. (2002), "범죄취약지 CCTV 등 범죄감응장치 설치에 관한 연구", 「치안정책연구」 1(1): 1-28.

표창원. (2002), "영국경찰의 위상과 운영체계에 관한 고찰", 「한국경찰연구」 17: 1-28.

하혜숙. (2000), "대학생의 학과(학부)만족과 학교만족에 관한 연구", 「석사학위논문」, 서울대학교 대학원.

한덕웅·전겸구·이창호(1991), "한국 대학의 생활환경 변화와 대학 생활적응", 「학생생활연구」 5: 3-56.

한정위. (2009), "중국 경찰역할의 문제점 및 개선방안에 관한 연구", 「석사학위논문」, 동국대학교 행정대학원.

한종철·이기학. (1997), "고등학생의 성별 및 계열별에 따른 진로태도 성숙정도의 비교 연구", 「한국심리학회지」 9(1): 335-349.

2. 외국문헌

가. 단행본

Baker, R. W., & Siryk, B. (1989), *SACQ Student Adaptation to College Questionnaire manual*. CA: Western Psychological Services.

Betz, N. E. (1994), *Basic issues and concepts in career counselling for women*, Hillsdale, NJ: Erlbaum.

Betz, N. E., Borgen, F. H., & Harman, L. W. (1996), *Skills Confidence Inventory : Applications and technical guide*, CA: Consulting Psychological Press.

Bowles, S., & Gintis, H. (1973), *Schooling in capitalist America*, New York: Basic Books.

Bowman, J. E. (1981), *Predicts of achievement behaviors from seif- evaluations in four academic skills areas among and less traditional black students*, The University of Michigan.

Brookover, W. B., & Addott, R., & Hathway, D. B. (1978), *School climate activities a program in 10 modules*, East Laning Michigan State University.

Colin McInnes, Love and Justice (London: New English Library, 1962)

Gion Green, Introduction to Security (Boston : Butter Worth Publishers, 1981)

Kvaraaceus, W. C. (1958), Juvenile delinquency: what research say to the teacher, American Educational Research Association of the National Educational Association.

Layton, P. L. (1984), *Self-efficacy, locus of control, career salience, and women's career choice*, Unpublished doctoral dissertation, University of Minnesota.

Roe, A. (1953), *The Making of Scientist*, New York: Dodd, Mead.

Russell, R. K., & Petrie, T. A. (1992), "Academicad just ment of college students: Assessment and counseling", *Hand book of Counseling Psychology(2nd ed.)*, New York: Wiley.

Spokane, A. R., & Fretz, B. (1992). *Process and outcome changes ssociated with 8 sessions of career belief*, Paper presented at the annual meeting of the American Educational Research Association, San Francisco.

Veenboven, R.(1993), *Happiness in Nation: Subjective Appreciation of Life in 56 Nations 1946-1992*, Rotterdam: Erasmus University Press.

Witkin, H. A., Oltman, P. K., & Raskin, E. (1971), *Group Embedded Figures Test*, CA: Consulting Psychologists Press.

나. 연구논문

Arnold, J., & Bye, H. (1989), "Sex and sex role self-efficacy", *British Journal of Guidance and Counseling*, 17: 201-207.

Betz, N. E. & Hackett, G. (1986), "The relationship of career-related self-efficacy expectation to perceived career options in college women and men", *journal of Counseling Psychology*, 28: 399-410.

Betz, N. E., Harmon, L. W., & Borgen, F. H. (1996), "The relation ship of self-efficacy got the Holland themes to gender, occupational group membership, and vocational interests", *Journal of counseling psychology*, 43: 90-98.

Betz,N. E., Klein, K. L. (1996), "Relationships Among Measures of Career Self-Efficacy, Generalized Self-Efficacy, and Global Self-Esteem", *Journal of career assessment*, 4(3): 45-96.

Braskamp, L. A., Wise, S. L., & Hengstler, D. D. (1979), "Student satisfaction as a measure of developmental quality", *Journal of Educational Psychology*, *71(4)*: 494-498.

Bridgeman, B., & Shipman, V. C. (1978), "Preschool measures of self-esteem achievement motivation as predictors of third-grade achievement", *Journal of Educational Psychology*, *70*: 17-28.

Brooks, L. (1990), "Validity concerns for counsellors using the 1978 edition of the Career maturity Inventory", *Canadian Counsellor, 18(1):* 5-12.

Cook, E. P. (1991), "Annual review: Practice and research in career counseling and development 1990", *Career Development Quarterly, 40*: 99-131.

Jaana, J., & George, B.(1992), "Social Adjustment of children with and Without Learning Disabilities in Integrated Classrooms", *Journal of Educational Psychology,* 84: 322-330.

Jane, C. Conoley., & Conoiey. (1991), "Collaboration for Child Adjustment: Issues for School and Climic-Based child psychologist", *Journal of Consulting and clinical Psychology,* 59: 821-829.

Kenny, M. E., & Rice, K. G. (1995), "Attachment to parent and adjustment in late adolescent college student: Current status, applications, and future considerations", *The Counseling Psychologists, 23(3)*: 433-456.

Lent, R. W., & Hackett, G.(1987), Career self-efficacy: Empirical status and future directions", *Journal of Vocational Behavior,* 30: 347-382.

Lent, R. W., Brown, S. D., & Gore, P. A. (1997), "Discriminant and predictive validity of academic self-concept, academic self-efficacy, and mathematics-specific self-efficacy", *Journal of Counseling Psychology,* 44: 307-315.

Lent, R. W., Brown, S. D., & Larkin, K. C. (1986), Self-efficacy in the prediction of academic performance and perceived career options. *Journal of Counseling Psychology, 33*: 265-269.

Lent, R. W., Brown, S. D., & Larkin, K. C. (1987), "Comparison of theree theoretically derived variables in predicting career and academic behavior: self-efficacy, interest congruence, and consequence thinking", *Journal of Counseling Psychology, 34*: 293-298

Lent, R. W., Larkin, K. C., & Brown, S. D. (1989), "Relation of self-efficacy to inventoried vocational interests", *Journal of vocational Behavior, 34*: 279-288.

Lester C. T., *The Zero-sumSociety* (New York : Basic Books, 1982)

Luzzo, D. A. (1993), "Value of career decision-making attitudes and skills", *Journal of counseling psychology, 40*: 194-198.

Maeher, M. L., Mensing, J., & Nafzger, J. S. (1962), "Concept of self and the reaction of others", *Sociometry, 25*: 253-357.

Marsh, H. W. (1984), "Self-concept: The application of a frame of reference model to explain paradoxical results", *The Australian Journal of Education, 28*: 165-181.

McAuley, E. (1985), "Modeling and self-efficacy: A test of Bandura's model", *Journal of Sport Psychology, 7:* 283-295.

Multon, K. D., Brown, S. D., & Lent, R. W. (1991), "Relation of self-efficacy beliefs to academic outcomes: A meta-analytic investigation", *Journal of Counseling Psychology,* 38: 30-38.

Pantages, T. J., & Creedon, C. F. (1978), "Studies of college attrition: 1950-1975", *Review of Educational Research, 48(1)*: 49-101.

Pottebaum, S. M., Keith, T. Z., & Ehly, S.(1986), "Is there a causal relation between self-concept and academic achievement", Journal of Educational Research, 79: 140-144.

Rice, K. G. (1992), "Seperation-individualization, family cohesion and adjustment to college: A longitudinal study", *Journal of Personality and Social Psychology, 39*: 1249-1262.

Robbins, S. B. (1985), "Validity estimates for the career decision-making Self-efficacy scale", *Measurement and Evaluation in Counseling and Development, 18*: 64-71.

Ruble, D. N., & Nackamura, C. Y. (1972), "Task orientation in young childern and their attention to relevant social cues", *Child Development, 63*: 36-42.

Skaalvik, E. M. (1983), "Academic achievement, self-esteem and valuing of the school-Some sex differences", *British Journal of Educational Psychology, 53*: 299-260.

Skaalvik, E. M. (1986), "Age trendsin male and female self-esteem in Norwegian samples", *Scandinavion Journal of Educational Research, 30:* 107-119.

Swanson, J. L., & Gore, P. A. (2000), "Advances in vocational", *Psychology Assessment, 4:* 219-244.

Swanson, J. L., & Tokar, D. M. (1991), "Development and initial validation of the career barriers inventory", Journal of Vocational Behavior, 38: 92−106.

Swanson, J. L., & Woitke, M. B. (1997), "theory into practicein career assessment for women: Assessment and interventions regarding perceived career barriers", *Journal of Career Assessment, 5*: 443−462.

Taylor, K. M., & Betz, N. (1983), "Application of self−efficacy expectations: an expanded examination of the spherical model of interests", *Journal of Counseling psychology,* 44: 32−43.

Upton, A. L. (1982), "The development of a comprehensive guidance and counseling plan for the State of California", *Vocational Guidance Quarterly, 30(1)*: 293−299.

Vealey, R. S. (1986), "Conceptualization of confidence and competitive orientation: preliminary investigation and instrument development", *Journal of Psychology, 8*: 221−246.

Wanberg, C. R., & Muchinsky, P. M. (1992), "A typology of career decision status Validity extension of the vocational decision status model", *Journal of counseling Psychology, 39*: 71−80.

Zunker, V. G. (1994), *Career counseling: apllied concepts of life planning*, Pacific Grove, California: Brooks/cole.

색 인

저 / 자 / 소 / 개

송병호

- 동국대학교 경찰행정학과(경찰학 박사)
- 국가고시 출제위원(교정학 5·7·9급, 2010~2013)
- 충청남도 지방경찰청 상담위원 역임
- 충청남도 선거관리위원회 홍보위원
- 천안동남경찰서 집회시위자문위원/공주교도소 교정행정자문위원·
- 한국공안행정학회/한국부패학회/한국경찰발전연구회/한국민간경비학회 이사 및 상임이사
- 한국범죄심리학회 회장
- 현, 백석대학교 법정경찰학부 교수/백석대학교 도서관 부관장/山史현대시100년관 부관장/보리생명 미술관 부관장

〈주요 저서와 논문〉

- 교정학(공저, 박영사, 2013)
- 교정보호론(공저, 청송출판사, 2012)
- 경찰조직관리론(공저, 청목출판사, 2011)
- 영화로읽는범죄심리(삼진프린트, 2010)
- 현대범죄학(삼진프린트, 2010)
- 탐정학개론(공저, NO1210, 2010)
- 특수범죄론(다해, 2009)
- 민간조사업법(고시미디어, 2008)
- 형사사법학개론(다해, 2008)
- 경찰수사(공저, 글소리, 2007)
- 조직범죄론(공저, 형설출판사, 2004)
- 사이버 불링이 학교폭력 가해행동에 미치는 영향에 관한 연구(2013)
- 사이버 테러리즘의 변화에 따른 보안수사기관의 대응강화 방안(2013)
- 군조직 부적응 예측요인 연구(2013)
- 한국정보경찰의 직무만족과 효과성인식에 관한 조사연구(2011)
- 지역사회경찰활동에 관한 연구(2011)
- 복잡계이론을 활용한 범죄연구 가능성 고찰(2010) 외 다수

저 / 자 / 소 / 개

박상진

- 동국대학교 경찰행정학과(경찰학 박사)
- 경찰청/해양경찰청 정책자문위원
- 전라남도 경영평가위원
- 교육부 성과평가위원
- 사립대학교 총장협의외 정책개발위원장
- 전라남도 경영평가위원
- 경찰청 채용시험 출제위원/면접위원
- 지방공무원/항만청 채용시험 출제위원/면접위원
- 교육공무원 채용시험 면접위원
- 경비지도사 채용시험 출제위원
- 경찰청 평가위원/징계심사위원/승진심사위원
- 서울지방경찰청 사이버수사자문위원/승진심사위원
- 충남지방경찰청 누리캅스/교통사고심의/손실보상 위원
- 전남지방경찰청 집회시위자문/평가심의위원
- 교정본부 징계위원
- 경찰인재개발원/중앙경찰학교 외래교수
- 한국해양경찰학회/한국경찰발전연구학회/한국경호경비학회/한국민간경비학회/한국정책학회/한국테러학회/한국공안행정학회/한국범죄심리학회/국민안전포럼/범죄피해자지원협회 이사 및 상임이사
- 현, 세한대학교 경찰행정학과 교수(학부장)

〈주요 저서와 논문〉

- 경찰학개론(수험서), 2007
- 경찰조직관리 청목출판사, 2011
- 탐정학개론, NO1210, 2011
- 경찰학, 다해, 2012
- 새 경찰학개론, 우공출판사, 2012
- 경찰학, 박영사, 2014
- 경찰학입문, 박영사, 2014
- 거버넌스형 공공갈등관리에 관한 연구-천안함 폭침을 중심으로-, 2013, 한국테러학회
- 외국의 교통유도업무 운영실태 및 시사점-미국과 일본을 중심으로-, 2013, 치안정책연구소
- 보험범죄 특별조사팀(SIU)의 근무환경에 관한 연구-현장인식을 중심으로-, 2013, 사회과학연구원
- 경찰공무원의 종교활동이 조직내 관계에 미치는 영향에 관한 연구, 2012, 사회과학연구원
- 보험범죄 조사의 고충에 관한 연구-특별조사팀(SIU)을 중심으로-, 2012, 경찰학연구소
- 초고층 빌딩의 테러예방에 관한 연구, 2012, 한국민간경비학회
- 경찰학 전공 선택에 관한 연구, 2011, 치안정책연구소
- 경찰학전공 대학생들의 전공 및 학과만족에 관한 연구, 2011 사회과학연구원
- 디지털포렌식 전문인력의 필요성과 양성방안, 2009, 한국경찰학회
- 고령화 사회에 따른 노인범죄 대책에 관한 연구, 2009, 한국범죄심리학회
- 민간조사원(탐정)을 활용한 기업보안 활동의 강화 방안: 산업스파이에 대한 대응방안을 중심으로, 2009, 한국경호경비학회지
- 한국민간경비산업의 실태분석 및 발전방안에 관한 연구, 석사학위논문
- 경찰학전공 대학생들의 진로선택과 진로만족이 전공적응에 미치는 영향, 박사학위논문 외 다수

저 / 자 / 소 / 개

김현동

- 순천향대학교 경찰학과(경찰학 박사)
- 충청남도지방경찰청 사이버수사대(누리캅스) 자문위원
- 세종지방경찰청 운전면허행정처분이의 심의위원/일반임기제공무원 면접위원
- 세종지방경찰청 세종경찰서 경미범죄/선도심사/변사사건 심의위원
- 대전지방교정청 공주교도소 보통고충심사위원
- 공무원 채용 심사위원(정부세종청사/과학기술정보통신부/법무부/공주시청/국립공주병원)
- 청원경찰 채용 심사위원(농림축산검역본부−인천국제공항)
- 사단법인 피해자포럼/사단법인 한국피해자지원협회/한국범죄심리학회 총무위원
- 사단법인 한국경찰학회/사단법인 한국공안행정학회/한국민간경비학회/대한경호지도자협회 이사
- 현, 한국영상대학교 경찰행정과 교수(학과장)

〈주요 저서와 논문〉

- 회복하는 피해자학(공저, 한국심리과학센터, 2016)
- 생활안전호신술(공저, 박영사, 2019)
- 불법 폭력 집회−시위의 원인과 제고방안, 서남법학, 2012
- 청소년 집단 괴롭힘의 원인과 대책방안, 국제논총, 2012
- 사이버 불법도박의 실태 및 대응전략에 관한 연구, 한국중독범죄학회보, 2012
- 경찰의 성폭력 범죄피해자 보호 및 지원대책에 관한 연구, 국제논총, 2013
- 아동 성폭력 범죄피해자 지원 기관의 실태에 관한 연구: 해바라기아동센터를 중심으로, 경찰학논총, 2013
- 경찰의 성폭력 범죄피해자 보호를 위한 치안인프라 구축방안, 한국콘텐츠학회논문지, 2013
- 사이버 불링이 학교폭력 가해행동에 미치는 영향에 관한 연구, 한국범죄심리연구, 2013
- 지역사회 경찰활동 관점에서 본 현장 경찰활동, 한국콘텐츠학회논문지, 2013
- 가정폭력경험이 학교폭력 가해행동에 미치는 영향에 관한 연구, 한국범죄심리연구, 2013
- 아동 성폭력 범죄피해자 보호방안에 관한 연구, 사회과학연구, 2013
- SNS시대의 테러범죄 변화에 따른 민간조사원(탐정) 활용방안, 한국테러학회보, 2014
- SNS시대의 테러리즘 변화에 따른 산업보안 발전방안, 한국테러학회보, 2014
- 부모로부터 학대 경험이 청소년 비행에 미치는 영향 −심리적 불안, 우울감의 매개효과−, 한국범죄 심리연구, 2015
- 청소년기 일탈적 생활양식과 학교폭력과의 상관관계에 관한 연구, 한국영상대학교 논문집, 2016
- 청소년의 일탈적 생활양식이 학교폭력 행동 유형에 미치는 영향, 한국범죄심리연구, 2016
- 어린이 보호구역 내 교통사고 실태분석에 따른 대응방안에 관한 연구, 한국영상대학교 논문집, 2017
- 형사미성년자의 형사책임 기준 연령에 관한 고찰, 한국영상대학교 논문집, 2018
- 청소년의 일탈적 생활양식이 학교폭력의 가해 경험에 미치는 영향, 한국범죄심리연구, 2018
- 드론을 활용한 경찰의 범죄예방 효과성 연구, 한국치안행정논집, 2019
- 퇴직경찰공무원의 효율적 활용방안에 관한 연구(경찰학 석사학위논문)
- 학교폭력 경험이 청소년의 생활양식에 미치는 영향(경찰학 박사학위논문) 외 다수

경찰학 입문

초 판 발행   2016년 2월 23일
제3판 발행   2020년 2월 28일

지은이   송병호·박상진·김현동
펴낸이   안종만·안상준

기획/마케팅   오치웅
표지디자인   조아라
제 작   우인도·고철민

펴낸곳   (주) **박영사**
          서울특별시 종로구 새문안로3길 36, 1601
          등록 1959. 3. 11. 제300-1959-1호(倫)
전 화   02)733-6771
f a x   02)736-4818
e-mail   pys@pybook.co.kr
homepage   www.pybook.co.kr
ISBN   979-11-303-0976-7   93350

정 가   29,000원